STEFAN BOLLMANN

Zeit der Verwandlung

München 1900 und Die Neuerfindung des Lebens

Klett-Cotta

Klett-Cotta
www.klett-cotta.de

Cover: © Rothfos & Gabler, Hamburg
unter Verwendung einer Abbildung von © Jimlop collection/
Alamy Stock Foto/Ludwig von Zumbusch – Jugend Nr. 40, 1897.
Gesetzt von Dörlemann Satz, Lemförde
Gedruckt und gebunden von GGP Media GmbH, Pößneck
ISBN 978-3-608-98677-8
E-Book ISBN 978-3-608-12242-8

Zweite Auflage, 2024

Bibliografische Information der Deutschen Nationalbibliothek
Die Deutsche Nationalbibliothek verzeichnet diese Publikation in der
Deutschen Nationalbibliografie; detaillierte bibliografische Daten
sind im Internet über http://dnb.d-nb.de abrufbar.

Der Wandel war unaufhörlich, und vielleicht würde die Verwandlung nie aufhören. Hohe Zinnen des Denkens, Gewohnheiten, die so dauerhaft wie Stein gewirkt hatten, verschwanden bei der Berührung mit einem anderen Geist wie Schatten und hinterließen einen nackten Himmel, an dem neue Sterne funkelten.

Virginia Woolf, *Orlando*

Inhalt

Die Hauptpersonen in der Reihenfolge ihres Auftretens:

Franziska zu Reventlow, verarmte Gräfin und Bohemienne aus Berufung – *the woman who did.*

Hedwig Pringsheim, Bohemienne des Geistes und Schwiegermutter in spe von Thomas Mann – führt täglich Tagebuch.

Anita Augspurg, Fotografin, Frauenrechtlerin, Juristin – gründet zusammen mit Sophia Goudstikker das Atelier Elvira.

Sophia Goudstikker, Fotografin, Feministin, Geschäftsfrau – gründet zusammen mit Anita Augspurg das Atelier Elvira.

Frank Wedekind, der Mann mit der Gitarre, Stückeschreiber und Schauspieler, Mitbegründer der *Simplicissimus,* Star der *Elf Scharfrichter* – hat viele Talente und Probleme mit der Liebe.

Albert Langen, Verleger aus Leidenschaft – bringt mit dem von ihm gegründeten *Simplicissimus* viel Leben in die Münchner Bude.

Lou Andreas-Salomé, seelenoffene Russin – lässt Wedekind abblitzen, verhilft aber Rilke zu Erfahrungen.

Thomas Mann, Gründer einer Schülerzeitschrift, ein Sprachzauberer – hält sich abseits der Boheme, hat ebenfalls Probleme mit der Liebe.

Ludwig Klages, Philosoph und Seelenflüsterer mit Größenwahn – ist nicht nur in Liebesdingen ein Oberkontrolleur.

Stefan George, Poet, Prophet, Knaben-Liebhaber und Mittelpunkt eines nach ihm benannten Kreises – an dem »Meister« scheiden sich die Geister.

Hermann Obrist, Zeichner, Bildhauer, Designer – verwandelt ein biederes Alpenveilchen in einen knallenden Peitschenhieb und begründet so den deutschen Jugendstil.

Rainer Maria Rilke, der Mann, den die Frauen lieben – sendet erst Franziska zu Reventlow und später Lou Andreas-Salomé jeden Tag ein Gedicht.

Marianne von Werefkin, Tochter eines russischen Generals, eine pompöse Erscheinung, selbstbewusst, herrisch – sucht nach der emotionalen Kunst.

Gabriele Münter, quirlig, tanzbesessen, faschingsverrückt – fotografiert in Amerika, bevor sie in München zu malen und zu lieben beginnt.

Katia Pringsheim, Abiturientin, Studentin, Radfahrerin – willigt reichlich zögerlich in die Ehe mit Thomas Mann ein.

Otto Gross, einer der ersten Schüler Freuds, Anarchist und Antipsychiater der ersten Stunde – analysiert halb Schwabing.

Regina Ullmann, eine Dichterin, so still wie unterschätzt – lässt sich von Otto Gross »den Genius freimachen«.

Alexander Sacharoff, erst Bildhauer, dann Tänzer, der heimliche Held dieses Buches – entzieht sich allen gängigen Grenzen, auch den geschlechtlichen.

Prolog

Es ist ein Abend Ende November, als sie in Ascona ankommt. Die Wolken hängen so tief, dass man sie mit den Händen zu berühren meint, und die dunkelgrünen, beinahe schwarzen Wassermassen des Sees erwecken den Eindruck, als würden sie mit ungeheurem Gewicht auf dem Talboden lasten. Wenig ist zu bemerken von der besonderen Atmosphäre dieser Landschaft, von der Erich Mühsam ihr vorgeschwärmt hat – von dem Höhensee, der wie von unterirdischen Fingern emporgehoben scheine, und dass Norden und Süden des Kontinents hier einander begegneten. Eher fühlt sie sich zurückversetzt an das Meer ihrer Kindheit und Jugend mit seiner beinahe unendlichen Palette von Grautönen und seinen wechselnden Winden.

Mit der Droschke legen Mutter und Sohn die letzte Strecke vom Bahnhof Locarno zu ihrem Ziel zurück: dem malerisch am Ufer des Lago Maggiore gelegenen Ort, der irgendwo zwischen Fischerdorf und Touristendestination stecken geblieben scheint. Die Ankunft hat etwas Unheimliches; alles ist stockfinster, und die erste Herberge im Ristorante al Lago stellt sich als derart unzumutbar heraus, dass die beiden im Dunkeln weiterziehen und schließlich das Albergo Quattrini entdecken, welches ihnen dann durchaus annehmbar erscheint.

Schon am nächsten Morgen aber weicht die düstere Stimmung des Ankunftsabends freudiger Überraschung. Gleich nach dem Frühstück machen sich Mutter und Sohn auf, ihren künftigen Wohnsitz zu erkunden. Als erstes steigen sie zum Monte Verità hinauf, »wo die Vegetarier hausen«, wie Franziska zu Reventlow am Abend Franz Hessel in Paris mitteilt. Von dem oberhalb von Ascona gelegenen Hügel aus hat man einen traumhaften Blick, der von den schneebedeckten Gipfeln der Alpen bis tief in den Süden reicht, in deren Fernen sich der langgestreckte See zu verlieren scheint. Auf dem ehemaligen, von der Reblaus kahl gefressenen Weinberg haben sich seit der Jahrhundertwende Lebensreformer angesiedelt. Ein Teil von ihnen hat ein Sanatorium gegründet, das sie Monte Verità, Berg der Wahrheit, nennen, andere leben in kleinen Grüppchen verstreut meist in ehemaligen, zum Teil nur notdürftig hergerichteten Weinberghäuschen. Auch davon hat Erich Mühsam sie unterrichtet, der bereits vor einigen Jahren hier Zuflucht gefunden hat, noch bevor er schließlich nach München übersiedelte. Er hat sogar eine kleine Schrift über Ascona veröffentlicht – halb Eloge, halb Abrechnung. Dort witzelt er über den Vegetarismus als untauglichen Versuch, die bürgerliche Welt aus den Angeln zu heben. Wie will man, so denkt die Gräfin, aus einer Haltung heraus, die ihr wie Lebensfeindlichkeit vorkommt, die Kraft beziehen, sich gegen die Zumutungen des Daseins aufzulehnen?

Und doch ist es alles andere als Zufall, dass die Gräfin Reventlow Ascona als Zufluchtsort wählt, als für sie die Lebensumstände in Schwabing, nicht zuletzt unter dem Druck finanzieller Desaster, aber auch immer längerer Krankenhausaufenthalte, zusehends unzumutbarer werden. Längst hat die Schwabinger Boheme, zu der sie sich lange Zeit stolz rechnete, Ascona als preiswerte Sommerfrische entdeckt. Aussteiger, Anarchisten, Auswanderer wie Weltenbummler auf Durchreise tummeln sich hier. Bald werden die Malerinnern, die Tänzerinnen, die Dadaisten das Nest im Tessin auf halbem Wege von den Alpen nach Italien für sich entdecken. Wo Platz für Vegetarier und Anarchisten ist, dort ist auch Platz für Menschen wie sie, die sich nirgendwo mehr zugehörig fühlen, Expatriierte der Seele, denkt sie. Wenn sie eigentlich auch zwecks einer Heirat hierhergekommen ist.

Erst einmal aber spaziert sie zusammen mit dem dreizehnjährigen Rolf auf dem Hügel herum, den die Einheimischen, von den Siedlern unbeeindruckt, immer noch Monte Monescia nennen. Die erste Begegnung mit den Vegetariern verläuft angenehm, sogar vielversprechend. Ein alter Russe, der berlinerisch spricht, in einem Glashaus wohnt und für seine beiden Novembergäste Pfefferminztee kocht, »orientiert« sie über Wohnungen; ein anderer, ein »Bergesalter«, wie sie ihn nennt, bietet sich gleich an, eine Behausung für sie zu suchen. »Wahrscheinlich bekommen wir ein Häuschen für uns, und ich habe das Gefühl, daß es sich hier sehr nett bleiben läßt.« Propheten seien im Winter fast keine da, stellt sie erleichtert fest. Vor ihnen graust es der Gräfin seit ihrer Verwicklung in den Kreis um Klages und George, an deren Ende sie sich nicht schlafen legte, ohne eine Pistole in greifbarer Nähe zu wissen.

Nachdem sie zusammen mit Rolf die ersten Monate in einer kleinen möblierten Wohnung verbracht hat, findet sie etwas außerhalb des Dorfes einen alten Vogelstellerturm. Er diente einst dazu, die Reben vor Vögeln und Dieben zu schützen. Des Sommers hauste dort ein Arbeiter, der im Bedarfsfall gehörigen Lärm mit Holzrätschen schlug. Nun nutzen die beiden die drei übereinanderliegenden, mit Leitern und Luken verbundenen Räume des Turms für ihre Belange: »Im unteren Raume wird gekocht, im mittleren arbeite ich und im oberen treibt Bubi sein Wesen«, beschreibt Franziska zu Reventlow die Aufteilung. Ein in der Nähe ansässiger Vegetarier, jüdisch-polnischer Herkunft, zimmert ihnen aus alten Brettern einige Regale für Bücher und Vorräte. Beheizbar sind die Turmzimmer nicht, und auch Wasser muss aus einem benachbarten Anwesen geholt werden. Zum Schlafen dient deshalb ein fußläufig erreichbares möbliertes Zimmer am Rand des Dorfes. Jeden Morgen sieht man nun Mutter und Sohn, beladen mit den tagsüber notwendigen Dingen, zu ihrem Turm am Fuße des Monte Verità ziehen.

Rolf, den seine Mutter weiterhin selbst unterrichtet, wird bald eine Fotografenlehre bei Samuele Pisoni, dem einzigen in Ascona ansässigen Fotografen antreten. Er fotografiert auch den damals mitten in einem Weinberg gelegenen Turm. Ein besonders stimmungsvolles Foto zeigt die über eingewachsene Steinstufen erreichbare Holztür, durch die man den Turm betritt. Rolf nimmt sie im flirrenden Licht eines Sommertags auf. Im dichten Blattwerk des Lorbeerstrauchs vor der grellweißen Mauer des Turms bündeln sich die Sonnenstrahlen zu Lichtkugeln, die durch die heiße Luft zu schweben scheinen.

Unterhalb der Stufen steht eine alte Kastanie und in ihrem Schatten ein nach Tessiner Art behauener Steintisch, an dem Franziska zu Reventlow nun in den langen und heißen Sommern zuerst wieder Übersetzungen anfertigt, um Geld zu verdienen, zunehmend aber auch an eigenen literarischen Manuskripten arbeitet. Weit davon entfernt, Memoiren im konventionellen Sinne zu sein, kreist ihr Schreiben zumindest anfangs um die Vergangenheit – um die Erfahrungen und Begebenheiten der Schwabinger Zeit. »Die ganze fremdartige und intensiv bewegte Atmosphäre dieses Stadtteils mit ihren Rätseln, Geheimnissen und, ich möchte wohl sagen, auch Erleuchtungen umfängt mich immer noch – ja, eigentlich immer mehr – wie ein Traum«, schreibt sie. Anfangs sehnt sie sich nur nach Klarheit, nach Verstehen und Begreifen, konsultiert dafür mit Paul Stern eigens einen Philosophen aus dem Kreis um Stefan George und Ludwig Klages, dessen Geliebte sie eine Zeitlang war.

Schon bald aber merkt sie, dass es mit dem Begreifen allein nicht getan ist. Die Atmosphäre, notiert sie, müsse innerlich erlebt, vielleicht sogar geträumt werden. Manchmal tue es ihr förmlich weh, wenn die wache Stimme des Philosophen an ihr Ohr klinge. »Er weiß mir alles zu erklären – man könnte sagen: er beherrscht das Material vollkommen, aber er findet es nicht gut und nicht tauglich, um etwas Rechtes daraus zu bilden.« Die Menschen, mit denen sie in Schwabing verkehrt hat, nennt er »Romantiker, die allen Erkenntnissen der klaren Vernunft die instinktive Weisheit

»Schwabing ist kein Ort, sondern ein Zustand«: Franziska Gräfin zu Reventlow, fotografiert von Philipp Kester, München 1905.

früherer Völker entgegenstellen und sich an dem Pathos dieser Dinge und an ihrem eignen Pathos berauschen. Und logisch muß ich ihm oft recht geben, aber mein Empfinden und meine Sehnsucht neigen sich doch immer wieder ihnen zu ...«

KAPITEL 1

Das Ziel der Befreiten

1887–1890

Das sind die Jahre, in denen sich in München der große Aufbruch vorbereitet. Hedwig Pringsheim, Thomas Manns Schwiegermutter in spe, führt einen Oppositions-Schwarm an, ein lesbisches Paar gründet ein Foto-Atelier und zwei Langhaarige demonstrieren mit Kunst und Wolle für völlige Seelenfreiheit. Überhaupt ist viel von Seele die Rede, eine »Psychologische Gesellschaft« wird gegründet und ein junger Arzt beginnt das therapeutische Potenzial der neumodischen Seelenflüsterei zu ahnen. Aber erst der junge Frank Wedekind ermisst die Abgründe, die das Seelen- und das Sexualleben gleichermaßen trennen wie miteinander verbinden, und schlägt daraus literarische Funken. Und warum passiert das alles ausgerechnet in München und nicht in der Reichshauptstadt Berlin? Auch das erfahren wir von Hedwig Pringsheim.

Der Oppositions-Schwarm

Auf dem Eis

Geistesgegenwärtig weicht die junge Frau den ihr entgegenkommenden Läufern aus, während sie schwungvoll ihre schlängelnden Bahnen auf dem Eis zieht. Sie trägt einen wadenlangen dunklen Rock und dazu eine passende taillierte Jacke mit einem Pelzkragen, der sich um ihren Hals schmiegt. Ihr rötlich-blondes, am Hinterkopf zu einem Knoten zusammengefasstes Haar ist kaum von dem kunstvoll drapierten schwarzen Filzhut zu bändigen, und das, obwohl sie ihn wegen der schneidenden Kälte tief ins Gesicht gezogen hat.

Hedwig Pringsheim, bemerkenswert hübsch und nie um eine geistreiche Antwort verlegen, liebt das Schlittschuhlaufen. Während andere Anstrengungen sie rasch ermüden, scheint diese ihrem Körper immer neue Schwungkraft zu verleihen. Beinahe täglich dreht sie in den kalten Januartagen ihre Runden auf der glitzernden Eisfläche des Kleinhesseloher Sees im Englischen Garten, vorwärts wie rückwärts gleitend ist sie gleichermaßen eine elegante Erscheinung. Nur wenn sie aus lauter Übermut allzu viel Tempo aufnimmt und dabei die kaum sichtbaren Unebenheiten im Eis ignoriert, kann es hin und wieder zu Stürzen kommen. Aber auch dann ist sie immer wieder schnell auf den Beinen und setzt ihre flotte Fahrt fort, als sei nichts geschehen.

Begleitet wird die Anfang Dreißigjährige von dem inzwischen neunjährigen Erik, dem Ältesten der fünfköpfigen Kinderschar, deren stolze Mutter sie ist, und der, wie sie sich eingestehen muss, auch ihr Liebling ist. Die anderen, darunter die gerade einmal dreijährigen Zwillinge Klaus und Katia, weiß sie in der Zwischenzeit gut vom Kindermädchen betreut, seit kurzem eine französische Bonne.

Oft trifft sie am See auf eine größere Gesellschaft, Freunde und Bekannte, darunter die beinahe unvermeidliche Begegnung mit Albert Schaeuffelen, Sohn des berühmten Papierfabrikanten. Dann tönen die Kaskaden perlenden Gelächters, mit denen sie ihre Rufe und Kommentare begleitet, weit über das Eis und ziehen die Aufmerksamkeit der Läuferinnen und Läufer auf sich, von denen der See bei schönem Wetter dicht bevölkert ist. So auch heute, an einem Januartag des Jahres 1887, an dem es besonders lustig zugeht – man spielt »Schwarzer Mann«. »Wer fürchtet sich vorm Schwarzen Mann?«, ruft Hedwig gerade, abseits der anderen Mitspieler stehend. »Niemand«, schallt es ihr wie aus einer Kehle entgegen, und jetzt entsteht ein wüstes Gedränge und Gewusel. Während beide Seiten aufeinander zulaufen, um die Plätze zu tauschen, versucht Hedwig, wie es das Spiel will, durch deren Abfangen möglichst viele ihrer Gegner ebenfalls zu »Schwarzen Männern« zu machen. Schaeuffelen, der bis über beide Ohren in sie verliebt ist, legt es geradezu darauf an, von ihr erwischt und ausgezählt zu werden. Der kleine flinke Erik hingegen behauptet sich bis zuletzt tapfer gegen ihre Versuche, auch ihn einzuschwärzen. Da hält sie plötzlich inne: »Das darf doch nicht wahr sein!«

Männer in dunklen Anzügen, augenscheinlich Bedienstete, eilen in einer konzertierten Aktion aufs Eis und stecken den Teil ab, auf dem sich am besten Schlittschuhlaufen lässt. Unmissverständlich verscheuchen sie alle, die sich bislang hier getummelt haben, auch die Schar um Hedwig Pringsheim, die mittlerweile auf über zehn Mitspieler angewachsen ist. Rasch wird klar, worum es geht. Vom Seehaus her dringt eine kleine Gruppe von Damen und Herren auf die Eisfläche vor. Ihre Kleidung, die Distinguiertheit ihres Auftretens und die betonte Steifheit ihrer Bewegungen gibt sie als Aristokraten zu erkennen, wahrscheinlich Leute vom Hof. Man hat wohl im Restaurant des Seehauses gespeist und will jetzt, nach

Eine Bohemienne des Geistes: Hedwig Pringsheim, fotografiert vom Atelier Elvira, 1887.

Tisch, ungestört vom gewöhnlichen Volk seine Kreise ziehen. Das arrogante, herrschaftliche Gebaren ruft auf dem Eis einen Entrüstungssturm hervor. »Das lassen wir uns nicht gefallen«, ist auch die einhellige Meinung der Schar um Hedwig Pringsheim.

Anfangs überwiegen Einzelaktionen. Als würde es sich um ein Versehen handeln, dringen Hedwig, Albert Schaeuffelen und die anderen immer wieder ins verbotene Terrain ein, versuchen sich dort an einem Sprung oder drehen eine Pirouette, um danach feixend oder eine Grimasse schneidend – sichtbar nur für die Außenstehenden – wieder abzudrehen. Dann werden sie mutiger und bilden einen »Oppositions-Schwarm«, wie Hedwig das nennt. Dicht an dicht, in chaotischer Formation stoßen sie auf das verbotene Terrain vor, und artikulieren dabei zuweilen lauthals Schlachtrufe. Das macht schon mehr Wirkung, ruft zumindest die Bediensteten wieder auf den Plan, die erneut das Repertoire ihrer Verscheuchungsgesten einsetzen und sogar mit der Gendarmerie drohen. Doch so leicht lässt sich die bürgerliche Widerstandsgruppe heute nicht einschüchtern. Ihre Kampfeslust wächst, und immer dreister und unberechenbarer werden die Vorstöße ins annektierte Gebiet. Zufrieden stellt Hedwig Pringsheim fest, dass der zur Schau gestellte Gleichmut der Besetzer zunehmend sichtbarer Frustration weicht. Schließlich löst die einbrechende Dunkelheit den Konflikt auf ihre Weise. Aber der Vorfall ist ihr wichtig genug, dass sie ihn in ihrem Tagebuch notiert, das sie gewissenhaft führt.

Hedwig Pringsheim

Hedwig Pringsheim ist seit 1878 mit dem fünf Jahre älteren Multimillionärssohn Alfred Pringsheim verheiratet, der seit kurzem eine außerordentliche Professur für Mathematik an der Universität München innehat. Die beiden leben zusammen mit ihren Kindern in einer sehr großzügigen Etagenwohnung in der Münchner Sophienstraße, direkt gegenüber dem Glasplast im Alten Botanischen Garten, tragen sich aber mit Umzugsgedanken. Alfred Pringsheim, ein kleiner, eher unscheinbarer Mann, Kettenraucher mit einer Vorliebe für sarkastische, zuweilen auch ins Kalauerhafte abgleitende Bemerkungen, ist der erstgeborene Sohn des oberschlesischen Eisenbahn- und Bergbauunternehmers Rudolf Pringsheim, eines so erfolgreichen wie schwerreichen Aufsteigers, und für die Bestreitung seines Lebensstandards nicht auf sein Professorengehalt angewiesen. Soweit seine Erinnerungen zurückreichen, schwimmt er in einem beständig fließenden Geldstrom, dessen unversiegbare Quelle der ungeheure väterliche Reichtum ist. Keineswegs ist er nur der Zahlenmensch, den man in einem Mathematikprofessor vermuten könnte. Mindestens ebenso sehr ist er »Notenfax« - glühender Verehrer der Musik Richard Wagners; er hat mit dem Meister persönlich korrespondiert und seine Opern für vierhändiges Klavierspiel bearbeitet, zu deren Darbietung er nun gerne zu sich einlädt. Obendrein ist er Sammler, mit durchaus monomanischen Zügen, wie ihm seine Frau bescheinigt. Seine Sammlung von Renaissance-Majoliken ist auf dem besten Wege, die weltweit bedeutendste Privatsammlung auf diesem Gebiet zu werden.

Hedwig Pringsheim, schlank und zierlich wie ihr Mann, ist

die Tochter der bekannten Berliner Schriftstellerin und Frauenrechtlerin Hedwig Dohm. Ihr Weg nach München hat über die Schauspielerei geführt. Vor ihrer Ehe ist sie Mitglied des Ensembles des Meininger Hoftheaters gewesen, des damals führenden deutschen Regie- und Tourneetheaters – wichtig für die Durchsetzung des Naturalismus und moderner Frauenrollen, beherrscht von einem Patriarchen, dem regierenden Herzog Georg II. von Sachsen-Meininigen, Intendant, Regisseur und Kostümbildner in Personalunion. Die junge Hedwig Dohm ist in dem Metier durchaus erfolgreich gewesen. Aber auch nicht so erfolgreich, dass sich darauf eine Bühnenkarriere hätte gründen lassen. Lampenfieber und Nervosität hat sie bis zuletzt nicht abgelegt. Dennoch betrachtet sie das Engagement am Theater keineswegs als verlorene Zeit, vielmehr als Lehrjahre. Schauspielerinnen, so spürt sie, verkörpern das neue Menschenbild, das sich in dieser Zeit im Bürgertum durchsetzt. Sie verstehen es, in verschiedenen Rollen zu brillieren, zeigen sich als anpassungsfähig und flexibel, finden sich in alle möglichen Lebenslagen ein.

Die Eheleute Pringsheim sind beide jüdischer Herkunft, doch dieser Aspekt spielt weder in ihrem Leben noch in ihrem Selbstverständnis eine Rolle. Hedwig ist bereits evangelisch getauft und auch so erzogen worden – und gibt das von der Taufe bis zur Konfirmation auch an ihre Kinder weiter. Eigentlich aber steht sie allen Religionen gleichermaßen fern; Kirchen werden besichtigt, nicht zum Gottesdienst aufgesucht. Auch Alfred ist höchstens kunstreligiös, er selbst bezeichnet sich als »confessionslos«. Das ändert nichts daran, dass die Pringsheims in den Augen der anderen als typische Angehörige der gutbetuchten jüdischen Mittelschicht gelten. Typisch dafür ist, was Thomas Mann nach seinem ersten Besuch bei der Familie Pringsheim an seinen Bruder Heinrich schreiben wird: »Kein Gedanke an Judenthum kommt auf, diesen Leuten gegenüber; man spürt nichts als Kultur.« Mag die Assimilation der Pringsheims durch Kunst, Musik und Wissenschaft noch so vollständig sein – dass sie »jüdisch« sind, muss dann doch noch einmal gesagt werden, und sei es ex negativo. Es sind die anderen, die einem zum Juden machen.

Alfred Pringsheim hat seine Frau gerade in dem Augenblick kennengelernt, als diese sich nicht länger der Einsicht verschließen konnte, dass ihr keine große Karriere als Schauspielerin beschieden sein würde. In den ersten fünf Ehejahren hat sie dann gleich ihre fünf Kinder zur Welt gebracht. In ihrem Tagebuch ist danach viel von gesundheitlichen Problemen die Rede. Damit hängen wohl auch ihre plötzlichen Ohnmachtsanfälle zusammen, die mancher vergnügten Abendgesellschaft ein jähes Ende bereiten. Womöglich trägt dazu aber auch das Korsett bei, das damals noch zur eleganten Abendtoilette getragen und dann besonders stark geschnürt wurde. Die hinzugezogenen Ärzte raten ihr zu Verzicht auf Alkohol und zu »viel Bewegung«. Nicht zuletzt deshalb geht sie regelmäßig aufs Eis. Später nimmt sie Reitstunden, schließlich entdeckt sie das Fahrradfahren. Mit Alfred und Freunden, künftig mit der ganzen Familie, unternimmt sie in den Ferien sogar durchaus strapaziöse Wanderungen im Voralpenland.

Darüber hinaus hat die junge Frau den Rollenwechsel von der umherziehenden Aktrice zur sesshaften Mutter allem Anschein nach aber gut gemeistert. In »Kinderbüchlein« notiert sie akribisch alle Fortschritte in der Entwicklung des Nachwuchses und schildert auch dessen individuelle Eigenheiten – mit dem Alltag der Kinderversorgung vom Essenkochen übers Wäschewaschen bis hin zum Unterrichten ist sie hingegen weniger befasst. Nicht, dass sie keine Zeit für ihre vier Söhne und die eine Tochter hätte – sie geht mit ihnen spazieren, nimmt sie, sobald sie alt genug sind, im Winter fast täglich zum Schlittschuhlaufen mit, liest ihnen, insbesondere am Sonntag, vor, begleitet sie zu Ärzten und fühlt sich auch für ihre Erziehung zuständig – aber daneben führt sie doch ein von der Mutterrolle weitgehend unabhängiges Leben. Hedwig Pringsheim hat einen großen Freundeskreis, besucht Gesellschaften und Bälle, hat am Donnerstag regelmäßig ihren »jour fixe«, an dem sie ihre Bekannten empfängt (willkommen ist, wer gerade vorbeikommt), veranstaltet diverse »Tees«, wovon es zum Beispiel den Damen-Tee, den Musik-Tee und den Tanz-Tee gibt, geht ins Theater und in die Oper, besucht Kunstausstellungen, schreibt täglich Briefe und liest viel, nicht selten mehrere Bücher parallel - insbesondere französische und italienische Literatur im Original, daneben aber auch wissenschaftliche Texte und Sachbücher.

Mit schöner Regelmäßigkeit unternimmt Hedwig Pringsheim, was man in den besseren Kreisen »Kommissionen« nennt: Sie geht in die Stadt auf Shoppingtour, meistens begleitet von einer Freundin, manchmal auch von Albert Schaeuffelen, der zugleich der Ehemann ihrer besten Freundin Eugenie, genannt Eu, ist. Konsum und Luxus sind überhaupt nicht zu überschätzende Teile von Hedwigs Leben. Sie tragen maßgeblich dazu bei, es angenehm zu machen. Die Schwärmerei ihres Mannes für andere Frauen setzt ihr zu, doch ist sie bereit darüber hinwegzusehen, selbst wenn ihr klar ist, dass es sich um mehr handelt als um bloßes Anhimmeln. Hedwig Pringsheim führt ein Leben auch außerhalb von Ehe und Familie, leidet nicht unter einem Mangel an gesellschaftlicher Anerkennung und erlebt sich selbst als Mutter von fünf Kindern als begehrte Frau. Ihre Mutter nennt sie einmal eine »Bohemienne des Geistes« und dürfte damit ziemlich genau getroffen haben, was ihre Tochter über sich selbst denkt.

Geisterklopferei

Der Streit um die Seele

Seit Anfang des Jahres 1887 scheint es auf den Jours, Tees und Festivitäten der Münchner Society nur noch ein Thema zu geben - Spiritismus. Das hat viel mit den Aktivitäten einer Gesellschaft zu tun, die sich im Sommer zuvor in einer Weinstube der Münchner Altstadt gegründet hat. Inspiriert von der wenige Jahre zuvor in London gegründeten *Society for Psychical Research*, der so illustre Geister wie die Philosophen Henry Sidgwik und William James angehören, trägt sie den schlichten Namen *Psychologische Gesellschaft*. Ihr Gründer ist Carl du Prel, ein kleiner, drahtiger, so schneidiger wie umtriebiger Mann Ende 40, einer von der Sorte, die man leicht unterschätzt, der aber gelernt hat, sich genau diese Fehleinschätzung bei der Verfolgung seiner Interessen zunutze zu machen. Als ehemaliger Soldat versteht er strategisch zu denken – und diese Stärke ist ihm geblieben, als er nach seiner Promotion über die Philosophie des Traums die militärische Laufbahn nicht zuletzt aus gesundheitlichen Gründen für seine wissenschaftlichen und publizistischen Interessen aufgegeben hat: Stets hat er die intellektuelle Gefechtsordnung im Blick und versucht sie zu seinen Gunsten zu beeinflussen. Und die sieht momentan seiner Einschätzung nach so aus:

Um die Seele des Menschen ist ein erbitterter Streit entbrannt. Auf der einen Seite stehen die Materialisten, die das Seelenleben des Menschen – wie alles andere, was ihn ausmacht – organisch erklären wollen. Für sie ist die Psychologie ein bloßer Anhang der Physiologie; die Seele als selbständige Substanz wird von ihnen aufgegeben. Diese Ansicht wird vor allem von der institutionalisierten Wissenschaft vertreten, von Ordinarien, Forschungsgruppen und Klinikdirektoren wie dem verstorbenen Bernhard von Gudden, der im Frühsommer 1886 zusammen mit dem bayerischen König Ludwig II. im Starnberger See ertrunken ist.

Die Gegner der Materialisten sind eine bunte, stark heterogene, streitbare Schar: Groß von sich reden machen die Spiritisten, die ernsthaft an eine Geisterwelt glauben und über speziell dafür befähigte Medien in Kontakt mit dem Jenseits zu treten versuchen. Eng mit ihnen verbunden, obgleich nicht mit ihnen identisch, ist die okkultistische Bewegung. Sie geht davon aus, dass es paranormale, verborgene Seelenkräfte gebe, die sich beispielsweise im hypnotischen Zustand zeigen und auf unbewusste seelische Energien zurückgehen, welche noch der Erforschung harren. Selbst die

Juristen zeigen sich zunehmend an der Frage interessiert, ob die von einem zurechnungsfähigen Menschen begangenen Taten unter allen Umständen ihm zur Last gelegt werden können, oder ob man nicht auch mit Fremdbestimmung, einem Handeln etwa unter Hypnose, rechnen muss. Und schließlich gibt es die Künstler, die vom Unbewussten als Quelle ihrer Kreativität zu schwärmen beginnen oder, so der neueste Trend, die menschliche Seele mit ihren verborgenen Anteilen als Sujet der Malerei entdecken. Immer häufiger kommt es vor, dass Maler und Literaten an hypnotischen Sitzungen oder spiritistischen Séancen teilnehmen - nicht unbedingt, weil sie von der Existenz des Übersinnlichen überzeugt wären, sondern angezogen von den ästhetischen Aspekten dieser bizarren Veranstaltungen.

Du Prel selbst ist eher ein spekulativer Kopf, ein Philosoph auf dem Absprung zum Mystiker. Andererseits ist er Realist genug, um zu wissen, dass der Kampf um die Seele gegen die materialistische Wissenschaft nur zu gewinnen ist, wenn deren bunte Gegnerschar sich organisiert. Glaube oder Überzeugungen reichen hier nicht, die transzendentale Seelenlehre, wie er sie nennt, muss selbst Wissenschaft werden und sich zur Experimentalpsychologie weiterentwickeln, um gegenüber der Naturwissenschaft und deren Vorwurf der Scharlatanerie, ja der Betrügerei bestehen zu können. So hat er es im Programm der *Psychologischen Gesellschaft* festgehalten, das er den Einladungsschreiben zusammen mit der Vereinssatzung gleich beigelegt hat. Du Prel überlässt nur ungerne etwas dem Zufall. Den Posten des Sekretärs der Gesellschaft hat er dem jungen Albert von Schrenck-Notzing in Aussicht gestellt, ein begabter Mediziner und induktiver Geist; ihm traut er zu, der Psychologie in Deutschland energisch jenen Aufschwung zu verschaffen, den bisher noch jeder Wissenszweig nahm, sobald er experimentell wurde.

Du Prel hat der neu gegründeten Gesellschaft auch gleich eine konkrete Forschungsagenda für die nächste Zeit verordnet. In der Londoner Gesellschaft interessiert man sich aktuell stark für die

Gedankenübertragung – ein Phänomen, das auch für die Hypnose konstitutiv ist. Dort hat man für die auf den ersten Blick unerklärliche Fähigkeit, Gedanken oder Gefühle per Fernwirkung auf eine andere Person zu übertragen, jüngst den Terminus »Telepathie« vorgeschlagen und sie damit in eine Reihe mit modernsten Techniken wie der Telegrafie und Telefonie gestellt. Als du Prel nun vorschlägt, die Gesellschaft solle ihre Arbeit mit Experimenten zur Telepathie aufnehmen und in diesem Zusammenhang auch den Namen des neuen Sekretärs der Gesellschaft nennt, ist Schrenck sofort Feuer und Flamme. Der junge Arzt liebt den gesellschaftlichen Auftritt und tut vieles dafür, um als Darling der Münchner Society zu gelten. Und die interessiert sich nun mal weit weniger für den wissenschaftlichen Aspekt der Seelenexperimente als für die übersinnlichen Erscheinungen, die mit ihnen womöglich verbunden sind, angefangen von der Gedankenübertragung über Geistererscheinungen bis hin zu Botschaften aus dem Jenseits.

Schaudernd unter lauter Narren

Völlig hingerissen, geradezu besessen von diesen Phänomenen ist Hedwig Pringsheims Freundin Eugenie Schaueffelen. Gleich nach der Gründung ist sie in die *Psychologische Gesellschaft* eingetreten und dort auf viele Gleichgesinnte gestoßen. Bei ihrem Mann hingegen haben die beinahe täglich unternommenen Überredungsversuche, die sich regelmäßig zu Vorhaltungen steigern, bislang nichts gefruchtet; standhaft weigert er sich, Mitglied zu werden. Alfred wird den Verdacht nicht los, dass die ganze »Geisterklopferei« eine Folge der Neurasthenie ist, diesem modernen Syndrom der Überforderung, das sich einstellt, wenn die Nerven den Ansprüchen der Wirklichkeit nicht mehr standhalten. Etwas, das er von seiner Frau zur Genüge kennt.

Am 8. Januar 1887 haben Schaeuffelens abends zu einer Spiritisten-Gesellschaft eingeladen. Außer Pringsheims und dem Kunstphilosophen und Sammler Konrad Fiedler und seiner Frau sind fast nur Eingeweihte zugegen – Personen, die sich mit den Gepflogenheiten solcher Veranstaltungen auskennen. Hedwig und Alfred Pringsheim tun das erklärtermaßen nicht, ihnen ist diese Welt bislang nur vom Hörensagen bekannt. Wohl hat sich Hedwig Pringsheim in den letzten Tagen redlich bemüht, ihrem Unwissen ein wenig abzuhelfen, indem sie *Die Philosophie der Mystik* zu lesen begonnen hat – Carl du Prels einschlägiges 500-Seiten-Werk. Es wartet gleich zu Anfang mit der Behauptung auf, das menschliche Ich sei mehr als sein Selbstbewusstsein – in vielen Belangen werde es vom Unbewussten bestimmt, was sich nicht nur an der Hypnose, sondern Nacht für Nacht im Traumleben zeige. Doch der Abend verläuft unspektakulär. In den Ecken wird zwar viel geflüstert, aber es ereignet sich nichts, Tische und Lampen bleiben dort stehen, wo sie hingehören, und beginnen auch nicht zu wackeln oder zu schweben. »Kein geringster ›Spirit‹«, wie Hedwig Pringsheim beinahe achselzuckend in ihrem Tagebuch notiert. Oder schwingt da doch Enttäuschung mit?

Kein Wunder jedenfalls, dass sich die Hoffnung der Beteiligten auf William Eglinton richtet. Bereits an besagtem Abend ist viel davon die Rede, dass das berühmte Londoner Medium in den nächsten Tagen in München zu erwarten ist. Am 21. Januar ist es dann endlich so weit: Eglinton ist am Vorabend in München eingetroffen, und im Hause Schaeuffelen steigt die lang erwartete Séance. Hedwig geht ohne Alfred hin, der sich weigert; er hat von dem ersten Abend genug. Auch der junge Schrenck ist anwesend: Er hypnotisiert Eglinton, der auf Hedwig zunächst einen passablen Eindruck macht und bald in Zuckungen verfällt. Die Anwesenden haben rund um einen großen Tisch Platz genommen, die Hände auf die Tischplatte gelegt, und berühren einander mit den Fingerspitzen. Hedwig ist zufällig direkt neben Eglinton zum Sitzen gekommen, sozusagen Fuß an Fuß mit dem Medium. Als in der gespannten Stille dann Klopfgeräusche zu vernehmen sind, erkennt sie sofort deren Quelle: Niemand anderer als der pumpend vor- und zurückstoßende, keuchende Eglinton selbst ist der Verursacher. »Erbärmlicher Schwindel!«, entfährt es ihr. Der Londoner streitet die Vorwürfe natürlich ab, versucht die peinliche Situation mit Komplimenten zu überspielen. Er spüre es, schwärmt er Hedwig an, auch sie sei mediumistisch veranlagt, »yes, I feel powers«, ihr Schutzgeist heiße – Heine! Alles das wird mit heiligstem Ernst verhandelt, Hedwig fühlt sich zusehends »schaudernd unter lauter Narren«, wie sie ihrem Tagebuch anvertraut, und klammert sich, sehr zu dessen Freude, an den Gastgeber »als einzige fühlende Brust«. Alfred gesteht ihr später, alle Anwesenden hätten Eglinton sofort durchschaut, hätten nur Komödie gespielt. Sie aber traut der Sache nicht. Ihre Freundin kommt ihr viel zu aufgeregt vor, und auch »den armen dummen Schrenck«, wie sie ihn nennt, hält sie mit seinen endlosen Fragen für »gläubig«. Um den Abend zu retten, schlägt Schrenck schließlich vor, sie, Hedwig Pringsheim, zu hypnotisieren, schließlich habe der Londoner Gast ihre Veranlagung dazu erkannt. Aber nicht einmal das gelingt: Statt in Trance, findet sie sich in einen sehr unangenehmen, körperlich regungslosen Zustand versetzt, aus dem sie nur schwer wieder zu sich selbst kommt. Der Wille des Hypnotiseurs und die von ihm verwendete Technik scheinen nicht allein ausschlaggebend dafür zu sein, dass sich die erwünschte Suggestibilität einstellt. Hedwig Pringsheim hat jedenfalls erst einmal genug von dem ganzen Seelenzirkus. Bereits um 23 Uhr geht sie, die ansonsten eher zu den Letzten gehört, heim.

Alfred – der Freund, nicht ihr Mann – besucht sie am nächsten Tag, um zu berichten, nach der Séance hätten sämtliche Beteiligten ein Protokoll unterzeichnet, in dem Eglinton als Schwindler entlarvt werde. »Tant mieux!«, »Umso besser!«, lautet Hedwigs knapper Kommentar. Doch wie sie einen weiteren Tag danach feststellen muss, als sie bei Eu vorbeischaut, hat ihr Gespür sie nicht getrogen: Weit davon entfernt, Eglinton und die Geisterklopferei aufzugeben, hat Eu nach Gesprächen mit zwei Freundinnen und dann zusätzlich noch mit Schrenck einen »Rückfall« erlitten; soeben befindet sie sich in einer intensiven Unterredung mit Eglinton, niemand sei der Zutritt gestattet.

Abermals einen Tag später, dem legendären Tag des Oppositions-Schwarms auf dem Eis, kommt auch Eu selbst wieder zu Besuch, »scheinbar kuriert, vernünftig und versöhnt«, aber nach wie vor hypersensibel, was das Thema betrifft; Hedwig erscheint ihre Freundin »partiell krank«, sogar im Theater glaubt sie Berührungen irgendwelcher Geister zu spüren. Langsam wird es Hedwigs Mann zu bunt, und als die beiden Schaeuffelens in den nächsten Tagen wieder einmal bei ihnen dinieren, knöpft er sie sich vor.

Alfred Pringsheim will keineswegs abstreiten, dass es bei den Sitzungen mit einem Medium, denen Eu beigewohnt hat, zuweilen zu so außergewöhnlichen wie faszinierenden Erscheinungen kommt. Das sei, so meint er, gerade in profanen Zeiten wie unseren Seelenbalsam. Für ihn gehe diese Wirkung von Wagner aus; seine Passion für dessen Musik sei ja hinlänglich bekannt. Doch habe sich Eu schon einmal gefragt, was hinter den spiritistischen Phänomenen stecke? Die Anhänger dieses Glaubens gingen davon aus, dass es sich um Manifestationen der Geister verstorbener Mitmenschen handele. Doch welche Bedeutung hätten die Erscheinungen gerade unter dieser Annahme? Welche Vorstellung müssten wir uns von dem Zustand der verstorbenen Mitmenschen machen, wenn die spiritistische Anschauung richtig sei? Was in den automatischen Niederschriften von sich gegeben werde, sei doch kaum mehr als Blödsinn zu nennen. Und noch nicht einmal höherer, nein inhaltsleerer, völlig banaler Blödsinn. Richtig, der Spiritismus, ja der gesamte Okkultismus wolle dem Materialismus der Gegenwart entgegenwirken. Aber indem er ein solch jämmerliches, mit Verlaub barbarisches Bild unserer Seele zeichne, die uns doch gerade über die Niederungen der Existenz erheben solle?

Alfred habe der Freundin »ihren spiritistischen Kopf gehörig«

gewaschen, notiert Hedwig in ihrem Tagebuch. Tatsächlich ist sie mächtig stolz auf ihn. Zuweilen ist dieser süße kleine Mann ein richtig großer Kopf.

Das Ziel der Befreiten

Stadt im Umbruch

Während die Münchner Gesellschaft noch erregt über die Geistererscheinungen debattiert, starten hier zwei zugereiste junge Frauen eine für die damalige Zeit beispiellose Karriere. Anita Augspurg, achtundzwanzig Jahre alt, und die sieben Jahre jüngere Sophia Goudstikker haben sich in Dresden kennen- und lieben gelernt und im Sommer 1886 den Entschluss gefasst, sich gemeinsam beruflich selbständig machen. Für die Entscheidung, dafür in die bayerische Kapitale zu gehen, spricht aus damaliger Sicht sehr viel. München ist eine Stadt im Umbruch und Aufbruch, sie wächst und strahlt Lebendigkeit aus. Allein in dem Jahrzehnt zwischen 1880 und 1890 nimmt die Zahl ihrer Einwohner um 50 Prozent zu, bis 1900 dann klettert sie auf eine halbe Million. Es entstehen neue Stadtviertel, wie das proletarisch geprägte Münchner Westend; in anderen, etwa dem Lehel, wo gerade noch die Flößer angelegt und Wäscherinnen die Wiesen am Isarufer als Trockenplätze genutzt haben, entstehen nun Mietshäuser für gehobene Ansprüche. Die Baustoffe Eisen und Glas halten Einzug ins Stadtbild: Bereits in den Fünfzigerjahren sind mit der Getreidehalle am Viktualienmarkt und dem riesigen Glaspalast im Alten Botanischen Garten repräsentative, moderne Bauten entstanden, Gusseisen-Glas-Konstruktionen, die völlig auf tragendes Mauerwerk verzichten.

Neben Industrie- und Technikausstellungen werden im Glaspalast bald auch internationale Kunstausstellungen und -messen veranstaltet, die stark zu Münchens Ruf als Kunst- und Kulturstadt beitragen. Nicht minder tut das die Reproduktionsindustrie, die es den Künstlern ermöglicht, nicht nur am Verkauf der Originale, sondern auch an ihrer Verbreitung in Reproduktionen zu verdienen: München ist hier mit Franz Hanfstaengl weltweit führend. In den Achtzigerjahren entstehen auch die großen Abfahrtshallen aus Eisen und Glas des Hauptbahnhofs; beliebte Ziele im Voralpenland werden an das Bahnnetz angeschlossen, der Alpentourismus wird zum Wirtschaftsfaktor. Das von König Max II. Mitte des 19. Jahrhunderts kreierte bayerische »National-Costüm« – Dirndl für die Damen, Lederhose, Leinenhemd und Haferlschuhe für die Herren – können die Sommerfrischler schon zu Hause, etwa im Berliner Kaufhaus Wertheim erwerben; in Tegernsee oder Garmisch steigen sie dann perfekt gekleidet aus dem Zug.

Exemplarisch für den Aufschwung, den der Gewerbestandort München nimmt, ist die stark umkämpfte Konzentration vieler kleiner Brauereien auf wenige Großbetriebe, mit dem Effekt, dass sich der Bierausstoß verdoppelt und die Qualität des Münchner Bieres steigt, das zunehmend zum Exportartikel und zum Synonym für die Lebensqualität in dieser Stadt wird. Die Verbindung von Moderne mit Lebenskultur, mit Wohlsein und Behaglichkeit wird zum Markenzeichen Münchens.

Die Impulse dieser und zahlreicher weiterer Veränderungen gehen schon lange von der städtischen Bürgerschaft und nicht mehr vom Königshaus aus: Nicht in der Residenz, sondern im Rathaus am Marienplatz werden die Weichenstellungen der Stadtentwicklung vorgenommen und laufen die Fäden zusammen. Prinzregent Luitpold, seit dem Tod Ludwigs II. im Starnberger See an der Macht, tritt lediglich als Repräsentant und Gönner, nicht jedoch als Bauherr oder politischer Gestalter in Erscheinung. In den ersten Jahren wenig beliebt, vielen als »Königsmörder« verhasst, hat sich Luitpold mit der Zeit Beliebtheit durch die Zurschaustellung all dessen verschafft, was Ludwig II. abgegangen ist, insbesondere

Volkstümlichkeit und Bürgernähe. Seine Leidenschaft gilt der Jagd, dem Ringen, Festen im Freien, seinen Hunden. So berühmt wie gefürchtet sind seine unangekündigten, überfallartigen Besuche von Künstlerateliers zur Unzeit der frühen Morgenstunden, stets begleitet von Medienleuten. Die Angewohnheit trägt ihm den Spitznamen »Atelierwanze« ein.

Den stärksten politischen Einfluss in München besitzen die Liberalen; die Sozialdemokraten befinden sich in Lauerstellung, vorerst noch ausgebremst durch das Mehrheitswahlrecht. Der nördliche Vorort Schwabing, kurz zuvor noch zur selbständigen Stadt erhoben, wird eingemeindet; hier, in den ursprünglich dörflichen Strukturen, die nun nachverdichtet werden, siedelt sich zunehmend eine Boheme an, die sich den Anspruch Münchens, Kunststadt zu sein, zunutze macht: Kunst kommt eben nicht nur von können, sondern auch von dürfen. Selbst wenn die gesellschaftlichen Rahmenbedingungen weiterhin die eines Obrigkeitsstaats sind – Schwabing entwickelt sich in diesen Jahren zu einem einzigartigen Versuchslabor, in dem unablässig getestet wird, wie weit sich die sozialen, moralischen und sogar anthropologischen Grenzen in Richtung Freiheit verrücken lassen. Kurzum, München mutiert binnen weniger Jahrzehnte von einer behäbigen Residenzstadt zu einer modernen Metropole.

Anita Augspurg und Sophia Goudstikker

Dementsprechend hoch sind die Erwartungen, die viele, insbesondere junge Leute im Gepäck haben, die Ende der 1880er Jahre und verstärkt dann im Jahrzehnt darauf in die bayerische Landeshauptstadt kommen. Darunter sind sehr viele junge Frauen. »Von allen Großstädten erschien München als die geistig freieste, wenigstens vorurteilsfreieste Stadt«, meint Anita Augspurg im Rückblick. Gabriele Reuter, die einige Jahre später nach München übersiedelt und hier den Grundstein für ihre Karriere als damals viel gelesene Schriftstellerin legt, sekundiert ihr: München nennt sie in ihren Erinnerungen das »Ziel der Befreiten«. Schon der Aufbruch nach München gewinnt da den Charakter der Befreiung: Wer hierhin geht, tut das in der Zuversicht, die Zwänge und Versagungen der bisherigen Existenz abzustreifen und ein Leben führen zu können, das den eigenen Wünschen und Vorstellungen entspricht.

Anita Augspurg und Sophia Goudstikker stammen beide aus wohlhabenden, bildungsnahen Familien. Anita hat mit 21 das kleine niedersächsische Verden an der Aller verlassen, in dem sie als jüngstes von fünf Kindern aufgewachsen ist, und ist nach Berlin gezogen, um eine Ausbildung zur Lehrerin zu machen. Das war ein Kompromiss, um sich nicht mit den Eltern zu überwerfen; denn eigentlich wäre sie gerne Schauspielerin geworden. Das holt sie nach, als sie durch ein großmütterliches Legat finanziell auf eigenen Beinen steht. Nach der Ausbildung durch eine Hofschauspielerin folgen mühsame, mit vielen Ortswechseln verbundene Jahre des Engagements an verschiedenen Bühnen, zunächst dem Meininger Hoftheater. Der jungen Hedwig Dohm begegnet sie da nicht, die hat sich zu diesem Zeitpunkt bereits in die Ehe mit Alfred Pringsheim verabschiedet. Nach fünf Jahren des Tingelns aber ist der Traum vom Schauspielerinnendasein ausgeträumt. Die Eltern sind inzwischen gestorben.

Vorübergehend kommt sie in Dresden bei ihrer Schwester Amalia unter, die dort eine private Malschule leitet. Noch immer ist Frauen der Zugang zu den staatlichen Kunstakademien verwehrt. Wer Malerei lernen will, geht auf eine der kostenpflichtigen Privatschulen, die jetzt überall aufmachen. Die einundzwanzigjährige Sophia Goudstikker ist kürzlich als Schülerin eingetreten. Noch im Jahr ihrer Geburt ist die Familie von Amsterdam nach Hamburg, vor sieben Jahren dann nach Dresden übergesiedelt. Der Vater, ein Kunsthändler, hat die Familie gerade in Richtung Paris für immer verlassen.

Die beiden Frauen verlieben sich und beschließen, eine gemeinsame Zukunft aufzubauen. Das Geld dazu, so ihre Idee, wollen sie als Fotografinnen verdienen. Das ist zu der Zeit noch ein junger Beruf, der sich relativ leicht erlernen lässt, ohne eine vorgeschriebene Ausbildung zu durchlaufen, und die Berufsbezeichnung ist auch nicht geschützt. Selbst die Investitionen sind überschaubar: alles gute Voraussetzungen, um als Frau beruflich zu reüssieren. Hinzu kommt, dass immer mehr Leute ein Fotoatelier aufsuchen, um Bilder von sich machen zu lassen; das ist weniger aufwendig und preiswerter, als einem Maler Porträt zu sitzen. Außerdem ist das Ergebnis absehbarer und, ebenfalls nicht zu verachten, es lässt sich reproduzieren. Obendrein ist die Fotografie, so sehen es die jungen Frauen, beiden Metiers, die sie jeweils aus eigener Erfahrung kennen, ein wenig verwandt: Sie ist eine neue, moderne Art, Bilder zu machen, und das Posieren und Sich-Verkleiden, um auf den Fotos gut auszusehen, hat etwas von Schauspielerei. Und schließlich sind auch Anita Augspurgs Kontakte ins Theatermilieu nicht zu verachten; Schauspielerinnen und Schauspieler brauchen ständig Porträts – um auf sich aufmerksam zu machen, um sich für eine Rolle oder ein Engagement zu bewerben und schließlich für ihre Fans. Zuletzt haben sie noch eine Idee: Wie wäre es mit Fotos von Kindern, des properen Nachwuchses wohlhabender, stolzer Eltern? Solche Aufnahmen sind gefragt, aber kaum ein Fotograf bringt die Geduld auf, die temperamentvollen Kleinen für die damals noch langen Belichtungszeiten ruhig zu halten.

Im November 1886 kommen Anita Augspurg und Sophia Goudstikker nach München. Als sichtbares Zeichen des Neuanfangs haben sie sich ihr Haar kurz schneiden lassen, lange bevor die weibliche Kurzhaarfrisur in den 1920er Jahren unter dem Namen »Bubikopf« populär wird. Von Tituskopf spricht man in den 1890er Jahren und bezeichnet damit recht unspezifisch alle weiblichen Frisuren, die nicht übers Kinn hinausgehen. Die bei-

Der Männerwelt die Stirn bieten: Sophia Goudstikker, Gründerin des Ateliers Elvira und Initiatorin der Münchner Frauenbewegung.

den jungen Frauen tragen ihr Haar für damalige Verhältnisse sogar extrem kurz, Sophia nach hinten gebürstet mit ausrasiertem Nacken. Sie verzichten auf alles Verspielte wie etwa nach vorn drapierte Locken, wie sie dann später unter dem Namen »Herrenwinker« berühmt werden. Das verleiht ihren Gesichtszügen etwas Strenges, aber auch wild Entschlossenes. Dass sie dadurch aus der Menge herausstechen, ist ihnen nur recht: Vor allem Frauen, die Frauen lieben, bevorzugen damals den Tituskopf. Doch kommt es ihnen darüber hinaus so vor, als würden sie mit ihrem kurzen Haar der Welt die Stirn bieten und zugleich auf der bloßen Stirn ihre Gedanken frei und offen tragen.

Anfangs wohnen die beiden jungen Frauen bei Bekannten. Über den Winter absolvieren sie eine Ausbildung in einem photographischen Atelier. Und bereits in den Wochen, da der Frühling mit Macht dem Sommer zudrängt, haben sie nahe der Ludwigstraße, die von der Innenstadt Richtung Schwabing führt und die der soeben in München promovierende Kunsthistoriker Heinrich Wölfflin die »monumentalste Straße Europas« nennt, ein Atelier gefunden – nahe dem Englischen Garten gelegen und bequem zu

Fuß von Altstadt und Maxvorstadt erreichbar, mit einer Wohnung für sie beide darüber im ersten Stock. Die Frauen haben mit den seinerzeit üblichen Schwierigkeiten zu kämpfen: Der Vermieter möchte den Vertrag mit dem Ehemann abschließen und erkundigt sich nach dessen Einwilligung. Und auch auf der Bank verlangt man die Unterschrift des Mannes, als Anita Augspurg dort das eigene Geld abheben will. In beiden Fällen bedarf es großer Hartnäckigkeit und Frustrationstoleranz, um klarzumachen, dass der geforderte Ehemann gar nicht existiert und auch nicht vorgesehen ist, sondern hier zwei junge Frauen im eigenen Namen agieren und als seriöse Geschäftspartnerinnen ernstgenommen werden wollen. Kaum ist der Sommer dann tatsächlich gekommen, erscheint in den *Münchner Neuesten Nachrichten* vom 13. Juli 1887 eine Anzeige:

> Neu eröffnet
> **Atelier Elvira**
> **Photographische Anstalt**
> Anita Augspurg & Sophie Goudstikker
> München, v.d. Tannstrasse 15
> parterre.
> Aufnahmen täglich von 8–6 Uhr.
> Specialität: Kinderaufnahmen.

Noch im Gründungsjahr des Ateliers Elvira lässt sich der berühmte Schauspieler Richard Stury dort als Goethes junger Dichter Tasso fotografieren. Schon bald gibt sich im Atelier Elvira die Theaterprominenz die Klinke in die Hand. Für ein Starfoto der Primadonna Milka Ternina als Walküre schaffen Sophia Goudstikker und Anita Augspurg sogar ein echtes Pferd ins Atelier. Beliebt sind dramatische Posen, der Blick verzückt gen Himmel gerichtet. Die gewählte Attitüde muss gar nicht unbedingt zur jeweiligen Rolle passen, sie orientiert sich am Geschmack des Publikums, das nach irdischer Entrückung lechzt. Eine wesentliche Funktion kommt dabei auch den gemalten Hintergrundprospekten zu. Das können ein Landschaftsausblick, gerne auch mit Architekturfragment, ein Wolkenhimmel oder ein kleines Podest sein, das sich imaginär in eine nach oben führende Treppe fortsetzt. Die nicht zuletzt durch die Porträts aus dem Theatermilieu angelockten Kundinnen und Kunden des Besitz- und Bildungsbürgertums bevorzugen hingegen das Brustbild vor neutralem Hintergrund. Das fotografische Können bemisst sich nicht nur daran, die Frauen möglichst attraktiv und die Männer möglichst charakterstark zu zeigen, sondern ihnen auch die gewünschte Aura zu verschaffen: Der Übergang von Boden und Wand wird verschleiert, gegebenenfalls beim Ausbelichten des Glasplattennegativs wie in Nebel getaucht.

Zu den frühen Kundinnen des Ateliers Elvira zählt auch Hedwig Pringsheim. Dass die beiden Inhaberinnen des Fotostudios das Haar kurz tragen und keinen Hehl daraus machen, ein Paar zu sein, dass sie sich für Frauenrechte engagieren, Sport treiben, unter anderem im Englischen Garten ausreiten - das alles schreckt sie keineswegs, erhöht im Gegenteil die Neugier, sich dort fotografieren zu lassen. Angetan von der angenehmen Atmosphäre des Ateliers, auch von der Gründlichkeit und Professionalität, mit der dort gearbeitet wird, nimmt sie später auch ihren Mann mit, probiert die Spezialität des Ateliers aus und lässt ihre Kinder fotografieren.

Die Kundschaft wird in einem gemütlichen Salon empfangen. Während der Wartezeit kann man dort an den Wänden und in den ausliegenden Mappen die Porträts der Prominenz betrachten, die die Dienste des Ateliers bereits in Anspruch genommen hat. Welch ein aufregendes Spektakel der Selbstinszenierung; hier kann man sich für einen Augenblick in eine andere Identität hinüberträumen.

Im Atelier selbst dann geht es eher handfest zu. Auf der einen Seite die voluminöse, auf ein schweres Stativ montierte Studiokamera; dahinter, während der Aufnahme unter einem schwarzen Vorhang verborgen, die Fotografin. Und gegenüber, für die Sekunden der Belichtung in Bewegungslosigkeit verharrend, man selbst. Ein Sessel mit Kopfhalter hilft einem dabei, sich nicht zu rühren. Die Gefahr ist, dass man vor lauter Starre auf dem Foto das Aussehen einer Leiche annimmt. Das zu vermeiden, ist Teil der Kunstfertigkeit, mit der im Atelier Elvira fotografiert wird.

Doch es gibt noch einen dritten Raum, den man als Kundin nie zu Gesicht bekommt: die Dunkelkammer, wo die Glasplatten für die Aufnahmen vorbereitet und später entwickelt werden. Manchmal öffnet sich die Tür, die dorthin führt, für einen kleinen Moment. Dann steigen einem die Dämpfe in die Nase, die von den dort verwendeten Chemikalien ausgehen; sie sollen giftig sein. Nicht nur deswegen erinnert Hedwig Pringsheim das Atelier an eine Hexenküche – ein Laboratorium der Identitätssuche, wo man sich den möglichen Bildern seiner selbst stellt.

Ein Seelenflüsterer

Alfred Schrenck-Notzing

Im Sommer 1889 ist die *Psychologische Gesellschaft* München beinahe schon wieder Geschichte – jedenfalls in der Gestalt, wie sie Carl du Prel etablieren wollte. Du Prel, der Stratege, hat Schrenck-Notzing, den Jungspund, den er zum Sekretär gemacht hat, unterschätzt, und zwar so gründlich wie folgenreich. Der junge Mediziner, seit einem halben Jahr promoviert, ist keineswegs nur der gutaussehende junge Mann mit einer speziellen Wirkung auf Frauen, für den ihn die meisten auf den ersten Blick halten. Schon sein durchdringender Blick sollte sie eigentlich eines Besseren belehren. Noch als Student hat er seine Begabung entdeckt, Menschen in Hypnose zu versetzen, und ist nun berauscht von seinem Erfolg, anderen seinen Willen aufzuzwingen, und der Bewunderung, die ihm das einträgt.

Schnell beginnt er das therapeutische wie auch das monetäre Potenzial seiner Fähigkeit zu ahnen. Lassen sich mit ihrer Hilfe nicht der Wille und das Verhalten eines Menschen verändern, sozusagen umprogrammieren? In Frankreich hat man der Methode, seelische Störungen per Hypnose zu korrigieren, auch schon einen Namen gegeben: Suggestionstherapie.

Im Januar 1889 erläutert Schrenck im Münchener Kunstgewerbehaus vor einem dreihundertköpfigen Auditorium aus Wissenschaftlern, Künstlern und Ärzten, darunter vielen Direktoren und Präsidenten, die Grundlagen und Möglichkeiten der neuen Methode. Der erste Teil der gut besuchten Veranstaltung, ein fast zweistündiger, staubtrockener akademischer Vortrag des jungen Mediziners, enttäuscht mehr, als dass er die hohen Erwartungen befriedigen kann. Wie sich im Publikum zeigt, kann man nicht nur unter Hypnose, sondern auch aus Langeweile in Schlaf verfallen. Nach der Pause dann aber sind Demonstrationen angekündigt, und jetzt kann Schrenck sein Talent nicht nur als Hypnotiseur, sondern auch als witziger Conférencier unter Beweis stellen. Es beginnt eher unspektakulär: Eine von ihm hypnotisierte Frau verfällt auf seine Anordnung hin in Gliederstarre. Dann eine zweite und eine dritte. Jeder Fall etwas anders gelagert, aber im Erscheinungsbild ähnlich. Höflicher Beifall.

Doch das Programm ist auf Steigerung hin angelegt. Nun tritt ein junger Maler auf, der in Trance erst eine Madonna im Stil Raffaels malt und dann einen Afrikareisenden mimt. Währenddessen hat Schrenck bereits einen zweiten Mann hypnotisiert, der im somnambulen Zustand einen Schimmel verkauft, der gar nicht existiert. Im Alltagsleben sei der Mann eher schüchtern und zurückhaltend, erläutert Schrenck. Eine hochkomische Szene, das Publikum lacht und klatscht schon vernehmlicher.

Dann aber betritt Baron von Poissl die Bühne, ein Endvierziger mit Gehbeschwerden - Kriegsverletzung. Er wurde 1870 in der Schlacht bei Sedan verwundet und ist seither zudem *autosomnambul*: Der Baron kann sich selbst in Hypnose versetzen. Das tut er sogleich, nachdem er in einem Lehnsessel Platz genommen hat, und bekommt von Schrenck prompt den Auftrag, er sei Fürst Bismarck. Daraufhin hält er im somnambulen Zustand eine pathetische und zugleich ausgebuffte Rede über Kolonialpolitik, ganz im Stil des in Bayern häufig verspotteten Reichskanzlers. Das Publikum biegt sich nun vor Lachen.

Doch Schrenck hat noch ein weiteres As im Ärmel. Er fordert von Poissl auf, er möge doch darstellen, wie er bei Sedan verwundet wurde. Es ist, als habe der Baron im Schlaf ein Horn vernommen. Er springt aus dem Sessel auf, bereit zum letzten Gefecht: »Die Gräben! Die Gräben besetzen!«, ruft er: »Ob wir jetzt sterben oder später, das ist ganz gleich. Jetzt gilt's für's Vaterland! Hurra!« Und stürzt wie mit hoch erhobenem Säbel zur Rampe. Dort bricht er mit einem markerschütternden Schrei zusammen, als sei er getroffen. Schrenck eilt herbei, richtet ihn auf, schleppt ihn zurück zu seinem Sessel – eine Szene wie aus einem Schlachtengemälde. Das Publikum ist hingerissen, klatscht wie verrückt, trampelt mit den Füßen. »Betroffen und in Verwunderung über eine packende Naturwahrheit verließen die tieferregten Zuhörer das Haus«, berichtet am nächsten Tag die *München-Augsburger Abendzeitung*, die sich das Recht, Schrencks Vortrag abzudrucken, bereits im Vorfeld der Veranstaltung gesichert hat.

Feindliche Übernahme

Während der sechs Jahre ältere Sigmund Freud noch ein unbeschriebenes Blatt ist und seine Wiener Privatpraxis allenfalls spärlichen Zulauf hat – obwohl auch er seine unter seelischen Beschwerden leidenden Privatpatienten mit Hypnose behandelt –, ist der junge Schrenck in München auf dem besten Wege, ein stadtbekannter Mann zu werden, dem man zutraut, die Seelenkunde und Seelentherapie zu revolutionieren. Der Andrang zu seiner soeben eröffneten Praxis ist enorm.

Das hat nicht zuletzt damit zu tun, dass er in dem Ruf steht, selbst hartnäckige seelische Störungen mit der von ihm propagierten Suggestionstherapie erfolgreich kurieren zu können. So etwa auch die »konträre Sexualempfindung«, wie man die Homosexualität seit kurzem nennt, nachdem selbst Mediziner lange Zeit davon ausgegangen waren, es handle sich um eine Folge von Verführung, sexueller Übersättigung oder Degeneration. In einer Zeit, in der homosexueller Verkehr als Straftat gilt, ist diese Anerkennung der konstitutionellen Bedeutung der Homosexualität schon einmal ein Fortschritt, um den Preis allerdings ihrer fortgesetzten Stigmatisierung. Nun aber will Schrenck-Notzing sogar einen Weg gefunden haben, die »abnorme« Veranlagung zu behandeln. Sein berühmter Grazer Kollege Richard von Krafft-Ebbing, Autor des Standardwerks *Psychopathia sexualis*, ist den ersten Schritt in diese Richtung gegangen, indem er einem Patienten die konträre Sexualempfindung mittels Hypnose sozusagen absuggeriert hat. Mit dem Ergebnis, dass dieser nun unempfindlich gegen jeden sexuellen Reiz ist, ganz egal, ob konträr oder konform.

Schrenck-Notzings Ehrgeiz geht weiter: Er will die völlige Verlagerung des Sexualempfindens auf das andere Geschlecht erreichen. Als ihn dann tatsächlich ein »Konträrsexueller« in seiner Praxis aufsucht, macht er sich zügig ans Werk. Herr R., achtundzwanzig Jahre alt, trägt sich mit Suizidgedanken, entpuppt sich jedoch als gelehriger Patient: Schon nach fünf Hypnosesitzungen nimmt er im somnambulen Zustand Aufträge entgegen. Zwei Sitzungen später ordnet Schrenck seinem Patienten unter Hypnose zum ersten Mal den geschlechtlichen Verkehr mit einer weiblichen Person an und stellt dabei sicheres Gelingen in Aussicht. Und tatsächlich, noch am selben Abend schläft R. in einem Bordell zum ersten Mal mit einer Frau. »Von jetzt an wird der Geschlechtsverkehr R's suggestiv geregelt«, berichtet Schrenck auf seine zupackende Art. Das bleibt auch dann so, als es zu einem »Rückfall« kommt. Dieser wird zuerst mit »energischen Gegenvorstellungen in der Hypnose« und dann auch im Bett bekämpft: R. schläft mit einer Frau, während der von ihm begehrte Mann dabei zusehen darf. Sodann wird die nächste Eskalationsstufe der sexuellen Umerziehung gezündet: Der Patient geht nun auf Brautschau, nicht zuletzt auch deshalb, weil beim käuflichen Sex die »Befriedigung des ästhetischen Bedürfnisses« zu kurz kommt und R. diese nur in einer glücklichen Ehe finden zu können glaubt. Im Mai 1889, nach insgesamt 45 Sitzungen, ist die Therapie des Patienten dann abgeschlossen: R. verlobt sich und wird bald heiraten. Schrenck setzt darauf, dass er »den sexuellen Anforderungen einer Hochzeitsreise« genügen kann und entlässt ihn als gebessert. Sollte »ungünstigen Falles ein Rückfall eintreten«, bleibe noch immer »die Wiederholung des Verfahrens«. Mit dieser frohgemuten Aussicht beschließt der Seelenflüsterer seinen Aufsatz »Ueber Suggestionstherapie bei konträrer Sexualempfindung« in der *Internationalen Klinischen Rundschau.*

Die öffentlichen und die therapeutischen Erfolge geben Schrencks Selbstbewusstsein mächtigen Auftrieb. Noch ist du Prel der große Wortführer innerhalb der *Psychologischen Gesellschaft*. Dessen metaphysische Auffassung von der Seele und dem Unbewussten ist dem Seelenflüsterer und seiner wachsenden Anhängerschar aber zunehmend ein Dorn im Auge. Als sich dann die Gelegenheit bietet, Max Dessoir zum Vortrag nach München einzuladen, greift Schrenck sofort zu. Keiner ist besser informiert über die aktuelle Hypnoseforschung als dieser blutjunge Berliner Psychologe und Philosoph. Zudem ist Dessoir für seine ablehnende Haltung gegenüber okkultistischen Theorien bekannt. Und richtig: Rasch kommt der Gast aus Berlin auf das gefährliche Erbe der Hypnose zu sprechen. Ein Jahrhundert hindurch seien die hypnotischen Erscheinungen so eng »mit unbeweisbaren Theorien« verquickt gewesen, dass es noch jetzt schwerfalle, sie davon zu lösen. Noch ärger aber sei »die heillose Sucht nach metaphysischen Deutungen«. Wer »Glaubensbedürfnisse« befriedigen will, könne ja ein Conventikel gründen – in psychologischen Gesellschaften habe er jedenfalls nichts zu suchen. Selbst wenn Dessoir an dieser Stelle seines Vortrags keine Namen nennt, können sich alle im Saal denken, wovon und von wem die Rede ist. Unter den Zuhörern kommt es zum Tumult, du Prel springt auf, gestikuliert wild mit Händen und Füßen.

Gleich im Anschluss an den Vortrag wird eine Vorstandssitzung einberufen. Zuerst müssen sich Dessoir und Schrenck schwere Vorwürfe anhören. Dessoir habe das Gastrecht missbraucht, du Prel schwer beleidigt – doch je länger die Aussprache andauert, desto deutlicher wendet sich die Stimmung zugunsten der beiden. Am Ende tritt der gesamte bisherige Vorstand zurück, du Prel aber verlässt die Psychologische Gesellschaft und gründet die alternative *Gesellschaft für Experimentalpsychologie*, die sich ganz auf die Erforschung mystischer und okkulter Erscheinungen fokussiert. Schrenck hat sein Ziel erreicht: Die *Psychologische Gesellschaft* München tanzt fortan nach seiner Pfeife. Er wird seine Karriere als Therapeut und Forscher darauf gründen.

Durch die Wolle zur Seele

Karl Wilhelm Diefenbach

Nur mit einem kurzen Mantel bekleidet, ansonsten nackt, barhäuptig, barfüßig, barbeinig – durch sein außergewöhnliches Erscheinungsbild sorgt der Künstler Karl Wilhelm Diefenbach in der Münchner Innenstadt regelmäßig für die Ansammlung von Menschenmengen. Seine öffentlichen Vorträge im Ballsaal der Münchner Zentralsäle, etwa »Über die Quellen des menschlichen Elends, Krankheit, Armut und Verbrechen und deren Beseitigung durch naturgemäße Lebensweise«, rufen Polizei und Staatsgewalt auf den Plan. Diefenbach agitiert gegen Fleischkost und den Genuss von Tabak und Alkohol, gegen Prostitution, aber auch gegen die Benachteiligung unehelicher Kinder, gegen die Taufe und den

Impfzwang – eine auch nach damaligen Maßstäben querdenkerische Mischung. Vollends eine stadtbekannte Erscheinung aber wird er durch den ersten Nudistenprozess der Geschichte, der im Herbst 1888 vor dem Landgericht München II verhandelt wird. Diefenbach hat keine Geister beschworen, er hat in den Augen der damaligen guten Gesellschaft etwas sehr viel Unanständigeres getan: Er hat sich ausgezogen und nackt in die Sonne gelegt. Und nicht nur er selbst, sondern vor allem auch sein minderjähriger Sohn namens Helios: An drei näher bezeichneten Tagen soll er ihn laut Zeugenaussage eines Wachtmeisters dazu gebracht haben, auf der »Terrasse« seines Wohnsitzes, der ehemaligen Arbeiterunterkunft in dem aufgelassenen Steinbruch von Höllriegelskreuth im Isartal, unbekleidet herumzutoben. Auch sein gerade zwanzigjähriger Schüler Hugo Höppener frönt der Freikörperkultur, betont allerdings stets, dabei nicht etwa faul in der Sonne zu liegen, sondern kreativ zu arbeiten, sprich Kunstwerke zu schaffen. Die Strafe fällt milde aus. Der Legende nach sitzt sie der Schüler für den Meister ab; denn Diefenbach ist, wie er wortreich erläutert und mit Attesten belegt, krank und aufgrund seines Leidens gar nicht erst zur Verhandlung erschienen. Für diesen Gunsterweis wird Hugo Höppener in einer feierlichen Zeremonie der »Klostername« Fidus, der Treue, verliehen.

1851 in Hadamar im ehemaligen Herzogtum Nassau geboren, ist Diefenbach bereits mit Anfang 20 nach München gekommen, im gleichen Alter wie sein späterer Schüler Fidus. Er gehört zu den ersten, die über das junge Medium Fotografie zur bildenden Kunst finden; in seinem Fall unfreiwillig, weil sein Vater einen Schlaganfall erlitten hatte und der Sohn die Eltern finanziell unterstützen musste. In München dann ist er zuerst bei einem prominenten Hoffotografen angestellt, später fertigt er Fotoretuschen für das Unternehmen von Franz Hanfstaengl an. Zugleich aber schreibt er sich für die Antikenklasse an der Münchner Akademie der Bildenden Künste ein. Allerdings soll er von den sieben belegten Studienjahren kaum sieben Monate in der Akademie zugebracht haben; seinen Lebensunterhalt bestreitet er mit Aufträgen für konventionelle Porträts im Stil der Zeit, die ihm ein Freund vermittelt. Vor allem aber ist er andauernd erkrankt; früh hat er sich mit Syphilis angesteckt, hinzukommt eine Typhusinfektion, die ihn beinahe das Leben kostet. Nur seine »lebensstarke Seele« habe ihn sehr zum Staunen der behandelnden Ärzte diese Gefahren überstehen lassen, meint er rückblickend. Aber auch danach ist er regelmäßig kränkelnd – Diefenbach leidet unter habituellen Kopfschmerzen, Krampfanfällen, Hämorrhoiden und dergleichen mehr. Zunehmend gerät er in den Kreis der Lebensreformer, die Alternativmediziner seiner Zeit. Auch die Eheschließung mit der fürsorglichen Magdalene Atzinger, die er während einer seiner vielen Kuraufenthalte kennlernt und die 1880 den gemeinsamen Sohn Helios zur Welt bringt, scheint vor allem eine therapeutische Maßnahme zu sein. Unmittelbar nach der Trauung macht Diefenbach sich zu einer Einpersonenhochzeitsreise auf den im Alpenvorland gelegenen, gerade einmal tausend Meter Hohenpeißenberg auf und datiert fortan auf den dort erlebten Aufgang der Sonne hinter den schneebedeckten Bergen seine endgültige Bekehrung zum Menschheitsretter. Im wollenen Gewand steigt er von seinem Berg der Wahrheit wieder ins Flachland herab, um daraufhin mit langem Haar und barfuß durch München zu wandeln und mit großformatigen symbolistischen Gemälden, die Titel tragen wie »Der Rettung entgegen«, »Du sollst nicht töten«, »Der Prophet« oder »Frage an die Sterne«, die Kunst zum Medium der Erlösung zu erheben. Im Lokal der Wandelheimer Milchkuranstalt in München gründet er 1882 den Verein Menschheit. Drei Jahre später, als er der Großstadt den Rücken kehrt und mit seiner wachsenden Familie und einigen Jüngern in die Höllriegelskreuther Einöde übersiedelt, geht daraus die Kommune Humanitas. Werkstätte für Religion, Kunst und Wissenschaft hervor.

Diefenbach ist keineswegs der Einzige, der sich in diesen Jahren in wollene Gewänder hüllt und sich davon wie auch von der Umstellung der Ernährung auf fleischlose Kost und den Verzicht auf

Nervengifte Heilung von Beschwerden, seelisches Wohlbefinden und ein gutes Leben erhofft. Insbesondere das Tragen von Bekleidung, manchmal auch nur Unterbekleidung aus tierischer Wolle statt Pflanzenfasern ist ein grassierendes Modephänomen, zu dem sich etwa auch der junge Gerhart Hauptmann oder der kaum rückschrittlich zu nennende Ingenieur Robert Bosch bekennen. Man spricht von Jäger'scher »Normalkleidung«, so genannt nach ihrem Erfinder und Propagator, dem Zoologen Gustav Jäger, der sie auch gleich von einer Stuttgarter Wirkwarenfabrik schneidern und fertigen lässt und durch die Tantiemen zum mehrfachen Millionär wird. Die Verbreitung der modischen Alternativbekleidung macht noch nicht einmal an den Grenzen des deutschen Kaiserreiches halt. Oscar Wilde propagiert sie in England, wo etwa auch George Bernard Shaw zum eifrigen Lobredner ihrer Vorzüge wird. In Großbritannien ist das 1884 gegründete Bekleidungsunternehmen »Jaeger Fashion« eine bis heute bekannte Modemarke mit zahlreichen Shops im ganzen Land.

Jäger ist der Überzeugung, dass das Tragen rein wollener Wäsche oder Kleidung direkt auf der Haut deren Atmung und unsere olfaktorische Ausstrahlung positiv beeinflusst. Wolle wirkt laut Jäger desodorierend, dynamisierend und präventiv. Oder wie ein Zeitgenosse reimt:

> Das Fett zerschmilzt im Jägerrocke,
> indess der Fuß in woll'ner Socke
> Ermüdung nie verspüren lässt;
> Man schwitzt vergnügt aus allen Poren
> Und fühlt sich stets wie neugeboren
> Und bleibt gesund und seuchenfest!

Der Zoologe Jäger liefert die Theorie dazu gleich mit: Jedes Lebewesen, von der Pflanze bis zum Menschen, lässt sich danach als Ausdünstungssystem beschreiben, in dem Lust- und Unluststoffe wechselwirken. Während die Luststoffe angenehm riechen und auf andere anziehend wirken, bringen Angst, Stress und andere Unlustfaktoren die Absonderung übler Gerüche mit sich, die andere abstoßen. Das hat natürlich auch eminente Auswirkungen auf die sexuelle Attraktivität. Jäger spricht von »Geschlechtsdüften«, wo die Wissenschaft heute, unwissentlich in den Fußstapfen seiner vergessenen Duftchemie schreitend, von Sexualduftstoffen oder sogenannten Pheromonen redet; sie seien im höchsten Maße »nervenaufregend«, konstatiert er. Letztlich glaubt Jäger, in den Lust- und Unluststoffen dem chemischen Ursprung der Seele auf die Spur gekommen zu sein.

Der Meister und sein Fidus

Auch Diefenbachs Schüler Hugo Höppener, Sohn eines Lübecker Konditormeisters, trägt schon die Jäger'sche Wollkleidung, als er Ostern 1887 nach München kommt. »Jesses, a Diefenbacher«, schallt es ihm entgegen, als er im Jäger-Anzug und mit langen Haaren die Münchner Kunstakademie betritt, um die Aufnahmeprüfung zu absolvieren. Abgestoßen von dem Getue der Kommilitonen, tritt er, kaum hat der Sommer begonnen, die Reise zu Diefenbachs abgelegenem Refugium an: mit der Eisenbahn bis zur Großhesseloher Hochbrücke, dann zu Fuß über das Dorf Pullach den bewaldeten Isarhang hinunter zu dem riesigen Steinbruch mit den himmelhohen Wänden. Er findet Diefenbachs selbstgebackenes Schrotbrot und das angebotene frische Quellwasser köstlich, den Meister, der ihm »dekorative Groß-Entwürfe zukunftsreligiösen Charakters« zeigt, bedeutend und bittet darum, sein Schüler werden zu dürfen. Rasch wird Diefenbach klar, welches künstlerische Talent es da zu ihm ins Isartal verschlagen hat, und er bedient sich der erstaunlichen Fertigkeiten des jungen Fidus, um die bislang nur grob aufs Papier geworfenen musizierenden und tanzenden Kindergestalten zu dem so monumentalen wie verspielten und große Leichtigkeit ausstrahlenden, am Ende 68 Meter langen

Durch die Wolle zur Kinderseele: Karl Wilhelm Diefenbach, Gemälde Nr. 21 aus dem Fries »Per Aspera ad Astra«, 1888.

Silhouettenfries weiterzuentwickeln, der unter dem Titel »Per Aspera ad Astra« – Durch das Raue zu den Sternen – Diefenbachs populärstes Werk wird.

Zusammen mit einem anderen Schüler richtet Fidus dem schon wieder kränkelnden Diefenbach im Frühjahr 1889 eine Ausstellung in München aus. Dort wird die *Kindermusik* gezeigt, eine Vorstufe des großen Schattenfrieses, wesentlich kleiner als das spätere Riesenwerk. Aber auch die für Diefenbach typischen »Gesinnungswerke«, wie Fidus sie nennt, sind hier zu sehen, viele davon noch im Entwurfsstadium. Ganz München gibt sich ein Stelldichein, die Künstler und Literaten sowieso, aber auch die bessere Gesellschaft. Hedwig Pringsheim besucht die Ausstellung gleich zweimal, zuerst flüchtig mit einer Freundin, eine Woche später kommt sie mit ihrem Mann wieder. Frank Wedekind, von dem wir noch hören werden, nennt das dort gezeigte Phantasiestück *Höllriegelsgreut* in seinem Tagebuch »ein bedeutendes Bild«. Es zeigt den Meister selbst als einsamen Helden und betenden Dulder im tosenden nächtlichen Sturm, während ihm gegenüber, im Herzen der Finsternis, in einem Strudel aus Licht ein gekreuzigter Heilbringer mit einem Astralleib erscheint. »Da ist Wucht und Pathos«, meint auch der Schriftsteller Otto Julius Bierbaum, der Diefenbach ansonsten eher für einen zwanghaften Selbstdarsteller hält.

Auf der Ausstellung selbst wird zwar nichts verkauft, doch immerhin kommen Eintrittsgelder in Höhe von 3000 Reichsmark zusammen. Als es dann jedoch um die Frage der Verwendung des eingenommenen Geldes geht, ist es mit der Eintracht zwischen Meister und Schüler schnell vorbei. Statt, wofür Fidus plädiert, nun sorglos die künstlerische Arbeit fortzusetzen, will Diefenbach sich endlich von seiner ihm inzwischen verhassten Frau scheiden lassen, die Behörden, die ihn verfolgt haben, verklagen und in Höllriegelskreuth eine große Ausstellungshalle bauen. Widerspruch duldet der sich zusehends in der Rolle eines neuen Messias gefallende Diefenbach nicht. So wird aus Fidus schnell ein Infidus.

Am 1. Juni 1889 verlässt Hugo Höppener die Diefenbach'sche Kommune und kehrt nach München zurück, wo er nach den Erfahrungen mit der Lebensreform nun im Dunstkreis der von du Prel soeben gegründeten *Gesellschaft für Experimentalpsychologie* Bekanntschaft mit der Theosophie und dem Spiritismus macht. Das von ihm geschaffene Bild, das dieser modischen intellektuellen Gemengelage entspringt und sie zugleich versinnbildlicht, trägt den Titel »Lichtgebet«. Es zeigt die Rückenansicht eines nackten, schlanken Jünglings mit androgyner Anmutung. Auf einem Felsen erhebt er sich auf die Zehenspitzen, reißt dabei emphatisch die Arme empor, dem Licht der Sonne entgegen. Der Blick geht gen Himmel, der Wind spielt mit seinem langen blonden Haar. Das zigtausendfach reproduzierte Motiv wird zur Ikone schlechthin der Aussteiger dieser Jahrzehnte.

»Mein neuer Hut«

Berlin, diese Riesen-Nervenfolter

»Diefenbach und sein Schüler, die in München unbehelligt ihr härenes Gewand zeigen und ihr Wesen treiben, wären in Berlin unmöglich. Dort kann Niemand nach seiner eigenen Facon selig werden«. Das ist die Meinung von Hedwig Pringsheim, kundgetan am 9. August 1889 in den *Münchner Neuesten Nachrichten*. Die in Berlin geborene und aufgewachsene Wahlmünchnerin muss es wissen: Auch jetzt ist sie noch regelmäßig zu längeren Aufenthalten in der deutschen Hauptstadt, um ihre Eltern oder die Schwiegereltern zu besuchen. Neben ihrem kolossalen Palais auf der Wilhelmstraße besitzen die alten Pringsheims mit Gut Haselhorst zudem noch ein großzügiges Feriendomizil in Spandau.

»Mein neuer Hut« heißt das Feuilleton, in dem Hedwig Pringsheim ihre Einsichten und Ansichten über den Unterschied zwischen Berlin und München öffentlich mitteilt. Anlass ist der im Titel genannte Hut, mit dem sie Spandau verlässt, um in die Berliner Innenstadt, ins Tiergartenviertel zu fahren, wahrscheinlich um ihre berühmten Kommissionen zu machen. »Ein schöner, neuer Hut: großer Deckel von durchbrochenem braunem Stroh, mit einem wahren Garten von rothen Mohnblumen übersäet, wie es die Mode des heutigen Sommers bei uns vorschreibt«, charakterisiert sie ihre Neuerwerbung. »Reizend!« hätten ihre Kinder gerufen, als sie ihn aufsetzte, zumindest »sehr nett« ihre Schwiegermutter. Gewiss ein auffälliges Accessoire, aber doch keines, das irgendwie Anstoß erregen sollte, zumindest nicht in einer Weltstadt, wie Berlin sie sein möchte. Als die vorbeimarschierenden Soldaten, denen sie auf dem Weg zum Spandauer Bahnhof begegnet, die Köpfe zusammenstecken, tuscheln und kichern, sogar wie auf Kommando ein lautstarkes »Hoch« ausstoßen, denkt sich Hedwig Pringsheim noch nichts Böses, nur dass sie mit dem Hut wohl starkes Aufsehen erregt, etwas zu stark für ihren Geschmack.

Doch was in Spandau noch einigermaßen harmlos begonnen hat, setzt sich in der Berliner Innenstadt in aufdringlicher, die Grenzen von Respekt und Anstand verletzender Manier fort: Frauen blicken sie mit frecher Miene an und brechen in »kreischendes, brutales Gelächter« aus, ein Kutscher ruft ihr nach, das sei doch hier nicht Mode, ob sie denn ins Innere von Afrika wolle, und erntet von den Umstehenden gellendes Gelächter. Die Menschen, denen sie begegnet, ob Frauen, ob Männer, ob jung, ob alt, scheinen sich in ihrem grausamen, um die Zustimmung der Umstehenden buhlenden Witz überbieten zu wollen: »Phantasie-Rieke« oder »Gemüsehändler« sind noch die harmloseren Bezeichnungen, die sie sich gefallen lassen muss, ein Dritter brüllt, sie solle doch Achtung geben, dass nicht eine Kuh auf sie aufmerksam werde. Wem nichts Witziges einfällt, beteiligt sich an dem Bashing zumindest mit Rufen und Gröhlen.

Hedwig Pringsheim reagiert auf das Spießrutenlaufen erst mit Scham; starr richtet sie die Augen auf ihre Stiefelspitzen, als könnte sie es so vermeiden, gesehen zu werden. Dann steigt Zorn in ihr auf - »der Zorn der Entrüstung gegen dies intolerante, anmaßende, dies brutale und uniforme Berlin«. Als sie endlich wieder glücklich im Pringsheim'schen Domizil in Spandau angelangt ist, begrüßt ihre Schwiegermutter sie mit der Frage, wie es denn in Berlin gewesen sei. »Oh recht hübsch«, so ihre Antwort, nur habe sie den Eindruck, »als sei diese großartige, herrliche Stadt recht kleinstädtisch und recht zopfig geblieben in der Gesinnung: boshaft gegen Neues, spöttisch gegen Fremdes, hochnäsig gegen Alles, was auch nur ein wenig anders ist«. Angesichts des Erlebten scheint das noch einigermaßen diplomatisch formuliert. Im Umkehrschluss soll es allerdings auch heißen, dass alles dies in München, in ihrer »lieben süddeutschen Residenz«, wie sie sagt, anders, sprich besser ist.

»Berlin wird Weltstadt - ja wohl«, beginnt Hedwig Pringsheim ihr Feuilleton. Doch gleich folgt das Aber: Die »innere Entwicklung« habe mit dem »äußeren Ausbau« hier nicht Schritt gehalten.

Berlin ist eine Stadt der zwei Geschwindigkeiten; das äußere Erscheinungsbild der Stadt, das den Willen ausstrahlt, Metropole zu sein, weckt Erwartungen, die die Menschen auf der Straße mit ihrer schamlosen Zudringlichkeit, Taktlosigkeit und Derbheit gründlich enttäuschen. Hedwig Pringsheim ist keineswegs die Einzige, die in diesen Jahren mit Berlin ins Gericht geht und demgegenüber die Weltoffenheit, Sinnenfroheit und Sorglosigkeit Münchens preist. In seinem viel gelesenen Buch *Berlin - ein Stadtschicksal* bestätigt der Kunstkritiker Karl Scheffler noch zwanzig Jahre später Hedwig Pringsheims Beobachtungen: Der Berliner will durchaus Großstädter scheinen und ist im Wesentlichen doch Provinzler. Die allgemeine Jagd auf die Frau gehöre, so Scheffler, »zu den deutlichsten Zeichen roher Kulturlosigkeit« auf Berlins Straßen. Am schönsten schimpfen über Berlin aber kann Frank Wedekind, und das liegt nicht zuletzt daran, dass er überhaupt einer der größten und geistreichsten Krawallbrüder der deutschen Literatur ist: »Berlin, diese Riesen-Nervenfolter ... Berlin ist keine Stadt, in der man selig werden kann. Hat Gott den Menschen geschaffen, damit er ein halbes Leben auf der Stadtbahn sitzt? Welchen Sinn hat das Leben eines Menschen, der keine Zeit hat? Berlin ist eben keine Stadt, sondern ein trauriger Notbehelf, Berlin ist ein Konglomerat von Kalamitäten.«

Selig werden, das kann man hingegen in München, und dazu noch nach der eigenen Façon. Henrik Ibsen, der seit 1875 mit Unterbrechungen hier lebt, bringt es auf den Punkt: »Hier läßt man jeden leben wie er will. Vollkommene persönliche Freiheit - welch ein Vorzug.« Und in der Tat: »Hier gab es nicht mehr die mir verhaßte Frage, was die Leute dazu sagen würden; hier konnte man sich auswachsen, konnte verbummeln, konnte unter die Räder kommen; aber eines wie das andre im Gefühl schrankenloser Unabhängigkeit«, fasst der Philosoph Ludwig Klages das Lebensgefühl der jungen Leute zusammen, die in den 1890er Jahren in großer Zahl nach München kommen. München ist in diesen Jahren das ideale Pflaster für junge Menschen mit Erfahrungshunger.

Und viele von ihnen sind sich darin einig, dass die Stadt am äußeren Ende des Deutschen Reiches gerade deshalb dazu prädestiniert ist, ihn zu stillen, weil sie nicht vor lauter Anspruch, die modernste Stadt Deutschlands zu werden, beinahe durchdreht. Berlin ist schnell und hektisch, München dagegen entspannt und müßiggängerisch. In Berlin wird durchgegriffen, in München ist man stolz auf sein Laisser-faire. Berlin ist uniform, München divers – auch das eine Erfahrung, die viele Neuankömmlinge machen, denen es hier gelingt, ihre sexuelle Orientierung relativ frei auszuleben. »Und doch konnte all das nur in München sein«, hat der Knaben liebende Stefan George rückblickend gemeint, »in Berlin wäre man eingesteckt worden« – im Sinne von in die Tasche gesteckt oder untergegangen.

Ende der 1880er, Anfang der 1890er Jahre zieht man nicht von München nach Berlin, sondern umgekehrt, von der Haupt- und Millionenstadt ins eher noch ländlich anmutende München. Erst später wird sich das wieder umkehren. Sicher, die bayerische Hauptstadt, die ihr Kunststadt-Image der Bautätigkeit und dem Mäzenatentum vor allem den Vorgängern Ludwigs II. auf dem bayerischen Königsthron verdankt, ist auch ein Hort der Tradition, der Etablierten, der abgesteckten Claims, der Künstlerfürsten mit ihren nach aristokratischem Vorbild designten Häusern. Selbst noch in den Karneval regieren sie hinein. Jenseits dessen aber entwickelt sich München nach dem Tod Ludwigs II. insbesondere mit seinen Stadtteilen Maxvorstadt und Schwabing zu einer riesigen, ständig sich ausdehnenden Künstlerkolonie. Die Zahl der »Zugereisten« geht in die Tausende. Damals sei München noch »die Kunstzentrale Deutschlands« gewesen, erinnert sich der Maler Hermann Ebers: »der einzige Ort, an dem der Künstler frei atmen, sich frei bewegen und unbehelligt schaffen konnte«.

Damals habe es noch geheißen: »Nur in Paris, in Rom und in München kann man als Künstler leben.« Wer hierhin komme, ermuntere andere, ihm nachzufolgen, berichtet denn auch der russische Maler Igor Grabar, der spätere Direktor der Moskauer

Tretjakow-Galerie, an seine Freunde Marianne von Werefkin und Alexej Jawlensky. Und auch er vergisst nicht die hier wehende frische Luft zu erwähnen, was ganz wörtlich gemeint ist, aber auch zum Symbol für die Freiheit des Geistes wird, die in München herrscht: »Alle Künstlerwohnungen, Ateliers und die Akademie befinden sich in einem Stadtteil. Rundum Bäume, genau wie auf einer Datscha. Aus meinem Fenster schaue ich auf ein Feld. Die Luft ist frisch und gesund. Überhaupt ist es hier so schön, dass man, wenn die Mittel es erlauben, mit Freude lernen möchte.«

Anders als die bekannten Künstlerkolonien wie Barbizon, Pont Aven oder Capri, wohin sich etwa Diefenbach schließlich zurückzieht, sind Maxvorstadt und Schwabing weit mehr als Sommerfrische oder Überwinterungsquartier - vielmehr ein rebellisches Ganzjahresbiotop mit ungeheurer kreativer Dichte. Es liegt nicht abseits, sondern mittendrin im urbanen Leben, unweit eines riesigen, sich an der Isar erstreckenden Landschaftsparks und von einer prächtigen Natur umgeben, die den ansässigen Künstlern und Literaten zur Seelenlandschaft wird. Hier entwickeln sich Verkehrs- und Umgangsformen, wie sie ansonsten nur in Ausnahmesituationen fernab des bürgerlichen, von Arbeit und Familie bestimmten Lebens zu beobachten sind. München in den Jahren vor 1900 ist eine Stadt der beinahe unbegrenzten Möglichkeiten. Sie steht für eine Offenheit, für eine Überschreitung der Milieus, für eine Vielfalt an Lebenschancen und Lebenskreisen, wie sie in Europa zu dieser Zeit höchstens noch Paris bietet. Und die Kraft, die das alles zusammenhält, ist die Kunst - ein in erster Linie ästhetisches Verhältnis zur Welt, wie es auch Hedwig Pringsheim mit ihrem modischen Mohnblumenhut verkörpert.

Ein Haus für München

Für seine Sammlungen und seine siebenköpfige, stets von einer Anzahl Dienstboten umschwirrte Familie, nicht zuletzt aber auch für die großen Gesellschaften, die er und seine Frau geben, baut Alfred Pringsheim in den Jahren 1888 bis 1890 ein repräsentatives Anwesen. Außen bekommt es eine Neo-Renaissance-Fassade, innen ist es ausgestattet mit allem erdenklichen Luxus und Komfort, immerhin aber um einiges weniger pompös und angeberisch als der von Theodor Fontane als »Kakel-Architektur« verspottete, hemmungslos Reichtum und Luxus zur Schau stellende Palast seines Vaters in der Berliner Wilhelmstraße.

Der neue Wohnsitz der Pringsheims befindet sich in unmittelbarer Nähe nicht nur zu Glyptothek und Propyläen, sondern auch zu der bereits im Jahr zuvor errichteten Villa des Münchner Künstlerfürsten Franz Lenbach. Auch die Gemäldegalerie des Grafen Adolf Friedrich von Schack mit dem Atelier des Historienmalers Carl Theodor von Piloty und die ebenfalls im Stil der Neo-Renaissance gebaute Villa des Dichters Paul Heyse, der vormals mit königlicher und inzwischen mit prinzregentlicher Protektion noch zur alten literarischen Garde Münchens zählt, sind fußläufig erreichbar. Schon die Lage ist also ein Statement: Das Pringsheim-Palais soll ein Haus der Kunst sein und nach dem Willen des Hausherrn in der gleichen Liga spielen wie die Villen der prominenten Künstlerfürsten in der allernächsten Umgebung. Das zeigt auch seine Innendekoration: Der Maler Hans Thoma, der gerade eine große Ausstellung in München hat, erhält den Auftrag, für das 65 Quadratmeter große Musikzimmer, den geselligen Mittelpunkt des Hauses, einen alle vier Wände umlaufenden Fries zu schaffen: die laut Thomas Mann, dem späteren Schwiegersohn, »unsäglich schöne« Darstellung »einer paradiesischen Landschaft, in der sich glückliche Menschen in zeitlosen Gewändern oder freier Nacktheit bewegten«. Die Flöte spielenden unbekleideten Jünglinge, das Trio von Lautespielern, der Rundtanz von sieben buntgewandeten Mädchen vor einer offenen Tempelhalle, schließlich der an Orpheus gemahnende Leierspieler, dem die Menschen und Tiere in seiner Umgebung andächtig lauschen – sie alle weisen auf die Macht der Musik, die die Brücke schlägt zwischen Mensch und Natur. Während Lenbachhaus und Schack-Galerie die bildende Kunst repräsentieren, die Heyse-Villa hingegen für die Literatur steht, verschafft der Wagner-Enthusiast Alfred Pringsheim in seinem neu erbauten Palais der Musik eine Heimstatt und erinnert daran, dass München nicht nur Kunst-, sondern seit Wagner auch Musikstadt ist, mit glanzvollen Opernaufführungen, berühmten Dirigenten wie dem späteren Generalmusikdirektor Hermann Levi und Weltstars wie der Sopranistin Milka Ternina.

Ende September 1890 ist es dann soweit. Unmittelbar nach den Sommerferien, die Hedwig Pringsheim mit den Kindern am Tegernsee verbracht hat, wird das neue Haus in Besitz genommen. »Einzug in's neue Haus! Alles wunderschön, nichts fertig, Chaos, Verzweiflung, dumpfe Ergebenheit! Gepackt, geräumt so viel wie möglich. Im Kinderzimmer Quartier aufgeschlagen«, heißt es in Hedwig Pringsheims Tagebuch. Der chaotische Übergangszustand zieht sich noch eine ganze Weile hin. Im Frühjahr 1891 aber ist dann auch der Fries im Musikzimmer fertiggestellt, und der erste große Ball im neuen Haus kann gefeiert werden.

»Gräßliches Durcheinander – Londiener, Tapezier, Elektriker, Schreiner«, notiert Hedwig Pringsheim am 7. März 1891 – da sind wir noch am Morgen des großen, lang erwarteten Tages. Hedwig hilft Tische decken, macht noch einige Kommissionen, deckt weiter, arrangiert Schalen. Nachmittags dann gibt es »zalreiche Absagen«, so dass die Zahl der Gäste von 110 auf 100 sinkt. Punkt acht »erster Gast – das Haus in strahlendem Glanze, wundervoll reich, schön, glänzend, überraschend. Dies allgemeiner Eindruck«. Auch die Kinder, mittlerweile zwischen sieben und elf Jahre alt, sind einbezogen: Sie »empfingen mit, amüsirten sich, tobten«. Der Abend beginnt mit Musik. Dann Souper: »sehr gut, reichlich, tadellos servirt, Sekt in Strömen«. Währenddessen die obligatorische Gästerede, Alfred erwidert, schließlich »flott getanzt. Schluß gegen ½ 3. Ein ›gelungenes Fest‹, aber wirklich.«

Der goldene Mittelweg

Frank Wedekind

Franklin Wedekind, wie er sich da noch nennt, sitzt im Zug von Berlin nach München. Zur Feier des Tages trägt er zum grauen Gehrock gelb karierte Pepitahosen, was seiner Erscheinung etwas leicht Exzentrisches verleiht. Den Schlapphut, der ihr etwas Verwegenes hinzufügt, hat er für die lange Fahrt abgelegt, ebenso den modischen ärmellosen Übermantel, einen Havelock, den er schätzt, weil er seinen Armen Bewegungsfreiheit verschafft. Der temperamentvolle junge Mann, der schnell auf Hundertachtzig ist, kann gar nicht anders, als beim Reden wild mit den Armen in der Luft herumzurudern: Hier ficht einer nicht mit dem Degen, wozu der Havelock einst erfunden wurde, sondern mit Worten, die er wie eine Präzisionswaffe zu handhaben versteht.

Vor wenigen Wochen erst von Zürich in Berlin angekommen, musste Wedekind seine Sachen schon wieder packen. Der Grund: unzureichende Ausweispapiere – er habe Deutschlands Hauptstadt binnen vierzehn Tagen zu verlassen, so der polizeiliche Bescheid. Wedekind ist, wie er jedem auch ungefragt auf die Nase bindet, amerikanischer Staatsbürger. Sein eigentlicher Name ist Benjamin Franklin Wedekind, so benannt nach dem Gründervater der Vereinigten Staaten, der auch ein Wissenschaftler und Erfinder war und, nicht zuletzt, ein Gegner der Sklaverei – *jeder* Form von Sklaverei, wie der Träger des berühmten Namens nicht müde wird zu betonen. Wedekinds Vater ist nach der gescheiterten bürgerlich-demokratischen Revolution von 1848 nach San

Francisco ausgewandert und dort in den Zeiten des Goldrausches mit Grundstücksspekulationen zu Reichtum gelangt. In Amerika hat er im Alter von 46 Jahren auch seine Frau kennengelernt, eine Tingeltangelsängerin ebenfalls deutscher Herkunft, halb so alt wie er selbst. Armin Francis, das erste der gemeinsamen sechs Kinder des Paars, ist noch in San Francisco zur Welt gekommen, Franklin und weitere drei Geschwister dann in Hannover, nach der Rückkehr der Familie nach Deutschland, die jüngste Tochter schließlich schon in der Schweiz, in Schloss Lenzburg, das der Vater als Wohnsitz der großen Familie gekauft hat. Aus Opposition gegen das neu gegründete preußisch-deutsche Reich ist der republikanisch gesinnte Forty-Eighter 1872 noch einmal emigriert.

Überhaupt, Berlin, die Hauptstadt: Frank Wedekind findet sie »geistig und körperlich totschlagend«. München, wo er studiert hat, sei das »reine Phäakennest dagegen«, schreibt er seinem Bruder Armin. Der junge Mann mit dem abgebrochenen Jurastudium, kürzlich noch in Personalunion Chef sowie erster und einziger Mitarbeiter der im Aufbau befindlichen Reklameabteilung der Zürcher Suppenwürfelfirma Maggi, verfügt über klassische Bildung. Das Land der Phäaken ist in Homers *Odyssee* die letzte Station der Irrfahrt, bevor es für den Helden wieder nach Hause geht, und bekannt für ein so unbeschwertes wie üppiges Leben. Auf nach München also.

Die letzte Stunde im Zug kann Wedekind vor Ungeduld kaum sitzen. Endlich, kurz hinter Freising, tauchen die Türme von München auf. Auf den ersten Blick kommt ihm die Stadt »wie das reine Buxtehude« vor: »Die Straßen schmutzig und eng. In einem Zigarrengeschäft sehe ich noch die nämliche Auslage stehen, die ich vor 3 Jahren dort gesehen«. Doch schon am Abend stellt sich Behagen ein. Im Hacker-Keller trifft er alte Bekannte, darunter eine Freundin Ibsens aus dem Literatenkreis »Das Krokodil«. »Das Gespräch ist sehr animiert, und ich fühle mich über die Maßen wohl, wozu der herrliche Abend, die freie Aussicht und die angenehme Luft nicht wenig beitragen«, notiert er in seinem Tagebuch. »Gegen Berlin der reine Landaufenthalt.« Wedekind gefällt an München das Ländliche, Rückständige, Bierselige. Das wird nach ihm noch vielen so gehen, die hier ihren Wohnsitz nehmen. Für alle Welt sichtbar wird das bis heute auf dem Oktoberfest, einem ländlichen Fest mitten in der Stadt, für dessen Besuch sich schon um 1890 die Städter als Landleute verkleiden. Auch der Englische Garten, ein weitläufiger Landschaftspark, der sich nahezu von der Stadtmitte dem Isarufer entlang bis weit über die Stadtgrenze hinaus nach Norden erstreckt, ist schon damals für alle zugänglich und an Wochenenden überlaufen. Seit den Anfängen des 19. Jahrhunderts plätschert dort am Zusammenfluss von Schwabinger Bach und Eisbach ein künstlich angelegter Wasserfall, der von dem eines Gebirgsbaches im Voralpenland nicht zu unterscheiden ist. Und wer den 1836 aufgeschütteten Monopteros-Hügel besteigt, erblickt die Silhouette der Stadt mit Frauenkirche und Altem Peter, als würde er sie vom Land aus in greifbarer Nähe liegen sehen. Die Dynamik, die die Stadt erfasst hat, überall Baustellen, Kahlschlag und die Gentrifizierung ganzer Stadtviertel, nimmt Wedekind hingegen nicht wahr. Oder will sie gar nicht erst wahrnehmen. Zumindest noch.

Der zweite Tag und auch alle folgenden von Wedekinds Münchner Dasein verlaufen ein wenig wie der Ankunftstag. Nachdem er in seiner Bude in der Adalbertstraße vorzüglich geschlafen hat, macht er einen Besuch bei einem Privatdozenten für deutsche Literaturgeschichte. Schon auf dem Weg dorthin verspürt Wedekind das lebhafteste Verlangen nach Bier. Obwohl er den hochtrabenden Philologen durch seine Auskunft, er schreibe an einem Lustspiel, einigermaßen in Verlegenheit bringt, verabredet man sich für den nächsten Abend im Hofbräuhaus. Anschließend geht Wedekind in die Engelsburg zum Essen (und wohl auch zum Trinken), ersteht sodann eine Pfeife samt Tabak und begibt sich schnurstracks wieder nach Hause, wo er bald einschläft und wild träumt. Pünktlich zum Abendessen ist er wieder wach. Das wird im Hofbräuhaus eingenommen samt einer Maß. In sein Tagebuch notiert er in weiser Voraussicht: »Ich fürchte beinahe, daß ich vor lauter Gemütlichkeit nicht werde arbeiten können.«

Und in der Tat: Nur vier Tage später, am 10. Juli 1889, ist Wedekinds täglicher Bierkonsum »bis auf 3 ½ Maß gestiegen«. Kein Wunder, dass es da mit dem Lustspiel nur schleppend vorangeht. In den letzten Augusttagen revidiert er die erste Hälfte des ersten von vier geplanten Akten. Immerhin. Am 30. August trägt er in sein Tagebuch ein: »Damit fertig geworden. Gebummelt.« Und am Tag darauf nur noch: »Gebummelt.«

Dafür wird der Inhalt seiner Träume, gerade auch seiner Tagträume, zunehmend expliziter. In seiner Phantasie verbindet sich ein erotischer Vers Goethes mit einer Episode aus der *Psychopathia sexualis* von Richard von Krafft-Ebing, in der der Psychiater den sexuellen Verkehr einer Pariser Kokotte mit einer Bulldogge schildert, wie sie schon bald, ganz in Rot, auf dem Titelbild des Münchner Satiremagazins *Simplicissimus* prangen wird. Wedekinds entfesselte Einbildungskraft steuert noch die Vorstellung bei, dass sich das Mädchen durch Affen entkleiden lässt. Die junge Frau wohne und schlafe mit einer Hündin zusammen »wegen des Seelenduftes«. Gustav Jaeger lässt grüßen.

Ganz offensichtlich fehlt dem jungen Mann, der dieser Tage fünfundzwanzig wird, eine Freundin. Seinen Geburtstag verbringt er allein. Vergebens wartet er bis zum Abend auf Nachrichten von der Familie. Dann geht er ins Münchner Kindl, einen Tingeltangel, wie er ihn schon von Berlin her kennt. Dort amüsiert er sich »leidlich«, hauptsächlich deshalb, weil man hier die Beine der Darstellerinnen besser sieht als in vergleichbaren Etablissements. Besonders »Frl. Scholz« hat es ihm angetan, die mal in einem weißen Kleid mit langen Tressen, mal ganz in Schwarz gekleidet, dann wieder im kurzen »Backfischkostüm mit roter Schärpe, roten langen Strümpfen und roter Capotte« auftritt. Das bringt seine Phantasie auf Hochtouren.

Wedekinds Schreib- und Lebenstempo beschleunigt sich immer dann dramatisch, wenn er sich von dem Anspruch befreit, Gerhart Hauptmann auf seinem angestammten Feld, dem naturalistischen Drama, zu überbieten. Auch hieran ist Frl. Scholz nicht ganz unbeteiligt. Er schreibt nämlich ein Couplet für sie. Die ersten Verse entstehen abends im Bett; am nächsten Tag dann, als er an der Isar spazieren geht und das schlechte Wetter ihn in eine Kirche treibt, zieht er sein Notizbuch hervor und schreibt unbeobachtet in einem Seitenschiff an dem Lied weiter.

Die Mutter sprach in ernstem Ton:
Du zählst nun sechzehn Jahre schon
Drum, Herzblatt, nimm dich stets in acht,
Besonders bei der Nacht.
Verlier dich von dem Lebenspfad
Nie seitwärts ins Geheg.
Geh immer artig kerzengrad
Den goldenen Mittelweg

»Pulvermüllers Heinrich« will die Sechzehnjährige küssen, und als sie sich das verbittet, weil die Mutter es sehen könnte, gleich heiraten. Als sie auch das verweigert, wählt er, so unerwartet wie für beide Seiten angenehm, den »goldenen Mittelweg« – das Wort hat nun das Mädchen:

Und wenn ich nun zur Ruh mich leg,
Mir träumt vom goldenen Mittelweg;
Mein Spielzeug macht mir kein Pläsier,
Ich gäb es gern dafür,
Gäb meine Schuh, mein Röcklein fein,
Weiß Gott, ich gäb noch mehr;
Hätt nie geglaubt, daß ich solch ein
Gehorsam Mägdlein wär.

In ausgesucht höflichen Worten übersendet Wedekind das Couplet an Frl. Scholz. Und siehe da, als er nur wenige Abende später mit einem Freund das Münchner Kindl aufsucht, ruft das Publikum, das andere Stücke nur mit mäßigem Applaus bedenkt, bereits nach dem »goldenen Mittelweg«. Die Forderung erklingt erst schüchtern aus entlegenen Winkeln, um sich dann rasch über die trampelnde und johlende Menge zu verbreiten. »Die ganze Bewegung hat etwas Elementares, wenn ich offen sein wollte, Tierisches.« Auch der Freund, den er nicht eingeweiht hat, meint, das müsse »etwas Gepfeffertes« sein. Und natürlich trägt Frl. Scholz das Lied, ganz wie vom Autor ersehnt, in ihrem Backfischkostüm vor. Hauserschütternder Beifall.

Frauen und Narren

Das Lustspiel schreibt Wedekind dann doch. Schlussendlich bekommt es den Titel »Kinder und Narren«. Es geht um eine Gruppe junger Frauen, die es sich zur »Lebensaufgabe« machen, dass Mädchen in Zukunft eine Erziehung und Ausbildung erhalten, die denen der Jungen in nichts nachsteht und ihnen die gleichen Lebenschancen eröffnet. Die Mitglieder der Gruppe geben sich das Wort, »sich nicht eher zu verheiraten als bis sie ihre Aufgabe erfüllt: 1. Um sich durch keinerlei Rücksichten – Kochen, Kinderwarten – in der Verfolgung ihrer Ziele beeinträchtigt zu sehen. – 2. Um die jungen Männer ihrer Umgebung dadurch zu zwingen, ihnen zur Lösung ihrer Aufgabe behülflich zu sein.«

Doch wie die Frauen feststellen müssen, geben die Männer nicht so leicht ihre angestammte Position im strahlenden Mittelpunkt des sozialen Universums auf, um den sich Frauen und Kinder planetengleich drehen. Wedekind liest für sein Stück nicht nur einschlägige Traktate über Liebe und Ehe, sondern auch die emanzipatorische Literatur seiner Zeit. Dabei geht er so weit, seinen Protagonistinnen ganze Passagen aus diesen Schriften in den

Mund zu legen. Sie tragen Titel wie »Das Frauenstudium«, »Das Recht der Frauen« oder »Die Gleichstellung der Geschlechter und die Reform der Jugend-Erziehung«.

Trotz aller guten Argumente und Ideen scheitern die Frauen in Wedekinds Stück bei der Umsetzung ihrer Lebensaufgabe auf ganzer Linie. Anita Augspurg und Sophia Goudstikker wissen schon, warum sie ihre private Rebellion mit der Aufnahme einer Erwerbstätigkeit verbinden. Die Frauen in *Kinder und Narren* aber sind allesamt nicht berufstätig und verspüren auch keine Ambitionen in dieser Hinsicht. Das Scheitern hat aber noch einen anderen, nicht minder wichtigen Grund. Es ist eben nicht so, wie in dem Stück der Dichter Meier, auch er ein Anhänger Jäger'scher Wollkleidung, behauptet, in der Liebe sei die Seele das Wesentliche, die moderne Ehe sei eigentlich eine »Vereinigung der Seelen«. Es gibt noch etwas anderes zwischen Frau und Mann. Und das ist die Sexualität.

Der junge Wedekind ist das lebende Beispiel eines schüchternen Machos, wie man heute sagen könnte. Schüchtern der Seele nach, ein Macho hingegen in seiner sexuellen Triebhaftigkeit – eine explosive Mischung. Der Blick seiner hellen blaugrauen Augen ist von Natur aus eher sanft verträumt, aber Wedekind gibt sich redliche Mühe, sein Gegenüber damit herausfordernd und stechend anzusehen. Hinzu kommt, dass sein an sich fein geschnittener Mund schon früh durch ein künstliches, schlecht sitzendes Gebiss entstellt wird. Wedekind leidet seit Jugendtagen an Zahngeschwüren, die er durch das Auflegen von Feigen oder in Selbstoperationen behandelt, mit dem Ergebnis, dass er seit kurzen ein Gebiss trägt. Um es an den rechten Platz zu bringen, hat er sich angewöhnt, seinen Mund minütlich in die Breite zu ziehen und auch mit der Zungenspitze nachzuhelfen. Die dabei entstehende Grimasse versucht er durch ein lästerliches Grinsen und dadurch zu verbergen, dass er sich dabei »frivol die Lippen wie ein blutrünstiger Tiger der Erotik« leckt, wie es einem Zeitgenossen auffällt. Im Englischem Garten und auf Münchens Straßen stellt er jungen Frauen nach, stets mit eindeutigen Absichten, doch im entscheidenden Moment traut er sich nicht, sie anzusprechen, geschweige denn zu erobern. Dabei kleidet er sich extrem auffällig. Mit seinen gelb karierten Pepitahosen zum grauen Gehrock, ebenfalls gelben Glacéhandschuhen zum schwarz glänzenden Zylinder, den langen, zweigeteilten Koteletten und einer verwegenen Barttracht ähnelt er eher einem Gaukler oder Gecken als dem unwiderstehlichen Verführer, als den er sich gerne sähe. Bei einer Frau würde man sein Erscheinungsbild aufreizend nennen. Parallel zu dem politisch korrekten Lustspiel *Kinder und Narren* entwirft er eine schockierende Gesellschaftsordnung namens »Eden«, die auf der freien Liebe basiert. Dort ist das Kinderkriegen vollständig sozialisiert; die Säuglinge werden ihren Müttern weggenommen und in Anstalten aufgezogen. Auf jährlich abgehaltenen Frühlingsfesten und Herbstsaturnalien mündet der öffentlich abgehaltene Geschlechtsverkehr in Gewaltorgien, die an Grausamkeit den Fantasien Marquis de Sades in nichts nachstehen.

Liebe ist Wedekinds Verständnis nach stets mit Formen von Machtausübung verbunden. Sein Gewährsmann in dieser Hinsicht ist Krafft-Ebing, der Mann und Frau als polare Sexualcharaktere sieht: Beim Mann dominieren danach aggressiv-sadistische Anteile, bei der Frau hingegen der Wunsch nach Unterwerfung. Die Frauenrechtlerinnen seiner Zeit hingegen umschiffen das gefährliche Thema in ihren Schriften zumeist. Wenn sie überhaupt darauf zu sprechen kommen, dann setzen sie auf Entsagung oder fordern wie Anita Augspurg einen Ehe-Boykott, entwerfen jedenfalls kein anderes, frauenfreundliches Bild der Sexualität.

Frühlings Erwachen

Wedekinds Laufbahn als Schriftsteller mit Zukunft beginnt in dem Moment, da er die Sphären des Seelischen und des Sexuellen in Kontakt bringt und daraus literarische Funken schlägt. Noch bevor er 1891 München in Richtung Paris verlässt, entsteht *Frühlings Erwachen,* das Theaterstück, mit dem die Literatur das Erwachen der jugendlichen Sexualität und die damit verbundenen seelischen Nöte als Thema entdeckt. Das Stück wird den Autor in ganz Deutschland berühmt machen, obwohl oder gerade weil die Verlage es als pornographisch ablehnen und Wedekind es anfangs auf eigene Kosten in einem Zürcher Verlag drucken lassen muss (immerhin mit einem Cover von Franz Stuck, dem aufgehenden Stern am Münchner Künstlerhimmel). Erst über fünfzehn Jahre später gelangt *Frühlings Erwachen* durch Max Reinhardt in Berlin zur Uraufführung.

In vielerlei Hinsicht übertrifft *Frühlings Erwachen* an Naturtreue die Elaborate von Wedekinds Berliner und Münchner Schriftstellerkollegen, die sich explizit Naturalisten nennen. Er hat das ganze Stück nämlich aus eigenen Erlebnissen und denen von ehemaligen Schulkameraden montiert. Das reicht bis in die Wortwahl hinein. Laut eigener Auskunft hat er sich dabei sogar zurückgehalten, eher noch untertrieben. Seinerzeit hatte es in dem von Wedekind besuchten Schweizer Gymnasium eine regelrechte Selbstmordepidemie gegeben. Zwei Tote wie im Stück hätten da nicht ausgereicht. Aufs Konto des Schriftstellers Wedekind geht hingegen neben der bezwingenden Dramaturgie des Stücks die zum Teil derbe Komik, mit der die einzelnen Szenen durchwirkt sind. Das Ganze erinnert mehr an Commedia dell'arte als an ein bürgerliches Trauer- oder Lustspiel.

Beide Stücke, *Kinder und Narren* wie auch *Frühlings Erwachen*, schickt Wedekind 1891 an Anita Augspurg, das Letztere sogar noch in Manuskriptform. Die beiden kennen sich seit 1889 und treffen sich auf Veranstaltungen der seit Ende 1890 existierenden *Gesellschaft für modernes Leben*, einem Literatur- und Theaterverein, zu dessen Gründungsmitgliedern Michael Georg Conrad gehört, eine Zentralfigur der Münchner naturalistischen Bewegung. Wedekind ist bei diesen Veranstaltungen eher Zaungast, Anita Augsgpurg hingegen tritt zuweilen als Rezitatorin auf. Die Verbindungen zwischen Literaturszene und Frauenbewegung sind in diesen Jahren in München so eng, dass sie fast als zwei Seiten einer Medaille erscheinen. Das hängt auch damit zusammen, dass beide Gruppierungen für sich in Anspruch nehmen, »modern« zu sein und von diesem Schlagwort reichlich Gebrauch machen. Der Schriftsteller Max Halbe, ein Freund Wedekinds, aber höchstens halb so radikal »modern« wie er, hat rückblickend für diese Zeit das Auftauchen eines neuen Paartypus konstatiert: »die Emanzipierte und der Intellektuelle: ein Paar, das sich gesucht und gefunden« habe. Der »buntseidenen Modeweste« auf der männlichen habe »in einer bemerkenswerten Umkehrung der Geschlechtsmerkmale das schmucklose, puritanische Hängekleid« auf der weiblichen Seite entsprochen. »Hier Vermännlichung, dort Verweiblichung«. Halbe selbst sieht das kritisch. »Gehirn- und Zwitterwesen vom Schlage einer Anita Augspurg« hätten den Ton angegeben, polemisiert er.

Wedekind mag zwar im Grunde seines Herzens ein Macho sein, Berührungsängste aber kennt er nicht. Mit der Übersendung seiner Stücke an Anita Augspurg verbindet er durchaus die Erwartung, die Kontakte der ehemaligen Schauspielerin zu Theaterkreisen könnten ihm dabei behilflich sein, eine Bühne zur Aufführung zu gewinnen. Genauso interessiert ihn aber auch, was die mittlerweile stadtbekannte Feministin zu seiner provokanten Dramatisierung der Frauenfrage und des jugendlichen Sexuallebens zu sagen hat. Ausgspurgs Reaktion muss ihn enttäuschen, denn sie fällt, gelinde gesagt, verhalten aus. Dass Wedekind das ihr überlassene Exemplar von *Kinder und Narren* sogar mit einer persönlichen Widmung versehen hat, entdeckt sie erst, als sie es schon wieder zurücksenden will. Höflich nennt sie »das kleine Werk ... sehr hübsch«, *Frühlings Erwachen* hingegen immerhin »interessant-bedeutend«. Es enthalte »wirklich eine Fülle von Originalität und feiner Psychologie«. Begeisterung findet andere Worte. So endet Wedekinds Anbändeln mit der Frauenbewegung so ähnlich wie seine Versuche der Kontaktanbahnung auf Münchens Straßen: Es kommt nichts Rechtes dabei heraus.

KAPITEL 2

Frühlingsstürme

1891–1893

Es geht los: Der dänische Dandy Willy Gretor kommt nach München, auf der Suche nach neuen Geldgeberinnen und frischen Sexualpartnerinnen für die Künstler-WG, die er in Paris nach den Ideen Nietzsches gegründet hat. Unter seinen dortigen Einfluss geraten auch Albert Langen, der zukünftige Verleger des Münchner Simplicissimus, *und Frank Wedekind, der sich erstmal einen Korb von Lou Andreas-Salomé einhandelt. Derweil entwickelt sich in München die weltweit erste Secession, Vorbild aller nachfolgenden Abspaltungen am Beginn der künstlerischen Moderne. Lovis Corinth malt im Alleingang Schornsteine und Schlachthäuser, während die nach München zum Malen gekommene Franziska zu Reventlow Loslösung nicht nur in der Kunst, sondern auch in der Liebe als das Gebot der Stunde entdeckt. Alle eint die Empfindung »gärender Frühlingsstürme«, wie die junge, zunehmend verarmende Comtesse es ausdrückt. Da will auch der junge Thomas Mann nicht abseitsstehen.*

Besuch aus Paris

Willy Gretor

Der junge Mann, der im August 1891 im Bayerischen Hof absteigt, erregt Aufsehen schon durch seinen ständigen Begleiter, eine getigerte dänische Dogge mit einem Tritt so leise wie eine Gazelle, aber unverkennbar wild und bissig. Die Angestellten des Münchner Nobelhotels verbeugen sich besonders tief vor ihm, nicht nur aus Angst vor der schönen Bestie, die auf den Namen »Wolf« hört, sondern auch weil sie von der edlen Rasse des Hundes auf die Vornehmheit und vor allem das Vermögen seines Herrn schließen. Dieser ist elegant, mit einem Stich ins Dandyhafte gekleidet, worauf auch der leichte Spazierstock aus Lapislazuli hinweist, der daneben jedoch unverkennbar einem praktischen Zweck dient: Willy Gretor zieht ein Bein nach, versucht die Behinderung jedoch nicht zu verbergen, sondern hat aus der Schwäche eine distinguierte, mit Eleganz betonte Absonderlichkeit gemacht. So flaniert der Besucher aus Paris durch die Straßen der Maxvorstadt und zieht mit seinem riesigen Hund, der stets frei herumlaufen darf, überall die Aufmerksamkeit der Passanten auf sich.

Willy Gretor heißt mit bürgerlichem Namen eigentlich Julius Rudolph Wilhelm Petersen und ist gebürtiger Däne. Will man ihn gegen sich aufbringen, so reicht es, ihn als »Herrn Petersen« anzusprechen. Gretor hasst diesen Namen, der auf seine Herkunft verweist. Das selbstgewählte Pseudonym hingegen lässt sich kaum einer Nation oder Landsmannschaft zuordnen; in Paris schreibt er Gretor in der Regel mit Akzent (Grétor oder Grètor), gefällt sich aber darin, für einen Russen gehalten zu werden, über den sogar das Gerücht umgeht, ein leiblicher Sohn des vorletzten Zaren zu sein.

Gretor ist wegen Rosa Pfäffinger nach München gekommen. Gleich nach seiner Ankunft im Bayerischen Hof hat er der jungen Frau durch einen Dienstmann einen Brief geschickt, mit der Bitte, ihn dort zu besuchen. Während sie sich schon für den Besuch umkleidet, betritt ihre Lebensgefährtin Marie von Geyso das Zimmer. »Was fällt dir ein! Sowas gehört sich doch nicht!«, schnaubt sie. »Es ist doch an dem jungen Mann, als erster zu dir zu kommen! Seine unglaubliche Zumutung beweist, daß er dir noch mehr zumuten wird! Paß doch auf! Sei klug!« Also schickt Rosa Gretor ihrerseits eine Nachricht, zu welcher Stunde sie in ihrer Wohnung anzutreffen sei. Zuvor muss sie ihrer Freundin aber noch schwören, jede Geldforderung radikal zurückzuweisen.

Rosa Pfäffinger verfügt seit drei Jahren über ein beträchtliches Vermögen. Nach dem Tod ihrer Schwester ist ihr zusammen mit deren Erbe auch der väterliche Erbteil ausgezahlt worden. Gleichzeitig hat sie in München neben Marie von Geyso auch Maria Schorer kennengelernt, eine Apothekertochter aus Lübeck, die zuvor schon in Berlin Malerei studiert hat. Die jungen Frauen, alle drei Anfang zwanzig, besuchen die private Malschule von Alois Erdelt. Als die Schule im Jahr darauf schließt, wechseln sie gemeinsam an die sogenannte Damenakademie des Münchner Künstlerinnenvereins. Dort studiert zu dieser Zeit auch eine gewisse Käthe Schmidt, die später unter ihrem Ehenamen Kollwitz Berühmtheit erlangt.

Maria Schorer hingegen muss den Kreis schon Ende 1889 vor allem aus finanziellen Gründen wieder verlassen und geht nach Lübeck zurück. Dort erreicht sie in den ersten Monaten des Jahres 1890 ein Brief, in dem Rosa Pfäffinger ihr anbietet, ihr finanziell unter die Arme zu greifen. Ins Rollen gebracht hat das Käthe Schmidt, die sich als Sozialistin versteht und es für die Aufgabe der Kunst hält, das Leben umzuformen. Unter ihrem Einfluss erwägt Rosa Pfäffinger eine Zeitlang sogar, Mitglied der SPD zu werden und der Partei ihr Vermögen zur Verfügung zu stellen. Schließlich aber überwiegen die Zweifel an einer Organisation, die den anderen zumindest darin gleicht, dass in der Regel Männer das Sagen haben. »Wird nicht auch im Sozialismus der Wille zur Macht, dieser patriarchalische Pferdefuß, zum Vorschein kommen?«, fasst sie ihre Bedenken zusammen. Stattdessen beschließt sie, mit ihrem Geld Maria Schorer die Fortsetzung ihrer Ausbildung als Malerin zu ermöglichen. Diese nimmt das Anerbieten auch prompt an, enttäuscht die edle Spenderin aber zugleich mit der Mitteilung, nicht nach München zurückkehren zu wollen. In Lübeck habe sie einen »phänomenal begabten dänischen Maler« kennenglernt, dem sie nach Paris folgen wolle. Geld schickt ihr Rosa trotzdem postwendend, verbunden mit der Ankündigung, weiteres werde folgen.

Als die drei Frauen im Sommer einige Wochen gemeinsam auf Rügen verbringen, noch vor Maria Schorers Abreise nach Paris, hat diese ein Foto von Willy Gretor dabei. Marie von Geyso findet ihn arg jung – Petersen ist zu diesem Zeitpunkt in der Tat erst 21, zwei Jahre jünger als die drei Frauen. Rosa hingegen ist von seiner Erscheinung ebenso eingenommen wie Maria. Und Maria hat noch mehr im Gepäck – ein Exemplar von Nietzsches *Zarathustra*, das ihr Gretor in Lübeck gegeben hat und aus dem sie nun am Strand vorzulesen beginnt. Erneut rümpft Marie von Geyso ihre freifräuliche Nase – »das Buch sei affektiert und Nietzsche ein neuer gefährlicher Widersacher der Frau, ein Narr, der viele Narren machen werde ...« Maria widerspricht vehement: Nein, Zarathustra sei nicht geschrieben worden für die gemeine Masse, es sei vielmehr ein Buch für »Menschen des neuen Adels« – so hat es der dänische Kulturkritiker Georg Brandes in seinen Vorlesungen über Nietzsche verkündet, die den Philosophen auch in Deutschland bekannt gemacht haben. Unter seinen Zuhörern war auch der Kopenhagener Kunststudent Willy Gretor, der in diesem Moment den Entschluss gefasst hat, zu diesen Menschen zu gehören. Die drei Frauen streiten noch stundenlang im Angesicht des Meeres über Nietzsche und liefern sich mit steigernder Erbitterung einen Kampf, in dem persönliche Gefühle und Prinzipien einander gegenüberstehen und der in diesen und den folgenden Jahren in allen intellektuellen Kreisen Deutschlands geführt wird. Nietzsche wird zum umstrittenen Modephilosophen, der ebenso sendungsbewusste Anhänger wie erbitterte Gegner hat.

Und noch etwas Drittes hat Maria Schorer mitgebracht: einen Brief von Gretor, den er ihr im Januar 1890 geschrieben hat, um sie davon zu überzeugen, zu ihm nach Paris zu kommen. Darin ist viel von »Seele« die Rede – dass er ihre studiert habe und aus der Vereinigung ihrer beider Seelen Großes erwachsen könne: »Aber liebe freundin, fort müssen sie, nach Paris. Sie sind viel zu gut, viel zu ernst und viel viel zu talentvoll um im filiströsen sehr veralteten und krankhaften deutschland zu bleiben.«

Er kenne beides, Deutschland und Paris, und er müsse sagen, »es ist nichts für freie seelen, tiefe herzen und ernste schöne naturen in deutschland«. Das Land Goethes, Heines, Kants und Schopenhauers werde von Engherzigkeit, patriotischer und moralischer Dummheit sowie militaristischer Rohheit »in Ketten gelegt«. Paris hingegen sei »der hauptsamlungslatz der grösstzen und modernen inteligens der welt.«

Trotz Gretors hanebüchener Rechtschreibung – sein beschwörender Ruf verklingt nicht ungehört. Aus Paris aber erreichen Rosa Pfäffinger seitdem immer dreistere Geldforderungen, so etwa im Februar 1891 in einem sechzehnseitigen Brief der Freundin: Gretor habe sich nun vollständig mit seinem Vater überworfen, außerdem sei einer seiner dänischen Freunde, ein begabter Bildhauer, dem seine einsichtslose Mutter ebenfalls das Geld für den nötigen Paris-Aufenthalt versage, ohne Existenzmittel. Ob sie nicht diesen beiden begabten Menschen …

Was die großzügige Geberin, deren Geld bald in Strömen von München nach Paris fließt, allerdings nicht weiß, ist, dass ihre Freundin bereits schwanger ist – von Gretor, der in Paris auch noch weitere Liebesbeziehungen unterhält. Im August 1891 kommt der werdende Kindsvater dann persönlich nach München – auf Bitten Marias, die langsam der Entbindung entgegensieht, und mit der Absicht, noch mehr Geld aus Rosa Pfäffinger herauszuholen, wie sie und Marie von Geyso ganz richtig mutmaßen.

Eine Künstler-WG

Rosas erster Eindruck von Willy Gretor ist pure Enttäuschung: Der Mann, der ihr da gegenübersteht, kommt ihr wie ein reines Nervenbündel vor. Er gleicht mehr einem gramgebeugten, zittrigen, auf einen Stock gestützten Alten als jenem Übermenschen, von dem Maria ihr vorgeschwärmt und den sie erwartet hat. Und so fällt es ihr auch nicht schwer, ihm seine Bitte um mehr Geld abzuschlagen, ganz wie sie es sich vorgenommen hat. Doch im Verlauf ihrer Begegnung geht allmählich eine Verwandlung mit ihrem Gegenüber vor sich: Gretor scheint von Minute zu Minute jünger und vitaler zu werden, das Bettlergehabe fällt von ihm ab und zum Vorschein kommt ein trotz seiner Gehbehinderung gutaussehender, attraktiver Mann, von dem Frank Wedekind meinen wird, er sei Champagner für seine Stimmung. Und obwohl Rosa Pfäffinger die List durchschaut, dass er es mit seinem anfangs bettlerhaften Auftreten nur auf ihr Gewissen und auf ihr Geld abgesehen hat, verliebt sie sich in ihn.

Und lässt sich deshalb auf ein weiteres Treffen ein, das nun doch bei ihm im Hotel stattfindet. Dabei erfährt sie von Marias Schwangerschaft und kann mit diesem Wissen gar nicht mehr anders, als die Zahlungen fortzusetzen – eine Entscheidung, die sogar Marie von Geysos Zustimmung findet. Zudem macht es ihr großen Spaß, sich mit dem pariserisch aussehenden Dandy auf den Münchner Straßen sehen zulassen, auf denen sie ansonsten nur »als häßliches Malweib im Schlepptau anderer solcher Malweiber« unterwegs ist, wie sie schreibt. Zwar durchlebt sie ein Wechselbad der Gefühle, ist hin- und hergerissen zwischen der zunehmenden Anziehung, die Gretor auf sie ausübt, und den Skrupeln, die sie gegenüber dem aufkommenden Wunsch empfindet, ein Verhältnis mit ihm einzugehen. Es wäre das erste Mal, dass sie mit einem Mann schlafen würde. Als es dann in ihren Augen beinahe schicksalhaft geschieht, muss sie sich trotzdem von ihm sagen lassen, er habe ihr den Sieg leicht gemacht – zu leicht. Unterdessen schickt Gretor fleißig Briefe nach Paris, in denen er die hochschwangere Maria Schorer detailliert über die Fortschritte seiner Beziehung zu ihrer gemeinsamen Gönnerin und den Stand der beiderseitigen Gefühle unterrichtet.

So wird der München-Besuch zum vollen Erfolg: Statt lediglich frisches Geld mitzubringen, um den durchaus mondänen Lebensstil fortsetzen zu können, den sich Gretor angewöhnt hat, hat er gleich die sprudelnde Finanzquelle selbst im Schlepptau. Als er und Rosa Pfäffinger in Paris eintreffen, liegt die werdende Mutter gerade in den Wehen. Zusammen mit einer weiteren Geliebten Gretors, ebenfalls einer Münchner Maler-Bekanntschaft, und dem unterstützungswürdigen dänischen Bildhauer beziehen Maria Schorer mit Baby, und Rosa Pfäffinger, noch ohne Baby (das stellt sich später ein), eine großzügige Sechszimmerwohnung am Boulevard Malsherbes, die natürlich ebenfalls aus dem Erbe bezahlt wird, neben jeweils einem eigenen Atelier für die hier wohnenden Künstlerinnen und Künstler. Die deutsch-dänische Wohn- und Lebensgemeinschaft ist der erste uns bekannte Zirkel – nicht nur in Paris, sondern überhaupt –, in dem die Ideen Nietzsches mit Leben erfüllt werden und ein neues, freies Zusammenleben jenseits von Familie und Konventionen, jenseits aber auch von Gut und Böse erprobt wird. »Unsere Gemeinschaft stellte ein Laboratorium dar, in dem die Zukunft Experimente mit neuen Lebensformen machte, mit einer neuen Moral«, beschreibt das recht geschwollen die Finanzierende des Unternehmens, die nachträglich darüber einen autobiographischen Roman geschrieben hat. Es sei der Versuch gewesen, »das überlebte, starre, aber affektbetonte, subjektivistische Haus-, Familien- und Ehesystem zu sprengen. Der Einzelne sollte künftig mehr als bisher Individuum sein dürfen, zugleich aber auch systematischer als bisher der Gesellschaft dienen.«

Schöne Worte. Doch die Wirklichkeit sieht anders aus: Tatsächlich dienen alle Gretors hemmungslosem Hedonismus, der für sich in Anspruch nimmt, die Frauen befreit zu haben. In Wahrheit aber beherrscht er sie, vor allem damit, dass er sie permanent einem Wechselbad von Komplimenten, Zuwendung und Anerkennung auf der einen und Demütigung, Erniedrigung sowie seelischen Verletzungen auf der anderen Seite aussetzt. Stets bleibt er unberechenbar und wechselt souverän zwischen Charmeoffensive und Herabsetzung, *love bombing* und Liebesentzug, was bei Rosa Pfäffinger und auch den anderen Frauen das Gefühl hervorruft, zu einer Null zu schrumpfen.

Leben sei »wesentlich Aneignung, Verletzung, Überwältigung« hat Nietzsche in *Jenseits von Gut und Böse* geschrieben. Jene Spielart der Boheme, zu der sich Gretor zählt, nimmt das wörtlich. Egoismus und Habgier sind ihr Markenzeichen, als gelte es den kapitalistischen Feind mit den eigenen Waffen zu schlagen. Das betrifft nicht nur die amourösen Beziehungen, sondern auch das Geld, soweit es in den Händen von Leuten ist, die aus der Sicht des Bohemien damit nichts Rechtes anzufangen verstehen. Neben dem Bildungs- gibt es für sie auch den Geldphilister, der sich weigert, Besitz in Genuss zu verwandeln und dem der Bohemien hilft, sich von dem vielen in seiner Sicht bei ihm schlecht aufgehobenen Geld zu befreien. Er selbst kann es nämlich gut gebrauchen für einen Lebensstil, den er sich aus eigenem Vermögen gar nicht leisten könnte. Freigesetzte Bürgertöchter und Bürgersöhne, die im Konflikt mit ihren wohlhabenden Herkunftsfamilien leben, von ihnen dennoch per Erbe oder Unterhaltszahlungen gut gestellt sind, passen perfekt ins Beuteschema von Männern wie Gretor, die sich als Vertreter einer ausgezeichneten, überlegenen Menschenklasse verstehen.

Allerdings dauert es nicht lange, da bricht die Pariser Künstler-WG auseinander. Grund dafür sind die zunehmend unerträglichen seelischen Spannungen, die vor allem Gretors diktatorisches Gebaren mit sich bringt. Der dänische Bildhauer, der unter Depressionen leidet, stirbt an einem Suizidversuch. Rosa Pfäffinger hingegen geht schlicht das Geld aus, das Erbe ist schneller durchgebracht, als alle erwartet haben, einschließlich die Erbin selbst. Das hat auch damit zu tun, dass sich Gretor in dieser Zeit vom Maler erst zum Kunstsammler und später zum Kunsthändler entwickelt und Rosa Pfäffinger, die sogar seine Ehefrau wird, auch das finanziert. Dabei beweist er jedoch zunehmend Geschick und Kennerschaft, erwirbt neben alten Meistern, bei deren Zuschreibung er beide Augen zudrückt und die er gegebenenfalls etwas auffrischt, schon frühzeitig und sehr preiswert Bilder van Goghs, Gauguins und Cézannes, deren Wert sich in den nächsten Jahrzehnten beträchtlich steigert.

In all dem seelischen und häuslichen Chaos, mitsamt zwei Babys, die versorgt werden wollen, kreuzt 1892 als Retter Albert Langen, der spätere Münchner Verleger des *Simplicissimus* und einer internationalen Autorenriege, auf. Der reiche, verwöhnte Kölner Industriellensohn hat seine kaufmännische Lehre abgebrochen und will sich in Paris zum Maler ausbilden lassen. Er und Gretor sollen sich im Casino von Monte Carlo kennengelernt haben, als Langen eine Pechsträhne im Roulette hatte und von dem Dänen in ein geistreiches Gespräch verwickelt wurde. Vermögen zieht Gretor magisch an. Auch dem jungen Langen gegenüber wendet er seine mittlerweile bewährte Herrschaftsstrategie an: erst dem anderen dessen Bedeutungslosigkeit vor Augen führen und ihn dann im Glanz des Lichtes, das durch Gretor auf ihn fällt, wiedererstehen lassen. Langen übernimmt die sich leerende Wohnung am Boulevard Malesherbes, und Gretor stattet sie üppig und natürlich gegen Geld mit Bildern aus seinem Besitz aus. Gerüchte besagen, es habe sich bei den Bildern ausschließlich um Fälschungen gehandelt, aber zumindest das »ausschließlich« ist wohl nicht richtig. Schnell erregt Langen mit seinem erlesenen Kunstgeschmack die Aufmerksamkeit prominenter Besucher, die zumeist Gretor ihm zuführt. Darunter befindet sich auch der norwegische Schriftsteller Knut Hamsum, ein späterer Nobelpreisträger. Mit seinem neuen Manuskript *Mysterien* ist er gerade auf Verlagssuche, weil sein Hausverlag Samuel Fischer es abgelehnt hat. Der hilfreiche Langen hat erst die Idee, den Druck finanziell zu unterstützen. Aber als man ihm vorrechnet, dass er mit der Hälfte der veranschlagten Summe den Roman gleich selbst unter eigenem Namen veröffentlichen könne, ist die Sache entschieden und Langen gründet Ende 1893 in Paris den *Albert Langen Buch & Kunst Verlag*. Boulevard Malesherbes 112 lautet dann auch die erste Verlagsadresse.

August Strindberg, der sich gerade ebenfalls in Paris aufhält, gibt Langen dagegen einen Korb, als er ihn – nun schon professionell auf Autorensuche – unter Vertrag nehmen will. Dafür heuert dessen zweite Frau Frida Uhl, die sich von dem notorisch eifersüchtigen Frauenhasser gerade schon wieder trennt, als *literary-social secretary* bei Langen an. Sie hatte sich in den Kopf gesetzt, den 23 Jahre älteren, berühmten Strindberg, der stets verschuldet ist, unter Schreibblockaden leidet, paranoide Anfälle hat und sich regelmäßig betrinkt, vor sich selbst zu retten. So etwas kann nur schiefgehen. Als Autor gewinnen kann Langen dagegen den seinerzeit nicht minder populären Bjørnstjerne Bjørnson, Autor der norwegischen Nationalhymne und von *Über die Kraft,* einem vielgespielten religionskritischen Stück. Und nicht nur das, bei einem Antrittsbesuch in Tirol, wo die Familie Bjørnsons zur Sommerfrische weilt, akquiriert er auch gleich noch Dagny, die jüngste Tochter. Die beiden werden ein Paar und heiraten im Münchner Wunderjahr 1896.

Doch jetzt kehrt erst einmal Frank Wedekind aus London nach Paris zurück. Bei seinem ersten Aufenthalt in der französischen Metropole hat er sich prächtig ausgelebt, in der Regel bezahlten Sex mit diversen Bekanntschaften in allen möglichen Formen, Stellungen und Verhältnissen gehabt, dabei aber auch die ersten vier Akte seines nach *Frühlings Erwachen* berühmtesten Dramas verfasst. Es heißt da noch in der für Wedekind typischen Bildungsbeflissenheit *Die Büchse der Pandora* und setzt den steilen gesellschaftlichen Aufstieg sowie den nicht weniger rapiden Abstieg eines Mädchens von der Straße in Szene, das zur Projektionsfläche der Phantasien ihrer Liebhaber wird. Sie selbst tut bis zuletzt eigentlich nichts anderes als das, was sie auf der Straße gelernt hat: unter Einsatz ihres Körpers, ihres einzigen Kapitals, um ihr Überleben zu kämpfen. Die zahlreichen Katastrophen, die von Akt zu Akt zum Tod ihrer Liebhaber führen, ereignen sich immer dann, wenn das Bild, das sich die Männer von Lulu machen, an der Realität ihrer Existenz zerbricht. »I never found a more beautiful girl in the street«, bemerkt noch der Prostituiertenmörder Jack the Ripper, der im letzten Akt der Schauertragödie auf sie wartet. Nach London ist Wedekind nicht zuletzt deshalb aufgebrochen, um für diesen Schluss atmosphärische Eindrücke zu sammeln. Jack the Ripper, dem Aufschlitzer, werden zu dieser Zeit mindestens fünf der insgesamt elf Frauenmorde zugerechnet, die sich zwischen 1888 und 1891 in Whitechapel und angrenzenden Stadteilen ereignet haben.

Mit dem letzten Akt der *Büchse der Pandora* im Gepäck ist Wedekind von London gerade zu der Zeit wieder zurück in Paris, als die ersten Bücher aus dem Verlag von Albert Langen das Licht der Öffentlichkeit erblicken. Noch von London aus hat er bei dem Jungverleger wegen einer französischen Ausgabe von *Frühlings Erwachen* angeklopft. Nun lesen Langen und auch Gretor die neue »Monstertragödie«, wie Wedekind sie auch nennt. Das Stück hat selbst etwas von einem Monster: Es ist teilweise auf Französisch und Englisch geschrieben und viel zu lang: Die Aufführung würde geschätzt mindestens so viel Zeit in Anspruch nehmen wie die von Wagners Bühnenweihfestspiel *Parsifal*, bei dessen Bayreuther Premiere Alfred Pringsheim zugegen war. Nur dass der »tumbe Tor«, an den sich die Erlösungswünsche der Menschen richten, hier eine Frau und zumal eine Prosituierte ist.

Wedekind beginnt noch in Paris, das Stück umzuarbeiten und teilweise neu zu schreiben, er führt neue Figuren ein und verfasst einen zusätzlichen Akt, mit dem Ergebnis, dass es an Umfang noch weiter zunimmt. Kurzerhand entschließt er sich zu einer Zweiteilung. Der erste Teil, der den Titel »Erdgeist. Tragödie in vier Aufzügen« erhält, endet nun mit Lulus Ermordung ihres Gönners Dr. Schön, der sie bereits im Alter von sieben Jahren als barfüßiges Blumenmädchen von der Straße aufgelesen hat. Zuvor hat er versucht, sein Geschöpf zur Selbsttötung zu zwingen. Aber es gibt Grenzen der Manipulierbarkeit. 1895 erscheint das Drama im Verlag Albert Langen. Jack the Ripper hingegen muss auf seinen Auftritt bis zum zweiten Teil warten, den Wedekind erst einige Jahre später unter dem ursprünglichen Titel »Die Büchse der Pandora« fertigstellt. Erst 1913 führt er dann beide Teile wieder zu einem Stück zusammen, das nun endlich so heißt wie seine weibliche Hauptfigur, nämlich schlicht und einfach »Lulu«.

Da kreuzt die vier Jahre ältere Lou Andreas-Salomé Wedekinds Pariser Flanierrevier. Schon wegen ihres Vornamens, einer Abkürzung von Louise, erregt die gebürtige Russin sein Interesse – hat er die weibliche Hauptfigur seines Monsterstücks doch nicht nur wegen der Lalllaute Lulu genannt, sondern auch nach der Frau, die Nietzsche abblitzen ließ und mit der alle Männer dieser Zeit ins Bett wollen – oder sagen wir, fast alle. Allgemein bekannt ist, dass Lous Ehe mit dem fünfzehn Jahre älteren Orientalisten Carl Andreas zwar irgendwie unverbrüchlich, aber auch nur eine platonische Partnerschaft ist. Jedenfalls kommt es nach einem ersten Kennenlernen auf einer Gesellschaft, an die sich ein zwangloses

Die Frau, die Nietzsche einen Korb gab: Lou Andreas-Salomé, fotografiert vom Atelier Elvira, 1897.

Zusammensein mit Zwiebelsuppe und Austern im Chien qui fume unmittelbar an den Markthallen bis zum Morgengrauen anschließt, zu einem »Wedekindschen Missverständnis«, wie das Lou Andreas-Salomé in ihrem Lebensrückblick so schön nennt. Auch in der einige Jahre später entstandenen Erzählung »Fenitschka« berichtet sie davon.

Mit ihrem Begleiter ins Gespräch vertieft, durchstreift dort ihr Alter Ego die frühmorgendlichen Straßen von Paris auf dem Weg zum Hotel. »Eigentümlich seelenoffen« wird die junge Frau genannt. Man redet über die Vor- und Nachteile von Studium und Bildung für das Leben und die Emanzipation der Frau. Wedekind macht keinen Hehl aus seiner Verachtung der Wissenschaft; für ihn führt sie an der Wirklichkeit des Lebens, mit all seinen Farben, seiner Fülle, seiner widerspruchsvollen Mannigfaltigkeit, völlig vorbei. Lou, die als Zwanzigjährige an der Universität Zürich Vorlesungen in Philosophie und Theologie belegt hat, ist da ganz anderer Meinung: »Für uns Frauen, – für uns, die wir erst seit so kurzem studieren dürfen, ist es durchaus nicht so, wie Sie da sagen«, widerspricht sie; »für uns bedeutet es keine Askese und keine Schreibtischexistenz. Wie sollte das auch möglich sein! Wir treten ja damit nun grade mitten in den Kampf hinein, – um unsre Freiheit, um unsre Rechte, – mitten hinein in das Leben!«

Wedekind kontert, das beweise doch wohl nur die Rückständigkeit der Frauen. Sie holten lediglich nach, was die Männer bereits vor Jahrhunderten getan hätten, als man für wissenschaftliche Erkenntnis noch auf dem Scheiterhaufen landete oder zumindest öffentlichen Verruf in Kauf zu nehmen hatte. Damals habe die Wissenschaft in der Tat noch etwas Heroisches gehabt. Heute hingegen kreise sie in erster Linie um sich selbst. Ähnlich weltfremd sei die Gegenwartsliteratur. Sie kranke daran, dass die Schriftsteller keine anderen Fragen und Probleme mehr erkennen würden als jene, die unter ihresgleichen und unter Wissenschaftlern und Intellektuellen verhandelt werden. Es sei der Fluch der jungen deutschen Literatur, dass sie viel zu literarisch sei: Literaturliteratur eben. »Um wieder auf die Fährte einer großen gewaltigen Kunst zu gelangen, müssten wir uns möglichst viel unter Menschen bewegen, die nie in ihrem Leben ein Buch gelesen haben, denen die einfachsten animalischen Instinkte bei ihren Handlungen maßgebend sind.« In seinem neuen Schauspiel habe er dem Schriftsteller Alwa dieses sein Credo in den Mund gelegt.

Währenddessen hat Wedekind ihrer beider Schritte zu seinem statt zu Lous Hotel gelenkt, ohne dass sie dieses Manöver bemerkt hat. Er bittet sie noch auf einen Kaffee in die große helle Hinterstube, direkt neben dem noch nicht geöffneten Speisesaal. Dort beugt er sich vor Erregung zitternd plötzlich über sie und will sie mit beiden Armen umfassen. Sie zuckt zurück und wendet sich schnell zur Tür. »Wie schade«, sagt sie dabei. Wedekind hingegen steht erst einen Augenblick verdutzt da, bevor er wie toll geworden an ihr vorbei zur Tür stürzt, den Schlüssel von innen im Schloss herumdreht und in seine Tasche steckt.

Was wie das Ende einer Beziehung aussieht, noch ehe sie begonnen hat, wird im Gegenteil zum Auftakt einer wunderbaren Freundschaft. Denn die Verachtung, die Wedekind in Lous Blick bemerkt, bringt ihn zur Besinnung. Eine Entschuldigung murmelnd rückt er den Schlüssel heraus und begleitet Lou noch zur Droschke. Während der Gaul schon anzieht, bitten sich die beiden gegenseitig um Verzeihung – er für seine unbeherrschte wahnsinnige Dummheit, sie für die Unbedarftheit, mit der sie ihm gefolgt ist und falsche Erwartungen geweckt hat. Am nächsten Tag sucht er Lou noch einmal auf, »in feierlichster Kleidung«, und entschuldigt sich erneut. Wedekind habe »wahre Schlächterhände« gehabt, erinnert sich Lou Andreas-Salomé, »aber noch mehr ebenso zarte und überzarte Eigenschaften«.

Ein Malerfürst

Franz Lenbach

Es darf aufgeatmet werden: Wir sind zurück im gemütlichen München. Dort ist im Frühsommer 1892 Otto Fürst von Bismarck zu Besuch. Gut zwei Jahre nach seiner Entlassung durch Wilhelm II. ist er von seinem Friedrichsruher Herrenhaus nach Wien zur Hochzeit seines ältesten Sohnes gefahren. Die Reise entwickelt sich zu einem Triumphzug, als gelte es einen Popstar zu bejubeln. Überall, wo der Reichskanzler a. D. Halt macht, begrüßt ihn eine frenetische Menge bereits an seinem Eisenbahnwaggon. So ist es auch in München, wo Bismarck noch kurz Station macht, bevor er sich zur Kur nach Bad Kissingen begibt. Prinzregent Luitpold hat sich diskret in seine geliebten Berge zurückgezogen, denn offiziell, seitens des preußischen Königshauses, ist der Besuch unerwünscht, die Stadtverwaltung muss sich über den amtlichen Boykott hinwegsetzen.

Daran, dass Bismarck nicht gleich von Wien nach Kissingen weitergefahren ist, hat Franz Lenbach entscheidenden Anteil. Der Münchner »Malerfürst«, wie er gerne genannt wird, ist seit ihrer ersten Begegnung im Jahr 1873 so etwas wie der Hofmaler Bismarcks. Am Schluss werden es annähernd achtzig Porträts sein, die er von ihm gemalt hat, mehr als je zuvor ein Maler einem Einzelnen widmete, ganz zu schweigen von Bergen von Skizzen und Studien. Über zwei Jahrzehnte hinweg ist er stets zu Weihnachten und zum Geburtstag, erst in Varzin und dann in Friedrichsruh, bei Bismarck zu Gast, um ihn zu malen.

Nun aber ist Lenbach der Gastgeber. In der repräsentativen Villa direkt gegenüber den Propyläen, die er sich hat bauen lassen, beherbergt er sein prominentes Modell, mit dem ihm endgültig der Durchbruch zum anerkannten und bestbezahlten Bildnismaler seiner Zeit gelungen ist. Die Mächtigen und Schönen der Zeit bestellen ihr Porträt bei Lenbach, um sich das Image einer historisch bedeutsamen Persönlichkeit zu verschaffen. Denn genau das ist Lenbachs Markenzeichen, für das er berühmt, aber auch verschrien ist – das Gegenüber so zu malen, dass sein Erscheinungsbild dem Wechsel der Moden und den Unbilden der Zeit trotzt, den Rang einer Gestalt der Geschichte erhält. Nach einer Frühphase, in der der Maurermeistersohn aus dem ländlichen Schrobenhausen die Erwartung auf sich zog, einer der Vorreiter eines deutschen Impressionismus zu werden, hat sich Lenbach mit ungeheurer Disziplin und großem Ehrgeiz eine radikale Transformation seines Malstils verordnet. Er hat die alten Meister wie Tizian, Rubens, Rembrandt oder Velázquez erst analysiert und dann kopiert und sich dabei einen durch und durch historistischen Porträtstil angeeignet, der sich Neuerungen konsequent verweigert. Während die einen witzeln, Lenbach würde alle und alles mit der braunen Soße Rembrandts übergießen, feiern ihn andere als »Seelenbeschwörer«; als Psychologen im Gewand eines Altmeisters.

Wie so viele seiner Zeitgenossen ist Lenbach eine janusköpfige Gestalt: den Blick fest rückwärts in die Vergangenheit gerichtet, dabei zugleich mit gehöriger Bodenhaftung und Verankerung in der Gegenwart in Richtung Zukunft stürmend. Konsequent bedient er sich bereits seit den 1860er Jahren der neuen Technik der Fotografie, um seine Porträts zu schaffen, bis schließlich bei jeder Porträtsitzung ein Berufsfotograf anwesend ist. Das macht den Malvorgang selbst unabhängig von der Anwesenheit des Modells: Wer sich von Lenbach malen lässt, darf sich dafür mit einem oder zwei Besuchen in seinem Atelier begnügen, die weniger Zeit in Anspruch nehmen als die Sitzung bei einem Fotografen. Und Lenbach sorgt dafür, dass sie sogar noch entspannter ausfallen: Die Kunden dürfen in Bewegung bleiben, er plaudert ungezwungen mit ihnen, zuweilen setzt er sich ans Harmonium, um eine gelöste Atmosphäre zu schaffen. Währenddessen geht der Fotograf, hinter einem schwarzen Vorhang verborgen, seinem Geschäft nach und stellt jene Vorlagen her, nach denen dann das Gemälde entsteht. Nur wer sehr aufmerksam ist, hört zuweilen das Knipsgeräusch, wenn der Verschluss ausgelöst wird.

Den Ateliertrakt seiner Villa hat Lenbach so gestaltet, dass Besucher und Kunden zwei mit vergoldeten Gewölbedecken überspannte Räume durchschreiten müssen, um in die »Werkstatt« zu gelangen. In diesen »Showrooms« inszeniert Lenbach seine Bilderwelt: Nach Art von fürstlichen Wunderkammern sind sie mit antiken Statuen, Bronzen und Vasen, Orientteppichen und Gobelins, Kirchenstühlen und alten Möbeln, naturkundlichen Objekten und Fundstücken ausstaffiert, die Wände sind überladen mit alten und neuen Meistern, bei vielen davon handelt es sich um Kopien, es sind aber auch zwei echte Tizians und zahlreiche Porträts von eigener Hand darunter. Ein dämmriges Halbdunkel sorgt für eine geheimnisvolle Stimmung. Ein Zeitgenosse berichtet von der »Verführungsatmosphäre ohne Vergleich«, die von diesen Räumlichkeiten ausgehe. Andere sehen das kritischer. Als der junge Weltreisende und Kunstkenner Harry Graf Kessler, bald schon treibende Kraft hinter der Jugendstilzeitschrift *Pan*, Lenbach in seiner Villa besucht, fallen ihm neben den Marmorpilastern und Imperatorensesseln auch »die falschen Marmorfußböden aus Linoleum« auf. In seinem Tagebuch nennt er das Ganze »die allerübelste Sorte von Meiningerei«, in Anspielung auf das historistische Ausstattungstheater, für das das Meininger Hoftheater berühmt war, dessen Bretter für Hedwig Pringsheim wie für Anita Augspurg einmal die Welt bedeutet haben. Das ganze Haus sei von Lenbach, diesem »einfachen Mann mit dem biederen oberbayerischen Dialekt«, mit dem einzigen Ziel gebaut und eingerichtet worden, sich in Szene zu setzen, lautet sein harsches Urteil.

Lenbach empfängt Kessler im Atelier, das ähnlich eingerichtet ist wie die beiden Vorräume; auch der Fotograf ist anwesend. Der Raum ist sehr dunkel und Kessler fällt auf, dass Lenbach bei elektrischem Licht malt. Kohlenbogenlampen, hinter japanischen Perlenvorhängen versteckt, tauchten die Räume in ein schummriges, diffuses Licht, wie es Lenbach und seine Zeitgenossen lieben. Auch ansonsten bietet seine im Stil der italienischen Renaissance erbaute Villa allen erdenklichen Komfort auf dem neuesten Stand der Technik – Dampfheizung, Bäder mit fließendem Wasser und natürlich ein Fotoatelier. Doch die Harmonisierung des Gegensätzlichen gelingt immer weniger, wie sich schon bald zeigen wird, wenn die Secessionisten die Bühne betreten, die Fenster sperrangelweit aufreißen, Licht und Luft hereinlassen und die dämmrige Atmosphäre vertreiben.

Der große Bahnhof, den Lenbach für den entlassenen Reichskanzler veranstaltet, nimmt sich da wie ein letzter Versuch aus, die Größe, die ihm in München zugewachsen ist, noch einmal im Schulterschluss mit seinem prominentesten Auftraggeber zu demonstrieren. Ein Empfang der Künstlergesellschaft *Allotria*, deren Präsident natürlich Lenbach ist, steht ebenso auf dem Programm wie die Besichtigung der Internationalen Kunstausstellung im Glaspalast, die das Beiwort »international« immer weniger verdient und mehr und mehr zu einer Leistungsschau stromlinienförmiger kommerzieller Münchner Malerei wird, und natürlich mit einer Sonderausstellung »Lenbach« aufwarten kann.

Zu den Gästen des Bismarck-Besuchs zählt auch Hedwig Pringsheim. Seit die Pringsheims ihr eigenes Palais in der Arcisstraße bezogen haben, sind sie und die Lenbachs sozusagen Nachbarn, getrennt nur durch den weitläufigen Königsplatz mit seinem klassizistischen Ensemble von Propyläen, Glyptothek und Antikensammlung. Das intensiviert die Beziehungen noch einmal. So stammt das riesenlange, breite, altmodische Bett, in dem Bismarck in der Lenbach'schen Villa nächtigt, aus einem der Gästezimmer im Pringsheim'schen Palais. Im ganzen Haus, so wird erzählt, war nämlich kein Bett aufzutreiben, das lang und breit genug gewesen wäre, um den großen Mann aufzunehmen. Lenbach wusste sich keinen Rat und bat Pringsheim, den er da schon in die *Allotria* eingeführt hat, um Nachbarschaftshilfe, die dieser dann auch bereitwillig leistete.

Gleich am Ankunftstag wohnt Hedwig Pringsheim vor Lenbachs Haus den »Bismarck-Ovationen« bei, ist auch am Abend in den Garten geladen, um den Fackelzug anzusehen. Trotz seiner Popularität ist Bismarck unverkennbar ein Mann von gestern. Wer genau hinschaut wie der Bildhauer Adolf von Hildebrand, der auch zu den Gästen zählt, kann das bereits an seinem äußeren Erscheinungsbild ablesen. An seinen Freund Konrad Fiedler, den ebenfalls in München lebenden Kunsttheoretiker, schreibt er, so spöttisch wie anschaulich:

> »Über die Bismarckfete hast du in den Zeitungen ausführliche Berichte gehabt. Ich war in der Allotria und einen Abend im Garten bei Lenbach und sah ihn da recht nahe. Er ist alt; hält sich schwer auf den Beinen und seine Bewegungen sind eckig und automatisch. Hinter ihm stand Schweninger [Bismarcks Leibarzt und der spätere Ehemann von Lenbachs erster Frau], der ihm sagte, was er tun und lassen soll – von Minute zu Minute, als wäre Bismarck ein Troddel. Abends hielt Lenbach rechts und Schweninger links die Lampe in die Höhe, damit er gesehn werde – und

dann wurde er wahrscheinlich wieder eingepackt, in die Kiste wie die großen Schlangen, die bei Hagenbeck gezeigt wurden.«

Später dringt Hedwig Pringsheim durch die Menge noch in Lenbachs Atelier vor, wo Bismarck mittlerweile »die historische lange Pfeife« raucht. Um halb elf aber verlässt sie zusammen mit Schaeuffelens und Adolf von Hildebrand die »illüstre Versammlung« und begibt sich mit ihnen auf die heimische Terrasse, wo schon ihr Mann zusammen mit der Sopranistin Milka Ternina sitzt und Champagner schlürft. Die gefeierte Münchner Sängerin ist eine gute Freundin des Ehepaars Pringsheim und gerüchteweise Alfreds Geliebte. In Wirklichkeit ist sie jedoch mit einer Frau liiert. Angeregt plaudert man bis halb eins. Hildebrands Brief lässt erahnen, wovon und in welchem Ton. »Herrliche Nacht«, notiert die Hausherrin.

Secession

»Ent-Lenbachen«

Nicht zuletzt im Wettbewerb mit Friedrich August von Kaulbach, seit 1886 Direktor der Kunstakademie, der mit seinen so dekorativen wie schwärmerischen, immer leicht erotisch aufgeladenen Frauenporträts sehr erfolgreich ist, wirft sich auch Lenbach auf dieses lukrative Genre der Malerei. »Ganz plötzlich und ganz schleunig« will er die attraktive Hedwig Pringsheim »malen, am liebsten »noch schnell für die Ausstellung, die Freitag eröffnet wird«. So kommt man sich näher: »Er probierte Stellungen mit mir, sprach sich vorteilhaft über mich aus. Bestellte mich für Donnerstag zur Sitzung.« Zwar wird »das berühmte Ölgemälde« dann doch erst zwei Jahre später fertig. Aber seitdem gibt es für Lenbach kein Halten mehr. Er schickt das Bild nicht nur zur Probe, sondern kommt auch persönlich vorbei, besieht sich voll Interesse die Wohnräume und findet für das Porträt der Hausherrin einen Platz in ihrem Zimmer. Damit nicht genug, nimmt er gleich wieder ein neues Bild von ihr in Angriff und lässt auch ihre sechsjährige Tochter Katia fotografieren. »Was soll das werden?«, fragt sich Hedwig Pringsheim. »Ein reizendes Köpfchen« von Katia ist binnen zehn Tagen fertig, aber nun findet es Lenbach notwendig, zur Vervollkommnung von Hedwigs Zimmer auch Alfred zu malen. »Was denkt sich der Mann?« Zum nächsten Atelierbesuch kommt man zu dritt: Lenbach macht ein Gruppenbild des Ehepaars, fotografiert die beiden »bis zur Erschlaffung«, setzt all seine Pläne betreffs Hedwigs Zimmer durch und behandelt auf Alfreds verlegene Anfrage die Preisfrage sehr großartig: »Spielt gar keine Rolle; geben Sie, was Sie wollen; für alles zusammen 6000 Mark.«

Lenbach entscheidet sich schließlich, ein Bild von Mutter und Tochter und ein weiteres von Alfred mit den vier Buben zu malen. Aber er setzt auch seine Versuche fort, Einfluss auf die Gestaltung der Pringsheim'schen Wohnräume zu nehmen, und zwar massiv und sehr zur Verärgerung des Hausherrn, den diese Pläne verwirren und verstimmen. »Langer Besuch von Lenbach, der mein Zimmer durchaus mit lauter Bildern von sich einrichten, alles andere herausschmeißen will, uns in die tödlichste Verlegenheit bringend«, notiert die Hausherrin. Schließlich geben die Pringsheims nach: »Mein Zimmer nach Lenbachs Vorschrift, der um 12 kam, gerichtet.« Lenbach aber scheint noch immer nicht am Ziel seiner Wünsche zu sein: »Nach dem Thee zu Lenbach, dem ich in Alfreds Auftrag mein Zimmer nun endgültig überlieferte, da er, völlig gebrochen, keine Kraft mehr zum Widerstand habe.« Als Hedwig Pringsheim dann nach einem längeren Berlin-Aufenthalt wieder nach Hause kommt, findet sie in ihrer Abwesenheit ihr Zimmer von Lenbach »gänzlich auf den Kopf gestellt. War starr über seine – Kühnheit.« Nun endlich beginnt sie Widerstand zu leisten, zumindest ansatzweise: »Mein Zimmer ein wenig ›entlenbacht‹«, notiert sie zwei Tage später, beinahe stolz, auch über die

Wortschöpfung. Doch die Rebellion währt nicht lange. Drei Monate später heißt es resigniert: »Nachtisch Lenbach, der die wieder aufgehängten Bilder besichtigte.«

Farbe, Licht und Luft

Mag sich Lenbach im Pringsheim'schen Palais mit seinen Vorstellungen von Kunst und Salonhängung einstweilen noch durchsetzen – in München kündigt sich derweilen eine »Entlenbachung« großen Stils an. Es gärt in der vom Malerfürsten beinahe diktatorisch geleiteten *Münchner Künstlergenossenschaft*, der offiziellen Künstlervereinigung der Stadt. Bereits einige Monate vor dem pompös inszenierten Bismarck-Besuch hat eine Gruppe von Malern, darunter der noch junge Franz Stuck, der zunehmend in die Rolle des Herausforderers des eine Generation älteren Franz Lenbach hineinwächst, ihre Trennung von der *Künstlergenossenschaft* bekannt gegeben. Anfang April dann haben gut hundert Münchner Künstler im Kunstgewerbehaus ihren eigenen, von der offiziellen Genossenschaft unabhängigen Verein, den *Verein bildender Künstler Münchens* gegründet. Und gerade einmal drei Tage vor Bismarcks Ankunft ist in den *Münchner Neusten Nachrichten* ein Memorandum eben dieses Vereins erschienen, in dem es heißt, die Mehrzahl der Münchner Künstler seien auf dem Niveau der 1860er Jahre stehen geblieben und hätten den Anschluss an die internationale Strömung der »verjüngten, Licht und Luft atmenden Kunst« verpasst. Amerika sei das Land, von dessen Museen und großen Privatsammlungen die Wertschätzung der neuen Kunst, insbesondere des Impressionismus ausgehe. Seitdem habe der Export französischer Bilder den deutscher überholt, zuletzt habe er sich sogar verzehnfacht. Schuld daran seien neben einem provinziellen Lokalpatriotismus auch eine verfehlte Ausstellungspolitik, die auf Masse statt auf Klasse setze und der Mittelmäßigkeit Vorschub leiste. »Wir, die Künstler, wollen uns nicht länger von malenden Juristen und Parlamentariern bevormunden lassen«, heißt es unmissverständlich im Memorandum.

Das sitzt, und der Enthusiasmus der Bevölkerung, der Bismarck und mit ihm seinem Gastgeber entgegenschlägt, kann Lenbach nur kurzzeitig über die fundamentale Kritik an seinem kunstpolitischen Wirken hinwegtrösten, die ihm da aus den eigenen Reihen entgegenschlägt. Die Bewegung bekommt schon bald einen Namen, »Secession«, Abspaltung wird sie genannt. Das ist sie in der Tat, und zwar gleich im doppelten Sinne: Abspaltung von der alten Garde, aber auch von staatlicher, politischer, jeder nichtkünstlerischen Bevormundung. In die Rolle ihres Pressesprechers wächst der Verleger Georg Hirth hinein, der die *Münchner Neusten Nachrichten* herausgibt und bald schon die Zeitschrift *Jugend* lanciert, Namensgeber jener Bewegung, die schließlich die Münchner Antwort auf den Impressionismus und Symbolismus darstellen wird. Die 1892er Rebellion der Münchner Künstler gegen die verkrusteten, auf die Bereicherung einiger weniger Lokalmatadore abgestellten Strukturen des Kunstbetriebs katapultiert die schon abgehängt geglaubte Stadt plötzlich wieder an die Spitze der Kunsterneuerung: Sezessionen ähnlicher Art wird es dann auch 1897 in Wien, ein Jahr später in Berlin und 1903 in Weimar geben, wo sich mit dem von Harry Graf Kessler geleiteten *Deutschen Künstlerbund* eine Art Dachverband der deutschen Sezessionen gründet. Dies alles beginnt am 21. Juni 1892 mit dem Memorandum der Münchner Künstler, dessen Kernsatz lautet: »Im Fortschritt allein ist lebendige Kunst.«

Anfänglich verläuft der Fortschritt allerdings zäh, und es fehlt nicht viel, da hätte er sich aus München, wo ihm der Widerstand des Königshauses und des von Lenbach verkörperten Kunstbetriebes entgegenschlägt, in der Tat in eine andere Stadt verlagert. Frankfurt, Berlin und sogar Dresden machen verlockende Angebote und sagen den Münchner Secessionisten die gewünschte Ausstellung ohne Umschweife zu, während die bayerische Staatsregierung und die Heimatstadt eine Art Blockadepolitik betreiben und Lenbach dekretiert: »Die Secession wird ihre verheerenden Wirkungen noch zeigen.« Die Abwanderungsgedanken, verbunden mit der Tatsache, dass beinahe täglich Aufnahmeanträge aus dem In- wie Ausland beim *Verein bildender Künstler Münchens* eingehen, bewirken aber geradezu das Gegenteil. Es bilden sich private Initiativen zur Förderung der Secessionisten, Georg Hirths *Münchner Neuste Nachrichten* trommeln mächtig und am Schluss können Staatsregierung und Münchner Magistrat gar nicht anders als einzulenken. Im April 1893 ist der Bau eines neuen, provisorischen Ausstellungsgebäudes auf der Prinzregentenstraße, gegenüber dem heutigen Haus der Kunst und unweit vom Atelier Elvira, beschlossene Sache. Das Haus wird in Windeseile, in gerade einmal zwei Monaten hochgezogen. Möglich wird das durch eine ultramoderne Leichtbauweise – nur das Fundament ist in Ziegelbauwerk, die Wände hingegen in Holzkonstruktion mit Gipsfüllung und der Dachstuhl als Eisenkonstruktion ausgeführt. Ergebnis ist ein Gebäude mit einer klar gegliederten Fassade und einem oktogonalen Kuppelraum, von dem die zwölf lichtdurchfluteten, ganz in weiß gehaltenen Ausstellungsäle abgehen. Parallel dazu werden in fieberhafter Eile annähernd 900 Werke von fast 300 Künstlern herbeigeschafft; Arnold Böcklin, Lovis Corinth, Gustave Courbet und Max Liebermann sind mit Bildern vertreten. Der Redakteur der *Deutschen Illustrierten Zeitung* ist zu einer Vorbesichtigung geladen und zeigt sich begeistert: »Alles ist neu, frisch, modern, alles blinkt und blankt in weißlichem Stuck, in lichten, klaren Tönen. Licht ist die Losung der jungen Kunst!«

Gleich am ersten Ausstellungstag stürmen 4000 Besucherinnen und Besucher das neue Gebäude. Die meisten von ihnen drängen sich vor einem Gemälde von Franz Stuck. Dieser hat für die Ausstellung das erste Pin-up-Girl der Kunstgeschichte geschaffen: eine weißhäutige Frau mit entblößten, wohlgeformten Brüsten, einem verhangenen Blick und schier endlos langen Haaren; sie wird von dem Riesenring einer Schlange umwunden. Im katholischen München kann ein solches Bild selbstverständlich nur

»Schön! – Verführerisch! – Seelenschmutzig! – Naiv!«: Franz von Stuck, Die Sünde, 1893, Neue Pinakothek München.

»Die Sünde« heißen. Zwar lässt sich Stucks Pin-up nicht einfach wie ein Kalenderblatt abreißen und zu Hause an die Wand heften. Aber der Künstler ist Geschäftsmann genug, um die rasch entstehende Nachfrage zu befriedigen. Allein vierzehn großformatige Ausführungen des Bildes sind überliefert, zusätzlich noch mehrere kleine. Und im Jahr vor der Ausstellung hat Stuck die Bildrechte an allen Sünden bereits an den Kunstverlag von Franz Hanfstaengl verkauft, der den Markt in den folgenden Jahren mit fotografischen Reproduktionen überschwemmt. In der Nutzung der neuen Medien und Techniken, um für die Verbreitung seiner Bilder und seines Namens zu sorgen, steht der zweite Franz dem ersten in nichts nach.

Inmitten der staunenden Menge befindet sich auch der Schriftsteller Oskar Panizza, der gerade an seiner religionsfeindlichen Satire *Das Liebeskonzil* schreibt und noch nicht weiß, dass er diese Sünde mit Haft und Exil wird büßen müssen. Panizza hat ursprünglich als Psychiater gearbeitet, hatte sogar eine der begehrten Assistentenstellen bei Bernhard von Gudden inne, dem ehemaligen Direktor der Oberbayerischen Kreisirrenanstalt München, der zusammen mit Ludwig II. dann im Starnberger See ertrunken ist. Aus Angst, durch den täglichen Umgang mit Verrückten irgendwann selbst verrückt zu werden, hat Panizza aber bereits vor dem schrecklichen Unfall gekündigt. Die Schriftstellerei, der er sich danach zugewendet hat, hält er zugleich für die beste Therapie der eigenen Anwandlungen von Seelenpathologie. Auf Stucks Gemälde sieht Panizza »ein verlockendes Weib, um deren üppigen Busen sich eine gleißende Schlange windet, und die mit beschattetem Antlitz uns hinüber lockt in die Zwielichtregion des Alles-Erlaubten.«

Ein ganzer Katalog von Eigenschaften kommt ihm in den Sinn, mit denen Männer Frauen bedenken, deren Verführungskraft ihnen Rätsel aufgibt. Besonders die Neuschöpfung »seelenschmutzig« hat es ihm angetan. Als er sie dann notiert, um sie in seinem Drama dem Teufel in den Mund zu legen, versieht er sie allesamt mit einem Ausrufezeichen und vielen Gedankenstrichen: »Schön! – Verführerisch! – Sinnlich! – Giftig! – Hirn und Adern verbrennend! – Ahnungslos! – Tollpatschig! – Grausam! – Berechnungslos! – Seelenschmutzig! – Naiv! –«

Bei seinem ersten Besuch aber verweilt er vor der Sünde nicht allzu lang. Zu intensiv ist der Eindruck von Leichtigkeit, Lichtfülle und Unbeschwertheit, die die Architektur des Gebäudes und die Mehrzahl der ausgestellten Bilder hinterlässt. Der Historismus ist selbst auf den Schutthalden der Geschichte gelandet, eine neue Zeit bricht an – »eine Zeit des Lichts, der Freiheit, der Freude, der Farbe«, wie es in der Besprechung heißt, die er für Michael Georg Conrads Zeitschrift *Die Gesellschaft* schreibt. Die Ausstellung wirke auf ihn wie ein erfrischendes, kräftigendes Bad: »Keine Spur von Ermüdung. Keine Erschlaffung vom Betrachten eines unübersehbaren Mittelguts von Kunstwerken.« Wie die meisten Besucher fasziniert Panizza die Farbenlust der ausgestellten Bilder, die sich zuweilen zu einem Farbenrausch steigert. Man muss sich das vor Augen führen: Die Welt des zu Ende gehenden 19. Jahrhunderts, selbst die dynamische, dichtbevölkerte städtische Welt, ist eine Tristesse in Grau und Braun. Von Farbigkeit, gar von Buntheit keine Spur: keine farbigen Hausanstriche, die Fensterrahmen braun, schwarz oder ockergelb, keine Leuchtreklamen, keine Plakate, keine Farbfotos, noch nicht einmal Verkehrsampeln. In diese Eintönigkeit hinein knallen nun die ganz auf die Wirkung der Farbe vertrauenden Bilder der Secessionisten und versetzen ihre Betrachter in ein Farbdelirium. Je »suggestibler« aber unsere Seele für »Farbenfülle und Farbennüancen« werde, so prophezeit Panizzas Schriftstellerkollege Otto Julius Bierbaum, auch er ein schreibender Besucher der *Secession*, um so reicher werde sie auch »an innerem Empfindungsgehalt«. Die moderne Malerei mache uns suggestibler für die Welt der Farbe. Vor allem aus diesem Grund ist sie für den hellsichtigen Bierbaum Seelenkunst. Diese Analyse aus dem Jahr 1893 wird noch zwanzig Jahre später gelten, wenn in München der *Blaue Reiter* auftaucht. Da können Pferde und ihre Reiter plötzlich blau und Rehe gelb sein, von roten und grünen Kühen ganz zu schweigen. Und häufig ist auf dem Bild die äußere Welt gar nicht mehr, sondern gleich nur noch die innere zu sehen, in Gestalt abstrakter Formen. Mehr »Entlenbachung« ist kaum denkbar. Auch diese Entwicklung nimmt an diesem 16. Juli 1893 ihren Lauf.

Das Fleisch der Welt

Lovis Corinth

Kaum hat Lovis Corinth am 1. Oktober 1891 Wohnung und Atelier in der Schwabinger Giselastraße 7 bezogen, beginnt er den Blick aus seinem Atelierfenster zu malen. Das erste Bild, ein Hochformat, entsteht noch im Herbst – sichtbar schon an den bunt gefärbten Laubbäumen. Die lichten, sanften Gelb-, Ocker- und Rottöne durchziehen das gesamte Gemälde, angefangen vom abblätternden Putz der Hausecke am vorderen linken Rand. Sie finden ihr Echo in einem freistehenden Haus im Mittelgrund des Bildes und kehren sogar als Farbflecken am blau-weißen Himmel wieder. Was da aus dem Fenster zu sehen ist, ist als Sujet völlig unbedeutend, hinterlässt aber den Eindruck einer einheitlich gestalteten Symphonie aus warmen Farbtönen. Wie ländlich Schwabing damals noch war!

Einige Wochen später hat sich nicht nur der Ausschnitt verändert. Auch der Winter ist in die Stadtlandschaft eingezogen. Reste von Schnee liegen auf den weiten Gartenfeldern und Wiesenflächen, über die der Blick aus dem Atelier führt. Sie nehmen fast die Hälfte des nun querformatigen Bildes ein. Dahinter ist eine dichter bebaute Zone zu erkennen. Sie hat aber wenig Urbanes, könnte auch ein Dorf sein. Die Stadt zeichnet sich erst in der Ferne als Silhouette ab, besteht dann aber neben Kirchtürmen auch aus rauchenden Schloten, deren Ausstoß den winterlichem

Himmel verdüstert. Hier malt ein ganz in der Gegenwart lebender Künstler ein München, wie es nicht im Baedeker steht und das die Mehrzahl der hier zusammen mit ihm lebenden Zugereisten so gar nicht wahrnimmt: eine Stadt, die trotz vieler Freiflächen und hübschen Ecken gerade in der Moderne ankommt.

Lovis Corinth ist ein Maler des unbestechlichen Blicks. Man mag seine Malweise naturalistisch nennen, aber das trifft es nur bedingt. »Ismen« sind sowieso Corinths Sache nicht. Er nimmt sich von den modischen Strömungen und den etablierten Traditionen, was er gerade gebrauchen kann, und verwandelt es in pure Malerei, die nicht unbedingt schön, aber wahr sein will. Da lässt sich einer nichts vormachen und schon gar nicht von irgendwelchen malereifremden Idealen leiten. »Hier steht einer, dem die Welt nicht Modell, sondern Schlachtfeld, Spielfeld, Feld für das Erlebnis ist«, wird der große Julius Meier-Graefe in seiner *Entwicklungsgeschichte der modernen Kunst* über Corinth sagen.

Und Fleisch. Die Welt ist Fleisch. Keiner von den modernen Malern ist so fleischbesessen wie Corinth. Das geht auch aus dem Gemälde hervor, mit dem er sich bei seiner Ankunft in der Münchner Kunstszene einen Namen machen will. Als junger Mann hat er hier gelernt, beeinflusst von Wilhelm Leibl und Wilhelm Trübner, und ist dann einige Jahre durch Europa gezogen: Antwerpen, Paris, Königsberg, Berlin. Nun kehrt er an den Schauplatz seiner Anfänge zurück und stellt im Glaspalst einen fast vier Quadratmeter großen *Diogenes* aus. Das Bild zeigt den Außenseiter unter den antiken Philosophen, wie er mit seiner Laterne am helllichten Tag unter der Athener Bevölkerung nach einem guten Menschen sucht und dafür verhöhnt und ausgelacht wird. Alles jedoch, was er findet, ist Fleisch – Fleisch von seinem Fleisch. Schon das, die drastische Weise, mit der hier Nacktheit dargestellt wird, bringt die Kritik auf. Noch mehr aber, dass »die gewandlosen Körperstellen bläulich angelaufen« seien, »so dass es aussieht, als wären sie alle schon halb erfroren. Ist das die neueste deutsche Kunst?«, fragt ein Münchner Kritiker.

Enttäuscht von dem Misserfolg in den traditionellen Künstlerzirkeln der Stadt, wendet sich Corinth zuerst der *Secession* zu, um auch dort aber gleich wieder anzuecken. Mit einer Schar Unzufriedener gründet er Anfang 1893, noch bevor die *Secession* sich etablieren kann, die *Freie Vereinigung*, gewissermaßen die erste Sezession der *Secession*. Es kommt zum Eklat, das Vorhaben scheitert, und die Separatisten werden aus der Secession ausgeschlossen.

Was aber würde der Kritiker erst sagen, könnte er einen Blick auf die Schlachtbilder werfen, die Corinth 1893 zu malen beginnt und die er nur ausgewählten Besuchern seines Ateliers zeigt. Das Schlachten gehört zu den Kindheitserfahrungen des Sohnes eines ostpreußischen Gerbers. Doch das allein erklärt noch nicht die mimetische Kraft, mit der Corinth diesen drastischen Vorgang an der Grenze zwischen Leben und Tod in seinem Bild *Im Schlachthaus* nachvollzieht. Tier und Mensch, Opfer und Täter sind in einem sie übergreifenden Ritual vereint, das Licht scheint von dem in der Bildmitte aufgehängten, aufgebrochenen Tierleib selbst auszugehen. Ein Bild wie mit Blut gemalt. Der Schreck, der sich bei seinem Betrachten einstellt, hat auch mit dem Gefühl zu tun, dass der dargestellte Vorgang ins Zentrum von Corinths Kunst führt. Wiederum Meier-Graefe hat das auf den Punkt gebracht. Corinth »schlachtete, während er malte«, schreibt er.

Frühlingsstürme

Thomas Mann

Unter den Literaten, Künstlern und Bohemiens, die es in diesen Jahren nach München zieht, stammen auffallend viele aus Lübeck: neben dem Diefenbach-Schüler Fidus und Marie Schorer, die sich als gefeierte Malerin dann Maria Slavona nennt, auch der Literat und Anarchist Erich Mühsam, allesamt bemerkenswerterweise zudem noch Apothekerkinder. Daneben einigermaßen Unbekannte wie der Bildhauer Erich Behn oder Korfiz Holm, der spätere Lektor von Albert Langen. Und natürlich: Heinrich und Thomas Mann, der große und der kleine Bruder. Aus Lübeck nach München zieht in diesen Jahren auch Franziska zu Reventlow. Sie stammt zwar nicht aus der Hansestadt, sondern ist in Husum auf einem Schloss aufgewachsen, ihre prägenden Jahre als Heranwachsende und junge Frau aber hat sie in Lübeck verbracht. Ist Lübeck der Talentschuppen von München und seiner Boheme? Als die Gräfin und Erich Mühsam sich im Münchner Café Luitpold zum ersten Mal begegnen, erzählt sie ihm, dass der Lübecker Bürgermeister »ob dieser traurigen Bilanz bekümmert den Kopf geschüttelt« und gemeint haben soll: »Daß die auch gerade alle aus Lübeck sein müssen – was sollen bloß die Leute im Reich von uns denken!«

Verweilen wir kurz bei Thomas Mann: Das Einzige, was den Sechzehnjährigen im Jahr 1893 noch von seiner Übersiedlung nach München trennt, ist das Bestehen der Untersekunda, der sechsten Klasse des Gymnasiums. Danach kann der schlechte, da verträumte und faule Schüler die Schule zwar vorzeitig, aber immerhin mit einem Abschluss, dem sogenannten Einjährigen, in der Tasche beenden. Leider sind die Noten des Heranwachsenden so schlecht, dass er die Klasse wiederholen muss. Seine verwitwete Mutter beschließt deshalb, zusammen mit den drei jüngeren Geschwistern die Hansestadt schon einmal ohne ihn Richtung München zu verlassen. Der sitzen gebliebene Thomas soll im nächsten Frühjahr nachkommen, wenn der Abschluss geschafft ist. Einstweilen wird er zu einem Oberlehrer in Pension gegeben.

Rasch wird dem in Lübeck zurückgebliebenen Thomas klar, dass der erzwungene Aufschub vor allem Vorteile hat, denn er bedeutet Abnabelung, Freiheit und die Gelegenheit zum Experimentieren, bevor er endgültig den Schritt aus der engen Welt der kleinen Hansestadt wagt. Noch der Fünfzigjährige erinnert sich »des etwas schimpflichen, aber humoristischen, angenehm verwahrlosten Zustandes, dessen er genossen hatte«, als er »in Untersekunda sitzengeblieben« war. Neben genialen Einfällen und dem intensiven Austausch mit anderen ideenreichen Menschen gehört wohl auch dieser Zustand angenehmer Verwahrlosung zu den Voraussetzungen dafür, dass Kreativität entsteht. Ja, man kann wohl sagen, dass Thomas Mann ohne dieses Moratorium und die Bekanntschaft mit der Verantwortungslosigkeit und Nichtzugehörigkeit, die er dadurch machte, nicht der weltberühmte Schriftsteller und Nobelpreisträger geworden wäre, als der er in die Literaturgeschichte eingegangen ist.

An die Wand seiner Bude bei Oberlehrer Dr. Timpe hat der Untersekundaner ein entzückendes Bild gepinnt, das er aus einer Illustrierten ausgeschnitten hat. Es stammt von dem Münchner Maler Friedrich August Kaulbach und zeigt fünf schwarz gelockte Kinder in beinahe identischen Pierrotkostümen, vier davon Buben, die ausgelassen und selbstbewusst, ja beinahe spitzbübisch dreinschauen, und links von ihnen das einzige Mädchen, eine etwas pummelige Erscheinung, die eine eher schüchterne Miene aufgesetzt hat. Es sind, was ihm da noch nichts sagt, die Pringsheim-Kinder, die Kaulbach 1889 gemalt hat. So hat der Sitzenbleiber, wenn er über den leidigen Latein- und Mathematikaufgaben in Tagträumereien verfällt, schon einmal seine zukünftige Ehefrau vor Augen. Manche haben darin so etwas wie eine Vorbestimmung dieser Ehe sehen wollen. Dabei ist keineswegs gesagt, ob der Blick des jungen Mannes nicht eher bei den vier reizenden Brüdern verweilt, etwa bei Katias Zwillingsbruder Klaus, der direkt neben ihr sitzt, mit so verschmitztem wie kokettem Blick und sich an den Bruder Erik, den Ältesten, anlehnt.

Wenn er nicht für die Schule lernt oder träumt, treibt der junge Thomas Mann schon jetzt, was er dann später sein ganzes Leben lang jeden Tag treiben wird: er schreibt. Noch sind es Gedichte und Prosaskizzen. Als die Feuilleton-Redaktion der Lübecker Lokalzeitung eines seiner Schülerprodukte mit dem Hinweis ablehnt: »Wenn Sie öfters solche Einfälle haben, sollten Sie wirklich etwas

Die fünf Pringsheim-Kinder, verkleidet als Pierrots, ganz links Klein-Katia: Friedrich August von Kaulbach, Kinderkarneval, 1889.

dagegen tun«, gründet er kurzerhand zusammen mit einem Freund und einigen Schülern der Oberstufe eine eigene literarische Zeitschrift. Wohlgemerkt keine Schülerzeitung im engeren Sinne, sondern eine jugendeigene Zeitung – die erste dieser Art zumal, die sich in Deutschland belegen lässt. Sie trägt den bezeichnenden Titel *Frühlingssturm*, und in der ersten Ausgabe, die pünktlich zum Zeitpunkt des Weggangs der Mutter aus Lübeck im Mai 1893 erscheint, erklärt der angehende Schriftsteller die Wahl dieses Titels mit einer kleinen autobiographischen Geschichte. Diese beginnt damit, dass der Schüler Thomas Mann nach dem Unterricht noch keine Lust hat, nach Hause zu gehen, und stattdessen »völlig gedankenlos« und »ins Ungewisse hinein« durch die Straßen bis hinaus vors Stadttor schlendert. Irgendwann findet er sich auf einer Bank wieder, es ist Mittag, ein merkwürdig warmer Frühlingstag. Die Luft steht förmlich, die Pflanzen scheinen, gerade erst aufgeblüht, schon zu vertrocknen und über allem liegt eine dicke Schicht Staub, erstarrt in dumpfer Leblosigkeit. Doch plötzlich beginnt in der Ferne ein Rauschen laut zu werden, anfangs eigentlich nur ein Säuseln, aber es kommt immer näher, und schließlich fährt der Wind krachend und brausend durch Bäume und Buschwerk, der Staub wird meterhoch aufgewirbelt – Frühlingssturm! Und der zwar sitzen gebliebene, aber sich gerade in einen Schriftsteller verwandelnde Schüler liefert die Deutung des Erlebnisses gleich mit: »Ja, wie der Frühlingssturm in die verstaubte Natur, so wollen wir hineinfahren mit Worten und Gedanken in die Fülle von Gehirnverstaubtheit und Ignoranz und bornierten, aufgeblasenen Philistertums, die sich uns entgegenstellt. Das will unser Blatt, das will ›Der Frühlingssturm‹!«

Das ist, wenige Wochen vor der großen und weltbewegenden Sezession in München, die kleine, literarische Sezession eines jungen Mannes, der sichtlich noch nach seiner Identität sucht. Keine zwei Jahre später malt der nachmalige Lieblingsmaler Thomas Manns, der Symbolist Ludwig von Hofmann, in Rom das Bild einer Dreiergruppe junger Menschen am Meer und nennt es so wie Thomas Mann seine Zeitschrift, mit der er zum ersten Mal als Schriftsteller an die Öffentlichkeit tritt. Hofmanns Bild *Der Frühlingssturm* wird zur Allegorie des Aufbruchs der Jugend aus den Zwängen der wilhelminischen Gesellschaft und des zu Ende gehenden 19. Jahrhunderts und zu einer Ikone des aufkommenden Jugendstils.

Franziska zu Reventlow

Während Thomas Mann also die Untersekunda wiederholt, bekommt die vier Jahre ältere Franziska zu Reventlow in Lübeck einen Brief aus Paris. Absender ist Willy Gretor, dem gerade die Haushälterin seiner Pariser WG abhandengekommen ist. Er hat die junge Comtesse bei einem seiner Besuche in Lübeck kennengelernt und mit seinem dandyhaften Sendungsbewusstsein und seiner Vorstellung von Künstlertum großen Eindruck auf sie gemacht. Pathetisch beschreibt sie die Wirkung, die von Gretors Gedankenwelt und Lebensentwurf ausgeht: »Die alte morsche Welt mit ihrer Gesellschaft und ihrem Christentum fiel in Trümmer und die neue Welt, das waren sie selbst mit ihrer Jugend, ihrer Kraft, mit allem, was sie schaffen und ausrichten wollten. Es war wie ein gärender Frühlingssturm in ihnen, jeder träumte von einem ungeheuren Lebenswerk, und sie hätten sich jeden Tag für Lebensrecht und ihre Überzeugung hinschlachten lassen ...« Da ist er wieder, der Frühlingssturm, den Thomas Mann in seiner Jugendzeitschrift beschwört.

Mit großen Worten bietet Gretor in seinem Brief Franziska nun sein Haus in Paris an, mit der erklärten Absicht, ihr einen Ausweg aus der Misere zu bieten, in der sie sich befinde. Wie er von Marie Schorer weiß, hat sich die einundzwanzigjährige Comtesse nämlich in deren Bruder Karl verliebt. Karl und Marie Schorer kommen aus einem liberalen Elternhaus, der Vater ist Inhaber der renommierten Lübecker Löwenapotheke. Franziskas so autoritäre wie prüde Eltern hingegen halten ein eigenes Leben und die Selbstbestimmung von Heranwachsenden für eine verrückte Idee, insbesondere wenn diese weiblich sind. So bleibt ihr nichts anderes übrig, als die Freundschaft mit Karl wie auch schon die davor mit dem Sohn einer angesehenen Lübecker Patrizierfamilie geheim zu halten. Da geschieht es, dass ihre Mutter zufällig einen Brief Karl Schorers findet, woraufhin die Eltern den Schreibtisch ihrer Tochter aufbrechen und auf ihre Korrespondenz mit beiden Freunden stoßen. Sie stecken ihre Tochter erst einmal in ein Pfarrhaus in der Nähe von Flensburg. In dieser Situation erreicht sie Gretors Brief, mit dem Vorschlag, nach Paris zu kommen und bei ihm und Marie zu wohnen. Das ist auf den ersten Blick ein verlockendes Angebot: mehr Abweichung vom Pfad der Tugend und Wohlanständigkeit, auf den die Eltern ihre Tochter mit aller Macht zurückführen wollen, zudem eine stärkere Abnabelung von der Familie wären auf den ersten Blick kaum vorstellbar.

Es gibt allerdings Freunde, die ihr vehement davon abraten, auf das Angebot einzugehen, so der Schwager ihrer in Wandsbek lebenden Freundin Marie. Die in Paris mit Gretor zusammenlebenden Mädchen bildeten sich bloß ein, ihre Freiheit gefunden zu haben, warnt er sie, während sie in Wirklichkeit »Haremsodalisken W. Petersens« seien, »nach, neben und vor dutzenden von Anderen«, und er beschwört sie: »Sie dürfen das nicht thun, wenn Sie bei Ihrer heißen Lust zum Leben nicht die äußerste Gefahr laufen wollen sich selbst zu verlieren.« Nicht zuletzt dieser Brief dürfte dazu geführt haben, dass sich Franziska Paris und Gretor vorerst aus dem Kopf schlägt.

Als der Vater dann stirbt, und ihr der Zugang zum Elternhaus dennoch verwehrt wird, flüchtet Franziska sich in die Arme eines gutsituierten Mannes, der ihr beides verspricht: ein eigenes Leben und ein neues Gefühl von Sicherheit. Doch Walter Lübke ist nur die eine, sozusagen die offizielle Seite der Lösung. Von der anderen erzählt sie zum ersten Mal in einem Text, der unter dem Titel »Ein Bekenntnis« 1894 in der Zeitschrift *Die Gesellschaft* erscheint. Zu dem Herausgeber Georg Michael Conrad nimmt sie gleich nach ihrer Ankunft in München im Sommer 1893 Kontakt auf. Später flicht sie die Episode in ihren autobiographischen Roman *Ellen Olestjerne* ein: Um sich zu erholen, reist sie im Sommer nach Büsum an der Nordsee, wo sie sich einer zusammengewürfelten, lustigen Gesellschaft von Urlaubern anschließt, die sich wie das Gegenbild zum restriktiven Regime ihrer Familie ausnimmt. Dazu gehört auch ein junger Mann aus dem Rheinland, von dem sie sich bereitwillig verführen lässt. »Nur heute, nur heute noch, – laß morgen morgen sein«, bittet er sie immer wieder. Zurück in Wandsbek dann verlobt sie sich mit Walter Lübke. Sie nimmt sich vor, die leidenschaftliche Liebesnacht am Meer zu vergessen, doch sobald sie in lustiger Gesellschaft ist, kehrt die Erinnerung daran »plötzlich und gewaltsam« zurück.

Auf ihr Drängen hin erfüllt der Verlobte Franziska den Wunsch, sich zur Malerin ausbilden zu lassen. Als geeigneter Ort dafür wird München gewählt – es ist zu dieser Zeit nicht nur die bekannteste Kunststadt in Deutschland, sondern hier haben auch Franziskas Bekannte und Freundinnen bereits durch den Besuch von Malschulen oder Damenakademien das Terrain sondiert. Ende August 1893 kommt sie hier an in der erklärten Absicht, Künstlerin zu werden, vor allem aber mit einem ungestillten Hunger nach Erfahrung. »Die Luft hat beinah etwas Südliches in diesen heißen Tagen, die Straßen ganz weiß von dem flimmernden Kalkstaub«, notiert sie und jubelt innerlich: »den ganzen Tag sein eigner Herr sein, keinen Moment des Tages sich nach anderen richten zu müssen! So habe ich mir's geträumt, das ist endlich die Luft, in der ich leben kann.«

Karneval

In der Malschule

Die erst seit zwei Jahren existierende Malschule von Anton Ažbé hat sich rasch den Ruf erworben, Münchens avancierteste Ausbildungsstätte für Malerinnen und Maler zu sein. Hier steht sogar die ansonsten selbst an Privatschulen übliche geschlechtergetrennte Ausbildung nur auf dem Papier: Schülerinnen wie Schüler füllen das hohe, geräumige Atelier mit seinem Riesenfenster an der Georgenstraße und tummeln sich auch im Garten. Nicht nur zwischen den Geschlechtern, auch zwischen den Nationalitäten ist die Atmosphäre liberal, ungezwungen, tolerant. Die Studierenden stammen aus Deutschland, Frankreich, Amerika und den skandinavischen Ländern, vor allem aber aus dem slawischen Sprachraum: Russen, Polen, Tschechen, Slowaken, Serben, Kroaten und Slowenen sind darunter. Auch aristokratische Kreise, ja selbst königliche Familien vertrauen ihren künstlerisch ambitionierten Nachwuchs dem gebürtigen Slowenen an und heben auf diese Weise das Prestige der Schule beträchtlich. Ab 1896 werden die Schule auch Wassily Kandinsky, Alexej Jawlensky und Marianne von Werefkin besuchen. »Eine wahre Arche Noah oder ein Babylon von Männern, Frauen, Typen, Figuren, Sprachen und Rassen«, beschreibt eine serbische Malerin das internationale Flair in der ehemaligen Villa eines russischen Diplomaten, die Ažbé von ihrem neuen Eigentümer, dem Architekten Emmanuel Seidl, angemietet hat.

Eine eigenwillige Erscheinung ist auch der Gründer der Malschule selbst. Igor Grabar beschreibt ihn als »ein kleines, buckliges Männchen«. In der linken Hand hält er zumeist eine lange, dünne Zigarre mit Strohhalm, eine Virginia, während er sich mit der rechten auf einen Spazierstock stützt. Während er erzählt oder die Arbeiten seiner Schülerinnen und Schüler betrachtet und kritisiert, gestikuliert er mit seiner Zigarre und lacht den Umstehenden zu. Ažbé ist nach dem Zeugnis vieler ein begnadeter Pädagoge, hat ein großes Herz, ist aber auch ein versierter Techniker und zuweilen ein unerbittlicher Kritiker der in seiner Schule entstehenden Arbeiten. »Bei euch ist alles zu zufällig, zu sehr kopiert, es gibt aber doch Gesetze, die man kennen muss«, ist ein oft aus seinem Mund gehörter Satz. Dabei ist er ein bekennender Anhänger der *Secession*, davon überzeugt, dass die Zukunft der Malerei im Farbempfinden liege.

In diese Schule tritt Franziska zu Reventlow kurz nach ihrer Ankunft in München ein. Als sichtbares Zeichen des Neuanfangs hat sie sich das Haar kurz schneiden lassen. Deshalb gilt sie in München, wie Anita Augspurg und Sophia Goudstikker, als »freies Weib«, als »Emanze«. Das verneint sie zwar vehement – mit der Frauenrechtsbewegung wird sie ihr Leben lang hadern. Dennoch liegen ihre neuen Bekannten und Freundinnen mit ihrer Verwunderung darüber, dass sie verlobt sei, gar nicht so falsch: Denn eigentlich weiß Franziska längst, wo nach den bitteren Erfahrungen der Jugend ihr zukünftiger Platz ist: eben nicht dort, wo die Sicherheit des Versorgtseins und der Konventionen herrscht, sondern auf der Seite der Freiheit, verbunden mit aller Unsicherheit und Ungewissheit, die das mit sich bringt. Diese Künstler-Boheme-Existenz sei das Beste von ihrem ganzen bisherigen Leben gewesen, schreibt sie Ende 1893 – da ist sie gerade einmal gut zwei Monate in München – an Michael Georg Conrad, den einflussreichen Herausgeber der *Gesellschaft*: »Es ist wenigstens frei, ganz frei und man sieht hinter den Kulissen ungleich viel wahrer, und an den Menschen lernt man in der Not viel Gutes kennen, an das man sonst nur als Kind glaubt.«

Und so kommt es, wie es unter diesen Umständen kaum anders kommen kann: Sie verliebt sich in einen von Ažbés Meisterschülern, den zwei Jahre älteren Polen Adolf Eduard Hernstein. Dass Hernstein wegen anarchistischer Umtriebe von der Polizei bespitzelt wird, erhöht in den Augen der jungen Frau nur seine Attraktivität. Die beiden beginnen eine leidenschaftliche Affäre. Bislang hat sich Franziska die ersehnte Befreiung stets von der Kunst erwartet. Wenn sie ganz im künstlerischen Tun aufgehen und womöglich Meisterwerke schaffen würde, so dachte sie, würde sich alles andere von selbst ergeben. Das übrige Leben würde sozusagen mitgerissen von dem Schaffensrausch und daraus wie neugeboren hervorgehen. Nun erlebt sie die körperliche, die sexuelle Liebe als die eigentlich verwandelnde Macht im Leben. Die Seele lebt in einem Körper, und erst wenn dieser aufblüht, ist auch das Seelenleben erfüllt von jener Intensität, die der Kreativität Flügel verleiht.

Nie hat man so viel Seele wie im Karneval

München ist bekannt für seinen exzessiven Karneval. »Nach Weihnachten erschienen die ersten Masken auf der Straße«, erinnert sich der Schriftsteller Kasimir Edschmid. Später dann, um die

Faschingszeit herum, schien München abends in Gänze aus Verkleideten zu bestehen. Die Karnevalslust grassierte keineswegs nur in der Gesellschaft, unter den Fremden, den Künstlern und den Studenten. Sie ergriff genauso die Dienstmägde und das Küchenpersonal, die Verkäuferinnen, die Bürgermädchen aus der Au und die kaufmännischen Angestellten. Die großen, Tausende von Menschen fassenden Keller des Löwenbräu, des Mathäser und des Hofbräu seien von einer Armee von wundervollen jungen Menschen gefüllt gewesen, »die zwischen den Tannengirlanden und den Maßkrügen eine Orgie des Tanzes und des Geschreis losließen, die barbarisch schön war. Der Rauch, der Geruch der Körper und die Kaskaden einer wildgewordenen Musik machten diese Räume gigantisch.«

Am Morgen dann aber, nach den Bällen, habe man sehen können, wie die phantastischsten Gruppen von verkleideten jungen Leuten durch den Englischen Garten stürmten, ein Bild, das zwischen den Büschen und Teichen des Parks so natürlich gewirkt habe, »als sei ein Zeitalter wieder zurückgekehrt, wie die Maler es malten, wenn sie die Unbefangenheit und das Glück darstellen wollten« – Arkadien in München.

Gleich bei ihrem ersten Aufenthalt lässt sich Franziska in das ausgelassene Treiben hineinziehen. Da in ihrem Kreis niemand Geld hat, kommen die Künstlerfeste und Redouten nicht in Frage, auf denen sich etwa Pringsheims amüsieren. Und der Schwabinger Bauernball, auf dem die Boheme feiert, wird erst im Jahr darauf aus der Taufe gehoben. So geht man eines Nachts ins Café Luitpold, den 1888 eröffneten mondänen Treffpunkt der Münchner Künstler und Intellektuellen, wo Wedekind und die Literaten rund um die *Gesellschaft für modernes Leben* genauso verkehren wie später die intellektuelle Schickeria um Stefan George. Franziska hat sich für den Abend ein Pierrotkostüm geliehen; statt wie Thomas Mann Bilder zu betrachten, auf denen die Kinder anderer Leute verkleidet sind, verwandelt sie sich selbst in die Karnevalskultfigur schlechthin ihrer Zeit. Auch eine andere Ažbé-Schülerin ist maskiert, die meisten aber tragen ihre gewöhnlichen Kleider. Für Franziska ist das alles ganz neu, nichts hält sie an dem gemeinsamen Tisch, wo einmal mehr über Kunst debattiert wird. Hals über Kopf stürzt sie sich in den Trubel, spricht dem Alkohol zu, ist kaum noch zu bändigen. Hernstein ist gar nicht erst mitgekommen, und auch die anderen geben zu erkennen, dass sie den Karneval »abscheulich« finden. »Gehen wir heim zu mir und machen Tee. Will ich euch Hamlet lesen«, verkündet der Anführer der Gruppe, wahrscheinlich Ažbé selbst. »Wie falsch«, befindet Franziska zu Reventlow in ihren Schwabinger Aufzeichnungen: »Nie hat man so viel Seele wie im Karneval.«

Franziska will gerade erklären, dass sie dann eben alleine dableiben werde, als eine Horde weißer Pierrots sie umringt und mit sich fortzieht. Einer von ihnen sieht sie aufmerksam an: »Hab ich doch gleich gesagt, dass ein Mädel drin steckt«, ruft er. Die Aufbrechenden wollen Franziska zurückhalten, sie aber will sich nicht behüten lassen, steigt auf den Tisch und fliegt schon in die Arme des Fremden. Gegenüber hat sich ein Trupp Italiener niedergelassen, mit Gitarren und Mandolinen, es ist ein ohrenbetäubender Lärm. Franziska tanzt mit ihrem Pierrot um die Tische und dann weiter auf dem Billard zwischen den dort abgestellten Kaffeetassen, bis der Kellner kommt und sie vertreibt. Der Fremde zieht sie an seinen Tisch, betrachtet ihr kurzes Haar: »Seht mal, was ich da gefangen hab' – ist das nun ein Bub oder ein Mädel?« Der Karneval mit seinen Maskeraden, den Alkoholexzessen und wilden Tänzen ist ein seelisch-körperlicher Ausnahmezustand, gerade auch von der »normalen«, der binären Erotik. Später wird sich Franziska zur Münchner Faschingszeit gerne als Hermaphrodit, als mannweibliches Wesen verkleiden. Doch ein geliehenes Pierrotkostüm in Verbindung mit einem Kurzhaarschnitt tut es auch, wie sie bei ihrem ersten Karneval erfährt. Noch ist die junge Frau einigermaßen verdutzt, welche Reaktionen sie mit ihrem Auftreten auslöst. Später sinniert sie in ihrem Tagebuch, dass »die Beschränkung der Erotik auf das eine oder andere Geschlecht überhaupt eine unerhörte Einseitigkeit« sei. Der vollkommene Mensch trage doch beide Geschlechter in sich, und sie fügt selbstbewusst hinzu: »ich zum Beispiel«.

Mit ihren neuen Bekannten bleibt Franziska bis in den Morgen hinein im Café Luitpold, trinkt »Sekt und Freude«, wie sie schreibt. Der Fremde entpuppt sich als der Maler Friedrich Fehr. Mit zwei Freunden betreibt auch er eine renommierte private Malschule; zu seinen Schülern zählen immerhin Emil Nolde, Alfred Kubin und Clara Westhoff, die spätere Frau von Rilke. Wenn Franziska 1895 nach München zurückkommt, dieses Mal, um zu bleiben, werden die beiden eine Liebesbeziehung eingehen.

Eheleben

Die Zeit von Franziskas erstem München-Aufenthalt läuft viel zu rasch ab – ein halbes Jahr hat sie mit ihrem Verlobten ausgemacht, der auf Rückkehr und Heirat drängt. Da kommt es zu der beinahe erwartbaren »Katastrophe«: Die junge Frau wird von Hernstein schwanger, mit der ebenfalls erwartbaren Folge, dass ihr Liebhaber auf Rückzug sinnt. So ernst war es ihm dann doch wieder nicht. Beide Ereignisse – die Nachricht der Schwangerschaft und Franziskas bevorstehende Abreise – trennen nur wenige Tage. Hernstein wählt den für ihn bequemsten Weg: Er überredet Franziska, den Verlobten trotz ihrer Schwangerschaft zu heiraten, mit dem Hintergedanken, dass es so womöglich gar nicht weiter auffällt, wenn sie das Kind austrägt. Die Hochzeit ist immerhin schon für Mai geplant. Und Franziska, beseelt von dem Gedanken an das Kind, lässt sich auf dieses Manöver ein.

Wenige Wochen nach der Hochzeit dann verliert sie das Ungeborene. Die seelische Not ist beinahe von Tag zu Tag größer geworden. Schon bei der Hochzeit scheint es ihr fast undenkbar, dass niemand ihr Geheimnis erraten soll, zumal sie unter einer Vielzahl von Schwangerschaftssymptomen leidet: Abgeschlagenheit, Schwindel, Übelkeit, Erbrechen. Und der Bauch wächst. Wir wissen nicht, ob es sich um einen gewollten Schwangerschaftsabbruch oder eine Fehlgeburt handelt. »Als sie wußte, daß der Arzt schweigen würde, kam zum erstenmal eine tiefe dumpfe Ruhe über sie«, heißt es in *Ellen Olestjerne*, dem später geschriebenen autobiographischen Roman. Das lässt beide Möglichkeiten offen.

Franziska bleibt danach noch fast ein Jahr in Hamburg bei ihrem Mann. Doch mit jedem Tag an seiner Seite wächst das Verlangen, nach München zurückzukehren. Unter dem Datum des 20. Februar 1895 entwirft sie einen Lebensplan bis zum dreißigsten Jahr: »Dann muß ich etwas können und ein Kind haben. Bis dahin jährlich ein halbes Jahr in M. Wenn das Kind 1–2 Jahre alt ist, ein Jahr nach Paris.«

KAPITEL 3

Der große Aufbruch

1894–1896

Synchron formieren sich in München eine weibliche und eine männliche Gegenkultur: die weibliche rund um das Atelier Elvira, die männliche mit Stefan George und Ludwig Klages als Polen, die sich erst anziehen, zunehmend jedoch abstoßen. Vor allem aber sind es zwei Zeitschriftengründungen, die aus München im Wunderjahr 1896 plötzlich den Nabel der kulturellen Welt machen: Jugend *und* Simplicissimus. *Während die* Jugend *ein neues Lebensgefühl kreiert, aus dem mit dem Jugendstil gleich eine ganze Epoche hervorgeht, verbünden sich in Albert Langens* Simplicissimus *Kunst und Satire und bringen die starren gesellschaftlichen Verhältnisse zum Tanzen. Da ist es kein Wunder, dass die Frequenz der Skandalstücke und Prozesse, der Vernissagen und »Nebenregierungen« stark ansteigt. Die Jugend rückt von allen und auf allen Seiten vor. In all dem Lärm und Wirrwarr fällt kaum auf, dass mit Rilke aus Prag sowie mit Marianne von Werefkin und Alexej von Jawlensky aus dem fernen Russland die ästhetische Zukunft in München Einzug hält. In der Kunststadt wird es langsam voll.*

Eine weibliche Gegenkultur …

Studentinnenleben

»Es war zum Tollwerden schön«, berichtet die Schriftstellerin und Frauenrechtlerin Käthe Schirmacher an ihre Mutter, als sie 1893 auf dem Weg nach Zürich in München haltmacht. Sie habe es hier so gut, dass sie gleich am liebsten bliebe. »Vom ersten Augenblick wo ich Frl. Augspurgs Haus betrat, war ich zu Hause. Es ist eine gemütliche Studentenbude.« Anita führt sie in der Stadt herum, zeigt ihr die Ausstellung der *Secession*, spät abends dann wandert man am Englischen Garten entlang. Es seien »gute Gesellen« dabei gewesen, schreibt sie: »Dieser freie studentische Ton, das gemütliche Heim, das lockte, die Musik, die man machte … Babett serviert die bairischen Humpen, die eine liegt auf dem Divan, die andere auf der Erde, jetzt lacht, dann schweigt man, wer rauchen will, verkräuselt sein Cigarettchen im Nebenzimmer – eine Freiheit der Frauenentwicklung, wie man sie in Deutschland für unmöglich hält.«

Der »freie studentische Ton«, bislang eine Domäne junger Männer, hält in diesen Jahren auch unter den jungen Frauen Einzug. Käthe Schirmacher studiert Romanistik in Zürich, an der einzigen deutschsprachigen Universität, an der sich Frauen offiziell immatrikulieren und promovieren können. Und auch Anita Augspurg hat dort ein Jurastudium aufgenommen. Die beiden gehören zu den ersten deutschen Studentinnen, die einen Doktortitel erwerben. Anita gilt sogar als erste promovierte Juristin im Wilhelminischen Kaiserreich. Sie hat sich in den letzten Jahren zu einer engagierten Frauenrechtlerin entwickelt und arbeitet für

Die erste promovierte Juristin im Wilhelminischen Kaiserreich: Dr. jur. Anita Augspurg, fotografiert vom Atelier Elvira, um 1895.

den in Weimar gegründeten Verein *Frauenbildungsreform*. Dafür hat sie ihre Tätigkeit im Atelier Elvira weitgehend aufgegeben, das nun von Sophia Goudstikker allein weitergeführt wird. Im Café Isarlust, dem traditionellen Versammlungsort der *Gesellschaft für modernes Leben*, wirbt Anita Augspurg mehrfach öffentlich für eine Petition an den Deutschen Reichstag, in der die Zulassung von Frauen an deutschen Universitäten gefordert wird. Neben Mitgliedern der Gesellschaft befinden sich unter den Zuhörerinnen auch eine Reihe Münchner Schriftstellerinnen, die gerade öffentliche Aufmerksamkeit auf sich ziehen, weil sie in ihren Romanen und Theaterstücken für die Sache der Frau eintreten, für ihre Unabhängigkeit und Selbstbestimmung. Dazu zählen Carry Brachvogel, Emma Merk, Marie Haushofer und die mit Hedwig Pringsheim befreundete Elsa Bernstein, die unter dem Pseudonym Ernst Rosmer publiziert. Auch die Münchner Polizei ist schon auf die Umtriebe aufmerksam geworden. Wie in den meisten Ländern des Deutschen Reiches ist auch in Bayern Frauen die Mitgliedschaft in politischen Vereinigungen untersagt. Anita Augspurg wird vorgeladen; stattdessen erscheint ihre Freundin Sophia Goudstikker bei der Polizeibehörde. »Verein?«, fragt sie mit Unschuldsmiene. Da müsse es sich um ein Missverständnis handeln. Es seien halt lauter Leute erschienen, die sich für Frauenreformen interessierten, rein privat natürlich. Zwei Jahre später aber greift die Münchner Polizeidirektion durch und erlässt ein Verbot des Münchner Ablegers des Vereins *Frauenbildungsreform.*

Eine Stadt der Frauen

Als sich dann im Mai 1894 in München die *Gesellschaft zur Förderung geistiger Interessen der Frau* gründet, sind Vereinsname und -zweck so auffällig harmlos gewählt, dass jeder aufkommende Verdacht, es handle sich um eine politische Gruppierung, umgehend zurückgewiesen werden kann. Anita Augspurgs Jurastudium beginnt sich schon jetzt auszuzahlen. Wie auch Sophia Goudstikker gehört sie zu den Initiatorinnen der Neugründung, die Geschäfte der Gesellschaft aber werden von Ika Freudenberg geführt. Zusammen mit ihrer Freundin ist die ausgebildete Klavierlehrerin gerade nach München gezogen und hat ihre Zelte ganz in der Nähe der Wohnung von Sophia Goudstikker und Anita Augspurg aufschlagen. Und während die beiden Gründerinnen des Ateliers Elvira sich langsam auseinanderleben, werden die Beziehungen der 1894 zur »Hofphotographin« ernannten Sophia Goudstikker zu Ika Freudenberg immer enger.

In der Öffentlichkeit wird die *Gesellschaft zur Förderung geistiger Interessen der Frau* rasch durch ihre Abendveranstaltungen bekannt. Dort referieren Vereinsmitglieder genauso wie Gäste, Frauen genauso wie Männer, über die großen Fragen der Zeit, zumeist solche, die in direktem Zusammenhang mit der Frauenbewegung stehen. Thema ist etwa die drohende Zersplitterung der Frauenbewegung in Konservative und Radikale, Bürgerliche und Sozialisten. Kann Vielfalt, richtig verstanden, aber nicht sogar eine Stärke sein? Bereits im Gründungsjahr 1894 besucht Hedwig Pringsheim eine Abendveranstaltung, auf der Max Haushofer, Professor der Nationalökonomie, Vorsitzender der Münchner national-liberalen Partei und zusammen mit seinem Bruder Gründer des *Deutschen Alpenvereins*, über die Ehe vorträgt. »Namenlos flacher Vortrag von Haushofer«, notiert Hedwig in ihrem Tagebuch, lobt hingegen die »sehr gute Rede der Präsidentin Frl. Freudenberg«. Obwohl er der Frauenbewegung gegenüber durchaus aufgeschlossen ist, macht der auf die Sechzig zugehende Haushofer keinen Hehl aus seinen sehr konservativen Ansichten über die unterschiedlichen Rollen von Mann und Frau, die für ihn von Natur aus vorgegeben sind.

Den Vortrag zum Thema »Kann die Frau philosophieren?« (mit Diskussion) hält Ika Freudenberg deshalb lieber gleich selbst. Im Publikum sitzt dieses Mal Thomas Mann, der inzwischen den Schulabschluss geschafft hat und nach einem halbjährigen Volontariat in der Feuerversicherungsanstalt des Freundes seiner Mutter nun in München als Schriftsteller Fuß zu fassen versucht. »Es war ein wild bewegter Abend«, will Mann Jahre später der Schriftstellerin Gabriele Reuter erzählt haben – sogar ein Universitätsprofessor habe eingegriffen, »und das Ergebnis war die sieghafte Bejahung der Frage, ob Frauen philosophieren können«. Übrigens sei man ja genau zu diesem Ende zusammengekommen. »Ein bleicher und leidenschaftlicher Herr, der sich aufstellte und das Resultat anzweifeln zu müssen glaubte, ward niedergemacht; der Universitätsprofessor streckte ihn zu Boden.«

Er aber, Thomas Mann, habe die Frage gestellt: »was soll das Ganze! Wenn eine Frau ›philosophieren‹ kann, so möge sie sich doch hinsetzen und es tun!« Niemand werde sie daran hindern. Er selbst sei sogar bereit, sie zu heiraten, wenn sie ihm sonst gefalle. »Aber wozu sich zusammenrotten?« Und er berichtet, Gabriele Reuter habe ihm daraufhin »ihr kluges und diskretes Gesicht« zugewandt und »mit einem nachsichtigen Lächeln«, das sowohl ihm als auch der Frauenversammlung zu gelten schien, gesagt: »Sie müssen bedenken, daß es gleichsam Kinder sind, die sich verabreden, sich Mut machen müssen …« Ist das nun Überheblichkeit oder schon Weltfremdheit? Wie soll man philosophieren, wenn einem die Befähigung dazu abgesprochen wird und der Zugang zum Studium verwehrt ist? Thomas Mann jedenfalls scheint weder die Frauen noch die Philosophie ernstnehmen zu wollen. Und nicht nur er, sondern auch Gabriele Reuter, die »Dichterin der weiblichen Seele«, wie sie genannt wird, überschätzt die Kraft des auf sich selbst gestellten Einzelnen, was die Durchsetzung neuer Denk- und Verhaltensformen betrifft.

Nicht zuletzt durch die öffentlichen Vortragsveranstaltungen gelingt es der Gesellschaft, bereits im ersten Jahr ihres Bestehens an die 150 Mitglieder zu gewinnen. Mit jedem Jahr erhöht sich deren Zahl. Auch Hedwig Pringsheim tritt ein. Ganz entgegen ihrem sonstigen unpolitischen Naturell lässt sie sich zur Mitarbeit an einer Resolution zum Bürgerlichen Gesetzbuch anwerben und sammelt dafür auch Unterschriften bei befreundeten Familien. Von »Agitation« spricht sie selbst kämpferisch. Das ist hartes Brot, gerade bei den alteingesessenen Münchner Familien stößt sie häufig auf Unverständnis und Ablehnung.

Pringsheims unterstützen die Frauenbewegung aber auch finanziell. In Berlin lernt Hedwig bei einem Vortrag eine junge Mitarbeiterin der Zeitschrift *Die Frauenfrage* kennen. Lily Braun ist eine engagierte Sozialdemokratin und Frauenrechtlerin. Als sie in Geldnöten steckt und die Pringsheims um ein Darlehen ersucht, überweisen sie ihr, ohne zu zögern, völlig unbürokratisch 5000 Mark, was heute etwa 30 000 Euro entspricht.

Während sich die von Männern dominierte *Gesellschaft für modernes Leben* 1893 bereits wieder auflöst, verankert sich die *Gesellschaft zur Förderung geistiger Interessen der Frau* im Münchner gesellschaftlichen Leben und entfaltet dort eine beträchtliche Wirkung. Das hat nicht zuletzt mit der Offenheit ihrer Gründerinnen und ihrer Leiterin zu tun: Sie agieren weitgehend unideologisch, sind intellektuell neugierig und experimentierfreudig, bemühen sich, auch unbequeme Personen ins Boot zu holen, nehmen die konkreten Interessen, Erfahrungen und Probleme der Frauen ernst. Ein Unikum unter den deutschen Frauenvereinen ist die beträchtliche Zahl von männlichen Mitgliedern in der *Gesellschaft*. Das ändert nach Ansicht ihrer Gründerinnen und ihrer neuen Leiterin allerdings nichts an der Tatsache, dass sich die Emanzipation der Frau nur mit Organisationen erkämpfen lässt, die von den Frauen selbst verwaltet werden und in jeder Hinsicht, also auch konfessionell, unabhängig und parteilos sind.

Anita Augspurg orientiert sich zusehends nach Berlin, wo in diesen Jahren die großen frauenpolitischen Schlachten um die Neufassung des Bürgerlichen Gesetzbuches und das Wahlrecht geschlagen werden. Sophia Goudstikker wandelt sich derweil in München zur erfolgreichen, gesellschaftlich anerkannten Unternehmerin. Sie beweist, dass Frauen auch unter widrigen, ihnen keineswegs entgegenkommenden Verhältnissen Karriere machen können – und wird gerade als Selfmade-Woman zum Vorbild für andere. Passionierte Netzwerkerinnen wie Sophia Goudstikker und Ika Freudenberg machen aus München eine Stadt der Frauen – unverwechselbar gerade durch die Atmosphäre und die Beziehungskultur, die die von ihnen mit Leben erfüllten Einrichtungen schaffen. So wichtig die dezidiert politischen Vereine der Frauenbewegung auch für die Bewusstseins- und Willensbildung und damit für Aktionen und Kampagnen sind – um zu einer sozialen Bewegung aus der Mitte der Gesellschaft heraus zu werden, bedarf es eines informellen Netzwerks von Beziehungen, Freundschaften und sozialen Räumen, kurz einer lebendigen Gegenkultur mit allen Merkmalen einer Szene. Gertrud Bäumer, eine der führenden Gestalten der bürgerlichen Frauenbewegung und mit Ika Freudenberg und Sophia Goudstikker eng befreundet, hat den Münchner Kreis rund um das Atelier Elvira und die Gesellschaft für Fraueninteressen als den »farbigsten, schwungvollsten und freiesten Lebensring« beschrieben, »zu dem irgendwo die Frauenbewegung zusammenwuchs ... Starke Temperamente, künstlerische Naturen, warme leidenschaftliche Herzen, feurige Seelen – eine lebendige bewegte Aufbruchsstimmung von Kraft, Humor, Geist und Geschmack. Eine temperamentvolle Emanzipation voll Herzensanteil, ein tapferes und zugleich frohes Erschaffen neuer Lebensformen.«

... und eine männliche

Ludwig Klages

Und was ist mit den Männern? Während die *Psychologische Gesellschaft* mit Schrenck-Notzing als Frontmann weiterhin Jagd auf die Seele macht, die sie teils im Unbewussten, teils im Übersinnlichen vermutet, entsteht – ohne jede personelle Überschneidung – ein weiterer Münchner Kreis passionierter Seelensucher, der noch höher hinaus beziehungsweise tiefer hinab will – und es dabei gleich mit dem ganzen Kosmos aufnimmt (weshalb er auch als Kosmikerkreis in die Geschichte eingegangen ist).

Alles beginnt, wie so häufig in diesen Zeiten, in einer Pension, in diesem Fall der Schwabinger Pension Fuchs an der Ecke Heß- und Luisenstraße. In solchen Pensionen seien die verrücktesten Leute abgestiegen, hat Stefan George rückblickend gemeint: »Wer nicht schon ein bisschen verrückt ist, kommt in so eine Pension gar nicht hin.« Zu den Logiergästen, die sich hier am Mittagstisch versammeln, zählen im Jahr 1893 der noch weithin unbekannte, vierundzwanzigjährige George selbst und der noch einmal um drei Jahre jüngere Ludwig Klages, der zufällig sein Tischnachbar ist. Beide haben sich gerade zur Fortführung des Studiums an der Ludwig-Maximilians-Universität eingeschrieben, und so kommt man ins Gespräch – der angehende Dichter mit dem sphinxhaft-dämonischen Antlitz und der künftige Philosoph mit der klangvoll auf- und absteigenden Stimme, dessen Vortrag, wenn er sich

Tarzan-Philosoph und Seelenflüsterer, der alle mitreißt. Aber wohin? Ludwig Klages, 1900.

zu Bekennertum und Prophetie verleiten lässt, etwas von der Gewalt eines reißenden Flusses bekommt.

Noch aber studiert der gebürtige Hannoveraner Ludwig Klages Chemie, was allein schon zu Nachfragen oder geistreichen Bemerkungen einlädt. In München wird gerade die moderne chemische Forschung erfunden – von der Entwicklung technisch umsetzbarer Synthesen in universitätseigenen Laboratorien, woran auch der Student Klages beteiligt ist, bis zur kurz vor der Jahrhundertwende einsetzenden Industrieforschung. Den Entschluss zum Chemiestudium hat Ludwig Klages im Nachhinein als »tollhäuslerisch« bezeichnet. Er habe ihn vor allem deshalb getroffen, um sich nicht nur aus Büchern, sondern auch experimentell im Laboratorium mit den »seelenfeindlichen Mächten« vertraut zu machen: »Ich muss den Feind kennen, um ihn zu schlagen mit seinen eigenen Waffen; ich muß erproben, durch welche Art analytischen Denkens man zu der Behauptung gelangt ist, daß die Welt aus Atomen bestehe«.

Dass diese »Behauptung« nicht bloß eine Weltanschauung, sondern eine begründete Tatsache ist, will einem wie Klages nicht in den Kopf. Für ihn bedeuten Erleben, Stimmungen und Ausdrucksverlangen den Schlüssel zur Welt. Folgerichtig stürzt er sich nach Aufgabe des Chemiestudiums auf die Graphologie, die Seele und Charakter eines Menschen aus seiner Handschrift zu ergründen sucht. Dahinter steckt auch die Notwendigkeit, sich nach einem Broterwerb umzusehen, was ihm durch Gutachten, nicht zuletzt für die in Zeitungen beliebten »Graphologischen Briefkästen«, sogar gelingt. Auf diese Weise findet der Philosoph Klages aber auch zu seinem Lebensthema: der Seele, ihrer Magie und mystischen Tiefe. Zusehends sieht er sie als Antipoden zu allem, was mit analytischem Denken, mit Rationalität und Wissenschaft, ja mit Geist zu tun hat.

Stefan George

Als einen Mann der Seele inszeniert sich auch der Dichter Stefan George. Wer ihn das erste Mal sieht, der glaubt indessen in ein erloschenes Antlitz zu schauen: Das liegt an den tief liegenden, verschatteten Augenhöhlen unterhalb der felsigen, weit vorspringenden Stirn, den hohlen Wangen, dem bitteren schmallippigen Mund und nicht zuletzt seiner wächsernen Gesichtsfarbe, die je nach Tageszeit einen olivgrünen Schimmer annimmt. Der Körper, eher feingliedrig, bekommt durch den dicht über den Schultern sitzenden Schädel etwas Gravitätisches, zumal George beim Gehen den Oberkörper leicht zurücklegt und sich mit dem Becken nach vorne schiebt.

Anders als Klages ist der Vierundzwanzigjährige bereits ein wenig in der Welt herumgekommen, ist in Berlin und Paris gewesen, hat die Schweiz und Italien bereist, in Berlin und Wien studiert. Auf dem Rückweg von Wien ins heimatliche Bingen am Rhein hat er im Jahr zuvor einige Wandertage in Oberbayern eingelegt. Aus einer »dunklen Neigung« zu Ludwig II. besuchte er Schloss Linderhof mit seiner künstlichen Grotte und litt nach der Besichtigung, wie er nach Hause schrieb, »an heftigem seelenkatarrh«. Vermutlich gerade deswegen macht sein neuer Gedichtzyklus *Algabal*, der in suggestiven Versen eine vollkommen artifizielle Welt von ornamentaler, bizarrer Schönheit ohne jede Moral entwirft, plötzlich eminente Fortschritte. Er widmet ihn dem »Gedächtnis Ludwigs des Zweiten«, den er den »verhöhnten Dulderkönig« nennt. Der König mit dem Knacks und die Künstler mit den großen Prätentionen, die sich von der Kunst nichts weniger als eine Erneuerung der Welt erhoffen – das ist eine Beziehung ganz besonderer Art.

Seit 1892 erscheint die von George gegründete Zeitschrift *Blätter für die Kunst*. Programmatisch richtet sie sich gegen alle Versuche der Zeit, eine engagierte Kunst zu begründen, vom Naturalismus bis zu den Gesinnungswerken Diefenbachs. Auch Klages wird bald nach seiner Bekanntschaft mit George von diesem für würdig befunden, in den *Blättern* zu veröffentlichen. »Aus einer Seelenlehre des Künstlers«, so der Titel des Essays, der dort 1896 erscheint, signalisiert Vorläufigkeit und Bescheidenheit. Im Grunde aber will Klages die gesamte Ästhetik neu denken und sie durch eine Psychologie des Künstlers ablösen. Gegenüber dem Leben könne die Kunst allemal nur eine sekundäre, abgeleitete Bedeutung haben, so seine Behauptung: »Es sei in Wahrheit gleichgültig, ob ein Werk ›künstlerisch‹ vollendet sei, es käme lediglich darauf an, ob aus ihm das Leben glühe. Von der Kunst sei daher für das Leben auch nichts zu hoffen, sondern alles müsse vom Leben selbst kommen.«

Das ist geradezu darauf angelegt, den Widerspruch des Dichters herauszufordern. Für George charakterisieren den Künstler nicht nur »lebensdurst und grosse selbstgefühle«, sondern genauso die Befähigung, die seelischen Kräfte zu bändigen und zu gestalten. Erst das mache schließlich aus rauschhafter Erlebnistiefe Kunst. Kunst müsse zwar nicht unbedingt Erkenntnis sein, sie sei aber auch nicht bloß eine Art Urschrei. Mit einer gehörigen Portion Größenwahn ausgestattet, beanspruchen beide, der Apologet der Kunst wie der Apologet des Lebens, für sich die Führungsrolle. Eine Zeitlang geht von diesem Konkurrenzkampf ein großer Reiz aus, auf Dauer aber kann das kaum gut gehen.

Alfred Schuler

Klages hat sich im Nachhinein viele Gedanken darüber gemacht, was ihn, den verschlossenen Norddeutschen, an München so angezogen hat. Dabei kommt er auf Eigentümlichkeiten der Stadt zu sprechen, die auch vielen anderen Zugereisten an München auffielen und gefielen: »die schönschreitenden Frauen«, »die lässig und beinah schlendernd sich bewegenden Männer«, die bukolische Szenerie des Englischen Gartens und generell der Biergärten mit ihren mütterlichen Kellnerinnen und ihrer betont egalitären Atmosphäre, »wo auf langen Bänken am gleichen Tisch beieinander saßen Barone, Handelsherren, Studenten, Barbiere, Künstler, Faßbinder, Pillendreher, Holzfäller, Gelehrte«. Und nicht zuletzt die verschwenderische Pracht, mit der Kunst und Kultur über die Stadt ausgestreut sind. Laut Klages aber reicht das alles nicht, um den eigentümlichen Charakter Münchens zu erfassen, das, was er die »Ortsseele« nennt. Dazu müsse man noch andere, verstecktere Plätze der Stadt aufsuchen, sich dorthin begeben, wo keine Touristen hingelangen, sondern das zu finden sei, was wir heute Subkultur nennen würden. Dort aber stoße man auf – Alfred Schuler.

Vieles von dem, was München in Klages' nach Transzendenz dürstender Seele auslöst, souffliert ihm ein Mann, der zu den geheimnisvollsten Gestalten der Münchner Jahrhundertwende zählt – neben dem Seelendoktor Schrenck-Notzing, der in den besten Kreisen der Stadt verkehrt, ein zweiter, nicht minder einflussreicher Seelenflüsterer, der in den geheimen Winkeln der Altstadt, im Gedränge der Bierfeste und Jahrmärkte, im Dunst der Kneipen und Jahrmarktsbuden zu Hause ist. Alfred Schuler ist um einige Jahre älter als Klages, eine markante, auf den ersten Blick nicht sonderlich einnehmende Erscheinung: ein »kleines dickliches Männchen mit einem großen kürbisartig ansteigenden, schon leicht glatzigen Kopf und einem glattrasierten, breiten fetten Gesicht mit Neigung zum Doppelkinn und sehr großen blauen, leicht herausquellenden Augen« – so hat ihn beinahe schon karikierend der Archäologe Ludwig Curtius beschrieben. Stets ist er ganz in Schwarz gekleidet, das Jackett mit dem umgeschlagenen Kragen zugeknöpft bis zum Hals; es betont den Bauch, statt ihn zu kaschieren. In diesem Auftritt erinnert Schuler an einen Abbé des 18. Jahrhunderts, jene Mischung aus Priester und Gelehrter, die so stilbildend gewesen ist für die europäische Geistesgeschichte. Doch dieser Pater hier ist kein Aufklärer, er ist ein Eingeweihter, ein Mystagoge. Klages nennt ihn den »weitaus

Wissendsten um die Geheimnisse des Altertums«. Faktisch ist er immer noch Student der Archäologie, wird an der Universität aber nie einen formellen Abschluss erreichen. An seinem Wissen von der Antike haftet der Staub der Gelehrsamkeit. In Rom, dem Fixpunkt seiner Sehnsüchte und Spekulationen, ist er ein einziges Mal gewesen, rundheraus enttäuscht von dem, was er dort zu sehen bekam.

Allerdings versteht Schuler seine profunden Kenntnisse mit großer Suggestivkraft zu vergegenwärtigen. Schlendert man mit ihm durch die Gassen der Altstadt oder über eine Dult, wie die rund um die Namenstage von Heiligen veranstalteten Jahrmärkte mit Volksfestcharakter in München seit altersher heißen und wo es sehr bodenständig zugeht, so macht er mit mitreißenden Worten seine Begleiter auf alles aufmerksam, was ihm Zeuge einer großen, auf die römische Antike verweisenden Zeit zu sein scheint. Das können verfallene Ziehbrunnen, altertümliche Tore oder von Grünspan zerfressene kupferne Gerätschaften sein – alles wird ihm zu Spuren einer vormals mächtigen Gegenwart, die in seiner Seele weiterlebt. Er selbst fühlt sich als Spätling römischer Zeiten, den nur ein Regiefehler der Natur statt ins Zeitalter der Cäsaren in die gegenwärtige, seines Erachtens blasse, seelenlose Epoche versetzt haben kann.

Das alles hat etwas von einer Gymnasiastenphilosophie, was auch Klages' Faszination erklärt. Mit Verlassen des humanistischen Gymnasiums bekommen junge Intellektuelle wie er die Diskrepanz zwischen der Herrlichkeit und Lebensfülle der Antike, wie sie ihnen im Latein- und Griechischunterricht nahegebracht worden ist, und der Prosa der alltäglichen Lebensverhältnisse in der modernen Welt mit ihren Verpflichtungen und Versagungen nachdrücklich zu spüren. Die Flucht in die Vorväterzeit ist eine intellektuelle Droge, um das harte Auftreffen auf dem Boden der Realität der Gegenwart möglichst lange hinauszuzögern. Schuler wirkt jedenfalls gewaltig auf Ludwig Klages. Der junge Philosoph macht aus den Ahnungen und Gedankenfetzen des schwadronierenden Mysterienforschers ein metaphysisches System, in dem sich die in die Tiefe der Zeiten hinabreichende Seele als hartnäckiger Kontrahent der Rationalität erweist, die in Gestalt der modernen Wissenschaft und Technik den Menschen angeblich unterjocht und von seiner Bestimmung entfernt. *Der Geist als Widersacher der Seele* wird der Titel seines philosophischen Hauptwerks lauten. Wie schon Nietzsche vermutet Klages hinter dem Sieg des Verstandes über die Seele den langen Arm des jüdisch-christlichen Denkens und seiner lebensfeindlichen Moral. Erst ihr Sturz würde den Menschen wieder die volle Erfahrung des »offenen Lebens« ermöglichen, wie Schuler das nennt.

Vorerst aber ist das nur einigen wenigen Erwählten vergönnt, zu denen Schuler natürlich sich selbst und auch seine Anhänger rechnet. Geheimnisvoll raunend spricht er in diesem Zusammenhang von »Blutleuchte«. Das Blut jener Menschen, von denen er in Zeiten des Niedergangs die allgemeine Wiedergeburt erwartet, sei, so munkelt er, mit einem Leuchtstoff durchdrungen, einer fluoreszierenden Substanz. So verbindet sich die Feier der Seele mit der des Blutes – eine so archaische wie zukunftsträchtige Synthese. Klages, der auch diesen Aspekt von Schulers Lehre begeistert übernimmt, nennt diese Menschen »die Enormen« – eine Bezeichnung, die sich rasch auch im George-Kreis einbürgert. Enorm sind laut Klages jene Menschen, in denen die Glut der kosmischen Seele noch leuchtet. Das können Dichter sein wie Stefan George. Aber auch die Liebe kann die Blutleuchte entzünden. Der homosexuelle Schuler denkt in diesem Zusammenhang vor allem an Mysterien phallischer Art; Klages dagegen setzt auf die Frauen. Während das Trachten der Männer »naturgemäß dahinziele, ihre hergebrachten aber ganz lebensfeindlichen Ziele zu erhalten« und sie dazu vor allem »die Fesseln der Ehe« benutzen würden, seien die Frauen leichter »aus dem Dunstkreis der überkommenen Spießermoral« zu lösen. Das ist doch immerhin eine Aussicht.

Theodor Lessing

1895 kommt der junge Theodor Lessing nach München. Auch er will dort sein Studium, in diesem Fall das der Medizin, weiterführen. Vor allem jedoch freut er sich darauf, die Herzensfreundschaft, die ihn mit Ludwig Klages seit Schülertagen verbindet, unter den zwanglosen Voraussetzungen des Studentenlebens fortzuführen, hier in München, wo alles möglich scheint und man morgen gerne morgen sein lässt. Lessing ist ein philosophischer Kopf genau wie Klages, und auch er wird sein Studium schließlich an den Nagel hängen und sich als Publizist durchschlagen.

Als sie sich wiedertreffen, bekommt ihre Freundschaft jedoch einen Riss. Denn Lessing muss feststellen, dass sein Freund nun auch einem anderen ebenso zugetan ist wie zuvor nur ihm und er den Freund mit diesem anderen teilen soll. Es ist Stefan George. Und obwohl man anfangs in derselben Pension wohnt und sich beinahe unweigerlich über den Weg läuft, stemmt sich Lessing mit großer Kraft gegen die Zumutung, den Unbekannten kennenzulernen, und nutzt jede Gelegenheit, Georges Dichtung und dessen Person vor dem Freund herunterzumachen. Die von Stefan George zelebrierte intellektuelle und poetische Hohepriesterschaft reizt den jungen Rebellen Lessing unwiderstehlich, den »Rüpel«, den »Wald- oder Wiesen-Faun« herauszukehren. Wie Klages liebt er das Leben über alles, im Unterschied zu ihm ist seine Liebe aber keineswegs vor allem metaphysischer Natur. Lessing gehört zu der Sorte junger Männer, die keine Chance auf ein sexuelles Abenteuer ungenutzt lassen, was auf Seiten des schüchternen Klages zu Neid und Minderwertigkeitsgefühlen führt.

Nach einigen Monaten des gezielten Aneinandervorbeilaufens kommt es dann doch zur unausweichlichen Begegnung von Lessing und George, an einem Ort, der für Begegnungen aller Art, gerade auch für die unerwarteten und unerwünschten, wie geschaffen ist. Lessing sitzt bereits zeitschriftlesend im Café Luitpold, als George durch den Säulengang in der Mitte stolziert, begleitet wie stets von seinem unzertrennlichen Schatten Karl Wolfskehl, dem wohlhabenden Spross einer jüdischen Kaufmannsfamilie und unverzichtbaren Mitarbeiter bei den *Blättern für die Kunst*. Und es dauert nicht lange, da storcht auch Klages durch die Halle. Lessing sieht ihm sofort das Missbehagen darüber an, dass die beiden einander abstoßenden Pole seiner Freundschaft an benachbarten Tischen Platz genommen haben. Einige Jahre später wird Lenin, der sich da noch Herr Meyer nennt, während seines Münchner Aufenthalts seine berühmte Schrift *Was tun?* verfassen. Lessing und Klages aber stellen sich die Frage schon jetzt.

Klages macht den Anfang: »Komm mit zu den andern«, begrüßt er den Freund. Der reagiert abweisend: »Ihr könnt ja auch an meinen Tisch kommen.« Wenig später erscheint Karl Wolfskehl als Friedensbote und wiederholt die Einladung. Doch Lessing bleibt unnachgiebig: »Der Weg von Herrn George zu mir ist nicht weiter als der von mir zu Herrn George.« »Herr George« aber hält die Zumutung, den Tisch zu wechseln, für geschmacklos, ja frech. Mit der Folge, dass der arme Klages mit einer zerrissenen Seele zwischen den beiden eifersüchtigen Hohepriestern hin- und herpendelt und den alten Freund beschwört: »Mensch, lass doch mir zuliebe nicht das Schönste scheitern an deiner Albernheit.« Lessing aber begehrt auf, das sei keine Albernheit, das sei Symbol. Da erhebt sich Wolfskehl ein zweites Mal und belehrt Lessing, unter Symbolen verstehe man etwas anderes. Derweil weiß Klages immer noch nicht, wo und ob er sich überhaupt setzen soll.

Schließlich vereinbart man, dass weder George noch Lessing sich fügen müssen, sondern beide gleichzeitig aufstehen, einander bis zur Mitte des Säulengangs entgegengehen und dann alle vier an einem größeren Tisch Platz nehmen. Und so geschieht es. »Schwerernst, mit der Feierlichkeit der großen Geschichtsereignisse«, wie Lessing resümiert. Man schüttelt einander die Hände und presst sich ein »Sehr erfreut« ab. Dann nimmt man am dritten Tisch Platz, George neben Wolfskehl, Lessing neben Klages.

Das nun einigermaßen schleppend verlaufende Gespräch dreht

sich bald um das Verhältnis von Dichtung und Leben, ein Lieblingsthema aller Beteiligten. Der Dichter müsse sein Werk selber sein, behauptet Lessing. Es sei widerwärtig, von »Löwenjagden, Wüstenstürmen, Wikingerfahrten, brennenden Städten, Morden und Triumphen« zu singen, während man, »den Griffel in bleicher Hand«, sich im Ohrensessel zurücklehne oder auf dem Gartenstuhl herumlungere. Das richtet sich natürlich gegen George, der genau dies in seinen Dichtungen zu tun pflegt. Der aber lehnt sich gelassen zurück und sagt mit seiner geduldig feierlichen Stimme: »Ein Dichter, merken Sie, kann auch im Luitpold auf Löwenjagd gehn.«

Aufs Rad

Das Emanzipationsgefährt

Während die in den Cafés sitzenden Männer Löwenchimären hinterherjagen, besuchen die Frauen in diesen Jahren nicht nur Versammlungen und tun etwas für ihre »geistigen Interessen«, sondern legen auch in anderer Hinsicht an Mobilität zu: sie steigen aufs Rad. Das hat auch mit einer Innovation zu tun. Sie besteht darin, die Gummireifen des Fahrrads mit Luft zu befüllen und mit einem Ventil auszustatten. Das macht das Radfahren nicht nur wesentlich komfortabler, sondern auch schneller.

Doch die technische Neuerung erklärt nicht allein, weshalb am Ende des 19. Jahrhunderts die Frauen das Fahrrad zu ihrem bevorzugten Fortbewegungsmittel machen. Das Rad ist seitdem das Emanzipationsgefährt schlechthin. Es taugt kaum zum Repräsentieren oder zum Angeben, und es ist auch kein geschützter Raum mit Motor wie das parallel aufkommende Auto. Es ist relativ preiswert – ein Fahrrad kann sich auch leisten, wer wie die meisten Frauen zu dieser Zeit über kein eigenes Gehalt oder

Bankkonto verfügt. Und vor allem ist es universell einsetzbar. Die Frau mit Rad kann selbst über die Zeiten des Aufbruchs und die zurückzulegenden Wege bestimmen, und nicht zuletzt auch über das Tempo, in dem dies geschieht. Vom entspannten Nebeneinanderherfahren, verbunden mit einem netten Plausch, bis zum jähen Davonstürzen, wenn Eile geboten ist, oder rasanter Fahrt aus Spaß an der Geschwindigkeit, von Sonntagsausflügen in die nähere Umgebung über heimliche Rendezvous bis zu regelrechten Radtouren in den Ferien – das Rad ist ein Fortbewegungsmittel, das sich ganz nach den Bedürfnissen seiner Nutzerinnen und Nutzer richtet. *Räder des Glücks* lautet bezeichnenderweise der Titel eines Romans, den H.G. Wells 1896 über die Karriere des Fahrradfahrens verfasst. Es bringt den Frauen eine Befreiung aus häuslicher Gebundenheit und ständigem Begleitschutz. Und das Schönste dabei ist, dass dies aus eigener Kraft, ohne fremde Hilfe geschieht.

Der Erfolg des Velocipedfahrens, wie es offiziell heißt, ist umso bemerkenswerter, als das Besteigen des Sattels für Frauen zu Beginn alles andere als selbstverständlich und unkompliziert ist. Vor den Spaß und die Freiheit hat der Gesetzgeber die Verpflichtung gesetzt, Radfahrstunden zu nehmen und eine zweiteilige Prüfung zu absolvieren – theoretisch wie praktisch. In der Schwabinger Kaulbachstraße gibt es die erste Radfahrschule Deutschlands. Dort kann man das von der Polizei verlangte Zertifikat erwerben. Und wie dann später auch beim PKW-Führerschein haben es hier diejenigen schwerer, die dafür als weniger geeignet angesehen werden oder denen die Fertigkeit dazu sogar rundweg abgesprochen wird. Frauen und Fahrrad, das passt für traditionell denkende Männer weder mit ihrem Bild vom zarten Geschlecht noch mit ihren Schönheitsvorstellungen zusammen. Ein Kölner Arzt meint sogar, gewisse Hirnteile würden durch das Radfahren so gehemmt, dass die Wahrnehmung unscharf werde und zu einer Art Betäubung führe – ausnahmslos bei Frauen natürlich: »Wenn das zarte Geschlecht absolut das Bedürfnis zur Betätigung seiner

Strampelkraft fühlt, so kann es dieses ebenso gut an der Nähmaschine efektuieren«, lautet sein unmissverständlicher Rat. So wird das Fahrradfahren auch zur Nagelprobe der Emanzipation.

Hedwig Pringsheim besteht sie. Bei ihr geht die aufkommende Begeisterung fürs Rad mit nachlassendem Interesse am Reiten einher – auch das ist kein Einzelfall. Das Jahrhundert der Pferde geht langsam zu Ende. Das Auto ersetzt die von Pferden gezogene Kutsche – und das Fahrradfahren tritt an die Stelle des traditionellen Ausreitens. Das hat schon Karl Drais so gesehen, der die von ihm 1817 entwickelte Laufmaschine, den Vorläufer des Fahrrads, ausdrücklich als »Fahrmaschine ohne Pferd« beschrieb.

Im November 1894 nimmt Hedwig ihre erste Velociped-Stunde. Sie findet in eigens dafür vorgesehenen Hallen statt. Zu Weihnachten dann schenkt ihr Alfred ein eigenes Rad. Wochenlang bereitet Hedwig sich auf die Prüfung vor. Ende März 1895 ist es so weit. Mit ihrem Mann fährt sie zur polizeilichen Prüfung, eskortiert von ihren beiden älteren Söhnen auf dem Rad. Zusammen mit ihr haben sich dort an die zweihundert Männer eingefunden, deren »große Angst und Aufregung« sie so bemerkenswert findet, dass sie sie in ihrem Tagebuch notiert. Sie selbst findet die Prüfung »höchst einfach« und fährt anschließend gleich mit dem Ältesten aus. Die beiden besuchen Lenbach in seiner Villa, sie selbst in der speziellen Radlerinnenkleidung, zu der eine nur wadenlange Pumphose gehört. Sie gilt vielen als anstößig, da hier erstmals die Waden der Frau in der Öffentlichkeit gezeigt werden. Wie für viele radbegeisterte Frauen ist auch für Hedwig Pringsheim die neue Leidenschaft ein guter Anlass, sich der bewegungshemmenden Panzerung des Schnürkorsetts zumindest zeitweise zu entledigen.

Es schließt sich eine Spazierfahrt durch Schelling- und Ludwigstraße an: »Ging ganz gut«, notiert die stolze Neu-Velocipedistin. Kopfsteinpflaster und Schotterpisten sowie die noch schwergängigen Fahrräder machen das Spurhalten schwierig und aus dem Lenken einen Kraftakt. Besonders bergab kommt es immer wieder zu teilweise heftigen Stürzen. Den Rädern fehlt in der Regel noch eine Freilaufnabe; bei Straßengefälle gilt es die Füße vor den sich wild drehenden Pedalen in Sicherheit zu bringen. Und auch die Bremsen versagen häufig ihren Dienst. Die Folge sind aufgeschreckte Hunde, drohende Fußgänger, unfreiwillige Bäder in Teich oder Bach. Bei einem Ausflug stößt Hedwig Pringsheim mit einem Bierwagen zusammen: »infolgedessen mein Rad zertrümmert, ich heil«. Der Sohn fährt eine Droschke holen, während sie das nicht mehr fahrbare Rad einige Kilometer der erwarteten Droschke entgegenschiebt, »das allgemeine Mitleid der zahlreichen Velocipedisten erregend«.

Ein Skandal

Oskar Panizza

Manche Bücher beziehen ihre Bekanntheit aus dem Umstand, dass sie gar nicht erst gelesen werden. Denn man glaubt bereits zu wissen, was in ihnen steht. Für ihre Kritiker kann es sich nur um Schlechtes, Unmoralisches, Verdammungswürdiges handeln. Schon sie nur in die Hand zu nehmen, kann da als Vergehen gelten, bei dem man sich auf keinen Fall ertappt wissen möchte.

Oskar Panizzas satirisch-groteskes Skandalstück *Das Liebeskonzil* ist so ein Fall. Das in der Schweiz verlegte Buch ist im Deutschen Reich so wenig verbreitet, dass es der Staatsanwaltschaft anfangs schwerfällt, überhaupt jemanden ausfindig zu machen, der willens ist, gegen seinen Verfasser Klage zu erheben. Schließlich findet der Münchner Staatsanwalt Freiherr von Sartor auf dem Weg der Amtshilfe in einem Leipziger Polizeirat eine Person, die bereit ist, an dem Buch Anstoß zu nehmen. Zwar lediglich »i.A.«, im Auftrag, wie es in dem betreffenden Dokument heißt, aber das reicht von Sartor, gegen Panizza und sein Werk vorzugehen, ganz wie er es sich vorgenommen hat.

Über 90 blasphemische Stellen listet die Anklageschrift auf; fast die Hälfte davon bezieht sich auf die im katholischen Bayern besonders verehrte Gottesmutter. In Panizzas Stück wird sie als eine eitle und durchtriebene Person dargestellt, die mit dem Teufel im Bunde ist. Beide gehören dem titelgebenden »Liebeskonzil« an, das Gott Vater, ein übellauniger, gebrechlicher Greis, im Himmel einberuft. Auch seinen schwächlichen, ständig hüstelnden Sohn befiehlt er dazu. Anlass ist das unzüchtige Treiben am päpstlichen Hofe, wo zur Osterwoche obszöne Liebeskämpfe und regelrechte Orgien abgehalten werden. Gott Vater, Mutter und Sohn bitten den Teufel, etwas zu erfinden, das »unflätig, und liebenswürdig und giftig zu gleicher Zeit« sei, um den Exzessen Einhalt zu gebieten – einen Stachel im Fleisch, der die Menschen nicht völlig zerstöre, sondern sie »erlösungsbedürftig« mache. Daraufhin zeugt der Teufel mit Salome, die Panizzas Zeitgenossen als die Verkörperung schlechthin der erotischen, aber auch grausamen Frau gilt, eine so wunderschöne wie stumme Tochter. Alle, die sie berühren, infizieren sich mit Syphilis, erst der Borgia-Papst Alexander, dann die Geistlichen und schließlich das »übrige Menschenpack«. Rasch verbreitet sich die sexuell übertragbare Erkrankung in ganz Europa.

Die Idee, dass die Syphilis eine Strafe Gottes für menschliche Unzucht sei, stammt aus der Zeit, in der Panizza sein Stück spielen lässt, die Wende vom 15. zum 16. Jahrhundert. Und sie ist natürlich nicht Panizzas eigene Überzeugung; der versteht sein Stück vielmehr als satirische Kritik solcher Annahmen, die zeigen soll, wie ambivalent die Beziehung der Kirche zur menschlichen Sexualität ist. Eine Diagnose, die im Prinzip noch heute gilt.

Nach dem Nudistenprozess gegen Diefenbach ist der am 30. April 1895 eröffnete Gotteslästerungsprozess gegen Panizza das zweite exemplarische juristische Verfahren, mit dem die staatliche Ordnungsmacht in München gegen die rebellischen Tendenzen vorgeht, die ihren Ursprung in der dortigen Boheme haben. Panizza ist naiverweise davon ausgegangen, dass die Religion in seiner Zeit zunehmend an Bedeutung verliere. Und sprach nicht einiges dafür? Die gebildeten Kreise, aber auch die unteren Schichten der Bevölkerung würden sich mehr und mehr vom christlichen Glauben abwenden, bringt er vor Gericht zu seiner Verteidigung vor. Nur um den Gedanken des unwiderruflichen Alterungsprozesses der Religion darzustellen, habe er »Gott Vater selbst als einen gebrechlichen Greis« geschildert. Genau besehen habe er in seiner »Himmelstragödie« lediglich ein Gottesbild karikiert, von dem er überzeugt sei, dass es der Vergangenheit angehöre oder doch angehören sollte. Aber Panizza muss erfahren, dass die durch den Staatsanwalt repräsentierte Obrigkeit in diesem Punkt keinen Spaß versteht. Zu sehr sind Religion und Politik, Herrschaft und Religion, Staat und Glaube zu seiner Zeit noch miteinander verknüpft, zumal im katholischen Bayern.

Staatsanwalt von Sartor jedenfalls geht es darum, ein Exempel zu statuieren. In seinem Schlussplädoyer wendet er sich an die »Herren Geschworenen«: »Ich bitte Sie nicht, ich verlange von Ihnen, zeigen Sie durch ein rasches Urteil den Herren Modernen, daß wir in Deutschland noch Gesetze haben, die verbieten, Gott, die Religion und die heiligsten Gefühle so zu behandeln, wie es der Angeklagte gethan. Wenn die Herren Modernen Schmutz brauen wollen, so sollen sie das allein thun innerhalb ihrer vier Wände. So weit sind wir Gott sei Dank noch nicht, daß wir durch solche Werke Gott, unseren Glauben und unsere Religion besudeln lassen müssen.«

Eine ähnliche Position hat schon Thomas Mann vertreten, in diesem Fall nicht gegenüber den »Herren«, sondern den »Frauen Modernen«: Wenn schon Rebellion, dann nur in den eigenen vier Wänden. Und bitte kein Aufheben davon machen und schon gar nicht an die Öffentlichkeit gehen. Auch Thomas Mann nimmt Panizzas Stück nur aus der Zeitung zur Kenntnis. Aber er besteht darauf, dass das Gericht andere Interessen zu vertreten habe als die künstlerischen – »praktischere Interessen«, wie er sie nennt und womit eigentlich nur die Bewahrung der bestehenden Moral und des guten Geschmacks gemeint sein können. Seien diejenigen, die – wie er – von der Kunst noch immer »ein bischen guten Geschmack« verlangten, so fragt Thomas Mann mit Unschuldsmine, tatsächlich »nichts als zurückgebliebene Banausen«?

Am guten Geschmack aber ist jemand wie Panizza am allerwenigsten interessiert. Die ganze Boheme, zu der er sich rechnen darf, ist ein Aufstand gegen den guten Geschmack und dessen Dominanz in Kunst und Literatur. Noch am ersten Prozesstag wird Panizza von den zwölf Geschworenen des »Vergehens wider die Religion durch die Presse« schuldig gesprochen und zu einem Jahr Haft verurteilt. »Wann der Hund in Niederbayern verhandelt worden wär, der kam net lebendig vom Platz!«, äußert sich einer der Geschworenen ganz offen. Da »Fluchtgefahr« bestehe, wird Panizza unmittelbar nach Ergehen des Urteils in die Münchner Fronfeste am Anger eingeliefert. Am 8. August dann tritt er seine reguläre Haft in der Gefangenenanstalt Amberg an. Ein Gnadengesuch an den Prinzregenten Luitpold scheitert. Sein Verteidiger begründet es damit, dass der Inhalt des *Liebeskonzils* sofort »Zweifel an der geistigen Freiheit des Verfassers« erwecke. Dieser Ansicht schließt sich sogar Michael Georg Conrad an. Panizza ist auf dem Weg zum Outcast.

»Ein Jahr Gefängnis!«, notiert Theodor Lessing in seiner Verteidigungsrede *Der Fall Panizza*. »Welch ein Abgrund von Bitterkeiten steckt in dem Worte. Diebe und Gauner pflegen mit milderen Strafen bedacht zu werden.« Und dies widerfahre zudem noch einem »Jünger der Kunst« – der Kunst, die doch vom Leben lebe, im Schauen und Leben bestehe – »da wird solch ein Mann nun in einer Gefängniszelle, einem sechsflächigen Sarge, lebend interniert.« Und warum? »Hat er in die Rechte seiner Mitmenschen hemmend eingegriffen?« Nein! Lessings Resümee nach vielen langen Seiten der Rechtfertigung der künstlerischen Freiheit: »In der modernen Welt, die durch die riesenhaften Fortschritte der Wissenschaften, die Verfeinerungen der Technik, der Industrie, der politischen und soziologischen Bildung aufgebaut ist, ragen noch aller Orten die morschen Stützpfeiler, die hinderlichen Tragbalken der Vergangenheit, angehörend einer andern Vorstellungswelt, anderen Bedürfnissen und Instinkten, anderen Hoffnungen und anderen Menschen, durch nichts mehr befestigt, denn durch die Macht der trägen Gewohnheit und des besitzsicheren Eigennutzes.« Aber bei leisester Erschütterung des Bodens, so seine Prophezeiung, drohten sie auseinander zu krachen.

»Die Jugend rückt auf allen Seiten vor«

Eine neue Zeitschrift für ein neues Lebensgefühl

Als es dann gleich im nächsten Jahr zu der von Lessing angekündigten Erschütterung kommt, sind es aber gerade nicht die zusammenkrachenden Stützpfeiler, die die Aufmerksamkeit des Publikums auf sich ziehen. Im Gegenteil, die neuen Dinge kommen als Bereicherung, als flotte Abwechslung und vergnügliche Zerstreuung daher. Die Zeitschrift *Jugend,* deren erste Ausgabe direkt am 1. Januar 1896 erscheint, behauptet von sich, »ein lustiges Blatt an der Wende des Jahrhunderts« schaffen zu wollen, »das uns den Uebergang in das Neue zu einem Vergnügen machen« soll.

Schaut man genauer hin, so steckt dahinter aber doch ein Lebensgefühl, das das Zeug hat, die soziale Ordnung zu erschüttern. Der Titel der Zeitschrift ist Programm. Ausgerechnet das Fin de Siècle, das wir mit Weltschmerz, Abschiedsklage und Untergangsstimmung verbinden, entdeckt die Jugend neu, als einen »mit Ereignissen und Entwicklungsmöglichkeiten prall gefüllten Lebensraum«, wie ein Anthropologe das genannt hat – einen Ausnahmezustand vom Kind- wie vom Erwachsenendasein. Plötzlich gilt die Jugend als die entscheidende Lebensphase, in der wir durch Auflehnung gegen die konventionellen Rollen die Chance haben, uns selbst und das Leben kennenzulernen – oder diese Chance durch Angepasstheit vertun. Doch dabei bleibt es nicht. Schon bald wird das Prinzip »Jugend« auch von den anderen Lebensaltern übernommen, als Quelle der Selbsterneuerung, als Aufbruchsstimmung und Hingabe an die Gegenwart. Das in München erscheinende Magazin verkündet es und macht es vor: »Jugend ist Daseinsfreude, Genußfähigkeit, Hoffnung und Liebe, Glaube an die Menschen, Jugend ist Leben, Jugend ist Farbe, ist Form und Licht.« Das klingt, als ginge es darum, die Bewegung der *Secession*, die seit einigen Jahren erfolgreich das Münchner Kunstleben durcheinanderwirbelt, nun auf die Gestaltung des Lebens zu übertragen.

Gleich der gereimte »Gruss an die JUGEND« auf Seite 3 des ersten Heftes spricht von der »Jugend, die niemals veraltet, die aus der Seele stammt, der Jugend jeden Alters!« Jugend sei halt »kein Vorrecht der Leute bis zu dreissig oder fünfunddreissig Jahren«, heißt es dementsprechend auch im Editorial auf der Folgeseite: »Dem Jüngsten kann sie fehlen, der Aelteste kann sie haben!« Das ist auch dem Verleger Georg Hirth, der die neue Zeitschrift auf den Markt bringt, aus dem Herzen gesprochen; denn Hirth, ein energiegeladener Medienunternehmer, der das erste Telefon in München gehabt hat, sich für die elektrische Straßenbeleuchtung engagiert und auch ansonsten mit der Zeit geht, ist zu diesem Zeitpunkt immerhin schon Mitte 50. Und auch sein Mitstreiter Fritz von Ostini, leitender Redakteur der »Münchner illustrierten Wochenschrift für Kunst und Leben«, wie die *Jugend* im Untertitel heißt, geht bereits auf die 50 zu.

Die plakativen, farbig gedruckten Titelbilder machen jede Ausgabe der wöchentlich erscheinenden *Jugend* zu einem Blickfang und Statement – in einer Zeit, in der an den Plakatsäulen und vereinzelten Zeitungsständen nur Schwarz-Weiß zu sehen ist. Häufig sind zwei oder drei Farben in Flächen über die Zeichnung auf dem Titel gedruckt, was die Wahrnehmbarkeit der Zeitschrift merklich erhöht. Auf dem Cover der ersten Ausgabe ist ein Schlittschuhläufer zu sehen, der in der rechten Hand einen Birkenzweig und in der linken eine Fackel trägt, deren lodernde Flammen den Titel der Zeitschrift formen. Den Schriftzug »Jugend« in die Illustration einzubinden, ist von da an Teil der Gestaltungsidee.

Zunehmend aber dominieren junge Frauen die Titelblätter des Magazins. Zum ersten Mal auf der Ausgabe vom 7. März ist eine junge Frau im Profil mit einem Kranz im langen braunen Haar zu sehen. Sie sitzt auf einer Waldlichtung und liest in einem großformatigen Buch, erkennbar ein Textband. Das orangefarbene, sehr weite Kleid ist mit einem breiten, grauweißen Band gebunden, aus dem sich unten auf der Seite der Schriftzug »Jugend« formt. Rasche Berühmtheit hat das Covermotiv der Nummer 12/1896 erlangt: Es zeigt zwei junge Frauen, die mit wehenden Kleidern einen Wiesenabhang hinunterlaufen und dabei einen vergreisten Spießer mit sich reißen. Sie haben ihn in ihre Mitte genommen, packen ihn fest an seinen mageren Ärmchen und spielen mit ihm das beliebte Kinderspiel »Engelchen flieg«. Die Beziehung der Geschlechter und der Altersstufen hat sich umgekehrt: Aus dem lüsternen Greis, der den jungen Frauen nachstellt, ist ein Kind geworden, das sich von ihnen mitreißen lässt. Dieses Motiv gibt es auch als Werbeplakat für die Zeitschrift – ebenfalls in echten, knallenden Farben auf einer lithographischen Schnellpresse gedruckt, wie sie in diesen Jahren ihren Siegeszug im Druckereigewerbe antritt.

So wird das neue Lebenskonzept »Jugend« den Leserinnen und Lesern der Zeitschrift vor allem in seiner weiblichen Gestalt vorgeführt. Anfangs noch unentschieden und vieles ausprobierend entwickelt sich die Zeitschrift mit dem programmatischen Titel bald zu einer Illustrierten, die insbesondere den Bedürfnissen einer weiblichen Leserschaft entgegenkommt. Und das, obwohl sie beinahe ausschließlich von Männern redigiert, gestaltet und illustriert wird. Georg Hirth, der eine Spürnase für Marktnischen mit Entwicklungspotenzial hat, gelingt es, die berühmtesten und beliebtesten Künstler seiner Zeit – von Böcklin bis Corinth, von Charles Shannon bis Jan Toorop – als Beiträger zu gewinnen. Zu-

Wenn die jungen Frauen mit den alten Männern »Engelchen flieg« spielen: Das Cover der Frühlingsanfangsausgabe der Zeitschrift »Jugend« im 1. Jahrgang.

gleich versammelt er eine Gruppe junger Talente um sich, die sich durch ihren so unverbrauchten wie kessen Stil der Illustration und Typographie gerade erst einen Namen machen. Und auch in den Texten findet sich diese Frische und Leichtigkeit: Der Humor ist niemals verletzend, dabei aber durchaus hintergründig, und vor allem zeichnen sie sich durch die Kunst aus, Gewichtiges mit Beiläufigem zu verbinden. So entführen sie ihre Leserschaft, bei voller Wachheit der Sinne, in die Sonne des Vergnügens. Um die Jahrhundertwende kann Hirth von seinem Magazin pro Ausgabe immerhin an die 50000 Exemplare drucken – eine für diese Zeit beachtliche Auflage, die nur noch von der des ebenfalls in München erscheinenden *Simplicissimus* übertroffen wird.

Der Peitschenhieb

Hermann Obrist

Bevor es auf dem Münchner Zeitschriftenmarkt mit dem *Simplicissimus* zur zweiten Neugründung im Wunderjahr 1896 kommt, geht es im März erst einmal mit einer Epoche machenden Ausstellung weiter: Im Kunst-Salon Littauer am Münchner Odeonsplatz vis-à-vis der Feldherrnhalle werden vier Tage lang, vom 12. bis zum 16. März, Seidenstickereien gezeigt. Das ist schon damals ein Handwerk mit dem Beigeschmack des Althergebrachten, wenn nicht Altjüngferlichen. Was aber machen der junge Designer Hermann Obrist und die für die Ausführung der Stickereiarbeit zuständige Berthe Ruchet daraus? Die Mehrzahl der Objekte sind tischtuchgroß; eines davon, mit goldfarbener Stickerei auf türkisfarbenem Grund, trägt den Titel »Cyklamen« – der botanische Name des Alpenveilchens. Sieht man genau hin, kann man Blüte und Wurzel der Pflanze mit dem eher biederen Ruf durchaus erkennen. Alles andere aber ist pure Dynamik. Obrist, der ursprünglich Medizin und Naturwissenschaften studiert hat, bevor er zu Kunst und Handwerk fand, hat das Veilchen stark stilisiert, dabei seinen Stiel so in die Länge gezogen und dessen gekrümmten Verlauf derart in jubelnde Schwingungen versetzt, dass die

»rasende Bewegung« den Betrachtern »wie die jähen, gewaltsamen Windungen der Schnur beim Knallen eines Peitschenhiebes« erscheint. Als erster bemerkt das der Dramaturg Georg Fuchs, und seitdem heißt das gestickte Veilchen nur noch »der Peitschenhieb«.

In den herrschaftlichen Räumen des Kunst-Salons drängen sich zur Vernissage an die 300 Gäste. Obrist hat die Einladungen persönlich ausgesprochen und die Karten zum Teil direkt in den betreffenden Häusern vorbeigebracht – so etwa bei Hedwig Pringsheim, deren Tee er im Oktober des vergangenen Jahres erstmals besucht hat und bei der er seitdem regelmäßig zu Gast ist. Die Ausstellung sei der Versuch, »auf dem Gebiet der künstlerischen Stickerei etwas Frisches, Neues zu schaffen«, hat Obrist auf die Einladungen drucken lassen. Zusammen mit Berthe Ruchet, der ehemaligen Gesellschafterin seiner Mutter, ist er vor zwei Jahren von Florenz nach München übergesiedelt und hat sich hier bestens in die Gesellschaft eingeführt. Während seine Mitstreiterin im Haus von Sophia Goudstikker wohnt, wo auch das Stickereiatelier untergebracht ist, hat sich der vermögende Hermann Obrist auf der Karl-August-Straße, vis-à-vis der noch unbebauten Muffatwiese, von August Exter und Alfred Pinagel eine Villa bauen lassen. Die Entwürfe dazu stammen von ihm selbst, wie er stets betont, während er sich sonst eher mit Brunnen, Büsten, Grabmälern und eben Stickereien befasst. Mit seinem runden Turm, dem Erker und den bogenförmigen Fenstern erinnert das Haus, dessen Inneres von drei Ateliers dominiert wird – eines davon sogar über zwei Stockwerke – an eine Burg. Aber es hat auch eine überdachte Terrasse, die an italienische Villen denken lässt – eine eigenwillige, durchaus exzentrische Stilmischung, wie sie nicht wenige der in diesen Jahren entstehenden Münchner Privathäuser auszeichnet. Später wird man den eklektizistischen Bau, der mit Möbeln nach eigenen Entwürfen sowie von Bernhard Pankok und Richard Riemerschmid ausgestattet ist, als das erste Ensemble des Münchner Jugendstils erkennen. Noch aber wird er von der Münchner Gesellschaft eher als Kuriosität verspottet, so exzentrisch wie der Bauherr, der sich bei seinen biomorphen Gestaltungsideen von Fotografien außergewöhnlicher Naturphänomene inspirieren lässt: erodierten Felsformationen, die an Muschelwerk erinnern, gewaltig aufschäumenden Wellen und rauchenden Vulkanlandschaften, Schneckenhausspiralen und den Lichtströmen der Sonne. Seine Einfälle, so notiert er, stammten »aus dem, was überall schwingt. Rhythmus, Schwingungen, Vibrationen finden sich überall, in den Wellen, in den Federwolken, in den Tages- und Jahreszeiten, im Rauschen der Bäume, im Winde, in jedem Wasserfalle, in jedem Geysir, in jeder Liane, in jedem Marsche, in jedem Tanze, in jeder Musik«.

Obrists Mutter ist eine schottische Adlige; Alice Jane Grant Duff of Eden, so ihr bezaubernder Name. Auf ihre Anregung hin hat er im Alter von 25 Jahren England und Schottland besucht und dort das *Arts and Crafts Movement* kennengelernt. Besonders William Morris mit seiner Ornamentästhetik, die Gestalten der Natur in dynamische Formen übersetzt, hat ihn tief beeindruckt.

Der junge Designer denkt in großem Stil – Hedwig Pringsheim kommt er zuweilen »größenwahnsinnig« vor, wie sie in ihrem Tagebuch notiert. Da hat sie gerade einen Vortrag von ihm besucht, den er auf Einladung von Sophia Goudstikker vor den Mitgliedern der *Gesellschaft für die geistigen Interessen der Frau* hält. Obrist sieht sich selbst als Teil einer Revolution, als deren Vordenker, Sprachrohr und ja, Tatführer. Nur dass er statt von Revolution von »Reaktion« spricht – Widerstand gegen den Historismus und Akademismus, wie er immer noch weite Teile nicht nur der Kunstszene, sondern auch der Alltagsästhetik, sichtbar etwa an der Einrichtung von Häusern wie dem Pringsheim'schen, bestimmt. Kein Wunder, dass die Hausherrin und er in diesen Belangen zuweilen aneinandergeraten. Wobei »aneinandergeraten« das falsche Wort ist. Hedwig Pringsheims sichtbare Reaktion auf die von Obrist verkündete große Umwälzbewegung besteht in der Regel lediglich darin, dass um ihre Lippen ein spöttisches, ja maliziöses Lächeln spielt – was ihren Gast gleichermaßen ärgert, wie er es charmant findet. Er selbst hingegen sieht in den von ihm entwickelten Gestaltungsprinzipien nichts weniger als den Keim der neuen freien Kunst der Zukunft, die eine Regeneration der ganzen Gesellschaft herbeiführen soll. Darunter macht er es nicht, und darin folgen ihm schon bald Künstler wie Wassily Kandinsky, die in Obrist einen visionären Vordenker verehren.

Neben der genauen Naturbeobachtung schöpft die neue Kunst nach Ansicht von Obrist aber auch aus okkulten Quellen. Die Seele des Menschen besitze Fühler, die in archaische Tiefen hinabreichen: Es sei, als wirke »ein kosmischer Urgeist« in ihm, »ohne jede Beziehung zu irgendeinem Stile«; als arbeite er »160 000 Jahre vor Christi Geburt«, so beschreibt Obrist sein eigenes schöpferisches Tun. Vor 160 000 Jahren – da machte sich zeitgenössischen Annahmen zufolge gerade Homo sapiens auf seinen langen Weg der Menschwerdung. (Heute wissen wir, dass er sogar noch früher aufgebrochen sein muss.) Doch wohin hat ihn sein Weg geführt? Laut Obrist in mit Samt ausgeschlagene Wohnhöhlen, in denen alles auf die Bequemlichkeit des Menschen abgestellt ist, seine schöpferische Seele aber verkümmert. Deshalb gilt ihnen Obrists ganze Verachtung. Dabei schwadroniert er nicht von irgendwelchen Blutleuchten und ist auch kein Anhänger des Cäsarentums. Aber zurück zu den Quellen, zur Unschuld der Anfänge und der ungebrochenen Kraft, kurz, zurück zu einer idealisierten Vergangenheit will auch er, und in seinem Fall ist das die Jugend der Menschheit.

Zum Totlachen

Im Frühjahr 1896 kommt auch Frank Wedekind wieder aus Paris nach München. Seit seinem letzten Aufenthalt hat er sein Erscheinungsbild grundlegendend verändert: Statt Schlapphut und

Havelock, dem ärmellosen Umhang, trägt er nun Zylinder und Paletot nach Pariser Mode, beides am liebsten in Grau. Doch damit nicht genug: Neben seiner Kleidung, die an einen Zirkusdirektor denken lässt, fällt er durch die Vielzahl an Bärten auf, als bemühe er sich, alle existierenden Bartformen in seinem Gesicht zu vereinigen – Schnurrbart, Schnäuzer, Knebelbart, Koteletten ... Sieben verschiedene Bärte will Max Halbe gezählt haben, was Wedekind den Spitznamen »Die Bartsammlung« einträgt.

Im Gepäck hat er neben seiner Monster-Tragödie den ersten Akt eines Stückes, in dem er der Welt seinen Begriff von Liebe und Sexualität auseinandersetzt. Wedekind ist nämlich der Meinung, dass Ehe und Sexualität nicht zusammenpassen. Die Institution, die geschaffen wurde, um den menschlichen Sexualtrieb zu kanalisieren, führe dazu, dass die Partner ihre Sinnlichkeit unterdrücken, aus Angst, deren Ausleben könnte die Fesseln der Verbindung sprengen. Denn der menschliche Sexualtrieb, so glaubt Wedekind zu wissen, ist von Natur aus nicht monogam, sondern promiskuitiv – weder auf langfristige Bindung aus, noch auf Dauer mit einem Sexualpartner zufrieden. Und das gilt seiner Ansicht nach nicht nur für den Mann, sondern in besonderer Weise auch für die Frau, deren Sexualtrieb ihm unerschöpflich erscheint, eigentlich gar nicht zu befriedigen. Einmal erwacht, ist er kaum noch zu bändigen.

Das Stück ist eine unerbittliche Idylle – Idylle, weil Wedekind partout zeigen will, dass sich Prostitution so organisieren lässt, dass sie für alle Beteiligten, auch die Frauen, zu einer befriedigenden Lösung des Sexualproblems führt. Und unerbittlich, weil er seinen Figuren und auch sich selbst dabei Gewalt antut. Erst ganz am Ende des nicht über den ersten Akt hinausgekommenen Stückes wird der Preis sichtbar, der für die perfekte Organisation der Sexualität zu zahlen ist: Es ist eine Welt ohne Liebe.

Noch im Frühjahr trägt Wedekind auf Einladung der »Nebenregierung« im Kaffee Minerva gegenüber der Kunstakademie aus seinem Stück vor. Die »Nebenregierung« ist ein typisches Produkt der in München ausgebrochenen Sezessionslust. Die Hauptregierung, das sind nach Ansicht der sich hier versammelnden Schriftsteller und Künstler die Literaten um Michael Georg Conrad und seine allerdings zu diesem Zeitpunkt schon stark an Einfluss verlierende *Gesellschaft für modernes Leben*. Und natürlich die tonangebenden gesellschaftlichen Kreise um Lenbach, Kaulbach, Seidl und den Großschriftsteller Paul Heyse, allesamt stolze Besitzer von repräsentativen Palais und mit gutem Kontakt zum Hof. Initiator der »Nebenregierung« hingegen ist der Schriftsteller Josef Ruederer. Auch der Sohn des Direktors der Bayerischen Handelsbank, dessen Mutter aus einer reichen Bierbrauerfamilie stammt, ist nicht gerade unvermögend; die standesgemäße Villa wird er sich aber erst später bauen lassen. Derweil ist er in der Schwabinger Giselastraße noch Wohnungsnachbar von Lovis Corinth, der die Wedekind-Lesung ebenfalls miterlebt.

Es ist ein denkwürdiges Spektakel, an dessen Ende der Vortragende wutentbrannt das Manuskript auf den Tisch wirft und sich mit Götz von Berlichingen empfiehlt. Wedekind hat die Angewohnheit, seine Texte mit großem Pathos vorzutragen, sie geradezu zu deklamieren, als ob es sich um Schiller-Verse handelte. Es ist ihm ungeheuer Ernst mit seiner Botschaft, dass die Sexualität alle gesellschaftlichen Fesseln sprengt; für ihn hat es etwas Heiliges, an das zu rühren er für ein Wagnis hält. Es einzugehen, verleiht ihm eine gehörige Portion Sendungsbewusstsein.

Das aber steht in merkwürdigen Kontrast zu der Banalität, immer wieder auch Schlüpfrigkeit der Dialoge, die er seinen Figuren in den Mund legt. Nicht lange, so prasseln Lachsalven durch die Rauchschwaden des Lokals, wie Max Halbe, ein Zeuge des Abends, zu berichten weiß. Die Zuhörenden wissen nicht, ob Wedekind sich einen Jux mit ihnen machen will oder ob sich hinter der Steifheit seines Vortrags eine höhere Absicht verbirgt. Als er dann noch ein sentimentales Lied über den Verlust der Keuschheit anstimmt, das die »Mädchen« in seinem Stück singen, geraten die Versammelten vollends außer Rand und Band. Besonders

Lovis Corinth, der gerne ein Glas zu viel trinkt, tut sich unter den wiehernden, brüllenden, hopsenden Zuhörern hervor: Er liegt halb unter dem Tisch und platzt beinahe vor Lachen.

Abgang Wedekind.

Und Auftritt Corinth.

Der malt in seinem Atelier nämlich gerade an seinem ersten Selbstporträt. Mit Sex, der Wedekind'schen Obsession, hat das nicht viel zu tun, mit dem Materialismus, den dieser verkündet, hingegen schon. Nur dass Corinth jegliches Pathos abgeht. Vielmehr legt er es mittlerweile darauf an, dieses seinen Bildern auszutreiben.

»Lovis Corinth. 38 J(ahre). a(nno) 1896«, lautet die Signatur. Corinth hat sie am oberen rechten Bildrand platziert und mit einem Pfeil versehen, der auf ihn selbst deutet. Der Maler steht in schwerer Statur, mit feistem Gesicht und schütterem Haar, vor dem Fenster seines Ateliers. Im Hintergrund ist wieder die Silhouette Münchens zu sehen, die rauchenden Schornsteine haben an Zahl und Präsenz gegenüber dem vor fünf Jahren entstandenen »Blick aus dem Atelier« sogar noch zugelegt. Und links neben dem Maler ist ein Skelett zu sehen, das an einem Ständer aufgehängt ist: ein anatomisches Lehrmodell.

Corinths »Selbstporträt mit Skelett« ist eine Replik auf Arnold Böcklins »Selbstbildnis mit fiedelndem Tod«, das erstmals 1872 im Münchner Kunstverein ausgestellt wurde und Böcklins Ruf in der Kunststadt begründete. Auf Böcklins Selbstbildnis erscheint der Tod als Freund der Musen; dargestellt ist ein Augenblick der Inspiration. Man muss aber das »Vorbild« gar nicht kennen, um zu verstehen, dass das Skelett neben dem wahrlich nicht geschönten Selbstporträt Corinths genau das nicht ist: ein Förderer des schöpferischen Lebens. Es ist lediglich das, was vom Menschen übrigbleibt, wenn das Fleisch von ihm abfällt, das bei dem Maler wahrlich üppig vorhanden ist. Die Häupter von Leben und Tod befinden sich in Corinths Bild auf einer Linie: gleichberechtigte Komplizen ebenso sehr wie Widersacher. Dem Grinsen des anatomischen Schädels korrespondiert die skeptische, beinahe schon mürrische Miene des Malers. Nicht feierliche Ergriffenheit, sondern Ernüchterung ist sein Lebenselement. Hier malt einer, um sich selbst zu behaupten in dieser Welt.

Von allen männlichen Seelensuchern, die München in diesen Jahren bevölkern, ist Corinth der entschiedenste Nicht-Idealist. Viel stärker noch als Wedekind, der das gerne wäre und dem ebenfalls nichts heilig ist, ausgenommen die Sexualität, der er dafür fast den Rang einer transzendenten Macht zuspricht. Das käme Corinth nicht in den Sinn. Für so etwas hat er nur schallendes Gelächter übrig.

Simplicissimus

Die Zeitschrift mit der Bulldogge

Schon seit dem Spätsommer 1893 ist Albert Langen mit seinem Verlag und seiner zukünftigen Ehefrau Dagny Björnston in München und gleich Stadtgespräch. Der Lübecker Korfiz Holm, ein Schulkamerad von Thomas Mann, berichtet von einem Abend im Herbst 1893 im Hause Pringsheim, bei dem er mit seiner Mutter, der Lyrikerin Mia Holm, zugegen ist. Das Gespräch bestreitet vor allem der Schriftsteller und Theatermann Ernst von Wolzogen, von dem wir noch hören werden. Er ist 1892 von Berlin nach München übergesiedelt, weil er sich hier einen größeren Wirkungskreis erhofft, vor allem aber, um näher am Puls der Zeit zu sein. Von Albert Langen weiß er nur das Beste zu berichten: »Er sei noch ziemlich jung, klug, liebenswürdig, voll Temperament und Unternehmungsgeist und hätte als ein Sohn aus reicher rheinischer Familie sicherlich die Mittel, seine interessanten Pläne auch erfolgreich durchzuführen ... Ganz besonders das geplante Blatt verspreche allerhand. Kurzum, es sei erfreulich, dass sich hier in München ein so frisches und modernes Unternehmen sesshaft mache, das bestimmt ›viel Leben in die Bude‹ bringen werde.«

Das »geplante Blatt« ist der *Simplicissimus*, die zweite Münchner Zeitschriftengründung im Wunderjahr 1896. Reichlich Leben in die Bude bringt sie in der Tat, und das nicht nur in die Münchner lokale, sondern in die deutsche Bude insgesamt – auch mit dieser Prophezeiung behält von Wolzogen recht. Langen hat die Idee dazu aus Paris mitgebracht, wo satirische Blätter wie der seit 1885 erscheinende *Gil Blas* mit ihrer wöchentlich wechselnden ganzseitigen Illustration auf dem Titelblatt einen neuen Stil populärer Magazine prägen. Benannt ist das französische Vorbild nach dem Anfang des 18. Jahrhunderts erschienenen satirischen Roman *Gil Blas* von Alain-René Lesage. Da liegt es nahe, für den Titel des deutschen Ablegers auf den hierzulande nicht minder berühmten Schelmenroman *Der Abenteuerliche Simplicissimus* von Johann Jacob Christoph von Grimmelshausen zurückzugreifen, eine abgründige Moralsatire über den Dreißigjährigen Krieg. Auch die Helden beider Abenteuerromane ähneln einander: naive, zugleich gewitzte Menschen, die die Verhältnisse ihrer Zeit durchschauen und mit Spott überziehen.

Im Detail ausgeheckt hat Langen die Zeitschriftenidee dann mit Gretor, Strindberg und Wedekind. München hat er als neuen Verlagsort nicht zuletzt deshalb gewählt, weil er hier jene Illustratoren und Literaten um sich zu scharen hofft, auf die er bei diesem Unternehmen angewiesen ist. Immerhin gibt es in München seinerzeit an die sechzig Satirezeitschriften. Und Langens Hoffnungen trügen ihn nicht: Rasch ergreifen zahlreiche junge Münchner Künstler die Chance, sich zusammen mit dem neuen Blatt einen Namen zu machen und einen innovativen Stil der Illustration zu prägen: eine Gesellschaftskritik mit künstlerischen Mitteln, farbig, markant, bissig, voll origineller intellektueller und zeichnerischer Ideen. Insbesondere Thomas Theodor Heine, der bereits farbige Buchumschläge für Langen entworfen hat, tut sich hervor und zeichnet ein so auffallendes wie einprägsames Werbeplakat.

Schwungvoll umfasst dort ein schwarzer Teufel die Taille einer modisch gekleideten Malerin. In der linken Hand hält sie eine Palette, von der schwarze Farbe tropft. Mit der rechten aber packt sie den Schwanz des Teufels und benutzt ihn als Pinsel, mit dem sie gerade den letzten Buchstaben des Titels »Simplicissimus« schreibt. Der Teufel wiederum ist in die Lektüre des anscheinend teuflisch spannenden Blatts mit diesem Namen vertieft. In der neuen Zeitschrift verbünden sich Kunst und Satire und bringen die Verhältnisse zum Tanzen.

Von Thomas Theodor Heine stammt auch die rote Bulldogge, die mit der Zeit zum zähnefletschenden Wappentier des *Simplicissimus* wird. Zum ersten Mal taucht sie bereits im Mai 1896 in Heft 5 auf: Dort zerstört sie ein trügerisches Idyll, in dem zwei Kinder Monarchie spielen – mit dressierten Gänsen als Hofstaat. Als die Bulldogge sich von der Kette losreißt, flattern die Gänse voller Schrecken davon; die kleine Königin stürzt zu Boden und dem fliehenden kleinen König gleitet gerade die Krone vom Kopf. Im Maul trägt die Dogge ein Stück von seinem Hosenfutter. Drei Ausgaben später pinkelt sie auf dem Titelblatt der Obrigkeit ans Bein. Da ist der *Simplicissimus* in Österreich bereits konfisziert worden. Das Titelblatt von Nummer 8 zeigt, wie die österreichische Gendarmerie mit ihren Säbeln ein Werbeplakat für die Zeitschrift traktiert und es von der Litfaßsäule abkratzt. Überschrift: »Vom Kriegsschauplatz in Wien«.

Ganz in Rot vor schwarzem Hintergrund mit dem weißen Schriftzug »Simplicissimus 10 Pf« wird die Bulldogge dann bereits im ersten Jahr zum alleinigen Motiv des zweiten Werbeplakats von Heine für die neue Satirezeitschrift. Breitbeinig, massig und angriffslustig steht sie dem Betrachter gegenüber, jeden Augenblick bereit, sich auf ihn zu stürzen. Langen, der Verleger, der sie von der Kette gelassen hat, plakatiert damit flächendeckend die Mauern und Litfaßsäulen der Stadt. Durch den roten Hund der Satire, der die puritanische Tugendhaftigkeit des wilhelminischen Deutschland genauso attackiert wie dessen kulturelle und

Von der Kette gelassen: Thomas Theodor Heine, Die Simplicissimus-Bulldogge, 1896, Lenbachhaus München.

politische Selbstherrlichkeit, ist München auf dem besten Weg, Deutschlands Satirehauptstadt zu werden – unheimlich nicht nur der bayerischen Justiz und Obrigkeit, sondern auch den höchsten Staatsorganen in Berlin.

Albert Langen

Frank Wedekind steuert gleich die Titelerzählung der ersten, im April 1896 erscheinenden Ausgabe bei: »Die Fürstin Rusalka«. In beinahe elegischem Ton erzählt er davon, wie die junge Fürstin Sozialistin geworden ist. Ihre erste, standesgemäße Ehe bleibt kinderlos – ein Umstand, der sie aus den Illusionen reißt, die sie über Ehe, Kinderkriegen und Sexualität hat. Unter dem Einfluss einer Kusine, die Ibsen, Tolstoi, Zola, Dostojewski und Nietzsche liest (Wedekind nennt sie »eine wandelnde Leihbibliothek«), wird aus der zuvor gläubigen Katholikin eine ebenso »fanatische Atheistin« und Emanze: »Mich beseelte ein Feuereifer für alles Moderne. Ich schnitt mein schönes Haar ab, trug kein Korsett mehr, ging in Männerkleidern auf den Künstlerinnenball und schrieb über die Frauenfrage. Ehe ein Jahr verging, trat ich in öffentlichen Versammlungen auf.« Ende gut, alles gut: Durch die Verbindung mit einem Sozialistenführer, den sie in der Premiere von *Hedda Gabler* kennenlernt, bekommt sie sogar noch das ersehnte Kind.

Anders als Georg Hirths *Jugend*, die sich in erster Linie für die schönen Seiten des Lebens interessiert und alle gesellschaftlichen Bruchstellen auf einen ästhetischen Nenner bringt, verknüpft Langens Magazin Privatleben und Politik: Nichts ist nur privat oder persönlich, immer scheint der gesellschaftliche Hintergrund durch. Dabei will Langen ausdrücklich kein politisches Magazin verlegen, das sich auf die Seite einer der existierenden gesellschaftlichen Gruppierungen und Parteien des Kaiserreichs schlägt, und seien es die Sozialdemokraten. Programm ist die Opposition zur bestehenden Gesellschaft mit künstlerischen Mitteln: durch plakative Bilder mit witzigen Kommentaren, durch engagierte literarische Texte und durch ein Blatt, dessen einzelne Ausgaben jeweils als ein kleines Gesamtkunstwerk komponiert sind.

Langen, ein vor Ideen sprühender, seine Umgebung durch das Tempo seiner Entscheidungen beeindruckender, quecksilbriger Geist, ist inmitten des wachsenden Stabes seiner Verlagsmitarbeiter mehr Impresario als Chef alter Provenienz. Durch die Redaktion, die sich im gleichen Haus befindet, in dem auch Sophia Goudstikker und Anita Ausgpurg wohnen und Berthe Ruchet ihr Stickereiatelier hat – Kaulbachstraße 51a – weht Boheme-Luft. Dazu passt, dass die Finanzierungsfrage keineswegs gelöst ist. Langen kalkuliert anfangs mit einer viel zu hohen Auflage und verkauft bei weitem nicht genügend Exemplare, als dass sich der Zehnpfennigpreis pro Heft rentieren könnte. Er gilt zwar als Millionär, hat jedoch in Paris viel Geld verloren und ist auf Kredite seiner Geschwister und Lieferanten angewiesen. Korfiz Holm berichtet, dass jeder Wechsel, dessen Einlösungsdatum drohend näherrückte, seine Schatten tagelang voraus warf. So konnte es passieren, dass die gesamte Redaktionsmannschaft am Tag der Fälligkeit am Fester auf den Geldbriefträger lauerte. Und allwöchentlich erörtert Langen mit seinen Vertrauten die Frage, ob man die nächste Nummer überhaupt noch bringen könne.

Obwohl Wedekind die prekäre finanzielle Lage des *Simplicissimus* durchaus bewusst ist, nehmen die Auseinandersetzungen, die er mit Langen um die Höhe seiner Honorare führt, von Mal zu Mal an Schärfe zu. Der Literat ist der Überzeugung, dass er im Vergleich mit den Illustratoren der Zeitschrift schlicht unterbezahlt wird. Er liebt aber auch die dramatischen Auftritte, mit sich selbst als gewieftem Selbstdarsteller. Als er wieder einmal ein politisches Gedicht abliefert, das der *Simplicissimus* unter Pseudonym bringen wird, beobachtet Korfiz Holm, wie er Langen aus dem Augenwinkel einen bösen Blick zuwirft: »Glauben Sie, daß es mir Vergnügen machen kann, den geistesarmen Elaboraten Ihrer Zeichner, die Sie phantastisch honorieren, durch meine Verse überhaupt erst Wert und Resonanz zu geben«, wendet er sich in seinem getragenen Ton, aber mit durchaus schneidender Stimme an den Verleger.

»Na, Sie haben das bisher ganz gern getan«, lautet dessen Erwiderung. Und in dem für ihn charakteristischen blitzschnellen Stakkato fährt Langen fort: »Wenn das auf einmal unter Ihrer Würde ist, dann müssen Sie es eben lassen – nicht?«

»Die Überlegenheit des Geldsacks!«, höhnt Wedekind. »Wollten Sie mir die ernsten Werke, die ich schreibe, nach Gebühr bezahlen, dann kriegten mich zu solcher Schusterarbeit nicht zehn Pferde.«

»Haben Sie schon einmal nicht Ihr ausgemachtes Honorar bekommen?«, erwidert Langen, mit gespielter Empörung. Und auf die bereits gezahlten, aber noch nicht realisierten Vorschüsse anspielend, fährt er fort: »Und bin ich Ihnen etwas schuldig, oder verhält es sich nicht doch umgekehrt?«

Wedekind aber lässt nicht locker. Um endlich Ruhe zu haben, legt Langen ihm mit spitzen Fingern schließlich ein Zehnmarkstück in die aufgehaltene Rechte: »Wenn Ihnen damit für den Augenblick gedient ist – bitte sehr! Mehr geht für heute wirklich nicht.«

»Das wagen Sie mir anzubieten!«, brüllt daraufhin Wedekind. »Der Teufel soll mich gleich vom Fleck weg holen, wenn ich jemals wieder über diese Schwelle trete.« Spricht es, knallt sich den Zylinder aufs Haupt und gleich darauf die Türe hinter sich ins Schloss.

Doch Langen, der seinen Autor kennt, bleibt gelassen: »Bis übermorgen also! Wiedersehen!«, soll er ihm lächelnd nachgerufen haben.

Schriftstellerin wider Willen

Früh schon stößt auch Franziska zu Reventlow zum Mitarbeiterkreis des *Simplicissimus*. Seit Mai 1895 ist sie wieder in München, um ihre Ausbildung zur Malerin fortzusetzen. Doch die ersten eineinhalb Jahre an ihrem Sehnsuchtsort sind alles andere als unbeschwert. Als sie Adolf Hernstein aufsucht, muss sie feststellen, dass er mit einem seiner Modelle zusammenlebt und mit der Frau sogar ein Kind hat – während er sie damals, als sie von ihm schwanger war, nicht schnell genug loswerden konnte. Trost sucht sie in einem sexuellen Abenteuer mit einem Unbekannten und schreibt in ihrem Tagebuch so offen wie niemals zuvor und niemals danach über »eine Nacht in Glück und Wonne und Rausch und Vergessen«: »Und dann hat er alles dunkel gemacht und ist zu mir ins Bett gekommen, und unsere Körper, die sich vorher nie gesehen hatten, umschlangen sich, daß die Flammen zusammenschlugen und die Lust in wilden Funken sprühte. Am Morgen sind wir aufgewacht und haben uns gesehn, und dann neue Lust, frische, kräftige, morgenfrühe Lust. – Und dann noch eine Nacht.«

Umso dringlicher wird das Gefühl, ihrem Mann endlich die Wahrheit sagen und reinen Tisch machen zu müssen. Schweigen erscheint ihr plötzlich nicht mehr als Stärke, sondern als Schwäche. Doch wie und was ihm sagen? Dass Liebe und Erotik für sie nicht zusammen gehen? Dass sie das Leben als herrlich und intensiv empfindet, wenn sie viele Liebhaber hat? Kein Mensch würde sie verstehen, wenn sie ihm alles sagte, notiert sie in ihrem Tagebuch. Und insbesondere ihr Mann würde sie »als Abschaum der Menschheit« empfinden.

So zögert sie den Tag des Geständnisses immer weiter hinaus. Sie weiß, dass sie damit endgültig mit ihrem bisherigen Leben und allen damit verbundenen Vorstellungen von Glück und Zufriedenheit bricht. Was sie nicht voraussieht, ist die Unerbittlichkeit, mit der ihr Mann, der doch behauptet, sie aus Liebe geheiratet zu haben, sie verfolgt und zu vernichten droht, nachdem es Monate später endlich heraus ist. Nicht nur dass er umgehend einen Scheidungsprozess einleitet, den sie verliert. Zudem verlangt er eine gerichtliche Untersuchung wegen des Verdachts auf »Verbrechen wider das keimende Leben«.

Dennoch gelingt es Franziska zu Reventlow während dieser Zeit, in München Fuß zu fassen – zwar nicht als Malerin, wovon sie immer geträumt hat, aber als Schriftstellerin, die sie eigentlich gar nicht sein will. Nachdem sie zuerst der *Jugend* ein Titelbild und auch Texte angeboten hat – ohne Erfolg –, druckt der *Simplicissimus* gleich in seinem fünften Heft ihre autobiographische Prosaskizze »Vater«. Dort beschreibt sie, wie ihr von der eigenen Familie nach dem Zerwürfnis verwehrt wird, an das Sterbebett des Vaters zu treten. Erst als er schon tot ist, darf sie seine Leiche noch einmal sehen. »Und ich kniete davor und wußte nur, daß er es nicht mehr war, daß es für alle Zeiten zu spät war.«

Gleich drei Hefte später bringt Langen sogar eine Titelgeschichte von »F. Gräfin zu Reventlow«, wie die Verfasserangabe lautet. »Wahnsinn«, so ihr so schlichter wie aufregender Titel. Die Coverillustration zeigt einen Mann, der sich des Nachts über die steinerne Brüstung eines weitläufigen Balkons lehnt. Unter ihm liegt ein von Gaslaternen spärlich beleuchteter Platz, der in eine Straße mündet. Die Hände des Mannes verkrampfen sich, und er scheint von einem Sog erfasst zu werden, der ihn unwiderstehlich fortzieht. Auf dem Bild dargestellt ist dieser Sog in Gestalt einer weißen Springsäule, in der sich ein nackter Frauenkörper abzeichnet.

Die Geschichte selbst erzählt von dem Konflikt zwischen Kunst und Sexualität. Der unter ihm leidet, ist dort Bildhauer; er strebt danach, in seiner Kunst völlig aufzugehen und ein absolutes Kunstwerk zu schaffen. Doch stets kommt ihm das sexuelle Begehren dazwischen: Die jungen Frauen, die er sich als Modelle sucht, lassen ihm keine Ruhe, bis er mit ihnen geschlafen hat – und das sicher nicht in einer einvernehmlichen Beziehung. Das Kunstwerk hingegen, das er schaffen will, bleibt Fragment – zuletzt zerstört er es mit den eigenen Händen, so wie er auch das Leben der jungen Frauen zerstört. Letztlich kennt Franziska diesen Konflikt aus eigener Erfahrung: Auch sie hat die Transzendenz in der Kunst gesucht, und die Verwandlung des Lebens in der sexuellen Liebe gefunden.

Ihren ganz großen Auftritt als satirische Schriftstellerin erlebt Franziska dann in den Nummern 41 und 49 des ersten Jahrgangs. »Das Jüngste Gericht« heißt der erste der beiden Texte, dem acht Ausgaben später »Das allerjüngste Gericht« folgt. Im Himmel ist Gerichtstag, und um den modernen Erwartungen an Rechtsprechung zu genügen, wird ein Staatsanwalt mit dem sprechenden Namen Donnerschlag als Vertreter der Anklage eigens aus dem Fegefeuer geholt. Donnerschlag aber bringt den göttlichen Heilsplan systematisch durcheinander. Entsetzt muss der liebe Gott zusehen, wie der forsche Ankläger im Namen des Staates »ihm sein bestes Himmelsmaterial mit Hilfe dieses entsetzlichen Strafgesetzbuches zur Höllenware« stempelt.

Petrus zieht daraufhin einen renommierten Nervenarzt und Suggestionsexperten zu Rate – augenscheinlich ist hier Schrenck-Notzing gemeint. Daraufhin vollzieht die Rechtsprechung des Jüngsten Gerichts eine Wende um 180 Grad: Nun werden auch Dunkelgestalten wie der Brudermörder Kain und die Rotte Korah freigesprochen, die zuvor noch ein »dröhnendes Hoch auf das Proletariat der Zukunft« ausbringt. Schließlich bleibt Gottvater und Petrus nichts anderes übrig, als das Jüngste Gericht »unlösbarer Schwierigkeiten wegen« einstweilen zu vertagen. An diesem Punkt der Erzählung fährt der Rechtspraktikant Guido Kusbohrer mit einem lauten Schrei des Schreckens aus dem Schlaf empor. Es ist der Tag seiner ersten Verteidigung, und das Ganze war nur ein Alptraum.

Trotz dieser Finte wird die gesamte Auflage der *Simplicissimus*-Ausgabe konfisziert und der Verleger Albert Langen wegen Gotteslästerung angeklagt. Doch viel Feind, viel Publicity: Das Durchgreifen der Obrigkeit lässt die Verkaufsauflage des *Simplicissimus* sprunghaft in die Höhe schnellen, und Langen nimmt den Ärger dementsprechend gelassen hin.

Energiezentrale Stefanie

Was tut die Boheme, wenn sie nicht gerade den nächsten Konflikt mit der Obrigkeit vorbereitet, sprich: Satiren verfasst, unter Pseudonym geschriebene politische Gedichte in der Redaktion des *Simplicissimus* abliefert, mit spitzer Feder und knalligen Farben die bürgerlichen Gepflogenheiten aufs Korn nimmt oder sich kurz vor Reaktionsschluss darin überbietet, die witzigste, die treffendste, die verletzendste Bildunterschrift zu finden? Dann ist sie, seit dem Jahr 1896 jedenfalls, im Café Stefanie an der Ecke Amalien-/Theresienstraße zu finden, wo man nicht nur stundenlag vor einem Café au lait sitzen und notfalls anschreiben lassen kann, wenn man gerade knapp bei Kasse ist – und das ist man eigentlich immer –, sondern wo es selbst an kalten Herbst-, Winter- und Frühlingstagen schön warm ist, man stets auf Gleichgesinnte trifft und auch die Öffnungszeiten nachtschwärmertauglich sind – bis 3 Uhr morgens nämlich.

Der Schriftsteller Leonhard Frank, der wie so viele, die es in diesen Jahren nach München zieht, ursprünglich Maler werden will, dann aber doch entdeckt, dass sein eigentliches Talent woanders liegt, lernt das Café Stefanie in einer Phase kennen, in der es schon in die Jahre gekommen ist und einen eigentümlichen Geruch angenommen hat. Aber eigentlich geht es von Anfang an dort so zu, wie er es in der Erinnerung schildert:

> »Das Bohème-Café Stefanie bestand aus einem Nebenraum, an dessen Fensternischen Münchener Berühmtheiten jeden Nachmittag Schach spielten vor zuschauenden Straßenpassanten, und dem größeren Hauptraum mit einem glühenden Kohlenofen, versessenen, stark nach Moder riechenden Polsterbänken, roter Plüsch, und dem Kellner Artur, der in ein zerschlissenes Büchlein, notdürftig zusammengehalten von einem Gummiband, die Pfennigsummen notierte, die seine Gäste ihm schuldig blieben. Der überfüllte Hauptraum hatte seinen eigenen warmen Geruch, eine spezielle Mischung aus Kaffee- und dumpfem Moderduft und dickstem Zigarettenrauch. Wer hier eintrat, war daheim.«

Frank hat auch die elektrisierende Atmosphäre des Cafés beschrieben, die alle, die hier eintreten, über kurz oder lang erfasst und sie zu einem Kollektiv zusammenschweißt, jedenfalls solange sie an den dort kreisenden Inspirationsstrom angeschlossen sind. »Irgendwo im Haus oder im Himmel mußte ein Elektrizitätswerk sein. Die Gäste, angeschlossen an den Starkstrom, zuckten unter elektrischen Schlägen gestikulierend nach links und nach rechts und vor und von den Polsterbänken hoch, fielen ermattet zurück und schnellten mitten im Satz wieder hoch, die Augen aufgerissen im Kampf der Meinungen über Kunst.«

Doch nicht nur das knappe Gut Inspiration kreist im Café Stefanie, so dass alle etwas davon abbekommen – auch das mindestens so knappe Geld zirkuliert unter seinen so geldhungrigen wie freigebigen Gästen, mit dem schönen Effekt, dass an seinen Früchten alle teilhaben können. Keine und keiner hier, die oder der nicht auf Pump lebt – doch ist ein Pump gelungen, ist man keineswegs knauserig, sondern gibt jedem, der einen anspricht, bevor das Geld schon wieder weg ist: »Das gepumpte Geld, weitergepumpt, zirkulierte durch die Gäste des Café Stefanie und floß, so sicher wie das Blut durchs Herz, zum Kellner Artur, der ein paar Zahlen im Schuldenbüchlein ausstrich und den folgenden Tag das Geld in Form von Eiern im Glas und Kaffee wieder durch die Gäste zirkulieren ließ.«

Das Café Stefanie ist ein sogenannter »dritter Ort«, in Abgrenzung vom ersten Ort, dem Zuhause, und vom zweiten, dem Arbeitsplatz. Während das Leben der gewöhnlichen Menschen sich immer stärker ausschließlich zwischen diesen beiden Orten abspielt, sind Bohemiens, deren Zuhause armselig ist und die keinen festen Arbeitsplatz haben, dort anzutreffen, wo der Boden neutral, Konversation erwünscht, das soziale Profil niedrig und die Stimmung spielerisch ist. Dritte Orte liegen im öffentlichen Bereich, haben aber zugleich privaten Charakter, sie sind leicht zu erreichen und bieten genau jene Mischung aus Freunden und Fremden, Kontinuität und Abwechslung, die der Kreativität förderlich ist. Ein Zeitgenosse, selbst Bohemien, hat das so ausgedrückt: »In unseren vier Wänden leben, denken, trinken und essen, zu Hause sterben, wir finden das langweilig und unbequem. Wir brauchen Öffentlichkeit, Publikum, die Straße, das Cabaret …« Und das Café.

»Jetzt kann es beginnen – das Leben«

Rainer Maria Rilke

Der junge Mann aus Prag hat seinen Aufbruch nach München gut vorbereitet. Als er Ende September 1896 in der Stadt ankommt, sind gerade erst wenige Wochen zuvor Texte von ihm in den beiden Zeitschriftenneugründungen des Münchner Wunderjahres erschienen: die Prosaskizze »Sonntag« am 12. September in der *Jugend*, und das Gedicht »Stelldichein« eine Woche zuvor im *Simplicissimus*.

Das Prosastück, das die *Jugend* bringt, schildert einen Morgengang durch Wald und Dorf an der Ostsee. Der Schritt des Dichters verklingt »auf dem weichen, habitbraunen Waldboden«, die Straße ist »schimmerkiesig« und die Dorfmädchen schneiden Rosen, um sich damit zu schmücken. Am Schluss steht der Sonntagsspaziergänger am Meer, schaut hinaus »in die schimmernde Pracht« und schüttelt einem braungebrannten alten Fischer die »schwielenharte Hand«, dass es ihn schmerzt. Dieser Dichter hat ein Faible für gesuchte Adjektive.

Ob der gerade Zwanzigjährige wohl erwartet, sich mit diesen beiden Veröffentlichungen im literarischen München bereits einen Namen gemacht zu haben? Ehrgeiz jedenfalls ist dem jungen René Maria Rilke keineswegs fremd. Seine Texte schickt er an zahlreiche Zeitschriften im gesamten deutschen Sprachraum; immerhin annähernd zwanzig drucken 1895 und im Folgejahr seine Texte. Zu Weihnachten 1895 hat er seine Gedichte gratis in Armen- und Krankenhäusern verteilt und in dem dazu verfassten Geleitwort der Hoffnung Ausdruck verliehen, dass seine Lieder womöglich »zu höherem Leben in der Seele des Volkes« aufwachen.

Was hat er, der junge Dichter, überhaupt aus eigener Kraft zu bieten? Neben seinen Versen, von denen er selbst nur allzu gut weiß, dass sie häufig noch unbeholfen, modisch und ein Firlefanz sind, vor allem seine Jugend – und das ist vielleicht der tiefere Grund dafür, dass er von Prag aus nach München geht, und nicht etwa in das ein wenig näher gelegene Berlin oder Wien. Denn München in diesen Jahren ist so etwas wie die Hauptstadt der Jugend. Im Mai 1896 hat Rilke in einem Brief an Láska van Oestéren seiner Überzeugung in dieser Hinsicht vehement Ausdruck verliehen: »Aber allenthalben wenn auch die alten Herren mürrisch und ungläubig den Kopf schütteln, und die *innerlich Alten* ein höhnisches Lächeln in den Mundwinkeln tragen, die Jugend rückt auf allen Seiten mit fliegenden Fahnen vor, und sie wird siegen! Ihr jauchzender Uebermuth ist doch viel schöner, als das vergrämte Brummen jener Blasierten war, die immer noch meinten es sei ein Abendroth, in das sie hineinzögen – während es die schlafrothe Wange des erwachenden Morgens war! Heil dem Morgen!«

Das ist die poetisch aufgeladene Fassung jenes Bekenntnisses zur Jugend, das im ersten Heft der gleichnamigen Münchner Wochenschrift zu lesen war, und es ist sicher kein Zufall, dass Rilke in demselben Brief über die beiden Münchner Zeitschriftenneugründungen regelrecht ins Schwärmen gerät.

Der dichtende und fleißig literarische Neuerscheinungen rezensierende Student wohnt anfangs in der Briennerstraße, ganz in der Nähe des Café Luitpold. Studentenzimmer sind damals in München keine Mangelware und relativ billig. Die zahlreichen Logisangebote sind Zetteln zu entnehmen, die an der Hauswand oder dem Regenablauf befestigt sind. Man hat schnell eine Wohnung gefunden, zieht aber genauso rasch wieder aus, da man immer noch etwas Besseres zu finden hofft. Es sei denn, man ist wie Franziska zu Reventlow ständig zahlungsunfähig; dann wird der wiederholte Wohnungswechsel zum Zwang, sobald man einmal mehr mit der Miete im Rückstand ist. Rilke jedenfalls schläft in seiner neuen Bleibe erst einmal vierzehn Stunden lang und vergisst vor lauter Erschöpfung sogar das Träumen, auf das er sonst so viel gibt. Erquickt steht er am nächsten Morgen auf und notiert in sein Notizbuch, das er stets mit sich führt: »Und jetzt kann es beginnen – das Leben«.

Der junge Rilke ist keineswegs der ungesellige Zeitgenosse,

als den er sich zu stilisieren liebt. Er geht nicht nur in die Kaffeehäuser, wo man inmitten der Menge gut alleine bleiben kann, sondern ist »bald ein ständiger Gast auf vielen literarischen Jours«, wie sich Wilhelm von Scholz erinnert, ebenfalls Dichter und Sohn des späteren preußischen Finanzministers. Rilke lernt ihn an der Universität kennen. Scholz promoviert dort gerade über Annette von Droste-Hülshoff und kann die literarischen Kreise, in denen sich sein neuer Freund tummelt, »wegen ihrer Leerheit und des literarischen Gestus der meisten Teilnehmer« nicht leiden. Seinen eigenen literarischen Gestus erläutert er, als die beiden gerade wieder einmal im Luitpold sitzen: »Wir brauchen eine Höhenkunst, lieber Freund, so etwas über Tausende hin. Zeichen, die auf allen Bergen flammen von Land zu Land – eine Kunst wie ein Aufruf, eine Signalkunst …« Stefan George und sein Kreis sind mit ihrem Elitedenken und ihren hochgesteckten Erwartungen an die Kunst damals keineswegs allein auf weiter Flur.

»Quatsch«, sagt da jemand hinter ihnen, und Rilke erinnert sich, dass dieses »Quatsch« wie »nasser Mörtel auf die glänzende Beredsamkeit des Dichters« Wilhelm von Scholz fällt und sie zudeckt. Es kommt von Jakob Wassermann, der zu dieser Zeit als Redakteur im Verlag von Albert Langen arbeitet und auf gutem Wege ist, einer der meistgelesenen Romanciers seiner Zeit zu werden. Er vertritt eine gänzlich andere Auffassung von Schriftstellerei: »Wenn Sie wollen, daß ich mich zu Ihnen stelle, so oder so, müssen Sie sich erst einmal die großen Worte abgewöhnen, die großen Worte; die will ich nicht«, fordert er, wenn wir Rilke glauben wollen, den jungen Dichter heraus. Jedenfalls kann der dieses lächerliche »Quatsch« nicht vergessen, das sich so schwer und breit auf die Begeisterung des Propheten senkt. Das ist auch Rilke, der seine Neigung zu großen und wolkigen Worten ständig bekämpft und dem daraufhin noch mehr große und wolkige Worte einfallen, die er wiederum niederringt, und aus diesem steten Bekämpfen und Niederringen der großen wolkigen Worte entstehen dann in Zukunft seine schönsten Gedichte.

Die Russen kommen

Marianne von Werefkin

Aus Russland meldet sich Marianne von Werefkin. Zusammen mit ihrem Lebensgefährten, dem Maler Alexej Jawlensky ist sie gerade auf dem Weg nach München, wo sie innerhalb weniger Jahre gemeinsam mit ihrem Landsmann Wassily Kandinsky, mit Gabriele Münter und Franz Marc die Kunst revolutionieren wird.

Es ist erst wenige Jahre her, dass der jungen Malerin, einer Schülerin des berühmten Ilja Repin, Schreckliches widerfahren ist. Bei einem Jagdausflug in der Nähe des litauischen Landguts der Familie, auf dem sie ein eigenes Atelierhaus bewohnte, hat sie sich in die Hand geschossen, und zwar in die rechte, die Malerhand. Alle hatten den Eindruck, dass hier eine so hoffnungsvoll begonnene Künstlerkarriere schon in jungen Jahren vor dem Aus stünde.

Marianne von Werefkin stammt aus den obersten Kreisen der russischen Gesellschaft. Als ihr Vater, ein hoher Militärbeamter, zum Kommandanten der Peter-und-Paul-Festung in St. Petersburg berufen wurde, hatte er die Tochter gebeten, ebenfalls nach St. Petersbug überzusiedeln, nicht zuletzt, um in die Fußstapfen ihrer kürzlich verstorbenen Mutter zu treten. Und diese waren der Tochter keineswegs zu groß: Aus repräsentativen Verpflichtungen hat sie stadtbekannte gesellschaftlich Ereignisse gemacht. Da traf es sich gut, dass auch Repin seinen Wohnsitz vor kurzem von Moskau nach St. Petersburg verlegt hatte. In der Festung versammelten sich von nun an die Künstler. Die Namen von Manet, Monet, Renoir, Degas und Whistler hallten durch die hohen Räume des barocken Palastes.

Marianne von Werefkin ist eine ungeheuer impulsive, temperamentvolle Persönlichkeit, die wilde Gesten und große Worte liebt. Wo sie auftaucht, entfacht sie schöpferischen Wirbel. Alles Laue und Ängstliche ist ihr verhasst. In ihrer Gegenwart ist es nie langweilig, geht es aber auch nie ruhig zu. Zeitgenossen berichten von den »fast physisch spürbaren Kräftewellen«, die von ihr ausgehen.

Am liebsten ist sie draußen, streift in der freien Natur umher; sie tanzt mit der Landbevölkerung bis zum Morgengrauen, übernachtet in Scheunen direkt neben den Pferden. Vor allem aber gilt ihre Leidenschaft der Jagd. Sie ist eine mutige Reiterin und hervorragende Schützin. Nichts wünscht sie sich sehnlicher als ein Waldhorn.

Und dann passiert das Unglück. Wie es dazu kommt, dass sich der Schuss löst, bleibt ihr selbst schleierhaft. Die Kugel jedenfalls zerschmettert ihre rechte Hand.

Ein Foto aus der Zeit zeigt Marianne von Werefkin, wie sie den rechten, von den Fingerspitzen bis über den Ellbogen hinaus verbundenen Arm in einer Schlinge trägt und ihn mit der linken Hand noch abstützt. Der einst so selbstsichere, herausfordernde Blick ist einer in sich gekehrten Leidensmiene gewichen, aus der stumme Verzweiflung spricht. So hat Ilja Repin die Freundin und Schülerin auch gemalt.

Die Wunde infiziert sich. Statt allmählich abzuklingen, nehmen die Schmerzen noch zu: pochend, stechend, hämmernd. Von drohender Amputation ist die Rede. Entwarnung gibt erst der berühmte Chirurg Ewgenij Pawlow, den sie schließlich aufsucht. Repin hat auch ihn gemalt, im Jahr des Unglücks, im Begriff, im Operationssaal einem Patienten das rechte Bein abzunehmen. Der Rest seines Körpers ist durch die Traube von weißen Kitteln der vielen Ärzte und Helfer verdeckt, die den mit Hammer und Meißel hantierenden Chirurgen umschwirren.

Die Verletzung verheilt allmählich, doch die Gelenke von Daumen und Zeigefinger bleiben steif. Daran ändert auch die verordnete Elektrotherapie nichts, bei der ihr äußerst schmerzhafte Stromstöße durch die kaputte Hand gejagt werden – eine Tortur. Versuche, mit links zu malen, gibt Marianne von Werefkin schnell wieder auf. Stattdessen lässt sie sich eine mechanische Halterung anfertigen, mit der es ihr gelingt, den Stift oder Pinsel über die

Malfläche zu führen. Die sich darunter bildende Hornhaut entfernt sie regelmäßig mit einem Messer. Nie mehr in ihrem Leben wird Marianne von Werefkin ohne Schmerzen malen können.

Alexej von Jawlensky

Als dann der ebenfalls malende Offizier Alexej Jawlensky in ihr Leben tritt, entdeckt sie für sich eine neue Aufgabe. Jawlensky ist arm, gesellschaftlich unbeholfen, ihr nicht nur intellektuell, sondern auch in seinen malerischen Fertigkeiten unterlegen, zudem fünf Jahre jünger. Aber sie bewundert seinen Leichtsinn, seinen Erfolg bei Frauen, seine Selbstgefälligkeit und beschließt, ihn an sich zu binden, indem sie ihm alles vermittelt, was ihm fehlt, vom Schliff der Umgangsformen bis hin zur Beherrschung der modernen Maltechniken. Im Gegenzug will sie von ihm geliebt werden, mit ihm ein geteiltes Künstlerleben führen, in dem sie, so ihre stillschweigende Voraussetzung, tonangebend bleibt. Denn nur sie verfügt über die Mittel, ein Leben zu finanzieren, das ihnen beiden ermöglicht, als freie Künstler zu existieren. Immerhin beträgt ihre Jahrespension schätzungsweise das Doppelte dessen, was ein Münchner Oberbürgermeister zu diesem Zeitpunkt verdient.

Für den siebenundzwanzigjährigen Jawlensky ist die Begegnung mit Marianne von Werefkin die Chance seines Lebens – und er ergreift sie. Mit der »klugen, genial begabten Frau«, wie er sagt, kann er im Schnellverfahren sozial aufsteigen, den ungeliebten Brotberuf des Militärs an den Nagel hängen und sich ganz der Malerei widmen, der sein eigentliches Interesse gilt. Er spürt, dass sie seine Liebe will und bereit ist, sich das einiges kosten zu lassen. Während Marianne von Werefkin in allen anderen Belangen des Lebens die Nase vorn hat und ihn das auch merken lässt – in der Liebe ist er es, der ihr einiges voraushat; er weiß, wie man eine Frau verführt und ihr sexuellen Genuss verschafft.

Ende Oktober 1896 kommt das Paar in München an, nur wenige Wochen vor Wassily Kandinsky, der zusammen mit seiner Ehefrau, seiner Kusine Anna Tschimiakin, ebenfalls von Russland nach München zieht. Werefkin und Jawlensky finden eine standesgemäße Wohnung auf der Giselastraße, unweit des Hauses, in dem Lovis Corinth und Josef Ruederer wohnen. Marianne Werefkin lässt die beiden nebeneinanderliegenden, hochherrschaftlichen Atelierwohnungen, die sie und ihr Lebensgefährte zusammen mit der Bediensteten Helene Nesnakomoff und einer Köchin beziehen, in Russisch-Altrosa streichen. Das bringt den geselligen Runden, die sie hier bald etabliert, nicht nur den Namen »Rosa Salon« ein, die eigenwillige Farbgebung wird in München auch stilbildend für andere Empfangsräume, etwa die der 1899 gegründeten Zeitschrift *Die Insel,* aus der der gleichnamige Verlag hervorgeht.

In Erinnerung an die sogenannten Lukasgilden, zunftartige Bruderschaften von Malern und Bildschnitzern, die sich seit dem 15. Jahrhundert in Italien, am Niederrhein und in den Niederlanden bildeten und nach dem Evangelisten Lukas, dem Schutzpatron der Maler, nannten, tauft Marianne von Werefkin die Zusammenkünfte »Bruderschaft von Sankt Lukas«, und das, obwohl mit ihr zumindest eine weibliche Person daran teilnimmt. Aber sie selbst malt ja nicht mehr, wächst stattdessen in die Rolle einer Vordenkerin der Malerei der Zukunft hinein, die sie in enthusiastischen Worten verkündet: »Das Ganze ist so jung, so inbrünstig, der strahlende Sonnenaufgang eines bald gealterten Jahrhunderts«, notiert sie in ihrem Tagebuch. »Es ist nicht die Kunst der Griechen, noch die heitere der Renaissance, noch die unverfälschte der Niederlande, noch die großartige Spaniens, noch die abgelebte Kunst unserer Tage. Es ist die Abwesenheit der Kunst, es ist das Herz, das sich der Pinsel bemächtigt ... Die Kunst der Zukunft ist die emotionale Kunst.«

Schon seit längerer Zeit ahnt Marianne Werefekin allerdings, dass Jawlenskys Liebe zu ihr nur Mittel zum Zweck ist, um ge-

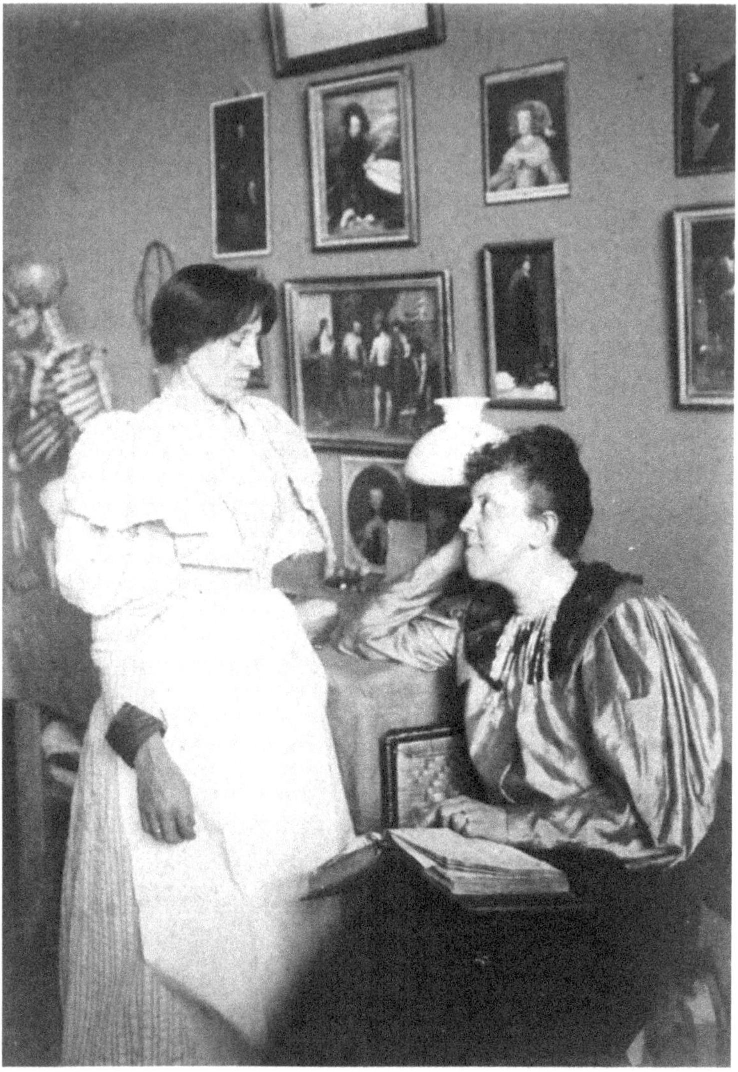

Aus solchen Konstellationen sind Tragödien gemacht: Marianne von Werefkin (sitzend) mit ihrer langjährigen Bediensteten Helene Nesnakomoff, die zudem Modell, Geliebte und später Ehefrau von Alexej Jawlensky ist.

sellschaftlich aufzusteigen und als freier Künstler existieren zu können. Statt sich von ihm zu trennen, beschließt sie jedoch, aus ihm jenen genialen Künstler zu machen, der sie selbst gerne wäre, aber nach ihrer Vorstellung als »schwaches Weib«, zumal mit der deformierten Hand, nicht sein kann. »Ich befreite ihn vom Militärdienst, gab ihm ein Atelier und die Möglichkeit, ohne Sorge zu arbeiten, pflegte seine Gesundheit, machte ihn frei von der Routine der Akademie, formte seinen Geschmack, gab ihm die Möglichkeit, großzügig und sorglos Farben, Leinwand und Modelle zu verwenden«, notiert sie in ihrem Tagebuch. Von ihren, allein von ihren Gnaden soll Alexej ein großer Maler sein. Und was tut er? Kaum lässt sie ihn einmal für längere Zeit allein, schwängert der Schürzenjäger ihre Bedienstete. Aus solchen Konstellationen sind große private Tragödien gemacht.

KAPITEL 4

Neue Geschlechter

1897–1900

Es ist der »Summer of Love«: Franziska zu Reventlow will ihr Kind, Rilke hingegen Lou Andreas-Salomé ganz für sich allein. Doch das Leben geht weiter. Die Kunststadt München erlebt nach der ersten eine zweite Sezession: Auf einmal wollen die Maler keine Künstler mehr sein, sondern Designer. Einer von ihnen erschafft auf der Fassade des neugebauten Ateliers Elvira das »Überornament«; es ist nicht zuletzt eine Hommage an die neue Frau. Um die neue Frau und was daraus folgt geht es auch in dem Schlüsselroman Das dritte Geschlecht, *der den modernen »Gender Trouble« schildert. Ist die neue Frau nun eher Mannweib oder (alleinerziehende) Mutter? Oder doch irgendwie Hetäre? Während diese Fragen noch der Beantwortung harren, wandert die Redaktion des* Simplicissimus *wegen Majestätsbeleidigung ins Exil oder gleich ins Gefängnis. Auch Wedekind sitzt ein; in seinem neuen Stück schildert er München als Stadt der Zukunft. Franziska zu Reventlow lernt gerade noch mit Ludwig Klages fliegen und immer mehr Lebensreformer wandern ins Tessin aus, da bereitet schon ein Ohnmachtsanfall aller Lust ein jähes Ende. So schließt das Jahrhundert.*

Lebenswende

Neujahrsnacht einer Unglücklichen

In der Silvesternacht auf das Jahr 1897 kommt Franziska zu Reventlow um 10 Uhr abends allein nach Hause. Die Comtesse hat sich für den Abend in Schale geworfen. Zu dem langen dunklen Rock aus knisternder Seide trägt sie eine reich verzierte weiße Bluse. Sie ist zwar an einigen Stellen geflickt, das bemerkt aber außer ihr niemand. Ihr gefallen die Rüschen am Kragen und an den Ärmeln, vor allem aber der kunstvoll in Falten gelegte Volant, der ihre Schultern breiter erscheinen lässt, als sie eigentlich sind. Wer sie so sieht, dem geht die Anrede »Gräfin« leicht über die Lippen.

Die Realität aber, in die sie nun zurückkehrt, sieht dann doch eher nach Boheme aus. Ihre bescheidene Wohnung ist dunkel und kalt, seit Monaten ist Franziska zu Reventlow mit der Miete im Rückstand, Natili, der Hauswirt, droht von Tag zu Tag mit Kündigung und Rauswurf. Die warmen Federdecken hat sie bereits ins Pfandhaus getragen, das Bett wird bald folgen. Als Schlafstatt bleibt ihr das abgewetzte Sofa, das sie scherzhaft »Divan der Schreckliche« nennt. Sie sucht nach Streichhölzern, macht Licht, zündet das Feuer an. Da sitzt sie nun, eingehüllt in ihr knielanges Cape, und denkt daran, wie sie als Kind *Die Neujahrsnacht eines Unglücklichen* von Jean Paul gelesen und schon damals »mit Entsetzen« daran gedacht hat, wie es wäre, wenn es ihr so erginge wie dem Protagonisten dieser Geschichte, der nichts aus seinem ganzen Leben mitbringt als »Irrtümer, Sünden und Krankheit, einen verheerten Körper, eine verödete Seele, die Brust voll Gift und ein Alter voll Reue«. Denn im entscheidenden Augenblick hat er am Scheideweg des Lebens, statt die »Sonnenbahn der Tugend« zu wählen, sich in »die Maulwurfsgänge des Lasters« hinabziehen lassen. Sie greift nach Federhalter und Tagebuch. »Und es kommt mir vor als ob es jetzt so weit mit mir wär«, notiert sie in ihrer rasch aufs Papier hingeworfenen, schwer lesbaren Handschrift, »alles vorbei und keine Hoffnungen mehr«.

Unbemerkt verstreicht die Mitternachtsstunde, während sie die leeren Blätter Zeile um Zeile füllt. Es ist eine Bilanz ihres bisherigen Lebens, sie fällt, gelinde gesagt, gemischt aus. »Und ich bin noch so jung, ich könnte noch so glücklich sein und glücklich machen«, beginnt sie gleich mit dem Resümee. »Aber ich suche eigentlich nur noch den Mut zu sterben. Und ich bin 25 Jahre alt.«

Schon ihren ersten Sommer in München hat Franziska zu Reventlow überwiegend im Krankenhaus verbracht. Seitdem sie ihr erstes Kind verloren hat, leidet sie immer wieder an Unterleibsschmerzen. Die Ärzte haben eine Entzündung der Gebärmutter und des Bauchfells diagnostiziert, Letzteres eine lebensbedrohliche Krankheit. Ganz sicher scheinen sie sich aber nicht zu sein, denn sie »suchen immerfort an mir herum«, wie Franziska notiert. Wiederholt wird sie operiert. Als sie im vergangenen Herbst nach einem weiteren längeren Klinikaufenthalt »entsetzlich blaß und klapperig« in der Redaktion des *Simplicissimus* erschienen ist, hat sie sich, wie es ihre Art ist, über den eigenen beklagenswerten Zustand lustig gemacht. Sie habe sich im Krankenhaus wie im Urlaub gefühlt, die Alltagssorgen seien ganz verdrängt worden, denn »zu halben Leichen wäre alle Welt sehr nett, und die Gerichtsvollzieher hätten keinen Zutritt in dies Friedensland«, soll sie nach der Erinnerung von Korfiz Holm geschwärmt haben, um dann noch makabrer fortzufahren: »Ein bißchen monoton sei allerdings die ewige Leibaufschneiderei und immer wieder das Zusammennähen. Sie habe deshalb ihren Arzt ersucht, die Wunde mit Druckknöpfen zu montieren, weil er sich dann beim nächsten Mal viel leichter täte.«

Erstaunlicherweise tut die immer wiederkehrende Erkrankung

samt den damit verbundenen Eingriffen Franziskas Lust an der körperlichen Liebe keinen Abbruch. Kaum ist sie der Klinik entronnen und einigermaßen genesen, nimmt sie ihr promiskuitives Liebesleben wieder auf: »Gott was hab ich in der kurzen Zeit alles erlebt - einen nach dem andern. - Warum fühle ich das Leben so herrlich und intensiv wenn ich viele habe, immer das Gefühl, eigentlich gehöre ich allen«, notiert sie in der Neujahrsnacht in ihrem Tagebuch. Sie erinnert sich an das Entsetzen ihres Ehemannes, als sie ihm endlich die Wahrheit über ihr Sexualleben gestand. Dazu gehört auch, dass sie zeitweilig in einem Bordell arbeitet - auch, aber nicht ausschließlich, um ihre kargen Finanzen aufzubessern. Es ist ein gehobenes Etablissement, besucht von freigebigen, betuchten Männern mit Manieren, ein wenig, als wäre es den Phantasien Wedekinds entsprungen. Franziska schätzt die ungezwungene, frivole Atmosphäre, auch die »Glanzgewänder«, in die sie sich dort hüllen darf, selbst wenn sie ihr nicht gehören, sondern immer als Pfand bei Madame X, wie sie die Bordellbesitzerin in ihrem Tagebuch nennt, verbleiben müssen. Sie sei dort »wie in einem anderen Leben«, schreibt sie: »Man weiß auch nicht wer ich bin und mit meinen Bekannten komm ich auf diesen Wegen nicht zusammen.«

Dennoch: ein Leben als (Edel-)Prostituierte zu führen, wie ihr von Madame X nahegelegt wird, kommt für Franziska nicht in Frage. Dann hätte sie zwar »ein bessres Dasein«, aber um den Preis ihrer Unabhängigkeit, an der ihr, wie sie in der Neujahrsnacht erkennt, am allermeisten liegt. Eigentlich sei sie ja »ein großes Schaf«, ein solches Angebot auszuschlagen; »aber ich hätte dann alles andre nicht, meine absolute Freiheit und mein Leben für mich, das ganz von dem andern getrennt ist«.

Glücklich ist Franziska mit Armut und Alleinsein dennoch nicht, schwankt im Gegenteil zwischen Euphorie und Verzweiflung. Kurze Phasen, in denen sie sich vorbehaltlos amüsiert, wechseln mit anderen, längeren, in denen sie von alledem nichts wissen mag und in ihrem schäbigen Atelier herumliegt: »Ich bin in letzter Zeit wieder so elend, so ganz kaput, krank, u. mir ist als ob es bald alles aus wäre.«

Im Januar 1897 dann sind die Gefühle des Krankseins und der Mattigkeit jedoch Vorboten einer Wende, die das Leben der gräflichen Bohemienne radikal verändern wird. Obwohl die Ärzte prognostiziert haben, dass eine Schwangerschaft in ihrem Zustand so gut wie unmöglich sei, ist sie sich mehr und mehr sicher, dass das vermeintlich Unmögliche eingetreten ist und lässt sich untersuchen. Und in der Tat: »Es ist jetzt kein Zweifel mehr. Und denke nichts andres mehr. Ein Kind. Ein Kind, mein Gott.«

Doch schon wird sie mit neuen Vorbehalten und schlechten Prognosen konfrontiert. Selbst wenn sie das Kind lebendig zur Welt bringen sollte, woran die Ärzte zweifeln, die vielmehr um Gesundheit und Leben der Schwangeren fürchten – selbst dann besteht, so die einhellige Meinung ihrer Umgebung, kaum Anlass zur Freude. Alfred Friess, Rechtsanwalt und einer ihrer Liebhaber, den sie an einem Winterabend zufällig kennengelernt und mit dem sie dann gleich den Weihnachtsabend verbracht hat, bringt es auf den Punkt: »Ja, was wollen Sie denn mit einem Kind anfangen?«, fragt er sie bei einem seiner nächtlichen Besuche.

Und Franziska muss lachen: Im Grunde weiß sie tatsächlich nicht, wie es mit dem Kind werden soll. So ist sie hin- und hergerissen zwischen neuer Lebenshoffnung und alter Verzweiflung. Einerseits fängt sie wieder an sich lebendig zu fühlen, mit einer Freude, die sie nicht mehr für möglich gehalten hätte. »Mein Kind, mein Kind, wenn ich nur am Leben bleibe und es behalte«, vertraut sie ihrem Tagebuch an.

Andererseits empfindet sie so stark wie nie zuvor die Ausweglosigkeit ihrer Situation – die Schäbigkeit ihrer Behausung, ihre finanzielle Misere. Was ihr Exmann beisteuert, reicht nicht einmal für das Leben allein, geschweige denn künftig für zwei.

Das Etablissement von Madame X ist für sie nun keine Option mehr. Aber sie verbringt dort noch einen Abschiedsabend mit Kolleginnen und Kunden. Man trinkt Sekt und sie erzählt von dem Kind, auch davon, dass sie »nun vorläufig aus der Welt verschwinden wollte«. Erst hält die versammelte Runde das für einen Witz, dann lassen die Anwesenden sie und das Kind hochleben. Leutnant M., einer ihrer Liebhaber, steckt ihr ein Kuvert mit 200 Mark zu. Bisher hat sie sich im Bordell für eine verheiratete Frau aus Nürnberg ausgegeben. Nun gesteht sie M., dass der Name, unter dem er sie kenne, ein Pseudonym sei, verschweigt ihm aber weiterhin ihren richtigen.

Mit dem frischen Geld kann sie wenigstens die Schulden vom vergangenen Jahr bedienen. Um ihre Finanzen aufzubessern, schreibt sie »alles mögliche Zeug« zusammen, wie sie es nennt, aber es bringt kaum etwas ein. Auch bei ihren häufigen Besuchen im Café Stefanie ergibt sich keine Bekanntschaft, die sich in irgendeiner Weise zu Geld machen ließe. In ihrer Not geht sie zu Langen, der sie als Autorin schätzt, und verkündet ihm, sie würde von ihm jede Arbeit annehmen, wenn sie nur einen Vorschuss bekäme. Und Langen greift zu: gibt ihr 200 Mark und verpflichtet sie zum Übersetzen. Damit bestreitet sie zukünftig hauptsächlich ihren Lebensunterhalt. An die vierzig französische Unterhaltungsromane wird sie schließlich für den Verlag Albert Langen ins Deutsche übertragen, die meisten davon von Marcel Prévost, mit dessen gut gehenden Büchern Langen sein Geld verdient. Sie tragen Titel wie »Die junge Frau«, »Französinnen«, »Auf Liebeswogen«, »Eine Pariser Ehe«, »Unter uns Mädchen« oder »Starke Frauen«. Es ist eine Literatur, die sich vor allem an Frauen wendet, deren Bedürfnisse nach Glück, Eigenständigkeit und Sinnlichkeit im Ehealltag zu kurz kommen. Franziska arbeitet stets unter

Zeitdruck, manchmal halbe Nächte durch. Um das Übersetzungstempo im vom Verleger gewünschten Maß zu steigern, entwickelt sie mit der Zeit ihr eigenes System: sie kürzt die französischen Originale um ihr langweilig erscheinende Passagen, geht überhaupt mit der Vorlage sehr frei um. Dazu gehöre »eine lange Gewohnheit und Kenntnis von Langens Geschmack«, beschreibt sie ihr Vorgehen.

Im April 1897 jedoch spitzt sich die Situation erst einmal zu: »Ein Krach nach dem andren die ganze Zeit, Rechnungen regnen und der Hausherr will mich exmittieren«, heißt es in ihrem Tagebuch. Und in der Tat: Am 13. April dringt Natili in ihre Wohnung ein und befördert ihre Siebensachen auf die Straße. Franziska holt die Polizei. Aber ihr Vermieter klagt – eine letzte Zahlungsfrist endet in acht Tagen. Entweder muss sie 100 Mark auftreiben – oder verschwinden. »Was hätte mir das früher für Spaß gemacht«, notiert sie: Da wäre sie einfach abgehauen, hätte die nächste Bleibe angemietet und dort das gleiche Spiel gespielt – so lange nicht gezahlt, bis man sie erneut rausgeworfen hätte. Aber »jetzt mag ich nicht mehr, ich möchte Ruhe um mich haben und keine ewigen Unbequemlichkeiten. Es geht alles über meine Kräfte«. Die Schwangerschaft ist dabei, die Boheme-Perspektive aufs Leben zu verändern.

Da trifft es sich gut, dass Rilke ein Auge auf Franziska zu Reventlow geworfen hat. Jeden Morgen, so teilt uns ihr Tagebuch mit, findet sie ein Gedicht von ihm im Briefkasten vor – »das gefällt mir. Ueberhaupt Poesie genug, mit der wir uns alle das Leben verklären – es ist auch not.« Die beiden haben sich in einem der Cafés kennengelernt, die sie regelmäßig aufsuchen. Rilke ist auf der Suche nach einer Frau mit Erfahrung, die ihn lehrt, was Liebe heißen kann. Und um sie zu verführen, tut er, was er am besten kann: er dichtet.

An Franziska fasziniert den jungen Dichter nicht zuletzt ihre adlige Herkunft. Immer wieder muss sie ihm von Husum und von dem am nordischen Meer gelegenen Schloss ihrer Kindheit erzählen. Überhaupt sind Kinder und Kindheit ein großes Thema sowohl für den jungen Dichter als auch die werdende Mutter. Und gewissermaßen als Kontrapunkt noch ein weiteres Thema: »O mein Kind. Wenn ich es nur erlebe. Denke viel an den Tod«, notiert Franziska in ihrem Tagebuch.

Rilke ist es auch, der der auf der Straße gestrandeten Schwangeren eine erste Zuflucht bietet. Auf Einladung seines Freundes Wilhelm Scholz verbringt er die Ostertage bei dessen Eltern in Konstanz. Franziska und er verabreden, dass auch sie an den Bodensee reist; sie nimmt Quartier in Kurzrickenbach, unweit des Scholz'schen Besitzes, aber schon auf der Schweizer Seite, und die beiden spazieren »zusammen in der Frühlingswelt herum«, wie Franziska notiert. Aus »Konstanz« betitelten, F. R. gewidmeten Versen Rilkes in Jugendstilmanier geht hervor, wovon wohl hauptsächlich die Rede war.

Dem Tag ist so todesweh.
Müd gießt er aus goldenen Kelchen
Wein in den Bergesschnee,

heißt es darin. Und Rilke fährt fort:

Hoch schüchtert, scheu wie ein Reh,
ein Stern überm Uferschleh,
und ziere, zitternde Wellchen
gittern den Abendsee.

Doch der Stern, der den beiden Spaziergängern am nächtlichen Seeufer leuchtet, ist wohl in der Tat scheu und schüchtern. Franziskas Todesgedanken jedenfalls werden angesichts von Wasser, Wellen, Weite und dem Weiß der fernen Berge noch drängender. Wenn sie allein auf den See hinausrudert, einmal sogar viele Stunden lang, wird sie den Gedanken nicht mehr los, was wäre, wenn sie sich nun einfach ins Wasser stürzte. Dann wäre Ruhe. Und wäre das nicht besser für sie und ihr Kind?

Rilke hingegen nimmt aus ihrer Begegnung ein anderes Bild von Franziska zu Reventlow mit. Es ist das einer junge Frau, die über ein beinahe unbegrenztes Anpassungsvermögen verfügt und deren eigentliche Domäne die Leichtigkeit, »das fortwährende Vergnügen« ist. »Aus dem nichts entsteht«, wie er leicht indigniert hinzufügt. Für ihn sind zunehmend nur diejenigen Erlebnisse von Bedeutung, aus denen sich Literatur machen lässt, während er es hier mit einem Lebensentwurf zu tun bekommt, dem es nur um das Lebendigsein selbst geht - und sonst nichts. Das aber ist ihm zu wenig. Wie auch ihr seine Verse zu nichtssagend sind - kein wirklicher Trost in einer Zeit trostloser Schwermut.

Amour Lou

»Summer of Love«

Rilke ist im Frühjahr 1897 nicht nur auf der Suche nach Liebesleidenschaft, sondern auch nach dem, was er »Wirklichkeit« nennt. Ist das aber nicht dasselbe? Bei Jakob Wassermann - seit dessen »Quatsch!« sein neues Vorbild in Sachen Eroberung der Wirklichkeit - lernt der Anfang Zwanzigjährige die Mitte Dreißigjährige Lou Andreas-Salomé kennen, die ihm nicht nur an Alter, sondern auch an Erfahrung, Selbstbewusstsein, Gewandtheit und Ausstrahlung weit überlegen ist. Rilke verliebt sich sofort in die attraktive Frau mit den blonden Haaren, den sinnlichen Lippen und dem schmelzenden Blick, von der er längst gehört hat, die er aber auch als unabhängige, eigenwillige Schriftstellerin schätzt. Besonders ihr Aufsatz mit dem Titel »Jesus, der Jude« hat ihn stark beeindruckt, weil er dort seine eigenen Gedanken einer »negativen Gotteserfahrung« wiederfindet, wie Lou das nennen wird.

Lou ist zusammen mit ihrer Freundin Frieda von Bülow nach

München gekommen, um hier und im Voralpenland den Sommer zu verbringen. Die ehemalige Geliebte des durch seine Grausamkeit zu zweifelhaften Ehren gekommenen Kolonialpolitikers Carl Peters, dem sie als Abgesandte des Deutschnationalen Frauenbundes nach Afrika gefolgt war, betätigt sich ebenfalls als Schriftstellerin. In ihren Erzählungen und Romanen treten Frauen auf, die Sätze sagen wie:

> »Ich kann nicht das Leben hinnehmen, wie es zufällig kommt; mir selbst schaffen will ich es – gestalten nach meinem Bedarfe. Was ich dazu brauche, muss ich mir nehmen dürfen. So ist es herrlich! Meine Eltern wissen, dass ich nicht anders leben kann und mag, und sie lassen mich tun, was ich will. Opposition würde ihnen auch nichts helfen, denn ich bin so fest entschlossen, mich nicht einengen zu lassen, daß ich, wollte man Zwang anwenden, morden würde.«

Das ist nicht nur Franziska Reventlow, sondern auch Lou Andreas-Salomé aus der Seele gesprochen. Nicht einig sind die beiden Freundinnen sich allerdings darin, was aus dieser Unabhängigkeitserklärung der Frau für ihre Rolle als Schriftstellerin folgt. Frieda von Bülow gehört zu denen, die sich vehement dagegen aussprechen, männliche Maßstäbe an weibliche Literatur anzulegen. Für sie hat Frauenliteratur ein eigenes Recht: Sie muss aus sich selbst heraus beurteilt werden, fernab der traditionellen Kunstkriterien. Mit nicht geringerer Vehemenz vertritt Lou Andreas-Salomé die entgegengesetzte Position. Für sie gibt es nur *eine* Literatur, und auch nur *eine* Kunst oder Philosophie, unabhängig davon, ob es ein Mann oder eine Frau ist, die sie hervorbringt. Anderenfalls, so ihr Urteil, handelt es sich lediglich um Dokumente. Selbst wenn sie recht »interessante Berichte über das Weib« erstatten, seien sie ihren innersten Motiven nach doch »unkünstlerisch« – ein Verdikt, unter das für sie der Großteil der damals publizierten Frauenliteratur fällt, etwa auch die viel gelesenen Romane Gabriele Reuters.

Ansonsten aber verstehen die beiden Frauen sich prächtig. Daran ändert auch der Umstand nichts, dass Lou zunehmend von Rilke umworben wird, der sich als Mischung aus schülerhafter Verschämtheit und rechtem Draufgängertum entpuppt – eine unwiderstehliche Mischung für eine Frau wie Lou, die entgegen der von ihr ausstrahlenden Freizügigkeit in sexuellen Dingen befangen und abwehrend ist. Virile, attraktive Männer wie etwa Wedekind flößen ihr Angst ein. In die Ehe mit dem Orientalisten Carl Andreas hat sie nur unter der Bedingung eingewilligt, dass Sex tabu ist – woran sich beide auch halten.

Der Auslöser von Lous beinahe instinktiver Abwehr der Sexualität ist ihre Beziehung zu dem protestantischen Geistlichen Hendrik Gillot gewesen, ihrem philosophischen Mentor, den sie wie einen Gottvater verehrt hat. Dennoch machte er ihr plötzlich einen Heiratsantrag und hielt sein sexuelles Begehren nicht länger zurück. Da brach für die Siebzehnjährige eine Welt zusammen. Lou kam zu der Überzeugung, dass sich Selbstbestimmung und sexuelle Beziehungen ausschließen, sofern letztere immer in Abhängigkeit münden, jedenfalls bei einer Frau.

Diese Vorstellung, dass die Frau ein eigenständiges Leben nur über die Abwehr der sexuellen Ansprüche des Mannes verwirklichen kann, ist das genaue Gegenteil jenes Lebensentwurfs, den Franziska zu Reventlow in diesen Jahren entwickelt: Hier ist es gerade die selbstbestimmte, promiskuitive Sexualität, die die Unabhängigkeit der Frau herbeiführen und auch nach außen signalisieren soll. Und vermutlich ist es genau das, was Rilke an der Bohemienne letztlich gestört hat – nur einer unter vielen zu sein. Rilke, so viel ist klar, will der Einzige sein.

Wie schon Franziska zu Reventlow schickt Rilke auch seiner neuen Flamme nun täglich ein Gedicht, dieses Mal anonym. Aber auch so errät Lou sofort, von wem die Verse stammen. Wenn sie sich begegnen, etwa bei Ausstellungs- oder Theaterbesuchen, hat dieser junge Dichter in seinem hochgeschlossenen Rock mit der schüchternen Miene nur Augen für sie. Und obwohl sie sich angesichts von so viel Aufmerksamkeit geschmeichelt fühlt, kann Lou nicht leugnen, dass der artifizielle Überschwang von Rilkes Versen sie eher belustigt, zuweilen sogar abstößt. Aber eine innere Stimme sagt ihr, dass in dieser Puppe ein Schmetterling heranwächst, dessen Befreiung aus dem Kokon, in den er noch eingesponnen ist, womöglich ihre Aufgabe sein könnte. Und diese Stimme sagt ihr auch, dass darin womöglich die Lösung ihrer eigenen Probleme mit der Liebe steckt.

Als Lou und ihre Freundin einen Ausflug an der Isar entlang nach Wolfratshausen unternehmen, ist Rilke jedenfalls dabei. Die beiden Frauen mieten sich dort ein Häuschen am Berghang, das gerade einmal zwei Stuben im Erdgeschoss hat. Rilke findet eine Unterkunft in der Nachbarschaft, ist aber häufig zu Besuch. Die »Lutzvilla«, wie das Häuschen einigermaßen hochtrabend nach seinem Besitzer genannt wird, besitzt Fensterläden aus Holz mit einem ausgesägten Stern. Als Lou und er einander immer näherkommen, verlässt Frieda während seiner Aufenthalte das gemeinsame Quartier und unternimmt lange Spaziergänge an der Loisach. Rilke schließt stets die Fensterläden, wenn sie sich lieben, um Vorübergehenden den Einblick zu verwehren. Tageslicht scheint dann nur noch durch den kleinen ausgesparten Stern in ihr Zimmer – beiden wird das zum Symbol ihrer Liebe.

Lou hat ihrem jugendlichen Liebhaber im Nachhinein ein »zartes« Temperament bescheinigt, das sich »haltlos ausgibt«. Sie liebt sein blondes Haar, seinen sinnlichen Mund, seine »prachtvolle Stirnpartie«, aber auch seinen feingliedrigen, schlanken Körper. Er hingegen ist wie verzaubert von dem weichen Fleisch ihrer weiblichen Rundungen, ihrem »schönen Schoß«. So werden sich beide zur »*erstmaligen Wirklichkeit,* Leib und Mensch ununterscheidbar eins«, wie Lou im Nachhinein in Worten schreibt, die an Deutlichkeit nichts zu wünschen übriglassen. Wortwörtlich habe sie ihm bekennen können, was er als sein Liebesbekenntnis

Ein zartes Temperament, das sich haltlos ausgibt: René Maria Rilke, der sich seit der Liebesbeziehung mit Lou Andreas-Salomé »Rainer« nennt, in einer Laube in Wolfratshausen, 1897.

formuliert habe: »Du allein bist wirklich«. Mit dem ihr nicht nur an Jahren unterlegenen Rilke, der eben keiner dieser starken Männer ist, die Unterwerfung einfordern, kann Lou Andreas-Salomé endlich realisieren, wonach sie sich insgeheim doch sehnt – eine erfüllte sexuelle Liebesbeziehung. Ihr, der die Schlächterhände Wedekinds aufgefallen sind, entgehen auch die feinen, überzarten kleinen Hände Rilkes nicht, die so rasch ins Zittern geraten, die aber auch zu sanften Liebkosungen fähig sind.

Die mit beiden Beinen mitten im Leben stehende Lou zeigt ihrem jugendlichen Liebhaber eine Welt, die dieser bislang so nicht kennt. Man unternimmt lange Spaziergänge in die Natur. Lou lehrt ihn die Namen der Blumen und Pflanzen, beobachtet mit ihm die Tiere im Morgengrauen und bringt dem übersensiblen, ein wenig blasierten Stadtkind die Genüsse des einfachen Lebens nahe. Man kleidet sich schlicht und zweckmäßig – Lou bevorzugt weite bequeme russische Bauernblusen –, man isst vorzugsweise vegetarisch, wandert barfuß durch die betauten Wiesen oder badet nackt in der Loisach, jedenfalls solange man sich unbeobachtet wähnt. Der Zweiundzwanzigjährige beginnt sich zu verändern.

Unter dem Einfluss seiner Geliebten legt Rilke sich einen neuen Namen und eine neue Handschrift zu. Lou schätzt den zweideutigen Vornamen René nicht, den die Mutter ihrem Söhnchen verpasste, das sie in den ersten Lebensjahren aufzog, als sei er die ersehnte Tochter. Rainer nennt sie ihn stattdessen, und Rilke macht sich diese Neubenennung zu Eigen. Und auch seine eilig und schräg über das Papier huschende Allerweltsschrift, so konventionell und nichtssagend wie viele seiner bisherigen Gedichte, verändert sich in diesen Wochen auffällig, gleicht sich zunehmend der seiner Geliebten an – wird eleganter, gelöster, aufrechter, ausgeprägter, »leichtsinniger«, wie Lou meint. Auswirkungen hat das alles auch auf seine Art zu dichten. Viele seiner bisherigen Elaborate vernichtet Rilke unter Lous Einfluss. Rückblickend spricht er selbst von seiner »vor-wolfratshausenschen Exaltiertheit«. Vor allem aber findet er eine neue poetische Sprache, die die Dinge der

Welt zum Sprechen bringt, die das Explizite nicht scheut, es aber poetisiert und die sich ihrer Sache zunehmend sicher fühlt:

Aus allem Schönen gehst Du mir entgegen,
mein Frühlingswind Du, Du mein Sommerregen,
Du meine Juninacht mit tausend Wegen,
auf denen kein Geweihter schritt vor mir:
ich bin in Dir!

Friedas Abreise in das holländische Seebad Scheveningen bedeutet einen Einschnitt in dem ländlichen Idyll. Für eine Woche kehrt man nach München zurück. Dann aber sind die beiden Liebenden wieder in Wolfratshausen anzutreffen, vertauschen nun die Lutzvilla mit einem an den Berg gebauten Bauernhaus. »Loufried« nennen sie ihr neues Quartier. Doch kaum zwei Tage später kündigt sich Besuch an. Der »Loumann« Carl Andreas kommt. Und Rilke und Lou müssen ihre Liebe nun noch stärker im Verborgenen leben als bisher ohnehin schon.

August Endell

Zu den Besuchern im Wolfratshausener Liebesnest zählt auch der junge August Endell, der zu dieser Zeit noch Philosophie und Psychologie an der Münchner Universität bei Theodor Lipps studiert, dem Begründer einer psychologischen Ästhetik. Lipps lehrt, dass »Einfühlung« oder »Beseelung«, wie man damals auch sagte, der Ursprung nicht nur aller Ästhetik, sondern auch unseres Weltverhältnisses sei. Er beeinflusst eine ganze Generation von Münchner Künstlern in ihrer Entwicklung hin zur Abstraktion, angefangen von den Kunstgewerblern des Jugendstils, zu denen bald auch schon August Endell zählt, bis zu Wassily Kandinsky und Paul Klee. »Kunst gibt verstärkte Empfindungen. Kunst ist gesteigertes Leben«, lautet das Credo der neuen, von den Gedanken Theodor Lipps inspirierten Kunst. »Wenn wir unserem Gefühle nur vertrauensvoll nachgeben und besonnen und subtil zugleich nachdenken wollten, so würden wir finden, dass überall dieses Wesentliche alles Künstlerischen sich wiederfinden lässt.« Das ist Wasser auch auf die Mühlen von Marianne von Werefkin und ihrem Traum von einer »emotionalen Kunst«.

Der junge Endell befindet sich gerade in einer Krise. Nicht nur dass seine Ehe, kaum geschlossen, wieder zerbricht. Auch beruflich sucht er nach Orientierung. Anfangs glaubt er noch, wissenschaftlich-philosophische Forschung und kreatives Ausdrucksbedürfnis, akademische Laufbahn und freies Künstlertum, Theorie und Praxis miteinander verbinden zu können. Aber die bei Theodor Lipps begonnene Dissertation über »Gefühlskonstruktion« will keine rechten Fortschritte machen. Schließlich wirft er hin. Der Kunstschriftsteller Karl Scheffler, der als Redakteur der in München erscheinenden Zeitschrift *Dekorative Kunst* zu dieser Zeit in der Stadt weilt, beobachtet, wie der »dem Studium der Philosophie Entlaufene mit seiner endlos langen, schlanken Gestalt unter den Kollegen in München umherging und Diskutiergelegenheiten erspähte ...«. Sein Vertrauen zu gewinnen, sei fast unmöglich gewesen.

Das ist mit Rilke und Lou anders: In ihrem Kreis herrscht eine ernste, aber vertrauensvolle Atmosphäre - rasch geht es um die im Leben wirklich wichtigen Dinge. Und es gibt Gelegenheit, sich kreativ zu betätigen: Von Endell entworfene Decken, Kissen, Gefäße und Leuchter schmücken bald die drei spartanischen, ineinander übergehenden Kammern. Auch die Fahne, die über dem gemeinsamen Domizil in Wolfratshausen weht, stammt von ihm. »Loufried« steht handgroß in schwarzen Lettern auf dem groben Leinen.

Anfang August hat Endell für einige Tage auch Hermann Obrist im Schlepptau, dessen Stickereien er rückhaltlos bewundert. Sie sind für ihn Ausgangspunkt eines neuen, revolutionären Konzepts von Gestaltung: Statt wie damals üblich den Dingen den Stil vergangener Epochen aufzupfropfen, greift sie auf die Formenvielfalt der Natur zurück. Aber nicht etwa, um sie nachzuahmen, sondern mit dem Ziel, neue, bislang nicht gesehene Formen hervorzubringen, die so dynamisch, so vielfältig sind wie die Natur selbst. Die Kunst soll zum Katalysator einer umfassenden Lebensreform werden, die neben der Kleidung, der Ernährung und den Gewohnheiten auch die gestaltete Umgebung erfasst. Das ist Diefenbach ohne dessen Verschrobenheit und Erlöserhabitus. Endell hat Obrist auf einem Vortrag kennengelernt, den er im März 1896 in der *Gesellschaft zur Förderung geistiger Interessen der Frau* über seine Stickereien gehalten hat. Sie seien »das Reifste und Herrlichste, was die Kunst seit dem Rokoko aufzuweisen« habe, schwärmt er. Kein Erzeugnis der modernen Malerei könne sich annähernd damit messen.

Endell versteht die Kunst als eine Schule des Sehens – sie vermag uns die Augen für die Schönheiten dieser Welt zu öffnen und lehrt uns die Wirkung von Formen und Farben auf unsere Gefühle und Stimmungen. Rilke zieht daraus den naheliegenden Schluss, die Kunst aus den Ausstellungen und Schaufenstern zu holen und sie in unsere nähere und gewohnte Umgebung zu verpflanzen, damit sie dort ihre Wirkung entfalten kann. So steht es jedenfalls in seinem 1897 geschriebenen, zu Lebzeiten nicht veröffentlichten »Münchner Kunstbrief«. Die Gestaltung der Dinge des Lebens soll wieder zur Sache der Künstler werden.

Die Kunststadt München erlebt in diesen Jahren eine kleine Revolution: Eine Reihe von jungen Malern verlässt ihr angestammtes Terrain und propagiert einen erweiterten Kunstbegriff, der auch Alltagsgegenstände und die gestaltete Umwelt umfasst. Sie werden Kunstgewerbler, wie man damals sagt. Heute würden wir sie Designer nennen. Am spektakulärsten ist der Fall Otto Eckmann, der seine Gemälde in einem Auktionshaus versteigern lässt und dazu eine Begleitschrift verfasst, die ironisch mit einem »herzlichen Lebewohl auf Nimmerwiedersehen« an die Malerei endet. Von da an entwirft er Keramik, Schmuck, Metall- und Silberarbeiten, Möbel, Damenbekleidung, Farbholzschnitte.

Wenn sich dann im Sommer 1897 *Kunstverein* und *Secession* erstmals zusammentun, um die »VII. Internationale Kunstausstellung im Königlichen Glaspalaste« auszurichten, sind dort zwei, wenn auch zugegebenermaßen kleine Räume ausschließlich den neuen Abtrünnigen vorbehalten, gewissermaßen den Sezessionisten der *Secession*, deren Kunstwollen rasch unter der Bezeichnung »Jugendstil« bekannt wird. »Endlich ein Umschwung«, titelt die Zeitschrift *Deutsche Kunst und Dekoration* und nimmt die beiden Räume zum Anlass für eine erste Standortbestimmung der neuen Lust am Kunstgewerbe. »Wäre es in München auf die Vertreter der ›hohen‹ Kunst allein angekommen, so hätte man die Sache abermals totgeschwiegen«, lautet das Fazit.

Kuratiert hat den einen der beiden Räume – jenen, der in die Designgeschichte eingegangen ist – der Architekt und Leiter des Münchner Stadterweiterungsbüros Theodor Fischer, der in diesen Jahren maßgeblich das neue Gesicht der Stadt in den Stadtteilen Schwabing, Bogenhausen und Gern mitprägt. August Endell hat für den Raum einen Relieffries unter der Decke eingezogen und einen bestickten Türvorhang geschaffen. Dazwischen hängt das von Richard Riemerschmid, dem späteren Direktor der Münchner Kunstgewerbeschule, geschaffene Bild *Wolkengeister*. Die darauf zu sehenden Figuren, die sich vor dem Hintergrund von Sonne, Himmel und Wolken im Flug verdichten und wieder auflösen, erscheinen durch Endells abstrakte Ornamente noch einmal irrealer, sphärischer.

Riemerschmid hat für die Ausstellung aber auch ein Buffet aus Ebenholz mit Türen aus amerikanischem Ahorn entworfen. Statt sich an historischen Vorbildern zu orientieren, wagt er den Versuch, Funktion und Gestalt in Einklang zu bringen. Obrist steuert eine Eichenholztruhe, Eckmann neben Hänge- und Wandlampen schmiedeeiserne Tischleuchter in Stängel- und Blütenform bei. Die Stühle im Zimmer stammen von Bernhard Pankok, einem ausgebildeten Maler, aber auch Sohn eines Schreiners. Sie stehen wie üblich auf vier Beinen. Pankok entwirft aber auch Stühle, die hinten statt der konventionellen zwei nur ein Bein haben, was direkt die Kritiker auf den Plan ruft, die davon sprechen, dass ein solcher Stuhl bei der geringsten Seitenwendung des darauf Sitzenden umfallen müsse und mithin lebensgefährlich sei. Das Wort von den »Stühlen, auf denen man nicht sitzen, Schränken, in die man nichts hineintun, Gläsern, aus denen man nicht trinken, Löffeln, mit denen man nicht essen kann«, macht die Runde. Dieses Verdikt, angeführt von jenen, die auf ihre Gewohnheiten pochen, selbst wenn diese sich als dysfunktional herausstellen, wird das neue Kunsthandwerk von nun ständig begleiten.

Aus der Ausstellung gehen die *Vereinigten Werkstätten für Kunst im Handwerk* hervor, die wie die *Gesellschaft zur Förderung geistiger Interessen der Frau* noch heute existieren. München ist ab 1897 Deutschlands Hauptstadt nicht nur der bildenden Kunst, sondern auch des Kunstgewerbes – »die erste Stadt, wo die moderne angewandte Kunst in Deutschland eine Betriebsform erhielt«, wie Joseph Lux 1908 feststellen wird. Im ersten Jahrzehnt ihres Bestehens steigt die Zahl der Angestellten der Vereinigten Werkstätten von 50 im Gründungsjahr auf 600 im Jahr 1907. Programm bei der Gestaltung von Gebrauchsgütern ist neben der Loslösung von historischen Vorbildern eine neue Schlichtheit, in der Funktion und Gestalt eine Symbiose eingehen – konstruktive Klarheit, Materialtreue, Einfachheit der Form. Das sind Maximen, die weit über den Jugendstil hinausreichen, der wegen seiner Vorliebe fürs Ornament schon bald seinerseits von der Avantgarde der Designer als überholt erklärt werden wird.

Ein Mutter-Gottes-Kind

Die Todesangst verlässt sie nicht, bis zuletzt. »Vielleicht sind das die letzten Worte, die ich jemals schreibe«, heißt es in Franziska zu Reventlows Tagebuch unter dem Datum des 31. August. Da liegt sie schon längst in den Wehen, hat seit Tagen heftige Schmerzen und verliert Blut.

Am Tag darauf kommt das ersehnte Kind endlich zur Welt. Es ist eine schwere Geburt. Als die Schmerzen zu heftig werden, betäubt man sie bei Durchtritt des Kindskopfes mit Chloroform, so die damals gängige Praxis. Das Neugeborene bekommt sie erst zu Gesicht, als sie am nächsten Morgen wieder aus der Narkose erwacht. Sie sieht, dass es lebt. Und sie selbst lebt auch.

Erst nach drei Wochen werden sie und das Baby aus dem Krankenhaus entlassen. Immer noch schwach liegt sie im häuslichen Wohnzimmer, sieht »grüne Bäume und Sonne« und hat endlich ihr Kind für sich: »Alles hängt an ihm, all meine Liebe und all mein Leben und die Welt ist wieder herrlich für mich geworden«. In der ersten Nacht zu Hause aber kommt sie sich noch hilfloser vor als das kleine, immerfort schreiende Geschöpf. »Schließlich saß ich auf dem Bettrand und weinte auch und kam mir vor, als ob wir beide so verlassen wären und zu Grund gehen müßten«.

Am Tag darauf erhält sie Besuch von ihrem Arzt, eine Freundin sieht nach dem Kleinen, und Rolf von Brockdorff, ein Verwandter, der Ingenieur geworden und ebenfalls nach München gezogen ist, kommt vorbei. Ihn hat sie zum Paten gewählt und nach ihm erhält das Kind den Namen Rolf. Doch so ruft sie ihn selten. An einer Stelle ihres Tagebuchs listet sie die Kosenamen auf, die ihr für den Kleinen einfallen: »das Mäusli, die Mise, das Misel, das Miselinchen …, der Hoppel, der Hippel-Happel, der Hoppedattel, das Hoppelchen«. Und später, als er langsam größer wird: »die Maus, die Misemaus, Fettmaus, Dickmaus, Herzemaus, Springmaus, Gassimaus«. Ferner: »die Mi-Mi- die Mau-Mau-Mimihazzi, *der* Maus«. Man werde selbst wieder ganz kindisch, sinniert sie.

Mitte Oktober, da ist Rolf gerade sechs Wochen alt, geht sie mit ihm zum Fotografen, sogar noch bevor sie ihn beim Standesamt anmeldet. Ganz bewusst wählt sie nicht das Fotoatelier Elvira, sondern mit Georg Düll einen Fotografen, der für seine konventionellen, nie sonderlich originellen Porträts bekannt ist. Vielleicht fürchtet sie auch die mitleidigen, ein wenig spöttischen Mienen, die die emanzipierten Frauen machen würden, wenn sie das Trara mitbekämen, das sie um das Bübchen macht. Vor allem aber will sie ein bestimmtes Motiv: Sie selbst mit dem Baby im Arm – wie sie den göttlichen Knaben liebevoll anblickt: eine Mutter-Kind-Fotografie ganz in der Tradition der Gottesmutterbilder, die sie seit Kindestagen kennt und liebt. Das prächtige weiße Nachtgewand mit dem großen Kragen, das sie auf dem Foto trägt, hat sie sich bereits während der Schwangerschaft nach eigenem Entwurf schneidern lassen. Ob sie damals schon jenen Augenblick herbeigesehnt hat, da sie nun im Atelier vor der Kamera steht? Das süße Kind fast vollständig eingewickelt in kunstvoll drapierte Tücher, ebenfalls ganz in Weiß, nur das Köpfchen und die beiden kleinen Hände schauen heraus. Was auf dem von ihr schließlich ausgewählten Foto nicht mehr zu sehen ist: die Anstrengung, die es gekostet hat, das Kind in der fremden Umgebung zu beruhigen. Ständig nörgelte es und zuckte mit dem Köpfchen. »Halten Sie doch still, bitte nicht bewegen!« – die rasch genervte Stimme des Fotografen ist ihr noch lange danach im Ohr.

Drei Wochen nach dem Fototermin lässt sie Rolf taufen, »nur aus praktischen Gründen, damit er später ev. einen legitimen Taufschein hat für Schule od. so«, wie sie in ihrem Tagebuch vermerkt. Und sie fügt hinzu: »Aber recht dumm kams mir doch vor.« Die Taufzeremonie gerät zu einer skurrilen Komödie. Um »die heilige Handlung« bezahlen zu können, bittet Franziska den großen Rolf, der auch als Taufpate engagiert ist, ein paar Tage vorher ihr Tafelsilber zu versetzen. Doch der Elende brennt damit durch und lässt sich nicht mehr blicken, weil er sich dafür schämt. Glücklicherweise trifft genau am Tag der Taufe ein Brief von Oskar Panizza aus Zürich ein. Nach Abbüßen der Haftstrafe, die ihm der Prozess gegen das *Liebeskonzil* eingebracht hat, hat er die Entlassung aus der Bayerischen Staatsangehörigkeit beantragt und ist in die Schweiz emigriert, wo er nun eine Zeitschrift, die *Zürcher Diskuszjonen. Flugblätter aus dem Gesamtgebiet des modernen Lebens* herausgibt.

Bei Franziska zu Reventlow, die er noch aus seiner Münchner Zeit kennt, hat er einen Beitrag zur Frauenfrage bestellt, der unter dem Titel »Das Männerphantom der Frau« im Jahr darauf erscheinen wird. Die 20 Schweizer Franken, die dem Brief beiliegen, sind wohl der Vorschuss, den sich die stets klamme Autorin ausberbeten hat.

Als Rolf immer noch nicht kommt, bittet Franziska Frau Güttner, ihre ehemalige Vermieterin und Freundin, die Patenrolle zu übernehmen. Bevor sie mit dem Kind die Wohnung verlässt, schreibt sie noch mit Kreide auf die Tür: »Rolf komme sofort in die Kirche!« Zufällig treffen sie den Ausreißer unterwegs, in der Türkenstraße. Der große Rolf versucht noch zu entfliehen, aber vergebens, er muss mit. Endlich in der Kirche angelangt, empfängt sie der Küster mit Vorwürfen, schließlich sind sie eine ganze Stunde zu spät. Derweil ist die kleine Taufgesellschaft in bester Stimmung, bricht immer wieder in Gelächter aus. Der Pastor, darüber ganz verlegen, verwechselt alles: hält Rolf für den Vater, Frau Güttner für die Hebamme, was die Heiterkeit noch steigert. Schließlich steckt der Täufling noch die Zunge heraus und sagt dabei »lä«, ausgerechnet in dem Moment, als der Geistliche auf die Erbsünde zu sprechen kommt. Spätestens da entschließt er sich, die Sache möglichst rasch hinter sich zu bringen, um den Lachsalven ein Ende zu bereiten. Als er zum Schluss noch Gottes Segen wünscht, »sind wir ganz verloren«, wie es in Franziskas Tagebuch heißt.

Aber die komische Episode hat noch ein Nachspiel. Auf dem Heimweg trifft Franziska auf ihren »Bereiter«, wie sie sich – plötzlich in ein anderes Sprachregister wechselnd – ausdrückt; er verlässt gerade eine Bäckerei. Sie schickt Rolf in den Laden, um sich nach seinem Namen zu erkundigen. Er gefalle ihr jetzt wieder und sie habe ihm den »reizenden Käfer« verziehen, lesen wir in ihrem Tagebuch. So scheint es, als habe sie den Namen des Vaters des kleinen Rolf erst am Tag von dessen Taufe erfahren. Ihrem Sohn gegenüber wird sie stets hartnäckig schweigen, anderen gegenüber nur von einer »flüchtigen Begegnung« oder einem »fremden Herrn«

sprechen. Womöglich fehlt es aber auch ihr selbst an letzter Gewissheit. Alle Versuche des kleinen Rolf jedenfalls, mehr über seine Herkunft und seinen Vater zu erfahren, enden mit dem Verweis auf das Foto, das ihn, sechs Wochen alt, im Arm seiner Mutter zeigt – ein Bild der inszenierten Unschuld, als habe es sich um eine unbefleckte Empfängnis gehandelt. Seine Mutter aber notiert am Tag der Taufe im Tagebuch: »Es scheint die Bestie in mir erwacht wieder nach langem Schlummer …«

Das Über-Ornament

Ende 1897 erhält August Endell von Sophia Goudstikker, mit der er gut bekannt ist, den Auftrag, den Neubau des Ateliers Elvira samt Inneneinrichtung zu gestalten. Sofort steht ihm ein überdimensionales Flächenornament vor Augen, das die gesamte Fassade überdecken soll. Lediglich über dem Eingang und im Erdgeschoss weist das nach Süden ausgerichtete Gebäude kleine Fenster auf – mit annähernd 15 Meter in der Breite und 7 Meter in der Höhe also Platz genug für ein markantes schmückendes Motiv. Endells Absicht ist es, Obrist und seinen Peitschenhieb von 1896 noch zu übertreffen und diesen wirklich zum Knallen zu bringen. Nicht nur die Schallmauer der Konvention, sondern auch die der Natur soll sein Ornament durchbrechen – eine Kunst schaffen, »die der Menschen Seelen aufwühlt allein durch Formen, die nichts Bekanntem gleichen«, wie er schreibt.

Man kann darüber streiten, ob ihm das mit dem übergroßen, stark farbigen Ornament gelingt, das seit dem Herbst 1898 die Fassade des Ateliergebäudes an der Von-der-Tann-Straße ziert, bis die Nationalsozialisten es 1937 abtragen lassen, um den Weg zum neu gebauten Haus der Kunst von »feministischen Spinnereien« und von der Erinnerung an die Jahre des großen Aufbruchs im München vor dem Ersten Weltkrieg zu reinigen. Was man aber sagen

Seepferdchen, Jugendstildrache oder neue Venus? August Endell, Fassadenornament des Ateliers Elvira, 1898, zerstört von den Nationalsozialisten 1937.

kann: Endell schafft mit dem Fassadenornament, das anfangs auf hellgrünem Grund in den Farben Zyklam-Violett und Türkisgrün strahlt, die Sensation des damaligen Münchens, das repräsentativste Werk des neuen Stils – das Wahrzeichen schlechthin für die Neuerfindung von Kunst und Leben in der Stadt der Befreiten.

Was aber soll es darstellen? Darüber gehen die Meinungen von Anfang an auseinander. Von einem großformatigen Seepferdchen sprechen die einen, andere wie der junge Bildhauer Josef Hartwig, der für die Ausführung zuständig ist, reden von einem Jugendstildrachen. August Endell selbst ergeht sich in Andeutungen – erklärt einigermaßen geheimnisvoll die Formen und Strukturen des schließlich 90 Quadratmeter umfassenden Ornaments als »Beziehungen zur Natur, zum Pfirsichkern, zu flatternden Bändern oder Meereswellen, die sich am Strand kräuseln«.

Kurz nach Fertigstellung des Gebäudes erscheint in einer Kneipenzeitung des Münchner Architektenvereins ein Manifest, das den Eindruck erweckt, als stamme es von Endell persönlich. Er selbst wird in einer beigefügten Karikatur als langes, schlangenförmiges Elend dargestellt. »Seht, Freunde, ich lehre Euch das Überornament: das Ornament ist etwas, das überwunden werden soll«, heißt es gleich zu Beginn des Textes, und in diesem Stil, einer Parodie des hohen Tons, in dem Nietzsches Zarathustra seine Lehre vom Übermenschen verkündet, geht es weiter, bis zu einem furiosen Schlussakkord: »Fühlt ihr nicht ... die nackte Begier des Meeres: wie sie sich hebt, gesaugt u. geküßt mit tausend Brüsten will sie sein von meiner lachenden brausenden Seele ... Also ist das Überornament!«

Empört zeigt Endell seiner Auftraggeberin Sophia Goudstikker und ihren Mitstreiterinnen vom Atelier Elvira das Machwerk, wie er es nennt, in dem sein Fassadenbild von der Architektenschaft zum in Gänze willkürlichen Werk eines Amateurs erklärt wird. Doch zu seinem Erstaunen können die Frauen dem Text sogar etwas abgewinnen. Ist es bloßer Zufall, so fragen sie, dass sich zum Schluss des Textes lauter Bilder häufen, die einen weiblichen Hintergrund des »Überornaments« anklingen lassen? Für sie ist das vieldeutige Fassadenbild nämlich in erster Linie ein Symbol für die Frauenbewegung, der sie sich zugehörig fühlen. Lesbar womöglich als eine stark abstrahierte weibliche Figur mit wehenden Haaren, die von einer muschelförmigen Schale auf einer vorwärts brausenden Meereswoge getragen wird. Wenn man so will, Botticellis Geburt der Venus stilisiert zu einem abstrakten Jugendstil-Ornament.

Der Eklat

Verse mit Folgen

Wir sind zurück in der Männerwelt. Als am 30. Juli 1898 Bismarck stirbt, reagiert der sich zusehends politisierende *Simplicissimus* darauf mit einer Zeichnung Thomas Theodor Heines, die den Titel »Die alte Eiche« trägt. Im Hintergrund ist ein entwurzelter, knorriger alter Eichenbaum zu sehen, im Vordergrund wiegt sich ein zartes junges Eichenstämmchen im Wind. Es trägt den preußischen Adler im Wipfel. Die Bildunterschrift lautet: »Die mächtige alte Eiche liegt entwurzelt. Der Adler, der so sicher in ihrem Wipfel wohnte, horstet nun in den Zweigen eines jungen Stämmchens, das die Sommerwinde bald hierhin bewegen und bald dorthin, und mit Bangen sieht er den Herbststürmen entgegen. – Fürchte nichts, oh Adler! Der alte Stamm war knorrig und mit Narben und Rissen bedeckt, doch der junge ist ach! So schön grün!«

Mit dem im Wind schwankenden Grünling ist der junge Wilhelm II. gemeint, der 1888, im Alter von nicht einmal 30 Jahren, auf den Thron Preußens und des Deutschen Reiches gelangt ist. Sein unreifer Regierungsstil, der jede Zurückhaltung vermissen lässt und oft von pointierten Worten und schrillen Tönen begleitet ist, fordert zur Kritik heraus und polarisiert die öffentliche Debatte.

Dabei ist Wilhelm II. aufgrund seines Amtes gegen Angriffe rechtlich besonders geschützt. Denn im deutschen Strafgesetzbuch gibt es zu dieser Zeit Paragraphen, die die Beleidigung des Kaisers mit Gefängnis bedrohen. Dieses Majestätsbeleidigungsgesetz ist gerade auch unter Juristen schon deshalb umstritten, weil es nicht definiert, welche Taten strafrechtlich eine Beleidigung darstellen. Eng ausgelegt kann es durchaus vorkommen, dass allein schon die *Möglichkeit*, ein Text oder eine Zeichnung *könne* so verstanden werden, dass dadurch der Monarch lächerlich gemacht *werde*, ausreicht, um den Straftatbestand der Majestätsbeleidigung zu erfüllen. Auf Absicht oder Bewusstsein des »Täters« kommt es dann gar nicht mehr an. Die Zahl der nach dem Majestätsbeleidigungsgesetz Verurteilten beträgt immerhin zwischen 500 und 600 pro Jahr. Darunter sind auch bekannte Autoren, etwa die Publizisten Johannes Trojahn und Maximilian Harden, letzterer ein Freund von Hedwig Pringsheim, beide zwar kritische Stimmen, aber sicher ohne umstürzlerische Absicht.

Initiativen, das Majestätsbeleidigungsgesetz einzuschränken, es sogar vollständig aufzuheben, wie die Sozialdemokraten fordern, werden vom Deutschen Reichstag 1897 abgelehnt. Selbst der Antrag auf Verweisung an eine Kommission findet keine Mehrheit. »*Götter* verlangen *Anbetung*; *Menschen* müssen sich *Beurteilung* gefallen lassen«, beantwortet der Münchner Rechtsanwalt Max Bernstein dagegen eine Umfrage »über die Zufälligkeit und die Grenzen der Majestätsbeleidigung als Strafbegriff im modernen Staatsleben«, die der Journalist Leo Berg, angeregt durch die Reichstagsdebatte, unter Intellektuellen, Professoren und Politikern veranstaltet. Und Bernstein fügt hinzu: »Je mehr Einer gewiß ist, Achtung zu verdienen, desto mehr Freiheit wird er dem Urteil gewähren.« Zusammen mit seiner Frau Elsa, die unter dem Pseudonym Ernst Rosmer Romane und vielgespielte Theaterstücke schreibt, unterhält Max Bernstein in der Brienner Straße einen der bedeutendsten Salons der Stadt.

Derweil verschärft sich die Kritik an Wilhelm II. im *Simplicissimus*. Eine Titelzeichnung Heines zeigt König und Königin auf dem Thron, zu ihren Füßen der Narr, im Hintergrund ist eine Flotte zu sehen. Der König grübelt: »Mich wandelt ein Zweifel an. Bin ich wirklich der König oder bin ich bloß vom Größenwahn befallen?« Darauf der Narr: »Vielleicht beides, Sire!«

Regelmäßig finden sich im *Simplicissimus* nun auch politische Verse von Frank Wedekind. Sein erster Text in diesem Genre erscheint in der Ausgabe vom 24. Juli 1897. Der Titel »Ein politisch Lied« ist Programm. Wedekind veröffentlicht seine politischen Gedichte und Lieder unter wechselnden Pseudonymen, die wie

Hieronymus Jobsius Politicus leicht als solche erkennbar sind. Die Resonanz der Leserschaft ist positiv, die Behörden hingegen sind zunehmend beunruhigt und dementsprechend aufmerksam. Auf den Berliner Bahnhöfen etwa wird der Verkauf der Ausgaben mit Wedekinds Liedern rasch verboten.

Dann bricht Wilhelm II. im Oktober 1898 mit großem Gefolge in den Orient auf. Die von gewaltigem Medienrummel begleitete Reise, deren Stationen unter anderem Konstantinopel, Haifa, Jerusalem, Beirut und Athen sind, dient deutschen Wirtschafts- und Machtinteressen, darunter dem Waffen- und Kapitalexport in die Türkei, aber auch der Zurückdrängung des französischen Protektorats über die Katholiken im Orient. Inszeniert wird sie jedoch als Missions- und Pilgerfahrt zu den Ursprungstätten des Christentums - eine Art moderner Kreuzzug mit der Weihe der deutschen evangelischen Erlöserkirche in Jerusalem als dramatischem Höhepunkt.

Der *Simplicissimus* behandelt die kaiserliche Fahrt in seiner Ausgabe vom 29. Oktober 1898 - dem Tag vor dem Einzug Wilhelms II. in Jerusalem. Das wiederum von Thomas Theodor Heine gezeichnete Titelblatt zeigt vor einer orientalischen Stadtkulisse Kaiser Friedrich I., genannt Barbarossa, den legendären Kreuzfahrer. Er hält den Tropenhelm Wilhelms II. in der Hand und krümmt sich vor Lachen. Dem neben ihm stehenden Kreuzritter Gottfried von Bouillon sind die Worte in den Mund gelegt: »Lach' nicht so dreckig, Barbarossa! *Unsere* Kreuzzüge hatten doch eigentlich auch keinen Zweck.«

Die Verspottung der Palästina-Reise Wilhelms II. setzt sich im Innern des Heftes mit dem eine ganze Seite einnehmenden Gedicht »Im heiligen Land« fort, als dessen Autor Hieronymos angegeben ist. Wedekind hat die Strophen seines politischen Liedes dem König David in den Mund gelegt. »Willkommen, Fürst, in meines Landes Grenzen«, begrüßt er Wilhelm II.:

Willkommen mit dem holden Eh'gemahl,
Mit Geistlichkeit, Lakaien, Exzellenzen
Und Polizeibeamten ohne Zahl.
Es freuen rings sich die histor'schen Orte
Seit vielen Wochen schon auf deine Worte,
Und es vergrößert ihre Sehnsuchtspein
Der heiße Wunsch, photographiert zu sein.

Wilhelm II., so spotten die Verse, habe »die Schmach vom Heil'gen Land genommen«, bisher noch nicht von ihm besucht worden zu sein:

Mit Stolz erfüllst du Millionen Christen;
Wie wird von nun an Golgatha sich brüsten,
Das einst vernahm das letzte Wort vom Kreuz
Und heute nun das erste deinerseits.

Da der *Simplicissimus* zwar in München redigiert, in Leipzig aber gedruckt wird, liegt die Zuständigkeit der juristischen Überprüfung bei den sächsischen Behörden. Und diese reagieren unmittelbar: Gegen den verantwortlichen Redakteur Albert Langen, gegen den Zeichner Thomas Theodor Heine sowie gegen »Hieronymos« wird Anklage wegen Majestätsbeleidigung erhoben. Darüber hinaus wird die folgende Ausgabe des *Simplicissimus* gleich am Druckort Leipzig beschlagnahmt, bevor sie überhaupt in den Handel gelangt. Auch sie hätte wieder ein Gedicht von Hieronymos zur Kaiserfahrt enthalten, das mit dem leisen Seufzer des Staatsministers geschlossen hätte: »Es ist eine Schraube los.« Dabei bleibt offen, ob die Schraube des kaiserlichen Schiffs oder des kaiserlichen Gehirns gemeint ist.

Langen entzieht sich der drohenden Verhaftung durch Flucht in die Schweiz. Neben familiären Gründen spielen bei dieser Entscheidung vor allem geschäftliche Erwägungen eine Rolle. Ständig auftretende Liquiditätsengpässe zwingen den Verleger immer wieder zur kurzfristigen Beschaffung von Darlehen. Darin kann ihn kein anderer vertreten.

Andererseits führt der Majestätsbeleidigungsskandal dazu, dass der *Simplicissimus* seine Auflage beinahe verdoppelt – selbst das ehrgeizige Ziel von 100000 verkauften Exemplaren pro Ausgabe scheint in greifbare Nähe gerückt. Bei Langen löst das zunehmend Bedauern aus. Was hätte er selbst nicht aus dieser Situation gemacht! Aber er wird den Eindruck nicht los, dass der Schlag gegen ihn von langer Hand vorbereitet war. Womöglich wäre er aus dem Gefängnis gar nicht mehr herausgekommen. »Jetzt sollte ich tot gemacht werden«, schreibt er an seinen Schwiegervater Björnson.

Thomas Theodor Heine gelingt es, durch Hinterlegung einer Kaution aus der Untersuchungshaft entlassen zu werden, nachdem er sich der sächsischen Gerichtsbarkeit gestellt hat. Für das Titelblatt der Ausgabe vom 19. November 1898 zeichnet er sich selbst: In Sträflingskleidung und an Füßen wie Händen in Ketten gelegt, bringt er, von Pickelhauben umringt, an einem Pult das Wahrzeichen des *Simplicissimus*, die Bulldogge, aufs Papier. Der ihm direkt gegenüberstehende Polizist weist ihn mit gezücktem Säbel und erhobenem Zeigefinger an, was die Zeichnung zeigen darf und was nicht, ein anderer Polizist führt seine Hand. Und der hinter ihm stehende Staatsanwalt hält ihn in fester, eisiger Umklammerung. Heine versucht vor Gericht, die Schuld auf Langen zu schieben, indem er behauptet, das inkriminierte Titelbild mit der Barbarossa-Zeichnung hätten sie gemeinsam ausgeheckt. Dennoch wird er zu sechs Monaten Haft verurteilt. Später wird seine Strafe in Festungshaft umgewandelt, die anders als Gefängnisstrafe nicht als ehrenrührig gilt.

Wer aber steckt hinter Hieronymos? Alle Welt scheint es zu wissen, nur die ermittelnde Staatsanwaltschaft nicht. Die aber benötigt natürlich auch Beweise. Eine Durchsuchung der Büroräume des Verlages Albert Langen in der Kaulbachstraße fördert sie zu Tage. Denn dort hat man versäumt, das Originalmanuskript in der Handschrift Wedekinds zu vernichten. So wird er überführt, und

Wedekind ist seitdem davon überzeugt, Langen habe ihn nicht nur miserabel honoriert, sondern förmlich ans Messer geliefert. Zumindest von Nachlässigkeit muss man sprechen, selbst wenn man die sich überschlagenden Ereignisse nach der Konfiszierung der Palästina-Nummer in Betracht zieht.

Wedekind hat im Moment aber erst einmal andere Sorgen. Denn am 29. Oktober 1898 hat der *Erdgeist* Münchner Erstaufführung im Schauspielhaus. Mit dessen Direktor Georg Stollberg hat sich der so eigensinnige wie streitbare Autor inzwischen überworfen. So steht er nicht nur in der Rolle des Dr. Schön auf der Bühne, sondern führt auch gleich selbst Regie. Keine leichte Aufgabe, denn die Schauspieler wissen mit seiner eigenwilligen Dialogführung, in der alle aneinander vorbeireden, wenig anzufangen. Zudem hat ausgerechnet die Darstellerin der Lulu, der Inkarnation des sinnlichen, ewig lustbereiten Weiblichen, einen Sprachfehler. Die Aufführung gerät jedenfalls zum Fiasko: Das Publikum lacht an den unpassenden Stellen, Hohnrufe werden laut. Einzig Wedekinds Dr. Schön lässt erahnen, dass hier womöglich etwas Bedeutendes geschieht.

Während der Vorstellung suchen zwei Polizisten den Intendanten Stollberg auf und wollen Wedekind am liebsten gleich von der Bühne weg verhaften. Korfiz Holm, Langens Prokurist, hat für Wedekind nicht nur 200 Mark Reisespesen, sondern gleich auch eine Fahrkarte für den Sechs-Uhr-Frühzug nach Zürich in der Tasche. Lieber ein durchgebrannter Majestätsbeleidiger als ein durchgefallener Autor, denkt sich Wedekind und findet langsam Gefallen an dem ihm aufgenötigten Fluchtplan.

Doch bevor er den Zug besteigt, zecht er noch die Nacht durch. Mit von der Partie ist Frida Uhl, die mittlerweile nicht nur die Ex-Frau von Strindberg ist, sondern auch kurz davorsteht, die Ex-Freundin von Wedekind zu sein. Auch aus der Liaison mit ihm ist ihr ein Kind geblieben. Wedekind vertraut ihr an diesem Abend ein Konvolut von Manuskripten an, die er unter Verschluss hält und nicht mit ins Exil nehmen will, weil sie dort womöglich verloren gehen oder, schlimmer noch, in die Hände von Polizei und Zensur gelangen. Es sind seine freizügigen Tagebuchaufzeichnungen aus den ersten Münchner und den sich anschließenden Pariser Jahren und vor allem sein pornographischer Gesellschaftsentwurf »Eden«. Als Frida Uhl Ende des Jahres München verlässt, vertraut sie die Wedekind-Manuskripte ihrer neuen Freundin Franziska zu Reventlow an. Dort bleiben sie die nächsten Jahre liegen, bis sie der Gräfin einige Jahre später bei einem ihrer zahlreichen Umzüge wieder in die Hände fallen und sie das Konvolut mit Wedekind-Manuskripten zu Geld macht. So gerät es einstweilen in die Hände eines manischen Sammlers …

In Zürich, das Wedekind öde und langweilig vorkommt, erwartet ihn nicht nur sein Verleger, dem er das Logis im Baur au Lac von Herzen missgönnt, während er selbst mit einer Pension vorliebnehmen muss. Dort trifft er auch auf Oskar Panizza, der hier sein bevorzugter Umgang wird. Dem aber droht schon der nächste Ärger: Ausweisung. Angeblich soll er eine minderjährige Prostituierte nackt fotografiert haben. Panizza rettet sich nach Paris. Und Wedekind folgt ihm alsbald nach.

Dort ergeht es ihm jedoch nicht besser. Selbst Paris hat für ihn allen Reiz verloren. Daran ändert auch die Tatsache nichts, dass nun auch sein Verleger mit Frau, Kind und Kegel nach Paris kommt. Langen, der sich schon bald von seiner Frau trennt, wird dort mehr als vier Jahre bleiben und so gut es geht den Verlag von Frankreich aus leiten. Erst im Frühjahr 1903 ist sein Gesuch, das Verfahren einzustellen, gegen Zahlung eines Bezeigungsquantums in Höhe von 20000 Mark erfolgreich, und Langen kann wieder deutschen Boden betreten.

Anfang Juni 1899 hält Wedekind es in Paris nicht mehr aus. Er reist nach Leipzig und stellt sich dort den Behörden. Zuvor veröffentlicht er im *Simplicissimus* noch ein Klagelied, das in dem Vorschlag gipfelt, den »Reichstags-Kasten« in ein »Majestäts-Beleidigungs-Gefängnis« umzuwandeln. Die erste Strophe lautet:

Schwer ist's heute, ein Gedicht zu machen,
Darum läßt man es am besten sein;
Wenn die Menschen wirklich drüber lachen,
Sperrt man den Verfasser meistens ein;
Wenn sie sich jedoch in Tränen winden,
Dann verhungert schließlich der Poet,
Deshalb wird man es begreiflich finden,
Daß die Poesie zugrunde geht.

Gender Trouble

Heirate oder heirate nicht

»Mach doch das Buch zu, Claire! – Das geht entschieden nicht so weiter. Ich muss Dich ernstlich bitten – heirate mich!« – Also sprach der Privatdozent Doktor Josef Reithmeyer, wohnhaft zu München in der Blütenstrasse in einem Rückgebäude über eine Stiege, zu seiner schönen Freundin Claire de Fries, in Zürich, gebürtig aus Groningen in Friesland, Studentin der Medizin derzeit zu Besuch in der Blütenstrasse im Rückgebäude über eine Stiege.

So beginnt ein Bestseller des Jahres 1899. Im Jahr darauf geht *Das dritte Geschlecht. Roman von Ernst Wolzogen* bereits in die zweite Auflage, 1901 dann sind über 100 000 Exemplare verkauft. Das Buch ist auch im Ausland ein Erfolg, wird sogar ins Japanische übersetzt. Das liegt nicht nur (aber auch) an Buchschmuck, Aufmachung und Marketing. Der Roman ist durchgehend im neuen Stil illustriert, die Zeichnungen sind spielerisch, witzig, leichtfertig, zuweilen kokett. Die Titelzeichnung der Erstausgabe zeigt eine unbekleidete junge Frau mit einer Lanze vor einem geöffneten Verließ, zu ihren Füßen ein erlegter Drache. Das ist die neue Frau, um die es in dem Roman geht. »Backfischen nicht in die Hand geben«, rät ein Aufkleber auf dem Einband. Als Scherzübersetzung von »Baccalaureus«, dem untersten akademischen Grad, meint das noch bis in die 1960er Jahre gebräuchliche »Backfisch« ursprünglich Studentinnen, später dann auch generell Mädchen ab der Pubertät.

Bezeichnend für Wolzogens Roman und die darin verhandelten Dinge ist die Lektüre, hinter der sich Claire de Fries in der Anfangsszene vor dem immer drängenderen Heiratswunsch ihres Freundes versteckt. Es handelt sich nicht, wie man annehmen könnte, um einen Roman, und schon gar nicht um einen Liebesroman, es ist vielmehr ein »dickes Lehrbuch der Pathologie«. Claire, nicht nur gutaussehend, sondern auch klar und hell im Kopf, lebt nämlich in Zürich aus dem einfachen Grund, dass man dort als Frau im Jahr 1899 studieren kann, in ihrem Fall Medizin. Berufsziel Ärztin. Und ihr Freund, der Privatdozent Dr. Reithmeyer, den sie immer neckisch Seppl nennt, wäre es wohl auch zufrieden, den Gang zum Standesamt noch aufzuschieben, wenn, ja wenn er nicht Bedenken hinsichtlich ihrer beider Karriere hätte, genauer besehen vor allem seiner. Denn er steht kurz vor der Professur, und da ist es hinderlich, durch die wilde Ehe, die man führt, weiterhin Anlass zu »öffentlichem Ärgernis« zu geben. Wie soll das werden, zumal wenn Nachwuchs sich einstellt? Als »königlicher Universitäts-Professor« dürfe er »allenfalls ein heimliches Liebesverhältnis, keinesfalls aber ein öffentliches Kind aus diesem Verhältnis haben«, argumentiert er, und dass sie, da sie erklärtermaßen zusammenbleiben wollten, ja auch gleich heiraten könnten. Sie dagegen möchte wenigstens Zeit haben, erst einmal ihre Staatsprüfung zu bestehen und dann ein halbes Jahr nach Paris zu gehen, um in den dortigen Krankenhäusern zu hospitieren. (Inwiefern es genau dieser Plan ist, der dem Privatdozenten ein wenig Angst macht und seine Heiratslust motiviert, wird im Roman nicht behandelt.) Immerhin aber muss er ihren Spott aushalten: Es sei doch wirklich komisch, meint sie: »Verkehrte Welt! Bisher waren es die Mädchen, die den treulosen Liebhaber anflehten: lass mich nicht sitzen … und jetzt verfällst Du auf solche Sprüche. *Der neue Mann!* Darf man da nicht ein bisschen lachen?«

Der neue Mann entpuppt sich allerdings schon im nächsten Augenblick als der alte, indem er der freiheitsliebenden Studentin das in ihren Augen höchst zweifelhafte Kompliment macht, trotz ihrer Gescheitheit, ihrem wissenschaftlichen Eifer und ihrer respektablen Energie doch »so ganz Weib« zu sein. Genau deshalb würde er sie so lieben und könne nicht ohne sie leben. Sie hingegen wittert darin »Eitelkeit und Eigennutz«. Er gönne sie einfach keinem anderen, entgegnet sie – *»nicht einmal mir selber«*.

Das ist, wie der Fortgang ihrer Auseinandersetzung zeigt, der entscheidende Punkt: Sie möchte sich selbst angehören, mit allem, was dazu zählt: eigener Lebensweg, eigener Beruf, eigenes Zimmer … und hat den kaum abweisbaren Eindruck, das werde ihr unter den gegebenen Verhältnissen durch die Einwilligung in die Heirat genommen.

Er jedoch, »fast grimmig«: *»Wozu brauchst Du Dich denn auch selber?«* Geben sei doch seliger als nehmen.

»Offen gestanden – nein«, lautet ihre Antwort, »ein wenig nachdenklich«, wie ausdrücklich betont wird. So sehr Weib, wie er zu ihrer Schande annehme, sei sie denn wohl doch nicht.

Da langt es ihm. Sie wolle sich doch wohl nicht auf eine Stufe stellen »mit der Grötzinger, der Haider, der Stummer, der Wiesbeck, der Gierl, der Echdeler usw.«, poltert er. Und damit kommt Wolzogens Roman nun zu seinem im Titel angesprochenen Thema. Das seien doch überhaupt keine Weiber: »Die gehören zum dritten Geschlecht. Das sind Neutra mit den äusseren Kennzeichen der Weiblichkeit, die sich durch krampfhafte Anstrengungen allmählich ihr weibliches Empfinden abgewöhnt und dafür so eine Art verkrüppelter Manns-Psyche eingetauscht haben.«

Nun endlich braust auch Claire auf: »Lass Dir sagen, lieber Freund, dass das ganz ungerechtes und nichtiges Zeug ist, was Du da von den andern behauptet hast.« Wenn die zum dritten Geschlecht gehören, dann rechne sie es sich zur Ehre an, ebenfalls dazuzugehören.

Das dritte Geschlecht

Das Wort vom »dritten Geschlecht« lag damals in der Luft. Es beginnt damit, dass den männlichen Homosexuellen, ansonsten auch »Urninge«, später »Uranisten« genannt, ein eigenes Geschlecht zugesprochen wird. Das steht im Widerspruch zu der von Psychotherapeuten wie Schrenck-Notzing vertretenen Auffassung, wonach es sich um eine etwa per Suggestion heilbare »konträre Sexualempfindung« handele. Wer vom dritten Geschlecht spricht, meint damals wie heute eine Identität, die sich nicht dem binären Schema fügt, also etwa der heterosexuellen Beziehung als Norm oder der Zuordnung bestimmter Eigenschaften, Gefühle oder Verhaltensmuster zum jeweiligen biologischen, sprich männlichen oder weiblichen Geschlecht.

Angefangen mit der Rede von einem dritten Geschlecht, unabhängig von der sexuellen Orientierung, hat im Jahr vor dem Erscheinen von Wolzogens Roman Elsa Asenijeff, die Geliebte von Max Klinger. *Aufruhr der Weiber und das dritte Geschlecht,* heißt ihr Pamphlet. Das dritte Geschlecht sind für Asenijeff jene Frauen, die den Mann zum Maßstab ihrer Existenz und ihrer Entwicklung machen. Unzufrieden mit der herrschenden Ungleichheit, ihrer sozialen und beruflichen Benachteiligung, ihrer Unfreiheit, wollen sie werden wie die Männer – gesellschaftlich tonangebend, beruflich erfolgsorientiert, kompetitiv und machtbewusst, möglichst frei in ihren Entscheidungen –, und sind dafür bereit, ihre spezifisch weiblichen Züge preiszugeben, worunter auf jeden Fall die Mutterschaft zu verstehen ist. Häufig sei das sogar mit der völligen Aufgabe ihrer geschlechtlichen Existenz verbunden. Zu einer Zeit, in der Verhütung noch keineswegs sicher ist, ist Sex stets mit dem Risiko der Schwangerschaft verbunden, weshalb einige

Frauenrechtlerinnen empfehlen, auf sexuelle Beziehungen völlig zu verzichten, nicht zuletzt auch, weil sich darin die Dominanz des Mannes von der für die Frau unangenehmsten, sie erniedrigenden Weise zeigen kann.

Anders als im Fall der Homosexualität ist das von Asenijeff fundamental abgelehnte und von Wolzogen zum Romanthema erkorene dritte Geschlecht ein polemischer Begriff. Das zeigt sich schon daran, wie es von dem ehewilligen Privatdozenten Reithmeyer in den Roman eingeführt wird: Seine Vertreterinnen seien »Neutra«, lediglich mit den biologischen Merkmalen des weiblichen Geschlechts, die aber alles dafür täten, ihre weibliche Psyche loszuwerden und gegen eine defizitäre männliche einzutauschen. Denn gänzlich gelingen, so seine Ansicht, kann der Tausch nie und nimmer; dazu sind das soziale Geschlecht und die Geschlechtsidentität, also das, was wir heute *gender* nennen, zu stark in der Persönlichkeit verankert.

Wolzogen kennt sich in der damaligen Münchner Szene, auch der Szene der Frauenbewegung bestens aus. Er ist nicht nur Mitglied der *Gesellschaft zur Förderung geistiger Interessen der Frau* und nimmt an vielen ihrer Veranstaltungen teil, er ist auch mit den Gründerinnen und der späteren Vorsitzenden befreundet. Sie alle tauchen in seinem Buch unter anderen Namen auf: Anita Augspurg ist das Fräulein Doktor Babette Gierl, »eine der beredsten und scharfsinnigsten Verteidigerinnen der modernen Emanzipationsbestrebungen«, »für die der Mann keine Rolle mehr spielt«. Die Schwestern Mathilda und Sophia Goudstikker sind Martha und Hildegard Haider; Letztere trägt im Buch den Spitznamen Box und tritt vehement für die »Abhärtung der Weiber«, also für Kaltwasserbäder, Bewegung und Sport ein. Die Haider-Schwestern betreiben allerdings kein Fotoatelier, sondern sind als Bankiers tätig, was als Hinweis auf ihre jüdische Herkunft verstanden werden darf. Die Vorsitzende Ika Freudenberg hingegen begegnet uns im Roman als Agathe Echtler, »eine stattliche, schlanke Erscheinung, so gegen Ende der Dreissiger, von sicherem Auftreten und höchst intelligentem und dabei liebenswürdigem Gesichtsausdruck«. Auch die *Gesellschaft zur Förderung geistiger Interessen der Frau* selbst spielt im Buch eine wichtige Rolle, nur dass sie dort »Agitationskomitee für die Evolution der femininen Psyche« heißt, verbunden mit der Zusatzinformation, dass sie in Wirklichkeit zwar »einen etwas gemeinverständlicheren Namen« trägt, aber die Damen unter sich sie so zu bezeichnen pflegen.

Wolzogen macht auch bei der Beschreibung der Figuren, die zum engeren Kreis des dritten Geschlechts zählen, keinen Hehl daraus, dass er unterhalten will; er scheut auch die plumpe, spöttische Charakterisierung nicht. Herabsetzend aber, geschweige denn desavouierend sind seine Schilderungen nicht. So darf man denn die Definitionen des dritten Geschlechts, die der Heiratskandidat Reithmeyer oder, noch schlimmer, der Liebhaber von Martha Haider, der verheiratete Arnulf Rau, vom Stapel lassen, keineswegs umstandslos mit der Meinung des Autors gleichsetzen. Keinem der Männer, sondern Box, also Hildegard Haider (alias Sophia Goudstikker), obliegt es, gegen Schluss eine Art Bilanz der sich in viele Einzelgeschichten aufspaltenden Romanhandlung zu ziehen:

> »Es ist doch merkwürdig, was für interessante Frauentypen gerade unser eigener engster Kreis darbietet. Da ist Frau Katja Rau, das ewig zitternde Eheweib, das es in der geistvollen Heuchelei zur Meisterschaft gebracht hat; da ist Frau Claire Reithmeyer, das Weib mit der grossen wissenschaftlichen Begabung, aber doch von starker Sinnlichkeit, das die Liebe für ihr seelisches Gleichgewicht braucht; da sind die starken Intelligenzen ohne Sinnlichkeit, für die der Mann gar keine Rolle mehr spielt, Babette Gierl, die ein richtiger Mann, Meta Echdeler, die eine vollkommene Dame ist; da ist meine liebe arme Schwester, die süsse Pflanz', noch ganz Weibchen alten Stils, die lockende Augen macht und ihre Angeln auswirft und doch nichts fängt, weil die Männer,

die sie gern haben möchte, das neue Weib begehren und ihr eigener Geschmack die Männer nicht mag, die mit dem alten zufrieden wären. Ja, ja, das ist ein moderner Konflikt! Und … mich rechnen sie alle zum dritten Geschlecht, weil ich so fest auf meinen zwei Beinen stehe wie nur irgend ein Mannsbild und mir von keinem ein X für ein U machen lasse. Ich glaube, die Herren haben Angst vor mir.«

So steht das Etikett des dritten Geschlechts im Titel des Romans am ehesten noch für den Trouble, der sich zunehmend aus der Zuschreibung und Vervielfältigung der Geschlechter ergibt; danach gäbe es nicht ein einziges, sondern gleichsam n dritte Geschlechter, sozusagen für jeden ein eigenes. Die Beziehung zwischen dem biologischen Geschlecht, der Geschlechtsidentität, der sexuellen Praxis und dem Begehren scheint jedenfalls nicht länger eindeutig definiert zu sein, wenn sie es denn je war. Auch dafür steht München um die Jahrhundertwende.

Die Revolution der Tanten

Ernst von Wolzogen und sein Illustrator Walter Caspari haben *Das dritte Geschlecht* einer der darin vorkommenden Frauenfiguren zugeeignet: »Der reizenden kleinen Frau von Robiceck«, steht auf dem Widmungsblatt. Als sie das erste Mal im Roman auftaucht, ist die junge Frau in der Abteilung für Altdeutsche Malerei der Alten Pinakothek anzutreffen, wo sie sich soeben redlich abmüht, die so friedlich wie einfältig dreinblickende Madonna mit dem Kinde eines biederen alten Meisters abzumalen. Gerade als sie der einigermaßen missglückten, seltsam verquollenen Nase der Frau eine »madonnenmögliche Façon« zu geben versucht, wird sie durch einen Herrn gestört, der sich als Baron vorstellt und ihr das Bild auch prompt zu einem völlig überzogenen Preis abkauft.

Lilly von Robiceck leidet unter einem Selbstmissverständnis:

Sie möchte gerne Malerin sein, aber dazu fehlen ihr letztlich Talent und Ausdauer. Künstlerin ist sie trotzdem, aber ihr wahres Kunstwerk ist ihr eigenes Leben. »Du hast ein Meisterwerk geschaffen und das bist du selber«, erklärt ihr einer ihrer vielen Liebhaber. Folgerichtig vertauscht sie – wie Otto Eckmann und andere Männer zu dieser Zeit – den Malerkittel gegen das Outfit des Kunstgewerblers, in ihrem Fall »reizenden Gewändern«, die sie alle selbst entworfen hat. Mit dem Kapital ihrer Liebhaber eröffnet sie »modes et robes«, einen Designerladen, der fortan die Ehefrauen derselben Liebhaber einkleidet und baut sich so eine selbständige Existenz auf. Darin unterscheidet sich die Lilly des Romans von Franziska zu Reventlow, die ansonsten das Modell für die heimliche Hauptfigur von *Das dritte Geschlecht* liefert. Andererseits bekommt auch Lilly ein Kind und verschweigt standhaft, welcher ihrer Liebhaber der Vater ist. »Ich sehe nicht ein, warum eine Dame wie ich, die ganz auf eigenen Füssen steht, nicht auch ein Kind ganz allein für sich haben soll, über das niemand mitzureden hat«, erläutert sie ihren neugierigen Kundinnen den Sachverhalt.

Das »neue Kind« und der eingeschlagene »Weg zur Selbstbefreiung durch die Arbeit« verschaffen Lilly Respekt sogar bei den emanzipierten Frauen des »Agitationskomitees zur Evolution der femininen Psyche«, während die Beziehung zuvor eher durch gegenseitiges Misstrauen geprägt war. Das geht so weit, dass Box zum Ende des Romans hin eine Eloge auf Lilly anstimmt: Es gebe Frauen, meint sie, »die in der Tat den Mann nicht brauchen und dabei doch vom stärksten weiblichen Instinkt beherrscht werden« – der Mutterliebe. »Der Fortschritt scheint mir darin zu liegen, dass *diese* Art Frauen nicht mehr zum völligen Verzicht auf alle Selbständigkeit und Lebensfreude gezwungen werden. Früher mussten sie irgendwo in der Familie unterkriechen und mehr oder minder Gnadenbrot als Tanten essen ... Wenn sich die riesige Armee der Tanten zur Selbständigkeit durchränge, welche ungeheure Macht könnte sie entwickeln!«

Und so endet Wolzogens Roman, der mit der Verdammung des dritten Geschlechts aus reaktionärem Männermund begonnen hat, mit dessen Erklärung zum Subjekt einer gesellschaftlichen Revolution aus progressivem Frauenmunde.

Die Rutschbahn

Wie schon Thomas Theodor Heine versucht auch Wedekind vor Gericht alle Schuld auf den Verleger zu schieben: Wer sonst denn habe ihn zu den inkriminierten Gedichten überredet, geradezu gedrängt, ja gegen seine Überzeugung gezwungen? Als Langen davon in Paris erfährt, setzt er den monatlichen Wechsel seines Autors aus, den er ihm trotz aller Verlegerbeleidigung immer noch zahlt. Wedekind aber nützt diese Argumentation so wenig wie Heine: Sieben Monate lautet das Urteil in seinem Fall. Aber nachdem er sechs Wochen davon abgesessen hat, wird auch er zu Festungshaft begnadigt.

Auf Festung Königstein bei Dresden trifft Wedekind dann auf seinen »Mittäter«. Heine sitzt in der Nebenzelle, wird aber bereits nach ein paar Tagen entlassen. Zeit genug, dass Wedekind ihm mit großer Drastik jenes Thema erläutert, das ihn am meisten umtreibt: die Sexualität. Dabei geht es einmal so heftig zu, dass ihm das Gebiss aus dem Mund fällt und zerbricht. Peinlich berührt versucht Wedekind, die Hartgummiteile mit Nadel und Garn wieder zusammenzuflicken. Da klopft es an der Tür, und der Festungskommandant kommt zur Inspizierung – Heine hat später die Szene berichtet. Wedekind schiebt das zusammengeschusterte Gebiss rasch wieder in den Mund, versäumt aber in der Eile, die Nadel herauszuziehen. So steht er nun stramm da, während ihm ein Faden aus dem Mund hängt und die daran befestigte Nadel ihm beim Sprechen auf der Brust tanzt. Erschrocken über diesen Anblick, legt der Kommandant den Rückwärtsgang ein und stammelt beim Hinausgehen: »Wenn Sie etwas zu nähen haben, lassen Sie es doch von der Ordonnanz machen.«

In den verbleibenden Monaten der Festungshaft ist Wedekinds Hauptbeschäftigung die gleiche, die ihn bereits in Zürich und dann in Paris gequält hat. Er arbeitet an einem neuen Drama, das nach dem Desaster des *Erdgeist* nun endlich unter Beweis stellen soll, dass er in der Lage ist, bühnentaugliche Stücke abzuliefern, die das Zeug zum Publikumserfolg haben. Er selbst betrachtet es als seinen letzten Versuch in dieser Richtung und leidet unter dem Stress, den dieses Vorhaben bei ihm auslöst – hin- und hergerissen zwischen Erfolgsdruck und dem eigenen Anspruch, eine neue Theatersprache der kunstvollen Wirklichkeitsverfremdung zu entwickeln.

Das Stück, das erst »Der Genussmensch«, dann »Der gefallene Teufel« und schließlich »Marquis von Keith« heißt, zeigt ein München, das die Literatur dieser Tage ansonsten nicht bietet: weder die gemütliche, bierselige Stadt mit verrauchten Schänken, lärmiger Wies'n und urigen Jahrmärkten, noch das München der Boheme mit Mansarden, Ateliers und Cafés, in dem sich Gestalten wie Franziska zu Reventlow und auch Wedekind selbst munter tummeln. Obwohl das Stück mit dem schließlich titelgebenden Marquis von Keith eine Hauptfigur besitzt, die unverkennbar der Boheme entstammt, spielt es in einem München der Erfolgreichen und Wohlhabenden. Anders als die hergebrachte bessere Gesellschaft der Honoratioren, Professoren und Altvorderen, zu der Reiche mit Reputation wie die Len- und Kaulbachs und in vieler Hinsicht auch noch die Pringsheims gehören, handelt es sich um eine sich formierende Clique von Neureichen, Kapitalisten und Investoren – die menschliche Entsprechung zu jenen Schornsteinen und modernen Gewerbegebäuden, die in Corinths Stadtsilhouetten auftauchen. Hinter dem München, das sie im Sinn haben, zeichnet sich schon die heutige Stadt ab, die in weiten Teilen von Immobilienspekulanten beherrscht wird.

Der Marquis von Keith, dem Wedekind viele Züge des Kunsthändlers, Betrügers und Frauenverbrauchers Willy Gretor geliehen hat, will in der Kunststadt München das ganz große Rad drehen. Das Projekt nennt sich »Feenpalast« – »eine Kunststätte, in der alle Kunstgattungen der Welt ihr gastliches Heim finden sollen«, wie er selbst erläutert. Dazu gehören ein großer Konzertsaal, der auch als Ausstellungspalast dienen kann, und ein kleinerer Bühnensaal, »halb Tanzboden und halb Totenkammer«, für die »allermodernste Kunstgattung«. Von Disco würden wir heute sprechen. Multifunktionalität und Flexibilität lauten schon damals die Zauberworte. Eine Etage des Riesengebäudes, dem ein ganzer Häuserblock weichen muss, soll ausschließlich der Erlebnisgastronomie dienen – ein Fresstempel mit diversen Bars, Restaurants und verschwiegenen Ecken für intime Vergnügungen.

Um Investoren für sein Projekt zu finden, um sie zu überzeugen, sie bei der Stange zu halten und ihnen das Geld aus der Tasche zu ziehen, ist Keith jedes Mittel recht: Er veranstaltet Partys und lässt prächtige Feuerwerke abbrennen; er verspricht das Blaue vom Himmel, scheut aber auch vor Erpressung nicht zurück. Wedekind nennt seinen Helden einen »Feuerkopf« und meint damit seinen extrem gesteigerten Antrieb, sein enthemmtes Verhalten und die enorme Selbstüberschätzung – allesamt Kennzeichen von Manie. Die Pointe des Stückes ist jedoch, dass er dabei zur heimlichen Leitfigur des sich langsam entfesselnden und alle traditionellen Gepflogenheiten abstreifenden Kapitalismus wird. Er agiert rücksichtlos, ohne jede Moral. Was frühere Generationen einmal »Sünde« nannten, ist für ihn lediglich »eine mythologische Bezeichnung für schlechte Geschäfte«. Alles im Leben, selbst die Liebe und selbst das Unglück, klopft er auf die Möglichkeit ab, daraus einen Deal zu machen. »Ein Unglück ist für mich eine günstige Gelegenheit wie jede andere«, behauptet er. »Unglück kann jeder Esel haben; die Kunst besteht darin, daß man es richtig auszubeuten versteht.«

Bei Wedekind scheitert der Marquis letztlich – an der eigenen Unzulänglichkeit. Lebensgenuss ist ihm wichtiger als ordnungsgemäße Buchführung – Hedonismus und kurzfristig denkender Egoismus haben schon manchen Spekulanten hinter Schloss und Riegel gebracht. Mit dem Konsul Casimir, einem Großkaufmann mit Münchner Wurzeln, wird das Projekt von einem Profi übernommen, der die Gepflogenheiten des Geschäfts und der Umgebung besser einzuschätzen weiß.

Dem Marquis hingegen wird von seinem Nachfolger in der Direktion der Feenpalastgesellschaft dringend nahegelegt, den nächsten Zug zu nehmen und »im Interesse einer gedeihlichen Entwicklung unseres Unternehmens sich so bald nicht wieder in München blicken zu lassen«. 10 000 Mark Handgeld sollen ihm die Entscheidung erleichtern. Unschlüssig betrachtet er in der letzten Szene eine Zeitlang abwechselnd das zugesteckte Geld in der einen Hand und den Revolver, den er aus einem vorausgehenden Handgemenge noch in der anderen hält. Dann legt er den Revolver grinsend hinter sich und spricht die berühmt gewordenen letzten Worte des Stücks: »Das Leben ist eine Rutschbahn.«

Fliegen können

Oder doch nicht? Vielleicht gleicht es doch eher einem Flug ins Ungewisse?

Auf einmal findet sich Franziska zu Reventlow, die junge Mutter, in einem ganzen Wirbel von »Aventuiren« wieder, wie sie das in ihrem Tagebuch unter dem Datum des 7. Juli 1899 nennt. Und sie ergänzt ihre Beobachtung durch den bemerkenswerten Satz: »Ach wie ist es gut, wenn einem der moralische Halt so gänzlich fehlt.«

Drei Tage später wird Franziska konkreter. »Wie ein Verhängnis« sei es, notiert sie. Kaum, dass sie »etwas nützliches in amore« inszenieren wolle, komme ein anderer, in den sie sich verliebe, und »die Kreise sind wieder gestört«. Das »Nützliche in amore« trägt zu dieser Zeit einen Namen und heißt Schrenck-Notzing. Franziska zieht die beiden Namenbestandteile gerne zu einem zusammen: von »Schnotzing« spricht sie dann. Ach Gott, sei das ein Typ »mit seinen Verführungskünsten«. Könnte man nur »den heillosen Degout loswerden«, aber das sei halt ihre schwache Seite.

Schrenck-Notzing, der Pionier auf dem Gebiet der Heilung seelischer Krankheiten, ist inzwischen ein gemachter Mann. Die Suggestionstherapie ist das ganz große Ding dieser Jahre in der Wachstumsbranche der Psychotherapie. Die 1892 erfolgte Heirat Schrencks mit der Großindustriellentochter Gabriele Siegle hat ihn zudem in die obersten Ränge der Gesellschaft katapultiert. Zeitgenossen beschreiben ihn als eine Großstadterscheinung durch und durch: »Schöner Mann mit durchdringendem Blick, zu Zeiten blasiert, zu Zeiten stahlhart, ein ganz moderner Mensch«. Und der Psychologe Max Dessoir ergänzt: »Genießerisch verschluckt er die Frauen wie Austern.«

Bekanntschaft mit dem Freiherrn hat Franziska zu Reventlow schon im letzten Dezember gemacht. Einer seiner Tricks, an Austernmahlzeiten zu kommen, besteht darin, junge, mittellose Frauen für Übersetzungsarbeiten, häufig sexualwissenschaftlichen Inhalts, zu rekrutieren. Das Honorar ist großzügig bemessen und doch lediglich als Anzahlung gedacht – auf Liebesdienste, die er von seinen Übersetzerinnen erwartet und für die er dann noch etwas drauflegt. Aufgrund seiner Hypnosekünste ist er es gewohnt, dass er anderen seinen Willen aufzwingen kann, zumal jungen Frauen in Geldverlegenheit, die eine leichte Beute sind. Die Reventlow hat schon damals eine Abneigung gegen ihn verspürt. Als sie aber irgendwann nur noch 17 Pfennige in der Tasche hat, ist auch sie bereit, seinen Wünschen entgegenzukommen.

Nun will er sie gar »übernehmen«, wie er sich auszudrücken pflegt. Das heißt konkret: ihr eine neue Wohnungseinrichtung spendieren, um den Sex mit ihr in einer Umgebung zu vollziehen, die seinen Ansprüchen an Ästhetik und Luxus genügt. Wahrscheinlich dürfe sie dann nur auf dem Sofa liegen, Nägel polieren und mit Herzklopfen auf sein Kommen warten, spottet sie. Als

Gegenleistung für die schöne Einrichtung aber soll sie ihren Sohn in Pension geben. Denn dessen Anwesenheit stört natürlich die geplanten Schäferstündchen. »Nein mein Freund, so haben wir nicht gewettet«, schreibt die Reventlow in ihr Tagebuch.

Zwei Monate später dann will er sie gar mit nach Algier nehmen. »Aber was soll ich da mit dem Kerl ohne Bubi«?, denkt sie. Um ihn loszuwerden, setzt sie ihre Freundin Frida Uhl auf ihn an. Frida hat ihre beiden Kinder - die Tochter aus der kurzen Ehe mit dem unter Wahnvorstellungen leidenden August Strindberg und den Sohn aus der Liaison mit Frank Wedekind - tatsächlich in Pension gegeben: zu ihrer Mutter und den Großeltern nach Dornach. Noch einmal will sie keinesfalls zum Opfer der Folgen männlicher Verführungskünste werden, und so hecken die beiden Frauen einen Plan aus, für den sie auch Donald Wedekind, den jüngeren Bruder von Frank, gewinnen können. Am Ende soll nicht Frida, sondern der »arme dumme Schrenck«, wie Hedwig Pringsheim ihn nennt, als der Gelackmeierte dastehen.

Als Frida Uhl sich der Avancen Schnotzings kaum noch erwehren kann, tut sie so, als habe sie ihn endlich erhört, und lädt ihn zum Tee ein. Der Freiherr erscheint in freudiger Erwartung mit einem großen Blumenstrauß in der Hand. Kurz nachdem er Platz genommen hat, ertönt die Klingel, und Donald Wedekind steht im Flur, lautstark Einlass begehrend. »Gehen Sie schnell auf die Toilette, dass er Sie nicht sieht«, flüstert Frida ihrem Gast zu. Kaum hat der Freiherr die Tür verriegelt, da klingelt es erneut, und Franziska zu Reventlow begehrt Einlass. Ob sie mal schnell die Toilette benutzen dürfe, es sei dringend. Dem Freiherrn, der sich selbst eingesperrt hat, wird heiß. Und noch heißer, als immer neue Besucher erscheinen, bald der eine, bald die andere auf die Toilette möchten, als sei dies die einzige Einrichtung dieser Art in ganz München, dabei an der Tür rütteln und fluchen. Bis sich schließlich Frida Uhl erbarmt und den in Angst und Schrecken versetzten Freiherrn entwischen lässt.

Ihr Fazit der Erlebnisse mit Schrenck-Notzing zieht Franziska unmittelbar nach diesem Streich: Recht besehen, sei mit dem Schnotzing nichts anzufangen, heißt es im Tagebuch. Entweder sie richte sein Leben nach seiner Methode ein und das werde dann ziemlich grauenhaft und langweilig, außerdem sei er, näher besehen, auch noch knickerig. Oder sie mache »in dem jetzigen Geleise weiter«. Die Entscheidung fällt ihr nicht schwer.

Mutterschaft und freie Liebe

Zumal sie mittlerweile Bekanntschaft mit einem Kreis junger Männer gemacht hat, die so ganz anders sind als die Schrenck-Notzings dieser Welt. An einem Sommersonntag Anfang August 1899 geht sie mit ihrem Sohn in den Isarauen spazieren, da trifft sie den ihr bereits bekannten Studenten Fritz Huch in Begleitung zweier Freunde. Man kommt ins Plaudern, findet sich sympathisch und interessant und beschließt daraufhin, in Fritz Huchs Stammlokal, der Schwabinger Brauerei, den Tag ausklingen zu lassen. Der Abend wird lang. Insbesondere zu dem einen der beiden, so gut aussehend wie eloquent, fühlt sie sich sofort hingezogen – es ist Ludwig Klages. »Klages ist die Hauptsache«, notiert sie in ihr Tagebuch. Die Hauptsache selbst sieht das genauso und weiß gar nicht zu sagen, was an der jungen Frau ihn mehr anzieht – ihre Augen, in denen Klages zu ertrinken glaubt, ihr silberhelles Lachen oder der melodische Klang ihrer Stimme. »Ihr Sprechen klang wie ein beständiges Lied«, wird er sich später erinnern, »nah und fern zugleich wie von einer rätselhaften Ferne durchtönt. Nichts dem Ähnliches ist mir begegnet. Dazu ein Lachen, ein strahlendes wie das Himmelsblau eines Frühlingsmorgens umfangendes Lachen, den, der es vernahm, zurückversetzend in die sorgloseste Gegenwärtigkeit des Kindesalters«.

Keiner hat je schwärmerischer und näher am Mütterlichen beschrieben, worin der wunderbare wie auch zuweilen gefährliche Reiz Franziskas liegt, dem die Männer scharenweise verfallen. Alles, was er zuvor von Frauen gesehen und erlebt habe, sei dagegen verblasst, erinnert sich Klages – »und hier nun warf meine Seele Anker«.

»O Gott, das ist endlich etwas ganz anderes, wie aus einer neuen aber längst bekannten u. vertrauen Welt«, beschreibt wiederum Franziska ihr Erlebnis. Sie fühlt sich in die Jugendtage zurückversetzt, als sie im Lübecker Ibsen-Club eine Gemeinschaft Gleichgesinnter fand, die ihr Selbstbewusstsein aus dem Gefühl zogen, Außenseiter und Rebellen gegen das Establishment zu sein. Man verabredet sich gleich für den folgenden Abend, danach besucht Klages, mal allein, mal in Begleitung seiner Freunde, die Gräfin in ihrer jetzigen Wohnung, die den Vorzug hat, dass zu ihr ein kleiner Garten gehört. Auch gemeinsame Ausflüge werden unternommen, zu dritt, zu viert, zu fünft, etwa nach Dachau, wo man stundenlang am Moor sitzt und plaudert.

Am liebsten aber ist Franziska mit Klages allein, es sei dann »so etwas Lichtes«, schildert sie ihre Stimmung. Schnell wird das Verhältnis vertraulich. »Ein wundervoller Abend mit Klages«, heißt es in ihrem Tagebuch unter dem Datum des 19. September 1899. »Ich erzählte ihm fast mein ganzes Leben …« Es sei das erste Mal gewesen, dass sie so zu einem Menschen reden konnte. »Ich sehnte mich ja immer nach einem Menschen der fliegen konnte und ich glaube er kanns. Wohl mir dass ich ihn gefunden habe.« Das ist die Initialzündung zu dem autobiographischen Roman *Ellen Olestjerne*, den Franziska im Jahr darauf unter starker Anteilnahme von Klages zu schreiben beginnt.

Klages akzeptiert Franziskas Mutterschaft nicht nur, sondern macht sie zum Bestandteil seiner Gefühlswelt. Das unterscheidet ihn von den Männern, mit denen sie ansonsten umgeht; diese betrachten das kleine Kind, das ihr ein und alles ist, in der Regel als Hindernis, gar als Störfaktor, insbesondere wenn es sich um eine sexuelle Beziehung handelt. Das muss nicht einmal mit Eifersucht zu tun haben; es reicht schon, dass sie nicht immer und nicht in der gewünschten Weise verfügbar ist.

Klages ist da anders. Ihm ist schon bei ihrer ersten Begegnung der Zauber anzumerken, der für ihn von Franziskas Erscheinung ausgeht, wenn sie den kleinen Sohn an der Hand oder auf dem Arm hält: Mutter und Sohn in liebevoller Symbiose, Madonna mit dem Kind, wie aus einem Gemälde herausgetreten, den christlichen Kontext hinter sich lassend, ganz ins Irdische der grünen Wiese am wilden Fluss versetzt.

Ganz so spontan, wie es den Anschein hat, ist Klages Haltung allerdings nicht. Der junge Philosoph und seine Freunde lesen nämlich gerade *Das Mutterrecht* des Basler Gelehrten Johann Jakob Bachofen, eine bereits 1861 erschienene Schrift, die ihnen eine Vorstellung davon gibt, wie es in der Vorzeit zuging, von deren Wiederherstellung, zumindest Nachempfindung sie sich das Heil erhoffen. Klages hat sich sogar fünf Wochen vollständig zurückgezogen, um in die von Bachofen beschworene gynaikokratische, wir würde heute sagen: matriarchalische Welt einzutauchen. Sie soll der patriarchalischen vorausgegangen sein und zum ersten Mal »inmitten eines gewalterfüllten Lebens« ethische Maßstäbe gesetzt, Werte wie Liebe, Einigkeit und Frieden zu Leitprinzipien gemacht haben. Bachofen beschwört den »Zauber des Muttertums« als Nachklang und Vorschein einer besseren, nicht von der Rationalität, sondern vom Gefühl geleiteten Welt. Zu Lebzeiten kaum wahrgenommen – nicht einmal Nietzsche, der doch häufig bei ihm zu Gast war, erwähnt seine Gedanken mit einem Wort –, steht Bachofens große Zeit noch bevor. In der gerade aufkommenden Frauenbewegung wird der beinahe schon vergessene Gelehrte zum Kronzeugen dafür, dass das Patriarchat längst nicht so sakrosankt ist, wie es scheint und wie die Männer behaupten. Denn wenn es stimmt, dass es erst mit der Rebellion der Männer gegen die mutterrechtliche Gesellschaft etabliert wurde – warum soll es dann nicht eines Tages auf dem Weg einer neuen Rebellion auch wieder entmachtet werden? Zumal, wie Bachofen nahelegt, die Herrschaft des Mannes weder gottgegeben ist noch auch der menschlichen Natur entspricht.

Franziska wird Bachofen nie lesen – es ist Klages, der ihr dessen Gedanken auf seine spezielle, die Zukunft in der Vergangenheit suchende Weise souffliert. Seine Pointe dabei ist, das Matriarchat mit der Rolle der Frau als Hetäre zu verknüpfen. Das steht so bei Bachofen nicht. Vom »Mutter- und Hetärenthema« spricht Franziska in ihrem Tagebuch.

Bereits im Jahr zuvor hat Franziska dazu einen Aufsatz in Panizzas *Zürcher Diskuszjonen* veröffentlicht. Dort ging es ihr vor allem darum, die unter emanzipierten Frauen geläufige These zu bestreiten, dass ausschließlich Frauen Frauen verstehen und ihre Sache vertreten können. Nein, es verhalte sich genau umgekehrt, behauptet sie schlankweg. Der Mann ist in ihren Augen keineswegs ein Wesen, das überwunden werden muss, eine Art Fehlkonstruktion der Natur, wie das Äußerungen von Frauenrechtlerinnen nahelegen. Vielmehr bleibt er in seinem Anderssein und seiner Attraktivität für die Frau eine ständige Herausforderung. Franziska zu Reventlow denkt auch hier nicht moralisch, sondern in Polaritäten. Es sei auch nicht so, dass eine Frau, die viel mit Männern zu tun gehabt habe, dadurch ihre Weiblichkeit einbüße – im Gegenteil. Überhaupt: Statt ständig von *den* Frauen und *den* Männern zu sprechen, solle man besser »einfach den gegenseitigen sexuellen Standpunkt praktisch zur Geltung bringen«, meint die Comtesse.

In »Viragines oder Hetären«, einem zweiten Aufsatz, der ebenfalls in Panizzas Postille erscheint, geht sie noch einen Schritt weiter. Jetzt ist es ihre Absicht, den »sexuellen Standpunkt« der Frauen genauer zu umreißen. »Viragines« oder auf gut deutsch »Mannweiber« sind für die Reventlow Frauen, bei denen die Emanzipation auf Kosten ihrer gelebten Sexualität geht – jene Frauen also, für die Asenijeff den Begriff »drittes Geschlecht« gewählt hat.

»Hetäre« dagegen ist in ihrem Aufsatz eine Chiffre für die freie, autarke Frau – finanziell und geistig unabhängig, verfügt sie selbstbestimmt über ihren Körper, sie ist sexuell aktiv und weiß, was ihr guttut, und hat zu ihren Kindern ein von ihren jeweiligen Partnerschaften unabhängiges, durch Liebe und Verantwortung gekennzeichnetes Verhältnis. »Vielleicht entsteht noch einmal eine Frauenbewegung in diesem Sinn, die das Weib als Geschlechtswesen befreit, es fordern lehrt, was es zu fordern berechtigt ist, volle geschlechtliche Freiheit, das ist, freie Verfügung über seinen Körper, die uns das Hetärentum wiederbringt.«

Und beschwörend fügt sie hinzu: »Bitte, keinen Entrüstungsschrei!« Die Hetären des Altertums seien freie, hochgebildete und geachtete Frauen gewesen. Das Christentum habe stattdessen die Einehe und die Prostitution geschaffen. Nun aber sei es an der Zeit, »die alten Gesetzes-Tafeln zu zerbrechen«. Warum sollte »das moderne Heidentum« den Frauen nicht auch »den Mut zur freien Liebe vor aller Welt« wiedergeben?

Jahrhundertwende

Monte Verità

Wir sind schon im Sommer des Jahres 1900, da kommen in Schwabing sechs junge Leute zusammen. Von den anderen Neuankömmlingen unterscheidet sie allein schon der Wille, nicht zu bleiben, sondern möglichst rasch wieder aufzubrechen. Die wenigen Monate, die die Schwestern Ida und Jenny Hofmann, eine Klavierlehrerin und eine Sängerin, bereits in Schwabing sind, haben ihnen völlig gereicht, um ihnen die Boheme-Welt zu verleiden. Zugige Mansarden, verrauchte Cafés, durchzechte Nächte, erotische Avancen – das ist nicht das Leben, das sie führen wollen. Bei einem Aufenthalt im Sanatorium des Schweizer Naturarztes Arnold Rikli hat Ida Hofmann im Jahr zuvor ein anderes, ein in ihren Augen viel gesünderes und besseres Leben kennengelernt: abseits der Großstadt, dort, wo es auf dem Land am schönsten ist, möglichst viel an der frischen Luft, in permanentem Austausch mit der Natur, ohne Alkohol und bei vegetarischer Kost: Ida ist eine überzeugte Lebensreformerin, die die gesellschaftliche Entwicklung hin zu Verstädterung, Wachstumszwang und Umweltverschmutzung aufhalten, möglichst umkehren möchte. Insbesondere die industrielle Produktion von Lebensmitteln und die damit einhergehende Zunahme des Fleischkonsums hält sie für einen Irrweg, der der menschlichen Natur widerspricht und die Menschen krankmacht. Und sie ist eine überzeugte Feministin, die die Freiheit der Frau dort am besten gesichert findet, wo sie sich in einer kleinen Lebensgemeinschaft selbst versorgen kann und nicht, wie im städtischen Leben, ihre Arbeitskraft verkauft und als Sexualobjekt gilt.

In der Heilanstalt Arnold Riklis hat Ida zwei Menschen kennengerlernt, die ganz ähnlich denken wie sie: den wohlhabenden Antwerpener Unternehmersohn Henri Oedenkoven und den demissionierten k.u.k. Offizier Karl Graeser. Dieser hat zu dem Schwabinger Treffen gleich noch seinen jüngeren Bruder Gusto mitgebracht, einen Maler mit ausgeprägtem Sendungsbewusstsein. Wer sich angesichts seines Aussehens und seines Habitus an Diefenbach erinnert fühlt, der seine Zeit in München und in diesem Buch schon früher gehabt hat, liegt genau richtig. Gusto hat sich nämlich zwei Jahre zuvor Diefenbachs Kommune »Humanitas« angeschlossen, die der ewige Aussteiger am Himmelhof in Ober-St.-Veit in Wien gegründet hat. Während Diefenbach sexuelle Beziehungen zu mehreren Frauen gleichzeitig und, wie man munkelt, auch zu den jüngsten Männern in seiner Kommune unterhalten haben soll, verlangte er von seinen Anhängern Keuschheit und Gehorsam, kontrollierte sogar ihre Post. Noch bevor die Himmelhof-Kommune 1899 Bankrott ging und Diefenbach auf die Insel Capri flüchtete, ist Gusto Graeser die ständige Gängelei leid geworden und hat sich auf und davon gemacht, auf der Suche nach neuen Gelegenheiten zum Ausstieg aus der Lebensroutine und dem Zwangssystem der Gesellschaft.

Hier nun scheint er genau richtig zu sein. Denn das Sechser-Pack, zu der noch die junge Lotte Hattemer gehört, die kürzlich aus ihrem autoritären Elternhaus weggelaufen ist, hat genau das vor: sich über die Alpen auf und davon zu machen und irgendwo im Süden, vorzugsweise an den oberitalienischen Seen oder im Tessin, das damals noch relativ abgeschieden und vor allem preiswert ist, eine Aussteigerkolonie zu gründen, die so ganz anders funktionieren soll als die von Diefenbach: basisdemokratisch, zwanglos, auf die Individualität ihrer Mitglieder zugeschnitten. Dass ihr Exodus aus der Stadt und der bürgerlichen Gesellschaft ins erste Jahr eines neuen Jahrhunderts fällt, kommt den jungen Leuten wie eine Bestätigung ihres Aufbruchs vor, der in ihren Augen beispielgebenden Charakter besitzt: eine zukunftsweisende Mission. Mit schweren Rucksäcken bepackt, in einfacher und luftiger Kleidung, die wallenden langen Haare von Stirnbändern zurückgehalten, die Männer mit Bärten, die Frauen ungeschminkt, an den Füßen keine schweren Schuhe, sondern lediglich Sandalen, um möglichst viel Erdberührung zu haben (eigentlich propagieren sie das Barfußlaufen), macht sich die kleine Schar im Herbst 1900 von München auf. Ihre erste Station ist Oberammergau, nur wenige Tagesmärsche von München entfernt. Dort finden gerade Passionsspiele statt und prompt hält man die sechs Wanderer für Aposteldarsteller und bittet sie um Autogramme. Insbesondere Gusto, der sowieso gerne predigt und stets Postkarten mit selbstverfertigten Sinngedichten bei sich trägt, die er freigebig verteilt, ist da in seinem Element.

Nach einigen Umwegen, freiwilligen wie unfreiwilligen Abenteuern finden die Sechs den gesuchten Ort schließlich am Lago Maggiore, oberhalb von Ascona, das damals noch ein Fischerdorf ist, auf der Kuppe eines verlassenen Weinbergs. Monte Verità nennen sie ihre Siedlung, die schon bald Aussteiger aus ganz Europa anzieht und insbesondere in den Sommern zum gefragten Regenerationsort für die vom stressigen Bohemeleben ausgebrannten Neumünchner wird.

Das neue Jahrhundert

Bei Pringsheim wird der Übergang ins neue Jahrhundert erst an Sylvester 1900 gefeiert. Der dreiundzwanzigjährige Rudolf Borchardt, der an einer Dissertation über Gattungen der griechischen Lyrik arbeitet, ist zu Gast. Heinz, Hedwigs Drittgeborener, der in Göttingen Archäologie studiert, hat ihn dort kennengelernt. »Mit den Kindern u. Rudolf recht lustig bei Punsch u. Pfannkuchen«, heißt es im Tagebuch der Hedwig Pringsheim. »Bis um ½ 12 plötzlich onmächtig wurde, was aller Lust ein jähes Ende bereitete. So schloß das Jahrhundert.«

KAPITEL 5

Wahnmoching

1901–1904

»Wahnmoching« nennt Franziska zu Reventlow jenen Teil der Schwabinger Boheme, der die Welt von allen möglichen Übeln erlösen will, nicht zuletzt indem er ihr den jüdischen Geist austreibt. Dagegen hilft nur das scharfe Gericht bissiger Satire, dessen Rezeptur die Bohemienne von den Elf Scharfrichtern und seinem Star Frank Wedekind lernt. Was wäre aus Schwabing geworden, wenn die erotische Gräfin und der Bahnbrecher der modernen Literatur ein Paar geworden wären? Man mag sich das kaum vorstellen. Das Gebot der Stunde sind gegenläufige Bewegungen: Stefan George betreibt fleißig seine Apotheose, Thomas Mann hingegen befreit sich von allerlei irreführenden Vorstellungen, was ein Künstler zu sein habe. Zur selben Zeit, da Lovis Corinth München schon wieder Adieu sagt, fasst Gabriele Münter hier gerade Fuß und beginnt gleich eine heimliche Liebesgeschichte mit Wassily Kandinsky. Die Zukunft der Kunst kommt, aber auf Freiersfüßen. Und mit dem Ausdruckstanz: Auf einmal entdeckt ganz München das Tanzen als Mittel der Selbstbefreiung.

»Wir richten scharf und herzlich«

Exekutionen im Hinterhof

Elf Opferkerzen, deren lodernde Flammen sich zu einem grellrot wabernden, bedrohlich wirkenden Ornament vereinigen, sind auf dem Plakat zu sehen. Hinge es nicht an der dunklen Mauer des Gasthofs Goldener Hirsch in der Türkenstraße als sichtbarer Hinweis darauf, dass hier Münchens neues Kabarett zu finden ist, würde man an der Toreinfahrt womöglich achtlos vorübergehen. Der Weg zu den Elf Scharfrichtern führt durch einen Hinterhof, wie es ihn in der Maxvorstadt zu Dutzenden gibt. Schmutzige Fässer liegen am Boden, einige sind auch an der Hauswand aufgestellt. Vorbei an einer Holzstiege erreicht man den schmalen, unbeleuchteten Eingang im Rückgebäude.

Der Zuschauerraum soll ursprünglich ein Stall, später ein Fechtboden und schließlich eine Studentenkneipe gewesen sein. Die Verhältnisse sind extrem beengt. Auf gerade einmal 65 Quadratmetern müssen in den Anfangszeiten bis zu 150 Zuschauende Platz finden – »ähnlich einem Aufenthalt auf einer Trambahnplattform während eines Platzregens«, wie die *Münchner Neuesten Nachrichten* spotten. Gut sichtbar steht der berüchtigte Schandpfahl in einer Ecke des Raumes. Auf diesem finden sich die neuesten Zensurbescheide und andere obrigkeitsstaatliche Verordnungen angenagelt. Darüber ein mit Zopf und Perücke bedeckter Schädel, in dem das Beil des Henkers steckt. »Der Mensch wird hingerichtet, oder er wird abgerichtet«, heißt es im *Marquis von Keith*, Frank Wedekinds jüngstem Stück. Auf dessen für heute Abend angekündigten Auftritt sind die meisten Anwesenden besonders gespannt.

Vergebens sucht der Blick Richtung Bühne das Orchester. Die Musik ertönt, unsichtbar für die Zuschauer, aus einer Senke zwischen Bühne und Zuschauerraum – das ist raffiniert gemacht. Der Wagnerianer Alfred Pringsheim, der zu den Sponsoren des Kabaretts gehört und dafür Zutritt zu allen Premieren hat, kennt das aus Bayreuth. Er wundert sich ein wenig, dass ein solcher Aufwand auch hier in diesem kleinen Hinterhoftheater betrieben wird, wo es eingestandenermaßen nicht ernsthaft um große Kunst geht – Varieté halt, eine Zusammenstellung bunter, auf Wirkung berechneter Nummern, individuelle Stimmungsbilder zumeist von Solokünstlern, dann und wann unterbrochen von einer Ensembleszene.

Zu Beginn stehen sie alle Elf auf der Bühne. Genauer gesagt, sie umkreisen in blutroten Umhängen, die Beile geschultert, beinahe tänzelnd einen schwarzen Block und stimmen dabei mit ihren tiefen Stimmen einen schauerlichen, etwas diffusen Chorgesang an – das Scharfrichterlied:

Erbauet ist der schwarze Block.
Wir richten scharf und herzlich.
Blutrotes Herz, blutroter Rock,
All unsere Lust ist schmerzlich.
Wer mit dem Tag verfeindet ist,
Wird blutig exequieret.
Wer mit dem Tod befreundet ist,
Mit Sang und Kranz gezieret.

Exekutionen nennen die Elf Scharfrichter ihre Vorstellungen, Eröffnungsexekutionen die Premieren. Exekutiert wird alles, wogegen auch die von Langen von der Kette gelassene Bulldogge des *Simplicissimus* zähnefletschend vorgeht. Nicht ohne Grund hat der Verleger sich selbst eine Zeitlang mit der Idee getragen, ein literarisches Varieté speziell aus dem Kreis seiner Mitarbeiter ins Leben zu rufen. Ernst gemacht damit hat dann aber ein Ex-Kabarettist vom Montmartre, der in München eine *Revue Franco-Allemande* herausgegeben hat und nun als Monsieur Marc Henry mit Frack und weißer Halsbinde in seinem liebenswürdig gebrochenen Deutsch mit Olly Bernardi die erste Sängerin und Rezitatorin des heutigen Abends ankündigt.

»Liebreizend«, »rund« und »appetitlich« sind so die schmückenden Beiwörter, die einem wie Alfred Pringsheim zu der süßen kleinen Soubrette einfallen, deren Paraderolle die des komischen Backfischs ist. In rasantem Tempo schmettert sie die unaussprechliche »Sommermädchenküssetauscheläche lbeichte« ins Publikum, das zu weiten Teilen ihrem bezaubernden Charme sofort erliegt:

An der Murmelrieselplauderplätscherquelle
Saß ich sehnsuchtstränentröpfeltrauerbang:
Trat herzu ein Augenblinzeljunggeselle
In verweg'nem Hüfteschwingeschlendergang,

Zog mit Schäkerehrfurchtsbittegrußverbeugung
Seinen Federbaumelriesenkrämpenhut –
Gleich verspürt' ich Liebeszauberkeimeneigung,
War ihm zitterjubelschauderherzensgut!

So geht es noch zwei Strophen weiter. Das ist wirklich hübsch, aber auch wirklich harmlos, selbst wenn die »Hüstelkeifewackeltrampeltante« es natürlich alles andere als gerne sieht, dass das Nichtchen sich von einem fremden Mann abknutschen lässt, von dem es heißt, er »küsste wirklich wetterbombenexquisit«. Weniger eine Hinrichtung als eine gekonnte Streicheleinheit für die gute Laune, findet Pringsheim – wie denn das gesamte Programm des Abends gar nicht so polemisch-politisch ist, wie man es von einem Kabarett erwarten könnte, dem der Ruf vorauseilt, das Nonplusultra an politischer und gesellschaftskritischer Satire zu bieten, das im wilhelminischen Deutschland gerade noch geduldet ist.

Der Skandal, wenn es denn einer ist, muss eher mit der Heftigkeit zu tun haben, mit der hier die bürgerliche Moral, insbesondere deren verquaste Vorstellung von Sexualität, attackiert wird. Irgendetwas zwischen Kaltschnäuzigkeit und hitzigem Furor zeichnet diese Angriffe aus, sinniert Pringsheim. Was ihn selbst betrifft, so pflegt er in dieser Hinsicht vor das bürgerlich ja immer ein »klein« oder noch lieber ein »spieß« zu setzen. Es ist der Spießbürger, den hier die Verachtung trifft, die Mentalität jener Mittelschicht, die sich gerne als eigentliche Grundlage der bestehenden Verhältnisse betrachtet und deren Dünkel durch Gesetze wie der im Februar 1900 erlassenen Lex Heinze Bestätigung und Auftrieb von oben erfährt. Von Wilhelm II. persönlich auf den Weg gebracht, stellt es alles unter Strafe, was durch »gröbliche Verletzung des Scham- und Sittlichkeitsgefühls Ärgernis zu erregen geeignet« ist, selbst wenn es in der Sache gar nicht als unzüchtig zu bezeichnen ist. Wie schon im Falle des Majestätsbeleidigungsgesetzes soll auch hier wieder die bloße Möglichkeit, etwas könne so oder so verstanden werden, den Straftatbestand definieren. Die Elf Scharfrichter umgehen den sogenannten Kunst- und Schaufensterparagraphen, indem sie keine Eintrittskarten verkaufen, sondern ihre Vorstellungen als »Geschlossene Gesellschaft« deklarieren. Damit unterliegen die vorgetragenen Texte nicht der Zensur. Stattdessen löst man einen Garderobenschein zum Preis von 2,99 Mark – das entspricht nach damaligen Vorstellungen einem durchaus gepfefferten Eintrittspreis.

Spaßmacher, tiefernst

Niemand anderes verkörpert die Aggressivität im Abservieren der spießbürgerlichen Vorstellungen vom Leben besser als Frank Wedekind, der nun auf die Bühne tritt, seine Laute schräg gegen den Boden haltend, auf eine unsichtbare Öffnung zu, als wollte er einen Phallus suggerieren. Er singe zunächst die Lieder, die von der Polizei erlaubt sind, und später die anderen, die von der

Polizei verboten sind, verkündet er vollmundig. Während sich die anderen Scharfrichter Phantasienamen wie Frigidius Strang, Dionysius Tod, Kaspar Beil, Till Blut oder Max Knax gegeben haben, hat Wedekind das hohnlachend abgelehnt. Wozu ein Pseudonym? Er wolle sich nicht verstecken, er wolle bekannt werden. Und das wird der bislang erfolglose Dramatiker nun in der Tat durch seine Auftritte auf der Hinterhofbühne eines Tingeltangels, wie er die Elf Scharfrichter zuweilen verächtlich nennt. Seine Mutter, der er in Hassliebe verbunden ist, muss anfangs in San Francisco auch in solchen Etablissements aufgetreten sein, bis sein Vater ihr das untersagt hat. Es ist nicht gerade das, was sich Wedekind von einer Karriere als Künstler erträumt hat. Aber er nimmt die dämonische Wirkung, die seine Auftritte im Publikum entfalten, dankbar entgegen.

Zu den verbotenen Liedern und zugleich zu den Paradestücken seines Auftritts zählt Wedekinds Ballade vom Tantenmörder: »Ich hab meine Tante geschlachtet, / Meine Tante war alt und schwach«. Der Mord geschieht des schnöden Mammons wegen – und aus Gelegenheit. Während sie des Nachts schnauft, durchwühlt der Neffe ihre Schränke und findet »goldene Haufen« und Wertpapiere. »Was nutzt es, dass sie sich noch härme«, denkt er und stößt ihr »den Dolch in die Därme«, woraufhin die Tante das Schnaufen einstellt.

Das Geld war schwer zu tragen
Viel schwerer die Tante noch.
Ich faßte sie bebend am Kragen
Und stieß sie ins tiefe Kellerloch.

Natürlich wird der Mörder gefasst. Er, der seine Tante wie sein Sparschwein geschlachtet hat, verteidigt sich, indem er den Generationskonflikt ins Feld führt und seine Jugend gegen ihr Alter ausspielt. »Ihr aber, o Richter, ihr trachtet / meiner blühenden Jugend-Jugend nach.«

Wie alle seine Lieder trägt Wedekind auch die Ballade vom Tantenmörder mit tiefem Ernst und beinahe unbeteiligt vor. Hedwig Pringsheim findet ihn großartig. Von den Elfen sei er weitaus der frechste und begabteste, meint sie ein wenig gönnerhaft. Selbst der nach dem Tatenmörderlied aufbrandende Beifall führt nicht dazu, dass Wedekind die Miene eisiger Höflichkeit ablegt. Ohne eine Zugabe, mit einer knappen Verbeugung verschwindet er, als wollte er jeden Versuch persönlicher Annäherung abwehren.

Noch dämonischer wirken Wedekinds Auftritte, wenn er in seiner erklärten Lieblingsrolle auf die Scharfrichter-Bühne tritt: im Kostüm eines Tierbändigers mit zinnoberrotem Frack, weißen Beinkleidern und Stulpenstiefel – in der Linken eine Reitpeitsche, in der Rechten ein Revolver. Dann deklamiert er mit seiner mal sonoren, mal knarrenden Stimme den Prolog zum *Erdgeist:*

Hereinspaziert in die Menagerie,
Ihr stolzen Herrn, ihr lebenslust'gen Frauen,
Mit heißer Wollust und mit kaltem Grauen
Die unbeseelte Kreatur zu schauen,
Gebändigt durch das menschliche Genie.
Hereinspaziert, die Vorstellung beginnt! –
Auf zwei Personen kommt umsonst ein Kind.

Das ist der zweite skandalträchtige Aspekt des Abends, schießt es Alfred Pringsheim durch den Kopf: die Zertrümmerung jedes Pathos, jeder Idealisierung. Hier wird das Leben einzig von seiner tollen, grotesken Seite genommen – als ein riesiger Mummenschanz. »Das Varieté ist die absolute Charakterlosigkeit in der Kunst«, hat der einigermaßen verrückte, aber hellsichtige Oskar Panizza gemeint, und Pringsheim kann ihm da nur beipflichten. Es ist, als wollten die Scharfrichter beweisen, dass sich jede hergebrachte Kunstform, von der Tragödie bis zur Ballade, ihres seriösen, klassischen Charakters entkleiden und für Spott und Unterhaltung herrichten lasse. Der heutige Stadtmensch habe »Varieténerven«, hat Pringsheim einmal bei Otto Julius Bierbaum gelesen: er besitze nur noch selten die Fähigkeit, »sein Empfindungsleben für drei Theaterstunden auf einen Ton zu stimmen«; er wolle Abwechslung – eben Varieté.

Marya Delvard

Jetzt aber Auftritt Marya Delvard. Den ganzen Abend lässt sie auf sich warten – und nun, da sie endlich die Bühne betritt, liegt diese völlig im Dunkeln. Nur schemenhaft zeichnet sich ihre Gestalt ab: das geisterhaft blasse Gesicht mit dem blutroten Mund, das tiefschwarze, eng anliegende Kleid, welches bis zum Kinn geschlossen ist und dessen Ärmel auch die Hände fast verdecken. Sobald dann die dunkle, sonore Stimme zu ertönen beginnt, wird die Sängerin in das magische Licht eines violetten Scheinwerfers getaucht. Ihre Gestik ist so sparsam wie ihre Bewegungen – ein versteinertes Bild des Seelenschmerzes könnte man meinen, wäre da nicht ihre äußerst beredte Mimik, die wie ihre Stimme die gesamten Register der melancholischen Gefühlsregungen zu ziehen versteht, von sehnsüchtig bis wahnsinnig, von lebensmüde bis todestrunken. Und dann und wann ein Aufschrei gieriger Leidenschaft.

Die Elf Scharfrichter sind ein reiner Männerclub und leben doch von der Ausstrahlungskraft dieser Zwölften, die Marc Henry ihnen zugeführt hat. »Schlank, groß, ein herbes ausdrucksvolles Gesicht, reiches dunkles Haar, schöne Augen; als Mensch hemmungslos, ohne Befangenheit in irgendeiner Beziehung«, beschreibt sie Robert Kothe, der singende Rechtsanwalt, der als Frigidius Strang selbst auf der Bühne steht. Die Delvard ist der Star der Scharfrichter, das »Überweib«, wie einige auch sagen in einer Zeit, in der nietzscheanische Floskeln Mode sind – kurz der Vamp.

Fragt man sie selbst nach der Entstehung ihrer Bühnen-Persona, so erzählt die Delvard, die eigentlich Josephine Maria Biller heißt und aus Lothringen stammt, von ihrem traumatischen Auftritt auf dem allerersten Scharfrichter-Abend. Ihr Lampenfieber war so groß, dass sie beinahe mit Gewalt auf die Bühne gestoßen werden musste, wo sie sich, von Angst gelähmt, kaum zu rühren wagte. Gerade ihre reduzierten Bewegungen und ihre statuenhafte Erscheinung aber waren es, die ihre Darbietung zu dem völlig unerwarteten, phänomenalen Erfolg werden ließen. In Wahrheit verhält es sich natürlich so, dass Marya Delvard damit in eine Reihe mit den großen Schauspielerinnen und Diseusen ihrer Zeit tritt, mit Eleonara Duse und Yvette Guibert etwa, die ihre Ausstrahlung daraus beziehen, dass sie auf Subtilität setzen statt auf Theatralik, Willensstärke (und nicht weibliche Flatterhaftigkeit) verkörpern.

Und von was singt sie, diese so wenig mütterliche, über die Schwermut gebietende Königin der Nacht in Münchens Türkenstraße? Sie singt von den dunklen Seiten des Daseins, gerade auch der weiblichen Existenz, von Kindsmörderinnen und Prostituierten, von der Judentochter, die sich aus Liebeskummer ertränkt, und von der Schnitterin, die sich für ihren Sohn opfert. Es sind melancholische Nacht- und brutale Mordlieder darunter, und alle laufen sie letztlich auf das Eine hinaus: den Tod als unabänderliche Tatsache des Lebens, der es umfängt vom ersten Atemzug an.

Und das, so meint Alfred Pringsheim, auf dem Nachhauseweg zu Hedwig, sei doch der dritte Punkt, der erkläre, warum so viele die Elf Scharfrichter als skandalös empfinden würden: die Direktheit, mit der hier der Tod ins Spiel käme, vom Hinrichtungsmassaker zu Beginn der Vorstellung bis zur Todesbesessenheit der Delvard am Schluss. Und sei der Tod nicht das, was die gute Gesellschaft ständig verdrängen würde, und damit meine er durchaus auch sie beide? Woraufhin ihn seine Frau anblickt, als habe er gerade etwas durchaus Bedeutendes gesagt, aber nichts, womit sie selbst allzu viel anfangen könne.

»Eh du, mon dieu«

Im Publikum der Scharfrichter sitzt bald auch schon Franziska zu Reventlow. Der Auftritt der Delvard sagt ihr wenig, das ist ihr alles zu makaber, zu vampirhaft, zu gekünstelt. Sie liebt es direkter, lebensnaher, erotischer. Sie liebt Frank Wedekind – oder ist doch wenigstens verliebt in ihn.

Sie hat ihn im Fasching gesehen, auf einem der vielen Bälle, die sie seit kurzem wieder regelmäßig besucht. Er war dort in einer seiner circensischen Verkleidungen, als Tierbändiger oder gleich als Zirkusdirektor. Er hat dieses Verspielte und zugleich doch Virile, was sie an Männern so schätzt. Oder sagen wir es so, seine Lust, sich zu verkleiden, Rollen zu spielen, sich selbst und seine Umgebung zu inszenieren, geht bei ihm nicht auf Kosten seiner Männlichkeit – im Gegenteil. Klages hingegen kennt nur eine Rolle – sich selbst. Trotz aller Aufmerksamkeit, die er ihr entgegenbringt, aller Unterstützung, die sie bei ihm findet, geht er ihr zunehmend auf die Nerven. »Oberkontrolleur« nennt sie ihn bisweilen, und das ist nicht witzig gemeint. Er hat sich in sie verliebt und leitet daraus Rechte ab – gerade das mobilisiert Franziskas in dieser Hinsicht sehr intakte Abwehrinstinkte. Sie will sich nicht vereinnahmen lassen – das ist ihr Lebensprogramm.

Und nun steht Wedekind auf der Bühne, so autark und gerade deshalb so attraktiv, und singt »Eh du, mon dieu, mon dieu«, als würde es allein ihr gelten, und sie stellt sich vor, wie es wäre, wenn er ihr das ins Ohr flüstern würde. Wedekind hat sich zu einer alten Volksweise einen neuen Text einfallen lassen, der von einer Bekanntschaft in Hamburg erzählt:

Als ich in Hamburg war, eh du mon dieu, mon dieu,
Als ich in Hamburg war, eh du mon dieu,
Sah ich ein schönes Kind,
Voller Liebe war ich toll und blind, sacre di bleu!

Drei Tage später dann hat Franziska zwar ein Rendezvous mit Wedekind im Café Luitpold, doch der schöne Roderich Huch, ein Neffe von Richarda Huch, scharwenzelt dauernd um sie herum, was die Sache erschwert und Wedekind in Verlegenheit bringt. Sie begleitet ihn noch ein Stück, wobei er etwas auftaut, aber es wird nichts Rechtes mehr daraus.

Dafür beginnt sie nun von Wedekind zu träumen. Während er singt, so einer ihrer Träume, sitzt sie in einer Ecke der Scharfrichter-Bühne, sie und er sind »sehr amoureux«, wie das im Tagebuch heißt: man wirft sich verliebte Blicke zu, und wohl nicht nur das.

Einige Tage später wieder ein Traum, der Interessanteste von allen, als sei er der Welt der Märchen entsprungen: Sie und ihr Prinz gehen zusammen über einen dunklen Hof zu einer Bretterbude – die Szenerie erinnert von Ferne an das Scharfrichter-Etablissement in der Türkenstraße. Er reicht ihr einen kleinen Frosch und fordert sie auf, ihn hinunterzuschlucken, fragt sie aber noch, ob er nicht »ein Schweinehund« sei. Darauf sie: Nein, er sei doch »wundervoll«.

Noch einmal einige Tage später, nun wieder in Wirklichkeit, wird sie blass, als Wedekind unerwartet das Café betritt, in dem sie wiederum mit Roderich Huch sitzt. Der bemerkt es, lächelt. Als sie dann später mit Absicht an seinem Tisch vorbeigeht, ist sie »glücklich wie ein Backfisch über ein paar liebenswürdige Worte«, die er an sie richtet, und dass ihm Rolf, »die Maus«, offensichtlich gefällt.

Das ist es auch schon, was es über die Begegnung der großen Schwabinger Liebhaberin und Vorkämpferin für die sexuelle Befreiung der Frau mit dem bedeutendsten Schriftsteller der großen Münchner Zeit zu berichten gibt – ein bisschen Sehnsucht, ein paar Träume, mehr ein Aneinandervorbeilaufen als wirkliche Begegnungen. Und das Wenige mehr von ihr als von ihm ausgehend, wo sie doch sonst eigentlich jeden Mann kriegt, auf den sie es abgesehen hat, beziehungsweise sich vor Avancen kaum retten kann.

Vieles spricht dafür, dass die Gräfin einfach nicht in Wedekinds Beuteschema passt. Wedekind ist als Liebhaber kein stürmischer

»Ein Schweinehund?« Nein, »wundervoll«: Frank Wedekind, der große Bahnbrecher der modernen Literatur, um 1900.

Eroberer. Er wählt aus, prüft. Franziska zu Reventlow ist zu dieser Zeit bereits 30 Jahre alt, und das ganze Mutter-Sohn-Ding dürfte ihm, der die Frauen immer dann sitzen lässt, wenn ein gemeinsames Kind unterwegs ist, mächtig auf die Nerven gehen. Einige Jahre später wird er mit der blutjungen Schauspielerin Tilly Newes eine Frau heiraten, die 22 Jahre jünger ist als er. Frauen kommen für ihn entweder als Prostituierte oder als junges Ding in Betracht, das sich mit Haut und Haar und der passenden Unterwürfigkeit auf ihn einlässt. Womöglich hat er sogar Angst vor Franziska. Sie ist ihm zu wenig devot, zu fordernd, in ihrer sexuellen Ausstrahlung zu selbstbewusst, als Frau in jeder Hinsicht einfach zu erfahren.

Trotzdem darf man einen Augenblick träumen. Was wohl aus Schwabing geworden wäre, wenn seine beiden zentralen und dabei so exzentrischen Gestalten zueinander gefunden hätten? Immerhin das Todesjahr haben Frank und Franziska noch gemeinsam: 1918, das Jahr, in dem mit den Kampfhandlungen des Ersten Weltkriegs auch jene Epoche zu Ende geht, der sie beide mit ihrem rebellischen Geist angehören. Wedekind tritt nur wenige Monate vor Franziska zu Reventlow von der Bühne des Lebens ab, er mit 54, sie mit 47 Jahren. Kein Alter zum Sterben, möchte man meinen.

»So möcht' ich lieber nicht aussehen«

Während in München langsam Leben in die Bude kommt, zieht es einige schon wieder weg von hier. Der vor einigen Jahren erst von Berlin nach München übergesiedelte Ernst von Wolzogen kehrt, noch bevor das Jahrhundert zu Ende ist, in die Hauptstadt zurück, um das »Überbrettl« zu gründen. Zeitlebens wird er behaupten, damit das erste deutsche Kabarett ins Leben gerufen zu haben, doch das ist so wenig richtig wie seine andere Behauptung, Erfinder des »dritten Geschlechts« zu sein. Das Überbrettl, das seinen Namen der Über-Mode um 1900 verdankt – »Deutschland, Deutschland, alles ›über‹«, wandelt in diesen Jahren ein Witzbold die Nationalhymne ab –, ist gar kein Kabarett, wenn denn zu dessen Definition dazugehört, dass es ein Ensemble gibt, das die aufgeführten Texte, Lieder und Stücke nicht nur vorträgt, sondern auch selbst schreibt und ein Mindestmaß an satirisch-kritischer Potenz nicht unterschreitet. Nichts davon trifft aber auf das Berliner Überbrettl zu, das zwar der neuen, aus Paris nach Deutschland importierten Theatergattung eine Zeitlang den Namen gibt, aber ansonsten einfach eine Nummernrevue ist, der der weitgereiste Harry Graf Kessler »schlimmsten Gutstubenstil« bescheinigt.

Ein anderer, der geht, ist Lovis Corinth, und um ihn ist es wirklich schade. Er hätte der Münchner Kunstszene, die in den nächsten Jahren mit dem *Blauen Reiter* in die Gefilde des Abstrakten und Übersinnlichen abhebt, mit seiner an den Sinnen und dem Konkreten orientierten Malerei gutgetan. Aber er geht zu einem Zeitpunkt, da die von Franz Lenbach und seiner Altherrenclique formierten Beharrungskräfte auch auf die *Secession* übergreifen. Um in München als Künstler etwas zu werden, reicht es, ein passabler Maler sein, aber man muss sich aufs Netzwerken verstehen. Und das ist Corinths Sache (noch) nicht; er denkt nicht in Beziehungen, sondern in Bildern. Folge davon (so sieht er selbst es jedenfalls): Sein großes Gemälde *Salomé*, sein originärer Beitrag zum zeittypischen Thema der Femme fatale, wird von der Jury abgelehnt.

Dabei zieht er in ihm alle Register seiner Kunst der visuellen Inszenierung. Seine barbusige, stark geschminkte Salomé, der Henker mit dem hängenden Schnauzbart und dem blutigen Schwert, und das in der Schale liegende, abgeschlagene Haupt des Johannes, dessen linkes Auge Salomé mit ihren Fingern öffnet, bilden ein spannendes Beziehungsdreieck aus lauter irritierenden Blicken. Der Henker, in dem sich Corinth selbst dargestellt hat, schaut, so viel ist klar, auf die prächtigen Brüste von Salomé. Und das scheint auch Johannes mit seinem aufgesperrten toten Auge zu tun. Oder verhält es sich eher umgekehrt, dass Salomés Brüste die toten Augen von Johannes anstarren? Das alles führt jedenfalls dazu, dass das Bild in München zum Skandal wird. Vor allem aber, wohin wandert Salomés eigener Blick?

Als Corinth in diesen Tagen Korfiz Holm trifft, der noch immer stellvertretend für den im Pariser Exil weilenden Albert Langen die Geschäfte des Münchner Verlages führt, erzählt er ihm von den Schwierigkeiten, die ihm gerade der Blick der Salomé bereitet habe. Eigentlich, so seine Idee, sollte er auf das abgeschlagene Haupt des Johannes gerichtet sein. Stattdessen jedoch scheint sie auf das Geschlecht des Henkers zu blicken. Das Gemälde sei eigentlich schon fertig gewesen, und er habe immer noch versucht, Salomés Blick in die richtige Richtung zu lenken, es sei ihm malerisch einfach nicht gelungen. Vor Wut sei er schon drauf und dran gewesen, den ganzen Schinken wieder abzukratzen.

Da klopft es an der Tür seines Ateliers, und sein alter Freund Walter Leistikow von der neuen *Berliner Secession* tritt zusammen mit seiner Frau ein. Sie sind in München, um für die 1898 gegründete *Secession* in der Hauptstadt zu agitieren. Corinth zeigt den beiden seine Salomé, und was sagt Frau Leistikow als Erstes? »Oh famos. Ein starkes Bild. Das Feinste aber daran ist, wie sich die Salome trotz all ihrem Sadismus doch nicht überwinden kann, den Kopf des Jochanaan auch richtig anzukucken, obwohl sie ganz entschieden will, daß es so wirkt.«

Corinth ist entzückt; endlich sieht er Land – und lässt alles so, wie es ist. Leistikow bringt das Bild auf die *Berliner Secession*, wo es großes Aufsehen erringt. Corinth hat das Gefühl, während es bei ihm in München gerade zum Skandal reicht, ist er in Deutschlands Hauptstadt bereits eine Kapazität. Und zieht zwei Schlüsse daraus: Erstens, dass er seinen Erfolg nicht dem verdankt, was an Können in dem Bild drinsteckt, sondern im Gegenteil in dem, was ihm daran missraten ist. Und zweitens, er wird nach Berlin gehen.

Eduard von Keyserling

Erstmal, im Sommer des Jahres 1901, ist er aber noch da, wenn auch nicht in München selbst, so doch zur Sommerfrische am Starnberger See, im Ferienhaus von Max Halbe und seiner Frau. Halbe ist durch sein 1893 entstandenes Drama *Jugend* berühmt geworden. Neben den *Webern* von Gerhart Hauptmann ist es das zu dieser Zeit meistgespielte naturalistische Theaterstück und hat mit seinem Titel auch die Münchner Zeitschrift gleichen Namens angeregt. Begleitet wird Corinth von der gerade einundzwanzigjährigen Charlotte Berend, seiner ersten Schülerin in der von ihm kürzlich in Berlin gegründeten »Malschule für Weiber«. Für nächste Woche haben sich Korfiz Holm und seine Frau angesagt, zudem der Komponist Richard Weinhöppel von den Elf Scharfrichtern. Auch der Oberscharfrichter Frank Wedekind ist eingeladen, doch hat er sich gerade wieder einmal auf »ewig« mit Max Halbe zerstritten, und sein Kommen ist mehr als ungewiss.

Bereits anwesend aber ist der Schriftsteller Eduard von Keyserling. Auch er ist mit der ganzen Truppe – Typus: gehobene Boheme – befreundet, verbringt jedenfalls mit den meisten von ihnen in wechselnder Zusammensetzung feucht-fröhliche Abende und Nächte, die sich zuweilen bis in die frühen Morgenstunden hinziehen. Keyserling ist ein beliebter Zechkumpan und ein überaus geschätzter Gast, und dies nicht nur wegen seiner vollendeten Manieren und seiner charmanten Art. Wenn er gut drauf ist – und das ist er regelmäßig nach einigen Gläschen Wermuth, Port oder Weißwein –, dann haut er mit seiner feinen Ironie die Bonmots nur so raus. Als es kürzlich ums Lesen ging, hat er wie beiläufig gemeint, während ein Lächeln seine Lippen umspielte: »Erst liebt man, dann säuft man, dann liest man.« Das war auch ein Statement in eigener Sache. Keyserling selbst ist in Phase 2 angekommen.

Ob er es je bis Phase 3 schaffen wird? Keyserlings Augen werden zusehends schlechter, und er ahnt, dass er eines Tages vollständig erblindet sein wird. Dann geht nur noch Vorlesen, und seine Erzählungen und Romane, geschrieben in einer feinnervigen Prosa, die ihresgleichen sucht, so lebenstrunken wie untergangshell, wird er diktieren müssen. Aber der auf die 50 zugehende Sprössling einer ländlich-adeligen Familie aus dem Baltikum hat dafür vorgesorgt. Seitdem er voriges Jahr in eine Dreizimmerwohnung auf die Münchner Ainmillerstraße gezogen ist, führen ihm seine beiden

Schwestern Henriette und Ilse den Haushalt und sorgen sich rührend um Edchen, wie sie den Bruder zärtlich rufen. Denn dessen schlechte Augen sind nur ein Symptom unter vielen eines komplexen Krankheitsbildes. Als Folge einer nicht ausgeheilten Syphilis, die er sich als junger Mann in Lebensphase 1 zugezogen hat, leidet Keyserling unter einer Rückenmarksschwindsucht. Häufig empfindet er ein Taubheitsgefühl in den Beinen, seine Füße schieben sich dann unsicher tastend vorwärts und sein Gang ist eigenartig schleudernd. Selbst das Glas, das er so gerne zum Munde führt, kriegt er erst beim zweiten oder dritten Griff zu fassen, als würde er nach einer Fliege haschen. Und das alles ist verbunden mit starken Schmerzen und der mit an Sicherheit grenzenden Wahrscheinlichkeit, eines Tages nicht nur blind, sondern auch lahm zu sein.

Zudem ist Keyserling mit seiner hageren, schlottrigen Gestalt, der müden Haltung, den schmalen eingefallenen Wangen und den weit aufgerissenen Augen von phantastischer Hässlichkeit – beinahe eine Geisterscheinung. So hat ihn auch Max Halbe bei ihrer ersten Begegnung wahrgenommen: Der Mensch sehe ja aus wie einer, der vor hundert Jahren als Siebzigjähriger gestorben sei und seitdem bis heute Nachmittag im Grab gemodert habe, ist ihm bei seinem Anblick durch den Kopf geschossen. Was nichts daran geändert hat, dass die beiden Freunde geworden sind.

Corinth ist mit einem Geheimplan an den Starnberger See gefahren. Er will diesen hässlichen Aristokraten mit Stil und geistreicher Zunge unbedingt malen – und zwar, wie es sich für einen eingefleischten Naturalisten seines Schlages gehört, nicht geschönt, sondern betont lebensecht. Corinth sieht das als eine große malerische Herausforderung: Gefällige Schönheit kann jeder einigermaßen begabte Maler so darstellen, dass ihm der Beifall des Publikums sicher ist, findet er. Aber Hässlichkeit zu malen, ist ein Wagnis. Das sieht man dann doch nicht so gerne, auch wenn man so tut, als ob. Und wie wird es erst auf den Porträtierten wirken, der sich auf einmal mit der Wahrheit seines Aussehens konfrontiert sieht?

Lovis Corinth selbst hält es für eines seiner besten Bilder: Porträt Eduard Graf von Keyserling, 1900, Neue Pinakothek München.

Zu Corinths Erstaunen willigt Keyserling in das Vorhaben ein. Zwar nicht sofort, weil er sich vor dem Ergebnis fürchtet. Aber irgendwie fühlt er sich auch geschmeichelt. Charlotte Berend, die Corinth bis zum Überdruss »Petermannchen« nennt, meint zu Keyserling, er habe gewiss Geheimnisse. So sehe er jedenfalls aus. Geheimnisse machen Männer interessant, das weiß Keyserling aus Erfahrung. Und auf einmal ist er neugierig, was davon auf Corinths Bild zu sehen sein wird.

Gleich nach dem Frühstück geht es los. Keyserling zieht sich sogar noch einmal um für die erste Sitzung, die im Freien, vor der Hauswand stattfindet. Statt des legeren Leinensakkos trägt er nun zu weißem Hemd und weißer Seidenweste einen gedeckten Anzug, ein zugegebenermaßen etwas altmodisches, aber, wie er findet, schriftstellerische Noblesse ausstrahlendes Modell. Dazu eine Halsbinde aus Satin, deren dunkles Blau in dem Stein des Keyserling'schen Siegelrings wiederkehrt, den er am Zeigefinger der linken Hand trägt. Den oberen Knopf des Gehrocks hält er geschlossen, selbst im Sitzen. Das soll lässig aussehen, aber zugleich Haltung andeuten. Dafür kann Corinth ihn überreden, den Hut abzulegen. So sehe man sein Gesicht besser.

Corinth arbeitet schnell, ohne Vorzeichnung bringt er die Farbe direkt auf die Leinwand. Schon nach einigen wenigen Sitzungen sind nur noch Details auszuarbeiten, wofür Keyserlings Anwesenheit nicht mehr erforderlich ist. Umso mehr steigt die Spannung auf das fertige Porträt, das Corinth aber erst herzeigen will, wenn jeder Farbtupfer am richtigen Fleck sitzt. Eines Morgens dann ist es so weit. Keyserling kommt spät zum Frühstücken herunter. Halbe begrüßt ihn mit dem Satz, sie fänden, dass Corinth ihn gut getroffen habe. Da fällt sein noch etwas verschlafener Blick auf die Leinwand. Trotz der bleichen, durchsichtigen Tongebung ist das Ergebnis von unbarmherziger Sachlichkeit. Nein, so hat er sich noch nicht gesehen, der Spiegel ist gnädig dagegen. Und doch ist es wohl die Wahrheit über ihn – über die Figur, die er in der Welt macht. Auf einem hageren, unproportionierten Körper mit herabhängenden Schultern sitzt auf einem langen Hals ein knochiges Gesicht mit zurückspringendem Kinn, eingefallenen Wangen und weit aufgerissenen Augen, die in großen Höhlen liegen. Das einzig Lebendige daran sind die spitz zulaufenden roten Lippen. Doch selbst die haben etwas Geisterhaftes – als habe man einer Leiche die Lippen rot angemalt, um zu kaschieren, dass alles Blut aus ihnen entwichen ist. Das Geheimnis besteht darin, so schießt es Keyserling durch den Kopf, dass er schon zu Lebzeiten mehr tot als lebendig ist, unaufhaltsam dem vorgezeichneten Ende entgegeneilend. »Es mag ja gut gemalt sein«, presst er hervor, nachdem er sich etwas gefangen hat. Und gut unterhalten habe ihn Lovis dabei auch. »So aussehen möchte ich aber lieber nicht.«

Die Zukunft der Malerei

Gabriele Münter

Kaum hat Corinth München verlassen, da kommt hier mit der vierundzwanzigjährigen Gabriele Münter die Zukunft der Malerei an. Der vor allem in Berlin beschworene Niedergang der Kunststadt München muss wieder einmal vertagt werden. Wer so klagt, schaut einfach nicht richtig hin. Oder er hat anachronistische Vorstellungen davon, was Kunst angeblich zu sein habe. Erst vor wenigen Monaten ist die quirlige, abenteuerlustige junge Frau von einem zweijährigen USA-Aufenthalt nach Deutschland zurückgekehrt. Sie hat New York gesehen und ist gemeinsam mit ihrer Schwester durch Missouri, Arkansas und Texas gereist. Ihre Eltern sind in den USA zu Wohlstand gekommen, nun haben die Geschwister Münter dort Verwandte der mittlerweile verstorbenen Mutter besucht.

Gabriele Münter ist stolze Besitzerin einer Kodak-Rollfilmkamera – des neuesten Modells *Eastman Kodak No. 2,* besser bekannt unter dem Namen »Bull's Eye«. Fotografieren ist in den USA zur damaligen Zeit bereits eine verbreitete Freizeitbeschäftigung; selbst gemachte Fotos sind in Wohnungen und Privathäusern ein beliebter Wandschmuck. »Man drücke den Knopf, wir besorgen das übrige«, lautet der Werbeslogan der Bull's-Eye-Boxkamera. Ganz so einfach ist es nicht, aber die junge Frau, die vorher in Düsseldorf Zeichenunterricht genommen hat, hält ihre Reiseeindrücke nun nicht mehr nur auf dem Skizzenblock, sondern auch mit der Kamera fest. Rund 400 Fotos zeugen davon, wie sie Amerika gesehen hat.

Bei ausreichendem Licht kann man mit der Bull's Eye spontan, aus der Hand fotografieren. So entstehen Bilder, die die Weite des Landes, seine atemberaubende Ausdehnung festhalten: überladene Erntewagen vor tiefliegendem Horizont, Händler und Pferdefuhrwerke auf endlosen Wegen. Auffällig ist auch Münters Sinn für komische Alltagsszenen: Ein Foto zeigt zwei Lausbuben, die auf einem störrischen Schwein reiten, ein anderes einen dressierten Grizzlybär, der über die Straße stolziert. Innenaufnahmen dagegen erfordern eine Belichtungszeit von mindestens zwei Sekunden. Aber auch hier verwendet die junge Fotografin kein Stativ, sondern benutzt einen Tisch, ein Geländer oder andere im Raum anzutreffende Gegenstände als Standfläche. Oder sie macht sich den starken seitlichen Lichteinfall eines Fensters zunutze – eine Technik, die damals als »Verschleierung des Bildes« bekannt ist, weil so die Lichtreflexe auf der Aufnahme sichtbar sind. Gabriele Münters Aufnahmen zeigen die Begeisterung für die neuen unmittelbaren und spontanen Darstellungsmöglichkeiten, wie sie sich durch das Fotografieren mit einer Kamera ergeben, die sich mitführen und situativ einsetzen lässt. Dabei ist sie alles andere als eine Knipserin. Mit Bedacht wählt sie ihre Ausschnitte. Schon als Fotografin folgt sie dem Prinzip, das später ihre Malerei charakterisieren wird: Bilder zu machen bedeutet eine Verwandlung der Wirklichkeit – die Gestaltung der Eindrücke. Da ist es völlig egal, ob das mit Palette und Pinsel oder mit Objektiv und Blende geschieht.

Aus den USA wieder in Deutschland zurück, wirkt Gabriele Münter anfangs relativ unentschlossen und antriebslos. Die amerikanische Erfahrung hat bei ihr nicht nur das Gefühl von Weite und Freiheit, sondern auch eine konkrete Vorstellung davon hinterlassen, mit welch unbekümmertem Selbstbewusstsein heutzutage eine Frau ihr Leben in die Hand nehmen, ihren Anspruch auf Glück durchsetzen kann. Doch angesichts der Enge und Provinzialität, der Vorgespurtheit des Lebens der Frauen im wilhelminischen Deutschland wächst ihre Skepsis, ob solche Gefühle und Ideen hier überhaupt eine Chance auf Realisierung, ja eine Berechtigung haben.

Da erreicht sie ein Brief ihrer Freundin Margarete Susman, die zum Studium der Kunst Düsseldorf mit München vertauscht und in der dortigen Damen-Akademie einen Kurs in Kopf- und Aktzeichnen belegt hat. »Ab nach München!«, notiert sie noch am gleichen Tag in ihr Merkbuch.

Neben einem Studium der Kunst absolviert Gabriele Münter in den nächsten Jahren das gesamte Programm, das München damals zur attraktivsten deutschen Stadt für alle macht, die in ihrem Leben neue Wege gehen wollen. Hermann Obrist, der Wortführer des Münchner Jugendstils, vermittelt ihr in seinen Vorträgen, die er auf den Clubabenden der Damen-Akademie hält, eine Vorstellung davon, dass von einer Erneuerung der Kunst auch eine Veränderung des Lebens des Einzelnen wie der Gesellschaft ausgehen kann. Über den Künstlerinnen-Verein kommt sie mit der *Gesellschaft zur Förderung geistiger Interessen der Frau,* mit Ika Freudenberg und Anita Augspurg in Verbindung. Ihre Passion fürs Fotografieren bringt sie mit dem Atelier Elvira in Kontakt. Regelmäßig liest sie die Zeitschriften *Jugend* und *Simplicissimus,* die der in München spürbaren Aufbruchsstimmung ein Gesicht geben. Sie macht Bekanntschaft mit dem Ehepaar Wolfskehl und lernt auf deren *jours* auch die anderen Mitglieder des Kosmikerkreises kennen. Sie liest Franziska zu Reventlows gerade erschienenen autobiographischen Roman *Ellen Olestjerne* – die Geschichte der Selbstbefreiung einer Frau aus Verhältnissen, die ihrem Glück und ihrer Selbstverwirklichung im Wege stehen. Sie fährt leidenschaftlich Rad und geht schwimmen, Letzteres auch im Müllerschen Volksbad, einem Jugendstil-Juwel, fertiggestellt im Jahr ihrer Ankunft in München. Im gleichen Jahr öffnet auch das Schauspielhaus an der Maximilianstraße seine Pforten. Richard Riemerschmid hat hier ein Jugendstil-Gesamtkunstwerk geschaffen, durchgestaltet bis ins kleinste Detail, von den Türbeschlägen über das fließende Geländer der Balkonbrüstung bis zu den floral designten Lampen mit unverblendeten Glühbirnen. Kaum eine Opern- oder Theaterinszenierung, die der Neu-Münchnerin entgeht. Regelmäßig besucht sie die Vorstellungen der Elf Scharfrichter; besonders gefällt ihr dort die stilisierte, raffiniert beleuchtete Bühne. Mit dem zur Gitarre singenden Scharfrichter Frigidius Strang alias Richard Kothe entwickelt sich eine Freundschaft. Die tanzbesessene Münter gehört zu denen, die nicht stillsitzen können, sobald Musik ertönt. Schon deshalb stürzt sie sich in den Faschingstrubel. Auf dem Scharfrichter-Ball, der die Saison eröffnet, trifft sich die gesamte Münchner Boheme und feiert ausgelassen bis in die Morgenstunden. Gabriele Münter ist immer noch dabei, wenn die närrische Saison mit dem Faschingsball des Künstlerinnen-Vereins im Café Luitpold zu Ende geht. Auf der *Niedergangsnachfeier,* auf der mit viel Spott »Münchens Untergang als Kunststadt« inszeniert wird, amüsiert sie sich königlich. Ein Foto aus dieser Zeit zeigt sie in grauem Überzieher und Zylinder als Mann, während sich ein Mitschüler von ihr nach allen Regeln des guten Geschmacks mit Hut, Rüschenbluse, langem Rock und Handschuhen als Frau verkleidet hat.

Für ihren Anspruch, Malerei zu studieren »wie ein Mann«, vollumfänglich und gleichberechtigt, stellt sich die Münchner Damen-Akademie hingegen nicht als die optimale Wahl heraus. Gelehrt wird das abgespeckte Damen-Programm, das mehr Hobby-Kenntnisse als eine gründliche Ausbildung vermittelt. So etwas wie ein Förderungsprogramm oder gar Meisterklassen sind Fehlanzeige. Es geht brav und konventionell, nicht inspiriert und herausfordernd zu. In den neun Ateliers des Künstlerinnenhauses drängen sich an die 300 Schülerinnen, Hospitantinnen eingeschlossen. Die Professoren, natürlich ausschließlich Männer, drücken in der Regel beide Augen zu, zeigen sich wohlwollend, aber auch desinteressiert, wenn sie den Schülerinnen nicht gerade den Pinsel führen und ihnen dabei unverhohlen in den Ausschnitt starren.

Das ändert sich erst, als Gabriele Münter die reine Damen-Akademie verlässt und ihre Ausbildung an der Schule fortsetzt, die seit kurzem der Künstlervereinigung *Phalanx* angegliedert ist. Die neugegründete Vereinigung hat es sich zum Ziel gesetzt, das etablierte Jury-Prinzip zu durchbrechen. Wer in München als Künstlerin oder Künstler etwas werden will, muss bislang den Filter der Jurys passieren, die mit den ewig gleichen Herren besetzt sind. Damit soll endlich Schluss sein. Das Plakat zur ersten Ausstellung hat der *Phalanx*-Mitgründer Wassily Kandinsky entworfen: Hinter einer Säulenreihe rücken zwei mit Speer, Schild und Helm bewaffnete Gestalten von rechts nach links gegen eine Bergfestung, sprich: den etablierten Kunstbetrieb, vor.

Der elf Jahre ältere Wassily Kandinsky wird Gabriele Münters Lehrer. Er bringt ihr als Malerin und als Frau eine Wertschätzung entgegen, wie sie sie bislang nicht erfahren hat, weder von einem Professor noch von einem Mann. Er geht auf sie ein, spart nicht mit gründlichen Erklärungen und behandelt sie wie »einen bewußt strebenden Menschen, der sich Aufgaben und Ziele stellen kann«, so ihre eigenen Worte. Das ist ihr neu und hinterlässt bei ihr einen tiefen Eindruck.

Wassily Kandinsky

Dass die Welt aus Atomen besteht und diese beständig zerfallen, hat nicht nur den jungen Klages an der Zuverlässigkeit von Wissenschaft und gegenständlicher Welt irrewerden lassen. In seinen 1913 entstehenden *Rückblicken* berichtet Kandinsky von einem ganz ähnlichen Erlebnis und nennt sogar den Anlass: die Entdeckung der vom Uran ausgehenden Strahlung, der Radioaktivität, die Antoine Henri Becquerel im Jahr 1896 der Pariser Académie des Sciences mitteilt. Im gleichen Jahr entschließt sich der studierte Jurist und Volkswirtschaftler, zusammen mit seiner Frau von Moskau nach München zu gehen und dort sein bisheriges Hobby, die Malerei, zur Profession auszubilden. »Das Zerfallen des Atoms war in meiner Seele dem Zerfall der ganzen Welt gleich«, beschreibt Kandinsky sein metaphysisches Erlebnis: »Plötzlich fielen die dicksten Mauern. Alles wurde unsicher, wackelig und weich. Ich hätte mich nicht gewundert, wenn ein Stein vor mir in der Luft geschmolzen und unsichtbar geworden wäre.«

Zuflucht vor dem Gefühl der Bodenlosigkeit, das die neue Physik in ihm auslöst, findet Kandinsky in der Kunst, die er als eine spirituelle Gegenwelt zur brüchig gewordenen Wirklichkeit versteht. Der schon Dreißigjährige kehrt der Wissenschaft den Rücken und lässt sich auf das Wagnis ein, die bildende Kunst als Seelenkunst neu zu erfinden. Die Aussicht auf ein Erbe, das seinen Lebensunterhalt sichert, erleichtert ihm diesen Entschluss.

Gleich nach der Ankunft in München tritt Kandinsky in die Malschule von Anton Ažbé ein. Dort bleibt er ein Außenseiter. Er ist zehn Jahre älter als die meisten seiner Mitschüler, stets überkorrekt gekleidet, eigentümlich beherrscht bis in seine Handbewegungen hinein, ehrgeizig, ohne zu glänzen, zudem introvertiert und wenig gesprächig. »Da kommt so ein Herr mit seinem Farbkasten, nimmt Platz und beginnt zu arbeiten«, erinnert sich Igor Grabar an den ersten Auftritt seines Landmanns: »Seine Erscheinung ist typisch russisch, mit einem Anflug des Moskauer Universitätsmilieus und einem Hauch von Magistertum ... Das also war Kandinsky.« Sein Problem habe darin bestanden, »daß all seine Erfindungen aus dem Gehirn stammten und nicht aus dem Gefühl«.

Nach zwei Jahren Ažbé und einem weiteren Jahr des Studiums bei Franz Stuck wählt Kandinsky nicht zuletzt wegen seines fortgeschrittenen Alters den Einstieg in die Kunstszene gleichsam »von oben« her, als Ausstellungsleiter und Mitinhaber einer Malschule. Was nichts daran ändert, dass er sich unfertig fühlt. Phasen eines zur Schau getragenen Selbstbewusstseins wechseln jäh mit denen tiefer Verunsicherung ab. Ist es in dem von der Jugend berauschten München für ihn, der bereits auf die 40 zugeht, nicht längst zu spät?

Da kreuzt sich sein Weg mit dem von Gabriele Münter. Seiner Wertschätzung ihrer Person antwortet sie mit ihrer zupackenden Art, der »Sicherheit des Schlafwandlers«, mit der sie ihre Bilder malt. Kandinsky sieht das und weiß sofort, dass es diese unbekümmerte Spontaneität ist, die ihm fehlt und die er unbedingt braucht, wenn er vorankommen will. Malen sei »wie plötzlich in tiefes Wasser springen«, wird Gabriele Münter einmal sagen: man wisse vorher nie, ob man werde schwimmen können. Kein anderer erreicht auch nur annähernd das Tempo, mit dem sie eine erste Gestaltungsidee auf dem Blatt skizziert. Von Kandinsky will sie hingegen »die Technik des Schwimmens« gelernt haben, sprich auch bei der farblichen und kompositorischen Gestaltung des Bildes neue Ufer zu erreichen.

Im Sommer 1902, bei einem mehrwöchigen Aufenthalt zum Landschaftsmalen in Kochel am See, kommen die beiden einander näher. Sie sind die Einzigen mit Fahrrad und unternehmen so häufig Malausflüge à deux. Dann aber trifft Kandinskys Frau in Kochel ein. Kandinsky bekommt es mit der Angst zu tun, befürchtet, dass sie seine Verliebtheit in die neue Schülerin bemerken könnte, und bittet Gabriele Münter um vorzeitige Abreise. Diese kommt der Bitte zwar nach, fühlt sich aber um ihre Ausbildung betrogen. Und weiß nun auch, dass Kandinskys Wertschätzung, die für sie das Fundament ihrer Beziehung ist und bleibt, eine Grenze kennt und dass diese Grenze Anna heißt.

Es folgt ein Jahr heimlicher Verabredungen, eines regen Briefwechsels und zum Teil missglückter Treffen, die den Eindruck erwecken, als sei es mehr die Verlustangst, die die beiden aneinander kettet, als der Rausch der Verliebtheit. Im Sommer darauf, erneut auf einem mehrwöchigen Malausflug der *Phalanx*-Schule, dieses Mal in Kallmünz am Rande des Bayerischen Waldes, werden sie endlich ein Paar. Kandinsky hat sogar Verlobungsringe mitgebracht, um die Verbindung zu besiegeln. Sie sind ein Eheversprechen für die Zeit, wenn er von seiner Frau geschieden sein wird. Bei der Abreise aus Kallmünz kommen die Ringe jedenfalls wieder in die Schatulle.

Kandinskys Angst, gemeinsam mit seiner Geliebten in München gesehen zu werden, steigert sich nach der Rückkehr noch. Zwar betreibt er nun die Trennung von seiner Frau, aus Rücksicht auf ihre Gefühle verheimlicht er ihr jedoch den wahren Trennungsgrund: seine Liebe zu einer anderen Frau. Da ist es ihm durchaus recht, dass Gabriele Münter erst einmal, wie schon zuvor, für einige Monate nach Bonn zu ihrem Bruder fährt. Der aber kann nur den Kopf schütteln, als er erfährt, dass sich ein verheirateter Mann mit seiner Schwester verlobt hat.

Immerhin ergibt sich nun bald öfter die Gelegenheit, die Verlobungsringe zu tragen. In den nächsten Jahren sind Kandinsky und Münter permanent auf Reisen. Sie verbringen einen Winter in Tunis, kehren von dort über Italien zurück, um dann den Sommer über in Dresden zu sein. Sie treffen sich in Brüssel, sind danach in Mailand und Rapallo zusammen und leben anschließend ein Jahr in Paris. Dort beziehen sie allerdings schon bald getrennte Wohnungen: Kandinsky zieht es aus der Großstadt hinaus nach Sèvres, wo er ein Landhaus am Rande des Parks von Saint-Cloud bewohnt. Münter dagegen nimmt sich ein Zimmer im quirligen 6. Arrondissement, kostet das Stadtleben aus und nimmt sogar am juryfreien Salon der *Indépendants* teil – mit postimpressionistischen Bildern. Das ist gut für den Lebenslauf, bringt aber vor allem die Erkenntnis, dass sie in ihrer malerischen Entwicklung stagniert. Auch Kandinsky kommt in diesen Jahren über mittelmäßigen Impressionismus und kunstgewerblich anmutende Figuralkompositionen nicht hinaus. Bevor die beiden anschließend für acht Monate nach Berlin gehen, verbringen sie noch den dritten gemeinsamen Sommer mit Wander- und Radtouren in der Schweiz. Fast scheint es so, als könnten sie ihre zerbrechliche Liebe nur im ständigen Unterwegssein leben, und müssten selbst dann immer wieder Distanz zueinander suchen.

München leuchtet

Die Kunst an der Herrschaft

Seit einiger Zeit hat auch Thomas Mann das Radfahren für sich entdeckt. Selbst bei strömendem Regen legt er in Gummischuhen und Lodenpelerine alle Wege auf dem modischen Gefährt zurück. Wieder zu Hause angelangt, trägt er es auf der Schulter die Treppen zu seiner bescheidenen Wohnung hinauf und stellt es in der Küche ab. Nach getaner Schreibarbeit am späten Vormittag findet er Entspannung darin, es gründlich zu putzen, wofür er es auf den Sattel stellt.

So, zwischen Frühstück und Fahrradpflege ist auch Thomas Manns erster Roman entstanden, der, wenn es nach ihm gegangen wäre, eigentlich nur »Abwärts« hätte heißen sollen. Das klingt beinahe schon nach Asphaltliteratur. Seiner scharf karikierenden Darstellungsweise der Nebenfiguren merkt man die Schule des *Simplicissimus* an, dessen Redaktion er während der Abwesenheit von Albert Langen, Frank Wedekind und Thomas Theodor Heine, die gerade im Exil oder in Haft waren, fast zwei Jahre lang unter Korfiz Holm angehört hat. Homeoffice ist schon damals kein Tabu: Teile seiner Tätigkeit, etwa Korrekturarbeiten, kann er in seiner »wenig komfortablen Dichter-Clause«, wie er seine Wohnung nennt, verrichten. Seit seiner Ankunft vor sieben Jahren ist der junge Schriftsteller viermal in München umgezogen, zuletzt in einen erst halbfertigen Neubau in der Feilitzschstraße zwischen Münchner Freiheit und Englischem Garten, wo auch Oskar Panizza wohnt. Hier hat er vor kurzem das letzte Kapitel von *Die Buddenbrooks* geschrieben, wie der Roman dann Gott sei Dank doch heißt, als er im Oktober 1901 bei S. Fischer in Frankfurt erscheint. Einziger Schönheitsfehler: Nach Meinung des Verlegers Samuel Fischer ist das Buch viel zu umfangreich geraten, so dass man es auf zwei Bände aufgeteilt hat. Anfangs scheint der schleppende Absatz der Meinung des Verlegers recht zu geben, bis man sich entschließt, in einer preisgünstigen Sonderausgabe aus den zweien einen Band zu machen. Ab da nimmt der Verkauf der Seelengeschichte des deutschen Bürgertums, dargestellt am Niedergang einer Lübecker Kaufmannsfamilie, Fahrt auf. Dem Erfolg sicher nicht abträglich ist der Umstand, dass es sich um einen Schlüsselroman handelt; kaum eine Figur, die nicht ein Vorbild in der Realität hat. 1929 bringt das Werk Thomas Mann dann sogar den Literaturnobelpreis ein.

Heute, an einem winterlich kalten Novemberabend, ist der junge Schriftsteller zu einer ersten Lesung aus den *Buddenbrooks* unterwegs, die in Heinrich Eckels Wein-Restauration in der Theresienstraße stattfindet. Der Weg führt ihn über die Platanen bestandene Leopoldstraße, vorbei am Siegestor und am rechten Seitenflügel des palastartigen Gründerzeitbaus der Münchner Kunstakademie. Hier beginnt die Ludwigstraße, die schnurgerade auf die nach dem Florentiner Vorbild der Loggia dei Lanzi erbaute Feldherrnhalle zuführt und an der das Hauptgebäude der Ludwig-Maximilians-Universität, die Ludwigskirche und das langgestreckte Backsteingebäude der Hof- und Staatsbibliothek liegen, die Thomas Mann soeben passiert. Eingeladen zu der Lesung hat der *Akademisch-dramatische Verein*, in dem Thomas Mann seit geraumer Zeit Mitglied ist, aktives sogar: In einer Aufführung von Ibsens Stück *Die Wildente* beispielsweise hat er den Großhändler Wörle gespielt.

Bereits zu Anfang des Jahres hat Thomas Mann in Eckels Wein-Restauration seine skurrile Erzählung »Der Weg zum Friedhof« gelesen; heute steht neben dem Schulkapitel aus den *Buddenbrooks*, von dessen Vortrag Thomas Mann sich große Wirkung erwartet, eine unveröffentlichte, in München spielende Erzählung auf dem Programm. Sie trägt den geheimnisvollen Titel ›Gladius Dei‹ und beginnt mit einem knappen, nur aus zwei Wörtern bestehenden Satz, von dem auch ihr Urheber dieser Tage noch nicht ahnt, dass er einmal zum Synonym für eine ganze Epoche werden wird: »München leuchtete.«

> München leuchtete. Über den festlichen Plätzen und weißen Säulentempeln, den antikisierenden Monumenten und Barockkirchen, den springenden Brunnen, Palästen und Gartenanlagen der Residenz spannte sich strahlend ein Himmel von blauer Seide, und ihre breiten und lichten, umgrünten und wohlberechneten Perspektiven lagen in dem Sonnendunst eines ersten, schönen Junitages.

Mit einiger Genugtuung stellt der sechsundzwanzigjährige Autor fest, dass er seine Zuhörerinnen und Zuhörer in dem bis auf den letzten Platz gefüllten Saal der Gaststätte mit diesem einleitenden Abschnitt, erst dem ganz knappen und dann dem weitschweifigen, der Beschreibung eines Gemäldes nachempfundenen Satz, für seine Geschichte bereits gewonnen hat. Was nun folgt ist eine Beschreibung Münchens als Stadt des Jugendstils. Darin hat die spektakuläre Fassade des Ateliers Elvira genauso ihren Auftritt wie der für den aufmerksamen Beobachter im Straßenbild immer häufiger anzutreffenden Schmuck »von fließenden Linien und sonnigen Farben, Bacchanten, Nixen und rosigen Nacktheiten«, die etwa ansonsten durchaus gewöhnliche Hauseingänge umrahmen. München, soviel wird aus seiner so suggestiven wie farbigen Beschreibung deutlich, ist nicht nur Kunststadt, sondern so etwas wie die Herzkammer der neuen Kunst, deren Initiatoren sie aus den Palästen und Museen holen und in die bürgerlichen Wohnungen und ins Straßenbild integrieren.

> Die Kunst blüht, die Kunst ist an der Herrschaft, die Kunst streckt ihr rosenumwundenes Scepter über die Stadt hin und lächelt. Eine allseitige respektvolle Anteilnahme an ihrem Gedeihen, eine allseitige, fleißige und hingebungsvolle Übung und Propaganda in ihrem Dienste, ein treuherziger Kultus der Linie, des Schmuckes, der Form, der Sinne, der Schönheit obwaltet … München leuchtete.

Das ist der Hintergrund, vor dem nun der Kapuzenmann auftritt. Hieronymus ist sein Name, und Thomas Mann hat ihn nach dem Vorbild Girolamo Savonarolas entworfen, jenes asketischen und radikalen, gegen die Korruption vorgehenden Mönchs, dem im 15. Jahrhundert das Kunststück gelang, die das Wohlleben und die Schönheit liebenden Florentiner dazu zu bringen, ihre Kunst- und Luxusgegenstände zu verbrennen. Auch in *Fiorenza*, seinem einzigen Drama, an dem er gerade arbeitet und das bei der Theaterkritik gnadenlos durchfallen wird, befasst Thomas Mann sich mit dieser Figur.

Auch Hieronymus ist in der Stadt unterwegs; ungefähr von dort, wo Thomas Mann gerade liest, steuert er, den gesenkten Kopf tief in die Kapuze seines dunklen Umhangs vergraben, zielstrebig auf den Odeonsplatz vor der Feldherrnhalle und dort auf die große Kunsthandlung von M. Blüthenzweig zu. In der Erzählung wird sie auch ironisch »Schönheitsgeschäft« genannt, in Anspielung auf die Geschäftsgrundlage des Unternehmens, die Verbindung von Kunst und Kommerz. Einer wie Hieronymus kann sich das nur als heuchlerisch und verwerflich vorstellen. In Wirklichkeit befindet sich dort der Kunst-Salon Littauer, in dem Obrist vor wenigen Jahren seine Stickereien ausgestellt und damit den Münchner Jugendstil begründet hat.

Thomas Manns Beschreibung des Schönheitsgeschäfts hat allerdings noch ein zweites Vorbild: den Kunstverlag Franz Hanfstaengl. Blickfang in den Blüthenzweig'schen Schaufensterauslagen ist »eine wertvolle, in rotbraunem Tone ausgeführte Photographie in breitem, altgoldenem Rahmen, ein Aufsehen erregendes Stück, eine Nachbildung des Clou der großen internationalen Ausstellung des Jahres«. Wohlgemerkt, es handelt sich nicht um ein Original, sondern um eine Reproduktion, und ist für den Preis von 70 Mark inklusive Rahmen zu erwerben, wie Herr Blüthenzweig auf Nachfrage gerne erläutert. Das Bild sieht aus, als hätte Franziska zu Reventlow zusammen mit ihrem unehelichen Sohn für ein Bild der Gottesmutter Maria mit dem Jesuskind Modell gesessen:

> Die Gestalt der heiligen Gebärerin war von berückender Weiblichkeit, entblößt und schön. Ihre großen, schwülen Augen waren dunkel umrändert, und ihre delikat und seltsam lächelnden Lippen standen halb geöffnet. Ihre schmalen, ein wenig nervös und krampfhaft gruppierten Finger umfaßten die Hüfte des Kindes, eines nackten Knaben von distinguierter und fast primitiver Schlankheit, der mit ihrer Brust spielte und dabei seine Augen mit einem klugen Seitenblick auf den Beschauer gerichtet hielt.

Als Hieronymus den Laden betritt, verlangt er den Inhaber des Geschäftes, Herrn Blüthenzweig zu sprechen. »Ich bin gekommen, Sie zu bitten, daß Sie jenes Bild, die große Photographie, die Madonna, sogleich aus ihrem Fenster entfernen und sie niemals wieder zur Schau stellen«, lautet seine kategorische Bitte, als er endlich bis zum ihm vorgedrungen ist. Es kommt, wie es kommen muss in einem solchen Fall: Nach einigem Hin und Her, in dessen Verlauf Hieronymus ausgiebig Gelegenheit bekommt, seinen Standpunkt zu erläutern und sich bis zu der Aufforderung versteigt, alles, was der Laden birgt, zu verbrennen, denn es sei »Unrat in Gottes Augen«, macht Blüthenzweig von seinem Hausrecht Gebrauch und lässt ihn unter Zuhilfenahme eines massigen Lageristen aus dem Geschäft werfen. Zurück auf der Straße hat Hieronymus die Vision eines großen Scheiterhaufens vor der Feldherrnhalle, auf dem alle »Eitelkeiten der Welt«, von den »Maskenkostümen der Künstlerfeste« bis zu den »Propagandaschriften der Kunst« unter dem Jubelgeschrei des Volkes den prasselnden Flammen übergeben werden. Es sollen noch gut drei Jahrzehnte vergehen, bis aus dieser Vision schreckliche Wirklichkeit wird. Damit nicht genug, sieht der Kapuzenmann »gegen die gelbliche Wolkenwand, die von der Theatinerstraße heraufgezogen« ist, ein »breites Feuerschwert stehen, das sich im Schwefellicht über die frohe Stadt« hinreckt. »Gladius Dei super terram«, das Schwert Gottes komme über die Welt ... »cito et velociter«, unmittelbar und schnell, murmelt er, während er seine hinabhängende Faust krampfartig schüttelt. Es ist ein Zitat aus Savonarolas *Sammlung der Offenbarungen.*

Trotz aller gebildeten Verweise auf das Florenz der Renaissance und zum Schluss noch einmal auf den Prediger Savonarola – der Kapuzenmann in Thomas Manns Erzählung, der über die Sinnenfreude der Kunststadt mit einem blutigen Schwert scharf richten will, ist durchaus der Szenerie Münchens um 1900 abgeschaut. Hier, wo der Jugendstil mit seinem Sinn für Schönheit und Ornamentik blüht, wimmelt es rasch auch von Querköpfen und Idealisten, diätetischen Erlösern und asketischen Propheten, zur Radikalität neigenden Weltverbessern und Seelenflüsterern, die das alles für ein Verbrechen an der Menschheit halten. Nicht jedem ist es gegeben, sich an der Oberfläche zu erfreuen, selbst wenn es Menschen gibt, die das aus tiefer Einsicht tun. Am anderen Pol befinden sich diejenigen, die das für Verrat am menschlichen Leid halten, als den gewissenlosen Versuch, das Elend der Welt mit prunkenden Farben zu übertünchen, und die von der Kunst Bekenntnis und Engagement fordern im Dienst der Veränderung der Verhältnisse.

Steht Thomas Mann, der immerhin ein Bildnis Savonarolas auf dem Schreibtisch stehen hat, auf ihrer Seite? In der zu einem Hassbild verzerrten Radikalität seiner Figur des Hieronymus wohl kaum. Doch dieser Schriftsteller trainiert sich gerade an, durch Masken zu sprechen. Das betrifft etwa auch seine Homosexualität. Thomas Manns Erfolg als Schriftsteller, der in diesen Münchner Jahren beginnt, ist eng mit der Entdeckung eines Verfahrens verknüpft, wie er seine Empfindungen auf dem Papier ausleben und mit ihnen zugleich unter die Leute gehen kann. Während er früher eines Tagebuchs bedurft habe, um, »nur für's Kämmerlein«, sich zu erleichtern, finde er jetzt »novellistische, öffentlichkeitsfähige Formen und Masken«, um seine Empfindungen von sich zu geben, bekennt er gegenüber Otto Grautoff, dem Freund noch aus Schülerzeiten. Das funktioniert in etwa so wie die von Schrenck-Notzing praktizierte Suggestionstherapie, nur im Medium der Literatur. Da steht dann ein krankes Herz oder ein Buckel für die Andersartigkeit der eigenen Empfindung oder eine hübsche blonde Inge vertritt den jungen Mann, dem die Sehnsucht des Autors eigentlich gilt. Statt des begehrten Geschlechts wird das normativ Erwartete gesetzt und das homosexuelle Verlangen so mitteilbar gemacht.

Dieses Verfahren, durch Masken zu sprechen, gewinnt bei Thomas Mann Relevanz weit über die versteckte Homosexualität hinaus. Auch die Gestalt des Hieronymus ist so eine Maske. Sieht man von seinem radikalen Christentum und der damit verbundenen asketischen Moral ab, so ist das von ihm verkörperte Anliegen dem Autor dieser kleinen Erzählung sogar alles andere als fremd: Mit großem Misstrauen betrachtet Thomas Mann die Auflösung der Kunst in Kunstgewerbe, wie sie im Jugendstil-München propagiert wird. Beschränkt sich der Sinn der Kunst wirklich darauf, das Leben zu verschönern, es mit gefälligen Objekten und Zierat auszustatten, die der Lebenserleichterung dienen, aber von den eigentlichen Lebensproblemen ablenken? Ist die Aufgabe von Kunst nicht vielmehr, den Menschen zur Erkenntnis gerade seiner Lebensprobleme zu führen? Die Kunst sei »die heilige Fackel, die barmherzig hineinleuchte in alle fürchterlichen Tiefen, in alle scham- und gramvollen Abgründe des Daseins«, lässt Thomas Mann Hieronymus sagen. Das aber ist genau seine Ansicht, eine versteckte Konfession, erkennbar schon daran, dass dort, wo man aus dem Munde einer Gestalt wie Hieronymus ein »unbarmherzig« erwarten würde, das Gegenteil zu finden ist: »Barmherzig« erhellt die Kunst die Abgründe des Daseins – zutiefst »human«, wie man auch sagen könnte.

Auf der Leopoldstraße

Hohe Schule der Diskretion

Mit stolz erhobenem Haupt, um seine knochigen Schultern einen römischen Mantel geworfen, schreitet Stefan George über das weitläufige Trottoir der Leopoldstraße. Es ist ein kalter Januartag des Jahres 1902. Schon im Jahr zuvor hat George die ersten Monate des Jahres in München verbracht, und so wird er es auch die folgenden Jahre halten. Der dreiunddreißigjährige Dichter kommt dann aus seiner Heimatstadt Bingen, wo er im Kreis der Familie Weihnachten gefeiert hat, und kehrt zumeist im März oder April auch wieder dorthin zurück. In München steht ihm in der großzügigen Wohnung von Karl und Hanna Wolfskehl, die sich 1898 hier niedergelassen haben, stets ein Gästezimmer zur Verfügung, erst in der Leopoldstraße 57, dann einige Häuser weiter stadtauswärts in der Nummer 87. Als die Wolfskehls 1909 etwas weiter westlich in die Römerstraße ziehen, mieten sie kurzerhand die dort frei werdende Mansardenwohnung mit an und überlassen sie George, der keine regelmäßigen Einnahmen hat, unentgeltlich.

Das Ehepaar Wolfskehl tut beinahe alles, um George einerseits abzuschirmen und ihn andererseits in Szene zu setzen. Den Widerspruch, der darin steckt, lösen sie auf, indem sie aus seiner Person ein Geheimnis machen. George ist nicht besonders gesellig, hat beinahe einen Hass auf alles, was nach belangloser Konversation klingt. Das passt seines Erachtens nicht zum Typus des sakrosankten Dichters, als den er sich inszeniert. Von Gesellschaften, bei dem einen »das Gehirn zappelt und der Steiß einschläft«, wie Friedrich Gundolf, zu dieser Zeit sein Sekretär das einmal formuliert, hält man ihn also tunlichst fern. Nicht selten ist er zwar anwesend, mischt sich aber nicht im Salon unter die Gäste, sondern hält sich in einem Hinterzimmer auf, wo ihm die Wolfskehls ausgewählte Besucherinnen und Besucher zuführen. So ist er da

Betreibt fleißig seine Apotheose: Stefan George, 1910 fotografiert von Theodor Hilsdorf, dem »Lenbach der Kamera«, wie er genannt wurde.

und zugleich nicht da, sozusagen anwesend abwesend – für einen Dichter sowieso die passende Daseinsform.

Kein Wunder, dass über den Dichter im Hinterzimmer schon bald die wildesten Gerüchte kursieren. Da ist etwa von mitternächtlichen Lesungen zwischen Weihrauchwolken, umgeben von nackten Epheben, die Rede. Bittet man Wolfskehl um Auskunft, so erhält man von ihm den dringenden Rat, ja nichts zu dementieren. So entstehen Mythen. Wer diese Dinge mit ihrem untrüglichen Instinkt für die Subtilitäten und Nuancen von Beziehungen sofort durchschaut, ist Franziska zu Reventlow, die über Klages Zugang zu dem Kreis um George erhält. In ihrem Schwabing-Roman, den sie 1913 in ihrer Nach-Schwabinger Zeit in Ascona schreibt, nennt sie die Wolfskehl'sche Strategie die »Hohe Schule der Diskretion«: Sie bestehe darin, »Dinge, die vielleicht schon in aller Leute Mund sind, durch plötzliches Verstummen in undurchdringliche Schleier zu hüllen und dadurch als Geheimnis zu kennzeichnen ... nur die Art, wie man ein Gewusstes je nachdem offenbart oder wieder verhüllt, macht es zum wahren Geheimnis.«

Schon seit geraumer Zeit beobachtet George auf dem breiten Trottoir der Leopoldstraße einen dreizehnjährigen Knaben, der dort täglich vorbeikommt. Er hat tiefliegende Augen wie er selbst, dazu dunkle, glänzende Haare, die wirr um seinen Kopf flattern, sobald er rasch ausschreitet. Nun spricht er ihn an, wechselt mit ihm einige Worte. Am nächsten Tag sucht er mit ihm ein Fotoatelier auf und beginnt seine lyrisch-erotischen Fäden zu spinnen. Dabei wahrt er, wie auch später immer der Fall, den gutbürgerlichen Schein: Die Eltern werden einbezogen, man steht auf vertrautem Fuß miteinander; letztlich aber geht es darum, die familiären Bindungen des »Jünglings« zu kappen und durch neue, die exklusiven und päderastischen der George'schen Gemeinschaft zu ersetzen. Was einer wie Thomas Mann aus seinem Leben streicht und nur noch in der Literatur gelten lässt, wird bei George zur Keimzelle des neuen Bundes, den er stiften will: die Homoerotik, die nicht notwendigerweise, aber zuweilen doch in ein sexuelles

Verhältnis mündet, das nur pseudo-einvernehmlich ist. Über alles das aber bleibt der Mantel des Geheimnisvollen gedeckt.

Georges Jünglingsmission ist seine Antwort auf die Herausforderung, die für ihn von Alfred Schulers Beschwörung eines anderen, eines »offenen Lebens« ausgeht. Schuler ist wie er homosexuell und macht keinen Hehl daraus, sich abends vor Kasernen oder in dunklen Gassen herumzutreiben, Markthallen und Jahrmärkte zu durchstreifen, auf der Suche nach bereitwilligen, möglichst derben Burschen. Wenn er George trifft, trägt er ihm nicht nur seine abenteuerlichen Ansichten über römische Rituale vor, sondern weiht ihn auch in seine Leidenschaften für Soldaten und Metzgergesellen ein. Viel stärker als Klages wird George klar, dass für Schuler die Homosexualität der eigentliche Schlüssel für sein Eindringen in die antiken Mysterien und die Urkräfte des Lebens ist. »George hat die Kraft«, soll Schuler gespottet haben, »aber was macht er daraus? – Kunst!«

Und George handelt – aber völlig anders, als der Philosoph und der Mystagoge es ihm nahelegen. Statt eines schwulen Happenings inszeniert er eine Liebesgeschichte, die die Kunst nicht überwindet, sondern auf ihre Apotheose angelegt ist.

Der Umzug

Noch mehr Simplicissimus

Doch bevor es dazu kommt, zieht am 30. April 1902 erst einmal die »Dichtelei« um. Als Kassiererin ist die aus Traunstein stammende Kellnerin Kathi Kobus schon lange eine Institution unter den Gästen des Weinrestaurants in der Adalbertstraße, in dem sich auch eine Brettlbühne entwickelt hat. Den Poeten und Diseusen, Malern und Kunstgewerblerinnen, Tagediebinnen und Nachtschwärmern, Dramaqueens und Hallodris, kurz den ganzen

Schwabinger Schlawinern und Schlawinerinnen, die dort regelmäßig einkehren, gefällt das glühende Funkeln in ihren Augen, und dass sie unentwegt ein Lächeln für alle übrig hat, die zum Possenreißen oder Flirten aufgelegt sind. Schon ein Jahr vor der Eröffnung des Wiener Café Stefanie hat Kathi Kobus dann die Dichtelei als Wirtin übernommen. Auch die Elf Scharfrichter, die mit Solistinnen, Bühnenarbeitern, Beleuchtern sowie Servicepersonal rasch auf 33 anwachsen, sind nach Vorstellungsschluss regelmäßig Stammgäste.

Eigentlich aber möchte Kathi Kobus ihr eigenes Lokal gründen, und sie macht daraus vor ihren Gästen auch keinen Hehl. Die Lust an der Sezession macht sich in München selbst im gastronomischen Gewerbe breit. Kathi Kobus' beständige, brennende Sorge ist nur, ob auch alle mitkommen, wenn sie dann die »neue Dichtelei« eröffnet. Ob sie ihr tatsächlich treu bleiben und mit ihr aus dem alten ins neue Etablissement übersiedeln? Natürlich versprechen ihr das alle mehr oder weniger und ermuntern sie zu diesem Schritt. Aber ganz sicher ist sie sich nicht.

Wedekind, unter ihren treuen Gästen vielleicht der treueste, spürt das und hat eine Idee. Als Kathi Kobus endlich eine geeignete Lokalität sogar noch unweit der alten, in der Türkenstraße, gefunden hat, bringt er seinen Einfall unter die Leute: Sie werden einfach geschlossen das Lokal wechseln, sobald das neue wenigstens notdürftig hergerichtet ist.

Und so kommt es, dass sich in der Nacht vom 30. April auf den 1. Mai ein so merkwürdiger wie denkwürdiger Zug durch die Straßen der Maxvorstadt bewegt. Wedekind geht mit der Gitarre voran, singt die Lieder von Brigitte B. und dem Tantenmörder, dem armen Mädchen und dem Zoologen von Berlin, mit denen er auch seine Scharfrichter-Auftritte bestreitet. Und in seinem Gefolge marschiert beinahe vollständig die Gästeschar der »Dichtelei« und transportiert die Einrichtungsgegenstände des alten Lokals ins neue, angefangen von den Tischen und Stühlen über die Bretter für das kleine Podium bis hin zu den Weinregalen, dem

Eisschrank und den Vorräten. Selbst die schwere Theke kommt mit, die Stärksten unter den Gästen schleppen sich unter Ächzen und vielen Haurucks damit ab. Nur die Wände und Mauern lassen sie stehen, wie der Schriftsteller René Prévot, damals noch Student der Volkswirtschaft in München, launig bemerkt, wenn er diese Geschichte erzählt. Und wer nichts mehr zum Tragen gefunden hat oder zu weinselig dazu ist, hat wenigstens eine Kerze in der Hand. Ein Umzug im Wortsinn, ohne Möbelwagen. Und auch eine Demonstration von Solidarität in diesen Tagen des Aufbruchs, wo bei allem Gemeinschaftsgefühl doch jede und jeder selbst sehen muss, wo sie oder er bleibt.

In der Türkenstraße angekommen, wird die Einrichtung gleich aufgebaut und das neue Lokal in Besitz genommen. Mit seiner Trennung in einen vorderen und rückwärtigen Teil, die nur durch einen schmalen Gang, spontan »Darm« genannt, miteinander verbunden sind, erscheint es den alten Gästen, die auch die neuen sind, alles andere als ideal. Was sie nicht daran hindert, die Einweihung gebührend zu feiern: Wein und Bowle fließen in Strömen, und das rasch installierte Podium ist bald schon von Verseschmieden und Stegreifkünstlerinnen, Sängerinnen und Selbstdarstellern bevölkert.

Als nicht zuletzt juristisches Problem stellt sich allerdings die Namensgebung des neuen Etablissements heraus. Kathi Kobus will es, um auch hier Kontinuität zu wahren, einfach »Neue Dichtelei« nennen. Doch der Eigentümer der alten untersagt ihr das verständlicherweise aus Wettbewerbsgründen. Ohne vorher mit dem Verlag Kontakt aufgenommen zu haben, tauft sie daraufhin ihr Lokal auf Anregung eines Gastes »Künstler-Kneipe Simplicissimus« und übernimmt auch gleich das Motiv der zähnefletschenden Bulldogge als Logo. Langen, gerade erst wieder zurück aus dem Pariser Exil, soll ihr nachträglich die Erlaubnis dazu erteilt haben, allerdings erst, nachdem er einen Wutanfall markiert, sie ihm aber kurzerhand mitgeteilt hat, ein Zurück gebe es nicht, die Schilder seien nämlich schon alle bestellt. Auch der Verleger zeigt sich schließlich beeindruckt von ihrer stattlichen, ganz in Schwarz gewandeten Erscheinung, der glitzernden Silberkette um den Hals und den Haaren wie Koks und erklärt den Namensklau kurzerhand zur Win-win-Situation. Thomas Theodor Heine, der Herr der roten Bulldogge, jedenfalls ist so frei, für das neue Lokal eine Variante seines Erfolgstieres zu entwerfen: Mit ihren Zähnen öffnet sie dort auf unkonventionelle Weise eine Sektflasche. Und die Mitarbeiter des *Simplicissimus* machen, wie zuvor schon die Scharfrichter-Truppe, das Lokal kurzerhand zu ihrer neuen Stammkneipe.

Für Ruhm und Nachruhm des »Simplicissimus«, das schon bald die Crème der Boheme anzieht und in dem sich Gäste von weither, von Wien bis Budapest, von Berlin bis Krakau einfinden, ist später vor allem ein Dichter verantwortlich: Joachim Ringelnatz, der sich seinerzeit noch Hans Bötticher nennt, wohnt direkt über dem Lokal neben der Wirtin. Als Dauergast im »Simpl«, wie viele das Lokal inzwischen liebevoll nennen, scheint er tieferen Einblick in die Herstellung der von der Wirtin kreierten und bei den Gästen beliebten Simplicissimus-Ananasbowle zu besitzen:

Im Hofe links steht eine Tonne,
Am Himmel oben steht die Sonne
Und zwischen Sonne und dem Faß
Steht Kathi mit der Ananas
Besagtes Faß enthält statt Bier
Aqua und H_2SO_4*

Und wenn (jetzt wird die Kathi blaß)
Der Schatten von der Ananas
Dann auf die Wassertonne fällt,
Dann – ist die Bowle hergestellt.

---

* Schwefelsäure

Schwabinger Kreisverkehr

Maximilian Kronberger

Als George im Januar 1903 erneut in München ist, zieht es ihn sogleich wieder auf die Leopoldstraße – und es dauert nicht lange, da kommt es zu einem Wiedersehen mit dem inzwischen vierzehnjährigen Maximilian Kronberger. Der hat sich mittlerweile kundig gemacht, wer ihm da auflauert. Anfangs hat er George für ein Mitglied der Elf Scharfrichter gehalten. Dann aber ist er im Kunstsalon Littauer auf ein Exemplar des George-Buches von Ludwig Klages gestoßen. Sein Vater kauft es ihm sogar, allerdings versteht Max keine Seite, wie er zugibt. Doch sei ihm klar geworden, »dass ich eine berühmte Bekanntschaft gemacht hatte und versuchte nun immer und immer wieder ihn zu treffen«, erinnert er sich. »Doch umsonst.«

So ist auch er über das Wiedersehen »selig«, zumal er seit einiger Zeit selbst schreibt – »140 Gedichte, dazu kommen noch 5 Dramen und ein Trauerspiel«, wie er gegenüber seinem Wiener Vetter behauptet. Von der »berühmten Bekanntschaft« erhofft er sich Ermunterung und Kritik, nicht zuletzt eine Einführung in die literarischen Kreise. Alles drei gewährt ihm George reichlich. Auf gemeinsamen Spaziergängen weicht der Eindruck des Respekterheischenden und Stolzen, den der Dichter anfangs auf den viel Jüngeren macht, rasch der Erfahrung der Lebhaftigkeit und Leidenschaftlichkeit, zuweilen auch einer sich in Ironie flüchtenden Reizbarkeit. George spricht langsam, setzt seine Worte mit Bedacht, versieht sie aber mit einem Enthusiasmus, der keine Widerrede duldet.

Direkt hinter Schwabing beginnt damals das Land, und dorthin zieht es die beiden auf ihren langen Spaziergängen. George hat sich in diesen Wochen ein »Landhaus gemietet, grossartig eingerichtet in idyllischer Landschaft und göttlicher Ruhe, mit einem Wort ›feudal‹«, wie Max schwärmt. Eindringlich, beinahe magisch weiß George bei seinen Besuchen dort von der Welt der Kunst und dem Zustand des Erwähltseins zu berichten, der den Dichter auszeichne; er ist auch ein Menschenfänger, der über die gemeinsame Begeisterung an der Sache das Gegenüber in seinen Bann zu ziehen versteht. »Nun ging ein anderes Leben an«, schreibt Max fasziniert: »Er sah, dass ich mich an Dichtung begeisterte und war in seinem Element.«

George macht ihn zudem mit Hofmannsthal, Gundolf und anderen Mitarbeitern der *Blätter für die Kunst* bekannt, führt ihn auch bei den samstäglichen Jours im Hause Wolfskehl ein. Voller Stolz schreibt Max seinem ebenfalls Verse schmiedenden Vetter: »Ich werde jetzt auch schon als Dichter bekannt. Zu wem ich komme, ich werde von jedem als solcher angesehen.« Das erfährt die schönste Bestätigung, als George in den *Blättern für die Kunst* drei Zeilen seines Schülers über ein eigenes Gedicht setzt. George nimmt sogar an Max' Konfirmation und auf Einladung der Eltern an einem Abendessen im erweiterten Familienkreis teil. Im Gegenzug willigen die Eltern ein, dass ihr Sohn den väterlichen Freund auf ein Kostümfest begleiten darf. Es ist Faschingszeit in München, und die Maskenbälle der Kosmiker sind berühmt, wenn auf ihnen statt der üblichen Ausgelassenheit auch eher zur Schau gestellte Bedeutsamkeit herrscht. »Wir bildeten eine Dichtergruppe«, notiert Max, »und zwar Wolfskehl, geführt von einem Leierknaben, dann ein Vergil, hierauf George als Dante, von mir als einem Florentiner Edelknaben geführt«.

Mit der gemeinsamen Lektüre von Horaz stimmen sich George und sein Jünger auf den Abend ein. Nach einem Zug durch alle Räume sagt zuerst Wolfskehl ein Gedicht auf, danach ist ein anderer mit einer lateinischen Ode an der Reihe, und schließlich trägt noch George die »famose Übersetzung« einer Episode aus der *Göttlichen Komödie* vor, in der Vergil Dante einen Kranz aus Schilfrohr aufsetzt. So in etwa hat man sich die legendären Faschingsfeste im George-Kreis vorzustellen. Nichts deutet darauf hin, dass dem jungen Mann zuweilen despektierliche Gedanken hinsichtlich des großen Vorbildes in den Sinn gekommen sein könnten, wie sie etwa Eduard Keyserling hegt. Auf die Frage, ob George tatsächlich wie Dante aussehe, soll er geantwortet haben: »Nein, er sieht nicht aus wie Dante; er sieht aus wie eine alte Tante, die wie Dante aussieht.«

Dennoch ist das Verhältnis zum Meister nicht frei von Verstimmungen. Sie zeigen sich zum ersten Mal, als Max einen vereinbarten Termin nicht einhält. George verhält sich daraufhin unliebenswürdig, redet bei der nächsten Begegnung kaum mit ihm. Als Max dann vergisst, ihm zum Neujahrstag 1904 seine Aufwartung zu machen und die kurzfristigen Absagen sich wiederholen, reagiert George zunehmend unwirsch, ja schroff. Ein George duldet kein unbotmäßiges Verhalten. Die geforderte Nähe und Ausschließlichkeit, verbunden mit dem Zwang zum Bekenntnis, verunsichern den jungen Mann und stacheln seine Widerspenstigkeit an.

Aber noch in anderer Hinsicht zeigt sich das Fundament dieser reichlich asymmetrischen Beziehung bedroht. Max verliebt sich gerade, und das gleich doppelt: Mimi Droste heißt seine Münchner Flamme, Dolores Tutti die Freundin in Wien, wo er über Ostern seinen Vetter besucht. In seinen Gedichten, die sich nun mal an das eine, mal an das andere Mädchen richten, irgendwie aber auch an beide, spielt er mit ihren Initialen oder nennt sie nach der mythologischen Gestalt, der sich Zeus in Gestalt eines Schwans nähert, Leda. So auch in seinem letzten Gedicht, das in Wien entsteht und in dem Leda sogar das Wort ergreift:

Die blüten gleiten nieder von den zweigen
In einem sonnenmeere schwimmt die welt
Von ferne klingt ein ton wie sanfter geigen,
Aus deinem haar der rote kranz entfällt.

Da plagen ihn schon starke Kopfschmerzen, sein Nacken ist steif, der Kopf fühlt sich heiß an, zunehmend ist er licht- und geräuschempfindlich. Max hat sich mit Meningitis infiziert.

Schon seit längerem können die Maskenzüge und Faschingsfeste des Kreises rund um George nicht mehr die Differenzen zwischen einigen seiner Mitglieder überdecken, die jedes auf seine Weise Absolutheits- und Ausschließlichkeitsansprüche anmelden: George, der Dichter, der entschlossen ist, im Reich der Kunst als Führer aufzutreten; Klages, der Philosoph der Seele, der die letzten Jahrtausende als reine Verfallsgeschichte betrachtet und in einer Weltwende, womöglich einem Weltenbrand, den Menschen wieder zu seinen Ursprüngen zurückführen will; und schließlich Schuler, der »violette Ringelnero«, wie Gundolf ihn nennt: Das offene Leben, das er propagiert, ist ein sonderbares Gemisch aus Blutideologie, Gewaltphantasie und schwulem Denken. Obwohl sie alle drei in den Augen ihrer Umgebung als Intellektuelle gelten, eint sie ein ausgeprägter Hass gegenüber jedem Intellektualismus, wie sie das nennen. Insbesondere Klages und Schuler halten ihn für ein Haupthindernis auf dem Weg der von ihnen verkündeten Radikalumwälzung der Menschheit. Kommt die Rede darauf, so pflegt Schuler in Erwartung des Tages X mit einer wegwerfenden Handbewegung zu dekretieren: »Die Intellektuellen wischt man mit dem Scheuerlappen weg.«

Zum Opfer von Wegwischversuchen mit dem Scheuerlappen wird in diesen Monaten ganz konkret Karl Wolfskehl. Im Gegensatz zu den anderen drei ist er frei von jeglichen Weltbeglückungsambitionen und auch von dem ausgeprägten Willen zur Macht, der sie charakterisiert. Den über 1,90 Meter großen Mann mit seiner mächtigen Statur und dem rötlich schimmernden Vollbart des Gelehrten zeichnet vielmehr eine Art kindlicher Unschuld aus, dabei eine Neigung zu sinnlichen Genüssen und zu Frauen, verbunden mit grenzenloser Umtriebigkeit, intellektueller Neugierde und der Passion des Sammlers. Mit George verbindet den Sohn eines Darmstädter Bankiers, der in München ein Leben als Privatier führt, am stärksten die gemeinsame Überzeugung, dass das

Wichtigste im Leben die Kunst sei. Die Unbedingtheit Georges dagegen geht Wolfskehl völlig ab. Niemand lobt ihn so wie er, ohne jede Unterwürfigkeit, aber mit dem Hang zu schamloser Übertreibung. »Ich weiss wirklich nicht ob ohne Sie die heutige deutsche Welt bestehen könnte«, schreibt er etwa in seinem Geburtstagsbrief des Jahres 1902: »Sie haben zugleich das Thor geöffnet, den Weg gezeigt und sind selber zum Ziel gekommen.« Na, dann herzlichen Glückwunsch.

Aber Wolfskehl ist auch Jude, und das unterscheidet, ja trennt ihn von George, Klages und Schuler. Zumal ihm sein Judentum durchaus wichtig ist, was ihn wiederum von den meisten wohlhabenden Juden im München dieser Zeit – etwa den Pringsheims – unterscheidet. Er macht nicht nur keinen Hehl daraus, sondern es wird zu einem Teil seines Selbstverständnisses. So nimmt er im August 1903 als Korrespondent der *Münchener Allgemeinen Zeitung* am 6. Zionisten-Kongress in Basel teil. Und während die Mehrzahl der sonst hier lebenden Juden den Vorschlag, den nächsten Kongress in München zu veranstalten, als eher unangenehm empfindet, weil es dann womöglich mit ihrer Unauffälligkeit vorbei ist, exponiert sich Wolfskehl als Befürworter dieser Idee, so wie für ihn auch eine Auswanderung ins »gelobte Land« durchaus im Bereich des Vorstellbaren liegt.

Für Schuler und Klages ist das der willkommene Anlass, die Konfrontation zu suchen. Zunehmend radikalisiert sich ihre antisemitische Haltung. Aus Nietzsches Aversion gegen den jüdisch-christlichen Geist und dessen Moral, die für alles verantwortlich sein sollen, was sie verabscheuen, von der modernen Technik bis zum Wissenschaftsbetrieb, und der Mythologie von Blut und Blutleuchte schmieden sie eine Verschwörungstheorie, die die Juden als die geheimen Drahtzieher hinter der Verfallsgeschichte der letzten Jahrtausende und der immer rascher um sich greifenden »Blutsvergiftung« identifiziert. Auf einmal ist es nicht nur ein bestimmtes Denken oder ein bestimmter Glaube, die es zu überwinden oder zu bekämpfen gilt, sondern es sind konkrete Menschen, die schuld sein sollen an der behaupteten Totalmisere, indem sie gnadenlos auf eine einzige der vielen Facetten ihrer Existenz reduziert werden.

»Der Jude ist überhaupt kein Mensch. Wir brauchen nicht hinzuzufügen, dass er natürlich auch kein Tier ist. Er lebt das Scheinleben einer Larve, die Moloch-Jahwe sich vorband, um auf dem Wege der Täuschung die Menschheit zu vernichten«, behauptet Klages. Das ist im Jahre 1903.

Im Dezember dieses Jahres dann stellen Klages und Schuler George ein Ultimatum: Entweder er würde Juden, also auch Wolfskehl, aus seiner Umgebung entfernen, oder es käme zum Bruch. Es kommt zum Bruch – was George sehr zugute zu halten ist. Er bleibt Wolfskehl gegenüber loyal und lässt Klages wie Schuler abblitzen, selbst wenn eine gewisse Affinität zu beiden bestehen bleibt. Allerdings mag bei der ganzen Angelegenheit auch Eifersucht mit im Spiel gewesen sein. Denn als Klages immer stärker Ausschließlichkeitsansprüche anmeldet, macht Franziska zu Reventlow demonstrativ seinen Erzrivalen Wolfskehl zu ihrem Liebhaber. Somit ist auch die Gräfin in das verstrickt, was dann als »großer Schwabinger Krach« in die Münchner Annalen eingeht. An dessen Ende weiß niemand mehr, was gerade noch Spiel oder schon blutiger Ernst ist, es kommen Dolche ins Spiel, von denen man ebenfalls nicht weiß, ob sie echt oder nur Requisiten sind, jedenfalls regiert der Psychoterror, Karl Wolfskehl steht schreckliche Ängste aus und Franziska zu Reventlow schläft mit einem Revolver neben dem Bett.

Beim Propheten

Ludwig Derleth

Am 24. März 1904 ist es soweit: Hedwig Pringsheim begegnet Stefan George, die Bohemienne dem Bohemien des Geistes. Doch wer sich davon eine Annäherung der getrennten Sphären von Kunst und Leben, gar ein Feuerwerk an geistreichen Gedanken erwartet hat, kennt Stefan George schlecht, und Hedwig Pringsheim wahrscheinlich auch.

Im Jahr zuvor hat Hedwig Pringsheim den »Zeus von Schwabing« kennengelernt, einen Titel, den sich Karl Wolfskehl gerne gefallen lässt. Es ist das übliche Procedere in diesen Kreisen: Man trifft sich mehr oder weniger zufällig bei gemeinsamen Bekannten, daraufhin folgt eine Einladung zum Tee in Gesellschaft anderer Bekannter, sodann der obligate Gegenbesuch. Die Wolfskehls zeigen den kunstsinnigen Pringsheims Studien von Melchior Lechter, des Gestalters von Georges *Blättern für die Kunst*. Das gemeinsame Judentum schadet der Annäherung nicht und der Meister ist gewiss Gesprächsthema – Hedwig Pringsheim hat von ihm bereits auch durch Theodor Lessing gehört, er sei »gleichzeitig wunderlich und bedeutend, gleichzeitig närrisch und achtunggebietend«, hat der gesagt. Das lässt sie ein wenig skeptisch werden, aber auch neugierig.

Daraufhin also die Einladung zur »Abendfeier bei Wolfskehls« – Hedwigs Sohn Heinz, der mittlerweile in Archäologie promoviert, ruft extra noch einmal an, damit seine Mutter die Verabredung auch ja nicht vergisst. »Zuerst ein gänzlich unverständliches Festspiel, das in feierlich singender Weise gesprochen wurde« – schon das lässt Hedwigs Skepsis bis zum Widerwillen anwachsen. Und ihr Tagebucheintrag fährt fort: »... mit Ihm, dem Meister, Stephan George, als Mittelpunkt, der auch während des übrigen Abends göttliche Ehren genoss ...« Die Großschreibung des »Ihm« fließt ihr so in die Feder, aber der Spott, der darin liegt, hat auch etwas von Genugtuung. Denn als sie »Ihm« vorgestellt werden soll, wendet »Er« sich schroff ab, als wollte er sagen: »Was soll mir die Dame?« Hedwig Pringsheim empfindet das als Brüskierung, als Missachtung ihrer Person, letztlich aus keinem anderem Grund als dem, dass sie eine Frau ist. Ablehnung und Wut können aber auch die Augen öffnen. »Im übrigen eine mir peinliche Gesellschaft«, fährt sie in ihrem Tagebuch fort, »mit ihren gesuchten, gewollten u. gemachten Bohémien-Allüren, bei denen der bourgeois an allen Ecken u. Enden hervorspritzt, dem falschen Pathos, dem ›Getu‹ ...« Mit der Abfuhr durch George ist auch die Beziehung zum Zeus von Schwabing und seiner Hera zu Ende. Die Wege der Wolfskehls und der Pringsheims kreuzen sich von nun an nicht mehr.

Nur fünf Tage später aber kommt es zu einer weiteren Berührung mit dem George-Kreis. Der Dichter Ludwig Derleth, der irgendwie auch dazugehört, hat zur Verlesung seines *Proklamationen* genannten Werks in die Destouchesstraße gebeten, und Hedwig Pringsheim, wiederum in Begleitung des Sohnes Heinz, folgt der Einladung, nicht zuletzt, weil sie mit ihm und seiner Schwester Anna Maria seit geraumer Zeit bekannt ist. Seit 1898 sind die Geschwister Derleth in unregelmäßigen Abständen zum Tee bei Pringsheims – sie eine junge Frau mit großen, weltfernen Augen, in selbst geschneiderte Reformkleider mit gestickten Jugendstilmustern gekleidet, er ein schlanker, asketisch wirkender Dreißigjähriger, dem der hochgeschlossene schwarze Rock mit dem Stehkragen das Aussehen eines Priesters verleiht. Mit seinem von dunklen Haaren umrahmten, kantigen, knochigen Gesicht und dem stechenden, grimmigen Blick hat Derleth gewisse Ähnlichkeiten mit Stefan George, der von ihm auch die priesterliche Gewandung übernommen haben soll. Das ändert nichts daran, dass er im George- und Kosmiker-Kreis ein Außenseiter bleibt. Derleth erwartet die Erlösung nämlich weder wie Klages und Schuler von den Mysterien der Vorzeit noch wie George und seine Jünger von einer neuen, ins Absolute gesteigerten Kunst. Vielmehr proklamiert er in seinen Dichtungen im Stile eines geistigen Befehlshabers einen radikalisierten, zu einer Waffe gegen die Moderne geschmiedeten Katholizismus.

Während sie die Schwester wohl etwas sonderbar, aber durchaus liebenswürdig findet, fällt Hedwig von Anfang an Derleths »Wahnsinnsblick« auf. Als sie ihn 1902, nach längerer Pause wiedertrifft, findet sie ihn »noch gesteigert in seinen Absonderlichkeiten u. wohl fast an der Grenze«.

Und der Abend? Hedwig Pringsheim spricht von »tötlichen 2 ½ Stunden«, in denen Anna Maria die *Proklamationen* ihres Bruders rezitiert habe – »vor seltsam gemischtem Publikum in einem merkwürdig abgestimmten Raum«. Was sie dort hört, nennt sie »dröhnenden Unsinn ohne einen greifbaren Gedanken, einen faßlichen Plan. Religiöser Größenwahnsinn«.

Beim Propheten

Zwei Abende später, am Karfreitag des Jahres 1904, nimmt auch Thomas Mann am »Destouche-Konvent« teil, wie Derleth die Lesungen aus seinem Buch nennt, die an drei aufeinanderfolgenden Tagen stattfinden. Der Schriftsteller hat aus dem Erlebnis des Abends bei Derleth eine kleine Novelle gemacht und ihr den Titel »Beim Propheten« gegeben. Darin tritt auch Hedwig Pringsheim auf. Sie trifft in letzter Minute ein, kurz bevor die Lesung beginnt, die dieses Mal von einem »untersetzten und stämmigen jungen Mann in dunklem Jackenanzug«, einem aus der Schweiz angereisten Jünger Derleths, gehalten wird.

> Plötzlich kam noch die reiche Dame an, die aus Liebhaberei solche Veranstaltungen zu besuchen pflegte. Sie war in ihrem seidenen Kupee aus der Stadt, aus ihrem prachtvollen Hause mit den Gobelins und den Türumrahmungen aus Giallo antico hierhergekommen, war alle Treppen heraufgestiegen

> und kam zur Tür herein, schön, duftend, luxuriös, in einem blauen Tuchkleid mit gelber Stickerei, den Pariser Hut auf dem rotbraunen Haar, und lächelte mit ihren Tizian-Augen. Sie kaum aus Neugier, aus Langerweile, aus Lust an Gegensätzen, aus gutem Willen zu allem, was ein bißchen außerordentlich war, aus liebenswürdiger Extravaganz, begrüßte Daniels Schwester und den Novellisten, der in ihrem Hause verkehrte, und setzte sich auf die Bank vor der Fensternische zwischen die Erotikerin und den Philosophen mit dem Äußern eines Känguruhs, als ob das in der Ordnung sei. »Fast wäre ich zu spät gekommen«, sagte sie leise mit ihrem schönen, beweglichen Mund zu dem Novellisten, der hinter ihr saß. »Ich hatte Leute zum Tee; das hat sich hingezogen ...«

Und noch jemand ist anwesend, den wir kennen. Hinter der »unverheirateten jungen Mutter von adliger Herkunft, die von ihrer Familie verstoßen« wurde, verbirgt sich niemand anderes als Franziska zu Reventlow, die in der Tat an dem Abend zugegen war. Dass sie »ohne alle geistigen Ansprüche« sei, wie Thomas Mann zu wissen meint, zeugt zwar nicht gerade von persönlicher Kenntnis und folgt einem bösen Klischee, die Erwähnung ihrer unehelichen Mutterschaft hingegen trifft einen zentralen Punkt ihrer Attraktivität für den Kreis um Stefan George.

Daniel, wie Ludwig Derleth in »Beim Propheten« genannt wird, ist ein Bruder von Hieronymus aus »Gladius Dei«. Auch er verkündet das Schwert, um sein fundamentalistisches Programm der Weltveränderung durchzusetzen. Thomas Mann hat Derleths *Proklamationen* genau gelesen. Der Aufruf, mit dem der Vortrag des Schweizer Jüngers in seiner Novelle endet, ist ein beinahe wörtliches Zitat: »Soldaten! Ich überliefere euch zur Plünderung – die Welt.«

Doch etwas hat sich gegenüber »Gladius Dei« verändert. Dieser Daniel ist keine Maske des Autors mehr. Thomas Mann beginnt sich von jeder Vorstellung, dass ein Schriftsteller als Prophet zu

Dieser Schriftsteller ist auf dem besten Weg, seinen Frieden mit der bürgerlichen Welt zu machen: Thomas Mann, fotografiert von Philipp Kestner, 1905.

agieren, eine Mission zu verkünden habe, zu lösen. Der »Novellist«, der in seiner Erzählung auftaucht, ist auf dem besten Wege, seinen Frieden mit der bürgerlichen Welt zu machen. »Wie befinden Sie sich?«, fragt er die reiche Dame, als er sie im Anschluss an die Lesung zum Wagen geleitet. Sie äußere sich ungern über solche Dinge, lässt Thomas Mann seine Schwiegermutter in spe sagen. Vielleicht sei dieser Daniel tatsächlich ein Genie »oder doch etwas Ähnliches«.

»Ja, was ist das Genie«, sinniert daraufhin der Novellist. Bei diesem Daniel seien alle Voraussetzungen dazu vorhanden: »die Einsamkeit, die Freiheit, die geistige Leidenschaft, die großartige Optik, der Glaube an sich selbst, sogar die Nähe von Verbrechen und Wahnsinn.« Doch etwas fehle. »Vielleicht das Menschliche? Ein wenig Gefühl, Sehnsucht, Liebe.« Aber, so fügt er hinzu, das sei »eine vollständig improvisierte Hypothese ...«

Apotheose und Abgesang

Am 16. April 1904 stirbt Maximilian Kronberger, einen Tag nach seinem 16. Geburtstag. Georges Trauer ist echt, selbst wenn er an der Beisetzung nicht teilnimmt, sondern stattdessen für ein paar Tage verreist. Der Verlust des jungen Mannes trifft ihn schwer. Einen »leitstern in diesen wirren« nennt er ihn, in Anspielung auf die Auseinandersetzungen in der Kosmikerrunde.

Genau besehen aber spielt der Tod des jungen Mannes ihm durchaus in die Karten. Denn wie hätte sich die Beziehung zu Max Kronberger entwickeln sollen, wenn dieser die Krankheit überstanden hätte? Mit großer Wahrscheinlichkeit wäre er seinen Weg der Selbstbehauptung, als Dichter wie auch in Liebesdingen, weitergegangen. Und ob nun Mimi Droste oder Dolores Tutti – eine Leda hätte sich schon gefunden, die in dem jungen Dichter den begehrenswerten jungen Mann gesehen hätte und der er noch viele Verse hätte widmen können. Kurzum, die exklusive Beziehung zu George wäre wahrscheinlich zerbrochen, allein schon deswegen, weil sich der junge Mann nicht, wie von ihm erwartet, als die passive, plastische Masse erwies, die sich dem Form- und Kunstwillen des Älteren umstandslos fügt.

So aber hat George es selbst in der Hand, was aus Max Kronberger und seiner Beziehung zu ihm wird. Der plötzliche Tod des jungen Mannes verschafft ihm die Möglichkeit, die gefährdete, zeitlich befristete Beziehung glücklich zu Ende zu denken und sie mit einem Ewigkeitswert auszustatten. Umgehend bittet er die Eltern, alles aufzubewahren, was Max an Gedichten und Aufzeichnungen hinterlassen hat. Er benötige all dies für das »gedächtniszeichen«, das er ihm eines Tages setzen wolle. Und George deutet auch an, in welcher Richtung er sich diese Erinnerung denkt. Max werde »unter uns weiterleben in der Gestalt wie er von uns schied, als ein unvergänglicher Liebling Gottes und der Menschen«, schreibt er an die Eltern.

Trotz des Auseinanderbrechens des Kosmikerkreises und des

Todes von Max Kronberger hält George an seiner Gewohnheit fest, die ersten Monate des Jahres in München zu verbringen. Darauf angesprochen, bekräftigt er seinen Willen, diesen »Hauptsitz« nicht aufzugeben, selbst wenn einige Brüche und Verluste die Stadt nun in einem anderen Licht erscheinen ließen. Ehe er an ein anderes Werk gehe, werde er ein Gedenkwerk für Max, der da schon feierlich »Maximin« genannt wird, herausgeben: »Eine einleitung die sein menschliches bild festhält - eine reihe von gedichten unsres kreises zu seinem andenken - dann eine auswahl seiner eignen verse.« Im Moment aber könne er »keine bessere aufmunterung« empfehlen als »Maximins letztes gedicht. Es ist so schön wie die einfachen und grossen dinge es ist die ahnung seines todes und zugleich die krönung dieses gotterfüllten lebens das gelebt wurde in einer so götterlosen zeit.«

Die wenigen Zeilen lassen schon erkennen, wie weit George in seinem Gedenken gehen wird: Als Maximin wird Max Kronberger zu einem zentralen Bestandstück von Georges Kunstmythologie: Der Meister hat ihn als den erkannt, der er eigentlich war, und trägt sein Bild nun auf dem Weg ins gelobte Land der Kunst als leuchtende Monstranz voran, die den Gedanken von der ästhetischen Erlösung des Lebens bekräftigt.

Der Mythos von Meister und Jüngling, von der Jugend als Zukunft und der Kunst als Religionsersatz passt perfekt in das von der Jugend und dem Jugendstil besessene München. Aber nicht nur das. Er ist auch eine Lösung des George stark bedrängenden Problems der Homosexualität. Was den geliebten jungen Mann eigentlich von ihm weggeführt hat, holt George mit großer Geste wieder zurück in die Interpretationsmuster seiner Kunstmythologie. So kann er beides retten: die Liebe zu ihm wie auch die Liebe zur Kunst.

Noch geschwächt von ihrer letzten OP liegt Franziska zu Reventlow fürsorglich betreut von ihrem neuen Freund, dem polnischen Künstler Bohdan von Suchocki, in ihrem Zimmer im ersten Stock des Hinterhofgebäudes auf der Kaulbachstraße. Der junge Franz Hessel, auch er ein Jude und eine Bekanntschaft Karl Wolfskehls, hat die heruntergekommene Wohnung angemietet, die schon bessere Tage gesehen hat. Alle Zimmer sind bis zur halben Höhe vertäfelt, und überall hängen noch die Kronleuchter der reichen Leute, die vorher hier gelebt haben. Doch die drei Bewohner, die gerade das WG-Leben proben, können der Schäbigkeit des Ambientes durchaus etwas abgewinnen; es bedeutet ihnen keineswegs nur Armut und Verwahrlosung, sondern atmet für sie auch die Aura des Geheimnisvollen, der Unverfälschtheit, des Nicht-Festgelegten.

Bohdan bringt der Genesenden gerade eine heiße Suppe ans Bett, als Marianne von Werefkin hereinschaut – beinahe provozierend elegant gekleidet, souverän im Auftreten, »eine pompöse Erscheinung, selbstbewusst, herrisch«, wie noch Gabriele Münter finden wird. Womöglich sind ihre medizinischen Kenntnisse gefragt, womöglich auch nur ihre menschliche Anteilnahme. Doch erst einmal ist nur Befremdung zu spüren, zu jäh prallen hier zwei Welten aufeinander, getrennt nicht nur durch die Lebensumstände, sondern durch den gesamten Lebensstil, durch die Auffassung, wie ein gelungenes Leben auszusehen hat. Mit ihrer scharfen Beobachtungsgabe registriert Marianne von Werefekin sofort, dass Bohdan, der sie sogar mit Handkuss begrüßt, »die Hosen eines anderen trägt, weil er keine eigenen Hosen mehr hat«. Was sie wahrnimmt, vermag sie aber nur als Deklassierung, als Verfall zu begreifen. »Diese beiden Kinder, so einfältig und arm wie Lot und doch so reich an Hirngespinsten, unglücklich, ohne es zu spüren, deklassiert, ohne darunter zu leiden, scheinen mir aus einem Traum gekommen«, notiert sie. Doch zu diesem Traum hat sie keinen Zugang. Zumindest noch nicht.

Das ist bei dem jungen Franz Marc, einem der wenigen gebürtigen Münchner unter den aufstrebenden Stars der hiesigen Künstler-Boheme, anders. Auch er arbeitet mittlerweile in der Kaulbachstraße, beinahe schräg gegenüber. Die Kopistin Annette Simon, neun Jahre älter als er und Gattin des Professors für Indologie Richard Simon, hat dem Geliebten ihr Atelier abgetreten, bezahlt aber weiterhin die Miete. Und Marc schaut zuweilen in der Küche der Wohngemeinschaft vorbei, man tauscht sich über die Bälle aus, die man als Faschings-Aficioanado oder -Aficioanada in dieser Saison keinesfalls versäumen sollte.

Fehden schweigen, Freuden brausen
Wollen Stern wie Blumen streun
Schwabing eins mit Bogenhausen
Reiches Anfang: halber neun,

steht auf einer Einladung. Das Bohemeleben ist auch eine Fortsetzung der Romantik unter den Bedingungen der modernen Entzauberung der Welt.

Der Schwabinger Beobachter

Eine Zeitlang hat Franziska zu Reventlow auf den Festen des George- und Kosmiker-Kreises mitgemischt, die zumeist in der Wolfskehl'schen Wohnung stattfinden. Auf einem Gruppenfoto aus dem Jahr 1903 sitzt sie am linken Bildrand als Bacchantin verkleidet mit einem Weinlaubkranz im Haar. Im Zentrum posiert Stefan George als Cäsar in einer weißen Toga. Wolfskehl ist in seiner Lieblingsrolle als Dionysos, der Gott des Rausches und der Ekstase, zu sehen, Schuler als »Magna Mater«, die Urmutter. Klages hingegen hat sich als indischer Mönch verkleidet; gehemmt wie er ist, begnügt er sich auf solchen Veranstaltungen stets mit der Rolle des Beobachters.

Doch zunehmend gehen der Gräfin, wie schon Hedwig Pringsheim, das affektierte Getue und der intellektuelle Größenwahnsinn der Männer um Klages und George auf die Nerven. Die weltanschaulichen Auseinandersetzungen erscheinen ihr lebensfern, ja weltfremd. Von »Wahnmochingerei« wird sie später sprechen, wenn sie den »ganz besonderen Jargon« aufs Korn nimmt, der hier gepflegt wird. Ständig ist von »kosmisch« und »molochitisch«, von »Blutleuchte« und »Urschauer« die Rede, und alles irgendwie Besondere gilt als »enorm«, nicht zuletzt diejenigen, die hier mitmachen. Ganz besonders abgestoßen aber wird sie von dem unverhohlenen Antisemitismus, in dem sich Klages und Schuler mittlerweile gefallen und den sie gegen Wolfskehl in Stellung bringen.

Gemeinsam mit ihrem Mitbewohner Franz Hessel, der in München Jura und Orientalistik studiert, vor allem aber seinen literarischen Ambitionen nachgeht, holt sie im Mai 1904 zum Gegenschlag aus. Da wird allen Mitwirkenden jeweils über Nacht und gänzlich unverlangt eine neue Zeitschrift in die Wohnungen zugestellt; insgesamt drei Ausgaben in kleinster Auflage. Sie nennt sich *Schwabinger Beobachter* und pflegt wie Georges *Blätter für die Kunst* nicht nur die Kleinschreibung, sondern auch eine pathetische Sprache, allerdings in diesem Fall leicht als Parodie erkennbar.

»Der schwabinger beobachter hat seine fahne auf der freien höhe der unbefangenen beobachtung aufgepflanzt«, lautet die Selbstbeschreibung des Blattes. Berichtet wird von der »schwabinger cäsarenwoche«, und alle Mitwirkenden an den Streitereien der Kosmikerrunde haben ihren maskierten Auftritt: Stefan George als »Erlauchter« und biertrinkender Oberlehrer, dessen Vorname mit dem des oberbayerischen Bierortes »Weihenstephan« in Verbindung gebracht wird. Ludwig Klages als »Dr. phil. Lamentates«; im Inseratenteil wird sein »bevorstehendes hauptwerk« unter dem Titel »Wie werde ich enorm?« angezeigt – ein How-to-Buch der Schwabinger Machtergreifung. In einem weiteren Inserat wird Alfred Schuler von seiner »mama« gesucht: »kehre zurück! – der arier ist besudelt«, fleht sie. Und Ludwig Derleth ist mit einem »wortgetreuen stenogramm« seiner neuesten »visionen« vertreten: »wehe dir, schwabing, wehe dir, neu-freimann, wehe dir, leopoldstrasse«, verkündet er: »ICH habe alle eure gräuel gesehen und weiss alle eure verderbnis ...«

Der *schwabinger beobachter* richtet scharf und herzlich: Die drei Ausgaben sind eine satirische Abrechnung mit dem Kosmiker- und George-Kreis, die selbst Wedekind und seinen Mitstreitern zur Ehre gereicht hätte. Das ganze hochfahrende Gerede über Selbst- und Welterlösung wird der Lächerlichkeit preisgegeben. »Was hab' ich davon wenn ich abends dionysisch herumrase – mir wie ein Halbgott vorkomme und am nächsten Morgen doch wieder in der Trambahn in mein Büro fahren muß?«, fragt Franziska zu Reventlow. Wer wollte die dort kursierenden Ideen danach noch ernst, die Personen, die sie vertreten, noch für voll nehmen!

Die Traumtänzerin

Höchste Zeit also für einen Szenenwechsel. Ganz München ist gekommen. Der Reporter der sozialdemokratischen *Münchener Post* lässt seinen Blick durch die Zuschauerreihen schweifen:

> Da saßen sie alle, die Halbgötter, von denen die Tageszeitungen so ehrfurchtsvoll reden: die berühmten Mimen, Mimosen, Sänger und Sängerinnen, die »großen« Meister des Pinsels, die saturierten Villenbesitzer von Bogenhausen, die genialischen modernen Dichter, die Kommerzienräte, Aufsichtsräte und Bankdirektoren, und auch die Schar der kleineren Geister, die in jeder anderen Stadt noch große Geister sein würden, die Herren mit hohen Kragen, die Jünglinge mit den langen Haaren, die Damen in Reformkleidern, die kurzgeschorenen Frauenrechtlerinnen und die liebreizenden Malweibchen ...«

Ganz München? Nun, es gibt Ausnahmen. Franz von Lenbach etwa, der Primus unter Münchens Malerfürsten, hat zu seinem großen Bedauern aus gesundheitlichen Gründen den ehrenvollen Auftrag ausschlagen müssen, Madeleine Guipet, die Attraktion des Abends, »in ihren besten Posen« zu malen. Aber für ihn ist Albert von Keller, Gründungsmitglied des Künstlervereins *Allotria* und der *Münchner Secession*, eingesprungen. Und ist der Damenmaler, der wie kein anderer die Seelenzustände seiner Modelle auf die Leinwand zu bannen versteht, nicht sogar die bessere Wahl? Zudem ist von Keller auch Mitglied der *Psychologischen Gesellschaft*, die sich bekanntermaßen der Erforschung der menschlichen Seele widmet. Und das kann in diesem Fall nur von Vorteil sein.

Auch Thomas Mann fehlt. Aber das fällt nicht weiter auf. Wohl ist er hier längst kein Unbekannter mehr. Seit Neuestem verkehrt er sogar in einigen wichtigen Salons. Aber der ganz große gesellschaftliche Durchbruch steht noch aus. Genauer gesagt, Thomas Mann arbeitet daran. Und macht »Riesenfortschritte« auf diesem Gebiet. Er wirbt nämlich gerade um Katia Pringsheim, die einzige Tochter von Hedwig und Alfred Pringsheim. Der junge Schriftsteller zeigt sich von der Verbindung von Reichtum und Kultur schwer beeindruckt.

Thomas Mann ist also entschuldigt. Womöglich würde ihm die ganze Veranstaltung aber auch wie dem sozialdemokratischen Reporter zu sensationslüstern, zu faunisch und überspannt, mit einem Zentralbegriff der damaligen Kulturkritik »dekadent« vorgekommen. Denn nicht Sprechtheater steht an den drei Abenden des März 1904 auf dem Programm des Schauspielhauses, sondern - Tanz. Wenn man denn diesen Begriff, der zumal an solchem Ort kunstvolle, ans Artistische grenzende Darbietungen erwarten lässt, hier überhaupt verwenden will.

München ist eine tanzverrückte Stadt. »Wie auf dem Pariser Montmartre alles mit Liedern endet, so schloss in Schwabing alles mit Tanz«, erinnert sich René Prévot, der beide Stadtviertel gut kennt. Einen Eindruck davon vermittelt Mieze Römermann, eine

Jugendfreundin von Klages. Sie ist neu in München, und Franziska zu Reventlow nimmt sie mit auf den ersten Faschingsball ihres Lebens, die »Elendenkirchweih« in Pullach im Isartal. Mieze hat sich als zerlumptes Zigeunermädchen kostümiert, die Reventlow geht als Hingerichtete mit einem feinen roten Strich um den Hals und in einem Armesünderkleid, auf das sie etwas rote Tinte verspritzt hat. Wolfskehl kommt als imponierender Höllenfürst. Die Anreise ist langwierig: erst mit der Tram bis Groß-Hesselohe, dann weiter auf Bauernschlitten bis zum Rabenwirt. Dann endlich ist die Schwabinger Abordnung am Ziel: »Ich trete ein, sofort sind Masken um mich, die mit mir tanzen wollen«, berichtet Mieze Römermann. »Ich fliege von einem Arm in den andern, tanze bis ich beinahe umfalle, sehe überhaupt keinen einzelnen mehr, über mir Tannengewinde, bunte Fahnentücher, Lichter, rote Lichter, Kränze, sich drehende Lichterkränze, Musik, Musik, bacchantisches Treiben. Ich war auf dem Gipfel der Seligkeit. Das erste Faschingsfest, unbeschreiblich …«

Tanz gilt zudem als Leitkunst des Aufbruchs in die moderne Zeit, und gerade die Münchner zeigen sich auch Experimenten auf diesem Gebiet aufgeschlossen. Es ist noch nicht lange her, da hat Isadora Duncan mit ihren an antiken Mustern orientierten freien Barfußtänzen die Münchner zum Rasen gebracht. Nachdem die Wegbereiterin des modernen Tanzes persönlich bei Franz Stuck vorgesprochen hatte, war es ihr sogar gelungen, das Münchner Künstlerhaus für ihre Auftritte zu bekommen. Daran lag ihr sehr viel – wollte sie doch demonstrieren, dass ihre Art zu tanzen eine Kunstform sui generis sein wollte und nichts mehr mit einem Gesellschaftsvergnügen oder gar mit Freikörperkultur zu tun hatte, wie die Kritik ihr vorwarf. Und das Kalkül ging auf: Die Presse überschlug sich vor Begeisterung und das Publikum strömte in die Vorstellungen. Aus sechs geplanten wurden schließlich acht Abende plus eine Abschiedsvorstellung vor den Mitgliedern des Münchner Künstlerhauses. Aber nicht nur das: Isadoras größte Fans in München sind die jungen Leute, insbesondere die Studenten. Stundenlang stehen sie vor dem Fenster ihres Zimmers im Bayerischen Hof, bis sie sich für einen Augenblick zeigt. Einmal spannen sie die Pferde ihrer Kutsche aus und ziehen sie eigenhändig vom Künstlerhaus zum Hotel. Aber die Fans kommen nicht nur zu ihr, sie kommt auch zu ihnen und tanzt in einer Studentenkneipe auf dem Tisch. »Isadora, Isadora, ach, wie schön ist das Leben!«, singen die Studenten, während sie ihr das Kleid in Fetzen vom Leibe reißen, weil jeder ein Stück davon als Souvenir erhaschen will.

Ein Experiment ist der heutige Abend dennoch. Denn es geht um eine neue, überraschende Synthese – von Tanz und Hypnose, allgemeiner gesagt von Kunst und Wissenschaft, oder noch anders, von Seele und kreativem Ausdruck. Madeleine Guipet ist keine professionelle Tänzerin, sondern eine schlichte französische Bürgersfrau, Mutter von zwei Kindern, und strenggenommen, nun ja, eher ein psychopathologischer Fall. Wegen ihrer Migräneattacken hat sie einen Nervenarzt aufsuchen müssen. Bei der Behandlung mit Hypnose ist dann entdeckt worden, dass sie im somnambulen Zustand, erklingt währenddessen Musik, unwillkürlich tanzartige Körperbewegungen, begleitet von expressiver Gestik und Mimik, auszuführen beginnt, wobei auch die Kopfschmerzen verschwinden. Und dabei beweist sie unleugbar enormes Talent, möchte man nicht sogar von künstlerischer Gestaltungskraft sprechen. Die im gewöhnlichen Leben eher unscheinbare Frau drückt die von der Musik ausgelösten Seelenzustände so dramatisch und suggestiv aus, dass die Erregung unmittelbar auf die Zuschauenden überspringt. Auch der Bildhauer Auguste Rodin, in dessen Pariser Atelier Madeleine aufgetreten ist, hat voller Enthusiasmus reagiert.

Albert von Schrenck-Notzing hat Madeleine bei einem seiner regelmäßigen Parisbesuche entdeckt. Der Seelentherapeut hat längst erreicht, wovon Thomas Mann zu diesem Zeitpunkt noch träumt: Nach dem prägenden Vorbild Lenbachs ist er durch Einheirat in den Geldadel zu großem Wohlstand gelangt. Der

Bau einer eigenen, hochherrschaftlichen Villa im Herzen der Kunststadt, unweit des Karolinen- und Königsplatzes, steht kurz bevor.

Zusammen mit ihrem Arzt, dem Magnetiseur Émile Magnin, hat der Freiherr Madame Guipet spontan nach München eingeladen. Sein ursprünglicher Plan war, die »Traumtänzerin« im kleinen Kreis vorzuführen, als schlagenden Beweis für seine These von der Gestaltungs- und Heilungskraft des Unbewussten unter Hypnose. Doch der Erfolg von Madeleines mehrfachen Auftritten vor geladenen Gästen, darunter Arztkollegen, Künstlern und Journalisten, übertrifft alle Erwartungen. »Hier schält die Hypnose die Kunst aus dem Alltagsmenschen heraus«, meint Eduard von Keyserling, nachdem er die Schlaftänzerin in einer ihrer ersten Privatvorführungen gesehen hat. Jeder Mensch ist ein Künstler – sobald es ihm jedenfalls gelingt, für seine Gefühlsbewegungen den richtigen plastischen oder mimischen Ausdruck zu finden.

Schrenck-Notzing und seine Kollegen von der *Psychologischen Gesellschaft* entschließen sich daraufhin, für weitere Darbietungen das Schauspielhaus anzumieten. An den drei Abenden kommen insgesamt 5000 Gäste, um »die Tänzerin mit unbewußten Beinen, die nur im Traume oder Wachschlaf tanzt«, wie es in der Münchner Zeitschrift *Jugend* heißt, als Phänomen, als Offenbarung, als Wunder zu bestaunen. 2000 von ihnen scheuen sich nicht, das seinerzeit exorbitante Eintrittsgeld in Höhe von 20 Mark zu entrichten, 3000 weitere – Künstler, Ärzte, Gelehrte, Literaten – haben freien Einlass. Die Traumtänzerin ist Stadtgespräch. Auf den Münchner Straßen kursiert der Witz: »Haben Sie denn schon gehört, dass sich die Frau Kommerzienrat gestern erhängt hat?« – »Nicht möglich! Etwa weil ihr Mann neulich Bankrott gemacht?« – »Gott bewahre! Aber sie hat die Schande nicht überleben können, dass sie die Madeleine nicht gesehn!«

Madeleines Ausdrucksbewegungen sind nicht einstudiert, sondern entstehen spontan unter dem Einfluss der Hypnose. So jedenfalls der Eindruck, an dem auch der Bericht einer Journalistin nichts ändert, die Madame Guipet in ihrem Hotel aufsucht und die Überzeugung gewinnt, dass sie sehr viel Gymnastik macht, ihren Körper hart trainiert und sich in jeder Hinsicht auf ihre Rolle in der Öffentlichkeit exzellent vorbereitet. Tanzt sie etwa zu Chopins »Trauermarsch«, eine ihrer Paradedarbietungen, dann glaubt man zu sehen, zu spüren und nicht zuletzt zu hören, wie Grauen und hilfloser Schmerz, unsägliche Qual, Klagen, Schluchzen und Jammern, zwischendurch Momente des Trostes und der Beseligung, schlussendlich aber Resignation und Todesmüdigkeit durch ihren Körper strömen und von ihm Besitz ergreifen. Nichts scheint gewollt, gestellt oder berechnet zu sein – alles echt. Hier ist jemand von den seelischen Zuständen, die von der Musik transportiert oder doch von ihr ausgelöst werden, durch und durch ergriffen und agiert sie spontan aus. Schrenck-Notzing und andere Mitglieder der *Psychologischen Gesellschaft* sehen darin einen Weg, unbewusste Seeleninhalte zugänglich, erfahrbar und gestaltbar zu machen. Der Freiherr geht sogar so weit, künstlerische Produktivität insgesamt mit pathologischen Seelenzuständen in Verbindung zu bringen und spricht lange vor Sigmund Freud von »psychischer Dissoziabilität« als Voraussetzung des künstlerischen Schaffens. Ludwig Klages geht noch weiter: Er sieht durch die Traumtänzerin seine kulturkritische Ansicht vom Geist als Widersacher der Seele bestätigt. Die Herrschaft der technischen Rationalität, unter die der Mensch zunehmend geraten ist, kann er nur brechen, indem er die verborgenen Seelenkräfte entfesselt. Weist die Traumtänzerin den deformierten Menschen der Gegenwart also womöglich den Weg in eine bessere Zukunft?

Noch im Jahr der Auftritte von Madeleine in München publiziert Schrenck-Notzing eine psychologische Studie über die Traumtänzerin. »Der moderne Kulturmensch benimmt sich selten so, wie ihm zu Mute ist«, lautet einer ihrer einprägsamen Sätze. Unsere Zeit liebe es, »ihre innersten Gefühle zu verstecken«. Insbesondere die Erziehung, aber auch der Alltag unterdrücken die Umsetzung von Gefühlserlebnissen in Ausdrucksbewegungen.

Das schlage nicht nur auf die Gefühle selbst bis hin zu ihrer Verkümmerung zurück, die »systematische Unterdrückung und Bekämpfung« von Affektvorgängen wirke auf reizbare Personen auch direkt »nervenzerrüttend«. Verbitterung, Störung des seelischen Gleichgewichts, ja Krankheit seien die Folge. Aus diesem Dilemma, so Schrenck-Notzing, weise Madeleine einen Ausweg, indem unter Hypnose ihre nur eingeklemmte Ausdrucksfähigkeit befreit würde. Das ist *in nuce* eine psychologische Kulturtheorie, lange vor Freuds Schrift *Das Unbehagen in der Kultur* aus dem Jahr 1930, und auch gleich verbunden mit einer Lösung: Die Seele zum Tanzen bringen, um ihre Beschädigungen durch die moderne Zeit zu reparieren – *decadance*, wie die Bee Gees sagen werden, statt Dekadenz.

Der Berliner Theaterkritiker Alfred Kerr, der Madeleine Guipet im kleinen Kreis bestaunt, sekundiert dem Arzt. Er sieht »Unerhörtes an Darstellungskunst«, wie er notiert. »Gibt es einen Künstler, der ganz im Wachen schafft?«, entgegnet er den Zweiflern, die meinen, Madeleines Gefühlsausdruck sei nur gespielt. Er glaube das jedenfalls nicht. Suggestion und Autosuggestion gehören immer dazu, wo es darum gehe, »die letzte Wirkung, die an den Sitz der Seele selber greift, hervorzurufen«. Und dann der hellsichtige Satz: »Die Hemmungen sind gefallen.«

Siegestor

Es ist der 19. Oktober 1904. Beinahe unbekleidet trabt der hinkende Oskar Panizza von seiner Wohnung in der Feilitzschstraße über die Leopoldstraße Richtung Siegestor, diesem »Dem Bayerischen Heere« gewidmeten Triumphbogen, der das offizielle München markant von dem der Künstler und Bohemiens trennt. Von einem Wachtmeister angehalten, behauptet er, gerade Ausgang zu haben, und wird daraufhin von der Polizei dorthin verbracht, wo er gar nicht herkommt, aber sich selbst sieht: in eine Verwahrungsanstalt für Verrückte. Schon mehrfach hat sich Panizza in den letzten Monaten selbst in die Psychiatrie einzuweisen versucht, zunächst in die Münchner Kreisirreanstalt, wo er eine Zeitlang als Assistenzarzt tätig gewesen ist; dort wurde seine Aufnahme aber abgewiesen. In der privaten Heilanstalt Neufriedenheim dagegen wurde er nach wenigen Tagen wegen streitbaren Verhaltens vor die Tür gesetzt. Nun endlich hat er Erfolg. Die Selbstdiagnose des einstigen Psychiaters und jetzigen Dichters: »Dissozjazjon der Persönlichkeit«.

KAPITEL 6

Die Seelensucher

1905–1910

Sie nennen ihn den »leberleidenden Rittmeister«. Doch Thomas Mann zeigt den Pringsheims, dass mehr in ihm steckt: ein eiskalter Eroberer, durchtriebener Psychologe und Rächer der Beleidigten. Derweil kommt mit dem reichlich unorthodoxen Freud-Schüler Otto Gross die Psychoanalyse nach München. Ganz entgegen seiner hehren Absicht liefert sein verheerendes Wirken ein Lehrstück darüber, was passiert, wenn man die Menschen befreien will, und sei es nur zu sich selbst. Ist die Rettung da von der Kunst zu erwarten? Marianne von Werefkin, Alexej Jawlensky, Gabriele Münter und Wassily Kandinsky meinen unisono »Ja!« und wagen in Murnauer Sommern und Münchner Vereinigungen den Sprung vom »Naturabmalen zum Abstrahieren«. Doch die Show stiehlt ihnen ein ukrainischer, nicht-binärer Jude, der die bildende Kunst mit dem Tanzbein vertauscht und so spielend findet, wonach die anderen mühevoll suchen: die Seelenkunst. Nur Franziska zu Reventlow ist von all dem nicht mehr zu erreichen. Nach fünfzehn Jahren Schwabinger Schlawinerinnenexistenz besteigt sie den Zug nach Nirgendwo, der sie zu ihrem Glück nach zweimal Umsteigen ins Tessin bringt.

Die Eroberung

Eine Verlagerung

Die Mutter ist mit der Hochzeit ihres Zweitältesten gar nicht zufrieden. Sie findet das Fest kärglich, prosaisch, ihrem Sohn nicht angemessen. Er hätte eine kirchliche Trauung verlangen müssen, meint sie, so wie es die Familientradition, jedenfalls ihre, vorschreibt. Zu nichts anderem sei sie geladen, als mit dem Hochzeitspaar zu dinieren. Sie findet die Braut kühl, fragt sich, ob sie ihren Sohn wirklich liebt. Thomas Manns Bruder, dem sie ihr Leid klagt, hört förmlich ihre Seufzer, als er ihren Brief liest: »Ach Heinrich, ich war ja *nie* mit dieser Wahl einverstanden.«

Eine Wahl aber ist es, in der Tat. Und Mann hat gewählt, die Braut ist, wenn es hochkommt, die Erwählte. Nach dem Ende der Freundschaft mit Paul Ehrenberg hat der junge Schriftsteller systematisch begonnen, über eine bürgerliche Ehe nachzudenken. Seine Liebesbeziehungen zu Männern sind nie darauf angelegt gewesen, in dauerhafte, lebbare Verhältnisse zu münden. Ein Outing kommt für Thomas Mann so wenig in Frage wie für Stefan George. Die erotische Verführung, die für ihn von Knaben und jungen Männern ausgeht, hat auch damit zu tun, dass sie die Gegenwelt bedeuten zur bürgerlichen Realität mit ihren Verpflichtungen zu Form und Gefühlskontrolle. Paul Ehrenberg, das sind »die Tage des lebendigen Fühlens«, wie Thomas Mann in einem an den Freund gerichteten Liebesgedicht formuliert.

Doch jetzt ist es entschieden: Thomas Mann will seinem Künstlertum, mit dem er in der bürgerlichen Welt beginnt erfolgreich zu sein, auch eine bürgerliche Verfassung geben, als Gegengift gegen

Ästhetizismus, Promiskuität, Unfruchtbarkeit und Todessehnsucht, die er nicht nur mit homoerotischen Gefühlen verbindet, sondern generell als Tendenz eines Lebens erkennen zu glaubt, das sich rein auf ein künstlerisches Verhältnis zur Welt gründet. »Neigung zum Abgrund« nennt er das auch.

Die bürgerliche Ehe dagegen steht für »Dauer, Gründung, Fortzeugung, Geschlechterfolge, Verantwortung«, wie er das später formulieren wird. Selbst die Zuneigung der Ehepartner ist da dem Entschluss zur Verehelichung nachgeordnet, stellt sich womöglich im Vollzug der Ehe ein, ist aber nicht ihr Fundament. Thomas Mann macht mit dieser Vorstellung von Ehe, die schon damals einen Bart zu bekommen beginnt, durch ein Zitat Hegels Bekanntschaft und erkennt darin nachträglich genau seinen Fall.

Doch wohin mit den Gefühlen? Reicht es, sie allein aufs literarische Werk zu lenken? Thomas Mann weiß sehr genau, dass ohne »die Tage des lebendigen Fühlens« auch seine künstlerische Produktivkraft versiegen würde. Das Verfassen von Literatur lässt sich nicht darauf reduzieren, interessegeleitet wohlgesetzte Worte aufs Papier zu bringen, wie er das nun praktiziert, als er um Katia Pringsheim auch brieflich zu werben beginnt. Reichlich gestelzt wirkt das alles.

Und bedarf es nicht auch einer gewissen Leidenschaft, als seelisch-körperlicher Voraussetzung für »Dauer, Gründung, Fortzeugung, Geschlechterfolge, Verantwortung«? Die Adresse von Dr. Albert Freiherr von Schrenck-Notzing hat sich Thomas Mann bereits im Januar 1899 notiert. Gut zwei Jahrzehnte später wird er an spiritistischen Sitzungen im Hause Schrenck-Notzing teilnehmen und über seine »okkulten Erlebnisse« sogar berichten; auch in ein Kapitel des 1924 fertiggestellten Vorkriegsromans *Der Zauberberg* sind die Schilderungen eingegangen. Zur Jahrhundertwende ist der Nervenarzt aber vor allem für seine Behandlung der »konträren Sexualempfindung« in München bekannt. Nicht auszuschließen, dass sich Thomas Mann sogar einer Suggestionstherapie bei Schrenck-Notzing unterzieht, der die Verlagerung des homoerotischen Verlangens aufs andere Geschlecht zu diesem Zeitpunkt schon ein Jahrzehnt lang durchaus erfolgreich praktiziert. Bei Otto Grautoff, dem Lübecker Freund, erlebt er jedenfalls, wie eine solche Therapie abläuft. Er leiht ihm sogar etwas Geld, damit er in Berlin Dr. Albert Moll, einen Spezialisten für Neurasthenie und Sexualprobleme und einen Weggefährten Schrenck-Notzings, aufsuchen kann.

»Absorbierende Bemühungen«

Im Nachhinein – da ist er immerhin schon mit Katia Pringsheim verlobt – hat Thomas Mann gegenüber dem älteren Bruder die »Werbezeit«, zumindest deren letzte Hälfte, »als eine große seelische Strapaze« bezeichnet. Es gelte andauernd, »sich menschlich stramm zu halten«, und häufig genug laufe das ganze sogenannte Glück auf »ein Zähne zusammenbeißen« hinaus. Von »absorbirenden Bemühungen« und den »fruchtlosen und enervirenden Extasen, die dieser absurden Verlobungszeit eigentümlich sind«, ist da die Rede.

In wen oder was verliebt sich Thomas Mann eigentlich? Er fragt sich das selbst häufig. In die Weltoffenheit der Familie Pringsheim, die unbekümmerte Selbstverständlichkeit, mit der sie ihr Luxusleben führen? »Pringsheims sind ein Erlebnis, das mich ausfüllt«, bekennt er seinem Bruder Heinrich, kurz nachdem er dort eingeführt worden ist: »Tiergarten mit echter Cultur. Der Vater Universitätsprofessor mit goldener Cigarettendose, die Mutter eine Lenbach-Schönheit, der jüngste Sohn Musiker, seine Zwillingsschwester Katia (sie heißt Katia) ein Wunder, etwas unbeschreiblich Seltenes und Kostbares, ein Geschöpf, das durch sein bloßes Dasein die kulturelle Thätigkeit von 15 Schriftstellern oder 30 Malern aufwiegt …«

Das ist natürlich schamlos übertrieben, bis auf die Tatsache, dass für Thomas Mann, ganz in Umkehrung zur öffentlichen Meinung in der Kunststadt München, die Leistung eines Schriftstellers die zweier Maler egalisiert. Mindestens.

Alfred Pringsheim dagegen, der Sammler, der in den einschlägigen Münchner Geschäften immer als der »Herr Kunstmaler« bekannt ist, hält die Schriftstellerei für eine unseriöse Beschäftigung, um nicht zu sagen eine niedere Lebensform. Ganz im Gegensatz zum Musiker und natürlich dem Mathematiker. Als Ehemann für seine einzige Tochter wünscht er sich einen jungen Gelehrten oder Professor, jedenfalls keinen von diesen Literaten, die nicht zu Gesellschaften gehen, sondern in Kaffeehäusern abhängen und die er für problematische Naturen hält.

Kein Zufall ist es, dass Thomas Mann noch vor Katia zuerst Klaus erwähnt, den Zwillingsbruder. Schon als Kind hat der jüngste Pringsheim-Sohn Klavier gelernt, gerade vor einem Jahr ist seine erste Tondichtung, *Das Meer*, uraufgeführt worden. Schon bald wird er in Wien bei Gustav Mahler Komposition studieren. Klaus hat dieselben dunklen Haare und dunklen, feuchtschwarzen Augen wie seine Schwester, dieselbe ein wenig niedergedrückte Nase und dieselben hervortretenden Wangenknochen, denselben blassen Teint und dieselbe weiche Haut. Dass sie einander nicht völlig zum Verwechseln ähneln, liegt vor allem an ihrer Kleidung und der Art, wie sie sich zurechtmachen. Aber die Idee, dass sie durch Kleidertausch und mit ein wenig Schminke auch ihre Geschlechterrollen vertauschen könnten, ist ihnen keineswegs fremd. Beide sind sie exemplarische Beispiele dafür, wie das Feminine und das Männliche in Aussehen, Gesichtszügen, Verhalten und Gehabe ineinander übergehen können, ohne klar wahrnehmbare Grenzen. Beide pflegen sie zudem dieselbe Höflichkeit, denselben kultiviert untertreibenden Ton. Höchstens, dass Klaus seine jugendliche Arroganz noch eine Spur bedenkenloser zur Schau trägt.

Gelten seine verstohlenen Blicke anfangs vor allem ihm? Gut möglich. Und wenn er dann, bevor das zu sehr auffällt, zu Katia hinüberschaut, ist es, als würde ihr Anblick mit dem des Zwil-

In ihr liebt Thomas Mann womöglich auch den Zwillingsbruder: Katia und Klaus Pringsheim, 1904.

lingsbruders verschmelzen. Nein, es ist keine Übertreibung zu sagen, dass er in ihr auch ihn liebt. Klaus scheint das zu begreifen und macht sich ein Spiel daraus, die Blicke für Katia auf sich selbst umzulenken. Und Katia, die mit ihrem Bruder ein Herz und eine Seele ist, bekommt das natürlich mit. Es scheint sie zu amüsieren. Dass gerade darin das Motiv für die aufkeimende Leidenschaft bei Thomas Mann liegen könnte, bedenkt sie wohl kaum.

Unter vier Brüdern aufgewachsen, hat sich die Pringsheim-Tochter, obwohl eine Schönheit, ein burschikoses Verhalten angewöhnt. Sie hätte auch das feine, zarte Mädchen herauskehren können, von der Bruderschar beschützt und ganz auf erlernte Hilflosigkeit geeicht, aber das liegt ihr nicht. Dazu ist sie viel zu pragmatisch (wie ihre Mutter) und viel zu gescheit, mit einem wachen, wissenschaftlichen Verstand begabt. Seine Schwester verbringe ihr Leben damit, ihrem Vater zuzuhören, spottet Klaus gerne. Die Zwillinge hätten Schlagzeilen in der deutschen Presse gemacht, als sie vor drei Jahren gemeinsam das Abitur am Wilhelmsgymnasium bestanden, berichtet er später. Im Anschluss daran hat Katia zudem angefangen, Mathematik und Physik zu studieren, was noch seltener vorkommt als ein weibliches Abitur. Bei Wilhelm Röntgen, dessen Strahlen die Welt in Aufregung versetzen und der dadurch einen Ruf an die Münchener Universität bekommen hat, hört sie Experimentalphysik. Röntgen hat ein besonderes Auge auf sie, die Tochter eines Kollegen. Doch als ihr einmal ein Missgeschick unterläuft und sie einen wertvollen Apparat fallen lässt, fühlt er sich in seiner Ansicht bestätigt, dass Frauen in der Wissenschaft eigentlich nichts zu suchen haben und kanzelt sie auf eine Weise ab, die Katia den Spaß am Studium zumindest bei ihm nachhaltig verdirbt.

Später, da ist Thomas Mann schon tot, wird sie sich erinnern, dass die erste Begegnung mit ihrem späteren Mann in der Trambahn stattfand. Sie wollte gerade aussteigen, da kam der Kontrolleur und verlangte die Fahrkarte. »Ich steig hier grad aus«, habe sie gesagt. Als der Mann auf seiner Forderung beharrte, habe sie noch erläuternd hinzugefügt, die Fahrkarte soeben weggeworfen zu haben, schließlich sei sie im Aussteigen begriffen. Daraufhin der Kontrolleur, immer fordernder: »Ich muß das Billet –. Ihr Billet, hab ich gesagt!« »Jetzt lassen Sie mich schon in Ruhe!«, will sie entgegnet haben und wütend aus der noch fahrenden Tram gesprungen sein. »Mach, dass d' weiterkimmst, du Furie!«, habe ihr der Kontrolleur noch nachgerufen. Thomas Mann aber war wohl von der Szene so entzückt, dass er beschloss, die junge Dame, die ihm zusammen mit ihrem Bruder schon mehrfach bei Opernbesuchen aufgefallen war, nun endlich kennenzulernen.

Als er dann regelmäßig in der Arcisstraße verkehrt, entdeckt er unter den vielen im Wohnzimmer hängenden Gemälden von Lenbach, Thoma und Konsorten auch den »Kinderkarneval« von Kaulbach – das Original des Pierrotbildes, das er einst aus einer Illustrierten ausgeschnitten und mit Reißnägeln über seinem Schreibtisch befestigt hat. Katia passt perfekt in die geschlossene Phalanx ihrer vier hübschen Brüder. Für Thomas Mann ist es die wohl schönste Bestätigung seiner Wahl.

Die fünf Geschwister sprechen mit scharfer Zunge, nach außen hin ständig im Angriffsmodus und doch eher aus einer inneren Abwehrhaltung heraus, verletzend und womöglich doch nur aus Spaß am gelungenen Bonmot und der ironischen Bemerkung. Nicht, dass sie ihm etwa bis zum Letzten zusetzen und unbedingt Recht behalten wollen. Als viel kränkender empfindet er, dass sie seine armseligen, gepresst vorgebrachten Beiträge ins Leere laufen lassen, als fänden sie, dass sie ihm durchaus angemessen, aber nicht weiter interessant seien.

Wenn er etwa ein geringfügiges Zuspätkommen damit entschuldigt, dass der Weg von der spärlichen Wohnung, in der er seine heißkalte Prosa aufs Papier bringt, doch recht weit sei, muss er mit der Entgegnung rechnen: »Sehr weit. Und wie nun übrigens, wenn Sie in Anbetracht dieses Weges Ihre Mansarde ein wenig früher verließen?« Gern wird noch hinzugefügt: »Das würde von entschieden befeuernder Wirkung auf den Gang unseres Hauswesens sein.« »Ja, mein Gott«, bringt Thomas Mann dann gerade noch mit matter Stimme hervor.

Mit Vorliebe ergeht man sich im Durchhecheln von Fragestellungen, die Thomas Mann als Sophistereien empfindet, nicht lebensbedeutsam genug, um die hier überreichlich vorhandene Intelligenz darauf zu verschwenden. Etwa der, ob, wenn a) die notwendige und hinreichende Bedingung für b) sei, dann auch b) die notwendige und hinreichende Bedingung für a) sein müsse. Die Geschwister und auch der Vater setzen all ihre Schläue und ihren Witz daran, durch versierte Antworten zu glänzen, tragen entlegene und abenteuerliche Beispiele vor und befleißigen sich einer so abstrakten wie streitbaren Dialektik, um die Antwort des Vorredners noch an Scharfsinn und Originalität zu überbieten. Und wenn Thomas Mann, der anders als Katia eben kein Abitur hat, dann endlich ansetzt, auch noch etwas dazu zu sagen, hat man bereits das Thema gewechselt.

Kommt das Gespräch auf Kunst, Musik und Literatur, wo Thomas Mann meint sich auszukennen und als Schriftsteller insbesondere auf dem letzteren Feld durchaus etwas zu sagen hat, dann frappiert ihn die Unbedingtheit und Erbarmungslosigkeit des vorgetragenen Urteils, die keinen Widerspruch duldet und nur das Erstrangige gelten lässt, was zudem auch öffentliche Anerkennung und Erfolg vorzuweisen hat. Guter oder auch ringender Wille sind keine zugelassenen Kategorien, mildernde Umstände werden nicht gewährt, es zählt nur die mit Durchsetzungskraft verbundene Leistung. So imponiert den Pringsheim-Kindern, auch Katia, durchaus, welchen Erfolg Thomas Mann plötzlich als Schriftsteller mit den *Buddenbrooks* hat. Der Vater liest den Roman grundsätzlich nicht, die Mutter hat ihn noch nicht ausgelesen, Katia und ihre Brüder hingegen kommen immer wieder auf das Buch zu sprechen. Da sitzen sie, die Geschwister der jungen Frau, die er als Ehefrau gewinnen will, »in lässiger Haltung, mit launisch verwöhnten Mienen, in üppiger Sicherheit«, aber ihre Rede geht scharf wie dort, »wo Helligkeit, Härte und Notwehr und wachsamer Witz zum Leben geboten sind«. So wird es Thomas Mann später beschreiben, wenn er, nur kurze Zeit, nachdem er Katia zum Standesamt geführt hat, in einer Novelle, die den Titel »Wälsungenblut« trägt, mit der Familie abrechnet.

Die Pringsheim-Kinder tragen eine Mentalität zur Schau, die zur gleichen Zeit der Philosoph und Soziologe Georg Simmel als einen typischen Persönlichkeitszug des Großstädters analysiert: die Blasiertheit. »Es gibt vielleicht keine seelische Erscheinung, die so unbedingt der Großstadt vorbehalten wäre, wie die der Blasiertheit«, behauptet Simmel in einem Vortrag, der erstmals 1903 gedruckt erscheint. Für ihn handelt es sich letztlich um eine Art Schutzorgan gegen die für Großstädte typische Reizüberflutung. Um damit Schritt halten, um die auf sie einströmenden Reize überhaupt verarbeiten zu können, sehen die Städtebewohner nicht mehr auf das einzelne Ding und die individuelle Beziehung zu einem Menschen, sondern fragen bei Menschen wie Dingen unterschiedslos nach dem Wert ihrer Leistung. Sie ist das Einzige, was zählt.

Und Katia?

Was in Herrgottsnamen aber findet Katia an Thomas Mann, den ihr Vater nicht als geeigneten Heiratskandidaten betrachtet und ihre Brüder, wegen seiner schmalen Statur und der blässlichen Gesichtsfarbe, wegen seines ganzen hyperkorrekten, steifen Auftretens mit seinem exakt gezwirbelten Schnurrbart als »leberleidenden Rittmeister« zu verspotten pflegen? Dass er sie zu einem sonntäglichen Fahrradausflug einlädt und sie ihm bei dieser Gelegenheit mit ihrem superschnellen, amerikanischen Cleveland-Rad nicht nur davonfährt, sondern regelrecht den Schneid abkauft, kann es nicht allein sein. Sie habe schon mal »ganz gern ein bißchen Überlegenheit durchblitzen lassen«, erinnert sich Katia Mann an diese Zeit.

Die schlichte Antwort lautet, dass die Pringsheim-Tochter anfangs in der Tat wenig an Thomas Mann findet. Katia ist Bewerber gewohnt. Alfred Kerr, der Kritiker und spätere Thomas-Mann-Feind, ist darunter. Und auch »ein besonders leidenschaftlich interessierter und sehr nett aussehender« Mitstudent, der ebenfalls Pringsheim heißt und irgendwie ein entfernter Verwandter ist, aber halt sehr entfernt. In Wahrheit denkt sie gar nicht daran zu heiraten. Sie ist gerade 20, fühlt sich sehr wohl und lustig in ihrer Haut, »auch mit dem Studium, mit den Brüdern, dem Tennisklub und mit allem«. Warum soll sie so schnell weg von zu Haus, denn darauf läuft es mit der Heirat ja hinaus. Zudem ist Hedwig Dohm, ihre Großmutter, anfangs strikt dagegen, dass sie ihr Studium abbricht, schon gar nicht, um sich einem Mann zu unterwerfen.

Was daraufhin von Seiten Thomas Manns einsetzt, muss man einen Belagerungszustand nennen. »Große Aussprache mit K. P.«, vermerkt am 9. April 1904 sein Notizbuch. Gut einen Monat später dann unter dem Datum des 16. Mai: »Zweite große Aussprache mit K. P. Mit Donnerstag d. 19 Mai beginnt die Wartezeit.« Er macht ihr also einen förmlichen Heiratsantrag. Die Wartezeit zieht sich jedoch lange hin, den ganzen Sommer über. Das hat auch damit zu tun, dass Alfred Pringsheim an einem akuten Magengeschwür leidet und Anfang Juni von seinem Arzt für mehrere Wochen nach Bad Kissingen zur Kur geschickt wird. Die beiden Frauen in der Familie begleiten ihn. Anschließend, so erinnert sich Katia, verbringt sie noch die Sommerfrische mit ihrem Zwillingsbruder an der Ostsee.

In der Zeit der Trennung tut Thomas Mann, was er am besten kann, er schreibt. Wohl sind seine Werbebriefe förmlich, wie gedrechselt, von feierlicher Gesetztheit, aber in ihrer Zahl, Länge und Sprachmächtigkeit hinterlassen sie bei Katia dennoch nachhaltigen Eindruck. Trotzdem fragt man sich, ob eine junge Frau, die von ihrer Erwählung noch gar nicht überzeugt ist, sich vielmehr grundsätzlich fragt, ob das mit der Ehe für sie sein muss, von dem Bewerber lesen möchte, dass er sich wohl bewusst sei, »nicht der Mann zu sein, um einfache und unmittelbar sichere Gefühle zu wecken«. Oder dass er sich Jahre, »wichtige Jahre lang als Menschen für nichts geachtet und nur als Künstler habe in Betracht kommen wollen« und dass dies »kein leichtes, kein lustiges Leben sein und selbst bei starker Antheilnahme der Außenwelt kein gelassenes und keckes Selbstvertrauen zeitigen kann«. Keine guten Omen für ein unbeschwertes, fröhliches Zusammenleben!

Neben dem Briefbombardement hat Thomas Mann allerdings noch einen zweiten Pfeil im Köcher: die Psychologie, mit der er sich sehr viel besser auskennt, als das selbstentworfene Bild vom ein wenig weltfremden, mit der eigenen Person hadernden Literaten vermuten lässt, der seine Persönlichkeitsdefizite mit Überkorrektheit und Formbewusstsein ausgleicht. »Sie kann nicht, kann ›es sich nicht denken‹, sich nicht entschließen«, berichtet der auf unabsehbare Zeit zum Wartestand Verurteilte im Juli 1904 seinem Freund Kurt Martens. Solange die Entscheidung nicht unmittelbar vor Katia stehe, sei ihr, nach eigenen Worten, »Alles ganz leicht, natürlich und selbstverständlich«. Komme es dagegen zum Schwur, so schaue sie ihn an »wie ein gehetztes Reh« und sehe sich außerstande. Thomas Mann hat dafür auch einen Begriff, hinter dem eine Diagnose steht – »nervöse Entschließungsangst«. Er hat sich kundig gemacht, eingehend mit einem »Nervenarzt und guten Psychologen« darüber gesprochen, und der hat ihm bestätigt, was er längst vermutete habe, dass diese Entschlussschwäche nämlich »etwas notorisch Krankhaftes« sei. »Wenn ich nicht viel diplomatischer und zurückhaltender zu Werke ginge, würde seinen Erfahrungen nach nichts aus der Verlobung werden«, hat er gemeint. Thomas Mann teilt Kurt Martens auch gleich den Namen des Arztes mit, der hier eine Diagnose ohne Befunderhebung stellt. Es ist Dr. Leonhard Seif, ein seit 1895 in München praktizierender Nervenarzt für Psychotherapie und Hypnotismus, später ein Anhänger C. G. Jungs. Gut möglich, dass Thomas Mann statt Schrenck-Notzing auch ihn aufgesucht hat, um seine konträre in eine konforme Sexualempfindung therapieren zu lassen.

Bedauerlicherweise fragt Thomas Mann sich nicht, ob das, was er Katias »Entschließungsangst« nennt, schlicht daraus resultiert, dass er sie schrecklich bedrängt. Vielleicht spürt sie aus seinem »dringenden Wunsch«, sie zu heiraten, auch den unbedingten, zwanghaft anmutenden Willen heraus, sich von der Welt der Homoerotik abzuwenden und der Konvention zu unterwerfen. Dass sie das misstrauisch gemacht haben muss, lässt sich nur zu gut verstehen. Er hingegen benutzt die zweifelhafte Diagnose als Druckmittel – gegenüber Katia selbst, wohl aber auch gegenüber der Mutter und dem Zwillingsbruder. Noch Jahrzehnte später wird sich Klaus Pringsheim einer Schwester erinnern, die sich monatelang »in einem Zustand aufreibender Unentschlossenheit« quälte. Die Einzige in der Familie, die dafür eine plausible, dem Gemütszustand der Zwanzigjährigen entgegenkommende Erklärung hat, ist die Großmutter Hedwig Dohm, die gar nicht einsieht, warum ihre Enkelin für eine frühe Heirat die Freiheit und die Lebenschancen aufgeben soll, die mit dem Studentinnendasein verbunden sind. Niemand von der Familie scheint auf den naheliegenden Gedanken zu kommen, dass neben dem Umstand, dass sich Katia im jetzigen Lebenszustand sehr wohl fühlt, ein weiterer Grund für ihre Schwierigkeit, eine Entscheidung zu treffen, auch in der geteilten Stimmung innerhalb der Familie besteht. Wie die Großmutter ist auch der Vater gegen die Heirat mit Thomas Mann, wenn auch aus anderen Gründen. Hedwig und der Zwillingsbruder Klaus raten ihr dagegen eher zu; beide haben mit dem »leberleidenden Rittmeister« nicht nur Mitgefühl, sondern hegen für ihn aufrichtige Sympathie. Den Ausschlag, den Antrag anzunehmen, dürfte dann Klaus gegeben haben. »Thomas Mann wusste, dass er auf mich zählen konnte«, erinnert er sich später.

Auf Katias Wunsch wird die Hochzeit nur im kleinen Kreis gefeiert. Nach der standesamtlichen Trauung treffen sich die Hochzeitsgäste zur Mittagstafel in der Arcisstraße. Die Stimmung ist eher bedrückt, da dem Elternpaar der Abschied von der einzigen Tochter sichtlich schwerfällt. Den Toast bringt nicht der Vater, sondern Alfred Schaeuffelen aus. Er sei kein Redner, meint er, sondern nur Hörer, und in letzter Zeit habe Professor Pringsheim in seinen Vorlesungen über Kongruenz gesprochen. Hier läge nun ein Fall schönster Kongruenz vor, und er hege den innigsten Wunsch, von diesem Paar immer das Schönste und Beste zu hören. Brillant geht anders. Noch am selben Tag tritt das Brautpaar seine Hochzeitsreise an, die über Augsburg nach Zürich, ins Nobelhotel Baur au Lac führt. »Um ½ 5 Schluß des Festes, Katia umgekleidet, ihre Sachen fertig gemacht, um ¾ 6 Abfart«, heißt es in Hedwig Pringsheims Tagebuch. »Danach Zusammenbruch! ... Mein armes, liebes kleines Kind!«

Die Hochzeitsnacht und auch die folgenden Nächte müssen Thomas Mann gewisse Sorgen bereitet haben. Denn in seinem Notizbuch finden sich die Namen, Adressen und praktischerweise auch die Sprechstundenzeiten von gleich drei Zürcher Psychologen – zwei Nervenärzten und einem Therapeuten, der sich auf Hypnose spezialisiert hat. Womöglich haben ihm Dr. Schrenck-Notzing oder Dr. Seif die Empfehlungen gegeben. Dass sie nicht ein letztes Mittel waren, um die Entschließungsangst der ihm frisch angetrauten Frau endgültig zu brechen, sondern Thomas Mann eher die Furcht vor Potenzproblemen umtrieb, liegt auf der Hand. Einer der Ärzte, ein gewisser Dr. Georg Ringier, ist wie auch Schrenck-Notzing Schüler von Auguste Forel, des wohl bekanntesten Vertreters der Suggestionstherapie im deutschen Sprachraum. Vor seiner Pensionierung hat er die renommierte Nervenklinik am Burghölzli über Zürich geleitet. Exakt neun Monate nach dem Aufenthalt im Baur au Lac kommt mit Erika Mann dann das erste von insgesamt sechs Kindern des Ehepaars auf die Welt, das zweite, der Sohn Klaus, bereits in einem weiteren Abstand von gerade einmal zwölf Monaten.

Die Familie Mann wohnt nun in Schwabing, in der Franz-Joseph-Straße 2, Ecke Leopoldstraße, in einer durchaus geräumigen, von Alfred Pringsheim eingerichteten Etagenwohnung »mit – 2 Wasserclosets! – ist das nicht ideal?« So Thomas Manns Mutter, die sich die Gelegenheit zur Besichtigung natürlich nicht nehmen lässt: »Tommys Arbeitszimmer – sehr groß, daran K. Zimmer, dann Speisezimmer, dann 2 Schlafzimmer, weißlackierte Meubles … in allen Zimmern kreisförmige elektr. Lustres; reizend sind die kleineren im Schlafzimmer, grünes Laub mit roten Beeren, daran hängen die elektr. Birnen«.

Der Vater habe sogar schon ein Telefon anbringen lassen. »Ich denke mir, daß er jeden Morgen nach d. Befinden seiner Tochter fragen wird.« Sie habe Thomas gebeten, »sich nicht alles geben zu lassen«, kommentiert sie diese Mischung aus Großzügigkeit und Übergriffigkeit seitens des Schwiegervaters: »Man fühlt sich ja kaum Herr im Hause, wenn das wenigste einem durch eignen Kauf gehört.«

»So blühe denn, Wälsungenblut!«

»Dies fremdartige, gütige und doch egoistische, willenlos höfliche kleine Judenmädchen«, nennt Thomas Mann seine spätere Frau in einer Notiz aus der Werbezeit. Der Schriftsteller lebt erst wenige Monate im Ehestand und in der neuen Wohnung – bei Katia sind bereits Anzeichen der Schwangerschaft sichtbar –, da beginnt er eine Novelle zu schreiben, die die erlittenen Schmerzen und die peinliche Schmach der Werbezeit noch einmal verarbeitet. »Wälsungenblut«, so ihr Titel, erzählt von einer innigen Beziehung zwischen Zwillingsgeschwistern, die mit einer skandalösen Beischlafszene auf einem Eisbärenfell schließt. Siegmund und Sieglinde heißen die beiden – so wie das inzestuöse Geschwisterpaar in Richard Wagners *Walküre*, dem zweiten Teil seines großen Opernzyklus *Der Ring des Nibelungen*. Wer seinerzeit sich auch nur entfernt für Musik und Literatur interessiert, kennt es. In der Wagner-Nachfolge ist denn auch der Geschwisterinzest in dieser Zeit ein großes Thema, besonders in der Literatur der Dekadenz. Doch warum versetzt Thomas Mann das Geschehen ausgerechnet in eine jüdische Familie und macht aus dem Geschwisterpärchen Judenzwillinge? Nahe liegt das nur, weil er in Katia und Klaus solchen begegnet ist. Auch die Gespräche, die am Familientisch der Aarenholds geführt werden, wie die Familie in der Novelle heißt, weisen in ihrer Art und ihrem Sound unverkennbar auf das Vorbild um die Ecke: den Stadtpalais in der Münchner Arcisstraße. »Tiergarten mit echter Cultur«, hat Thomas Mann die Pringsheims in einem Brief an den Bruder genannt, da war er dort gerade eingeführt worden. Und genau in Berlin Tiergarten residiert nun seine Wälsungenfamilie Aarenhold.

Auch die Rolle des Bewerbers ist besetzt – mit einem subalternen Beamten namens Beckerath, der mit dem inzwischen erfolgsverwöhnten Schriftsteller Thomas Mann auf den ersten Blick wenig zu tun hat. Doch die Art, wie die redseligen Geschwister ihn abblitzen lassen, ihm immer wieder seine Bedeutungslosigkeit und Ohnmacht angesichts ihrer geschlossenen Phalanx und Weltläufigkeit vorführen, hat viel von dem, was Thomas Mann seinerzeit bei den Pringsheims erlebt haben muss. Selbst Katias nervöse Entschließungsangst und ihr finales Ja, dessen Beweggründe nie so richtig deutlich wurden, finden sich, ein wenig verzerrt, aber durchaus wahrnehmbar, in Sieglindes Verhalten gespiegelt: »Endlich, nachdem sie ihm oft genug gesagt, daß sie ihn nicht liebe, hatte Sieglind begonnen, ihn prüfend, erwartungsvoll, stumm zu betrachten«, heißt es in der Novelle, »mit einem glänzend ernsten Blick, der begriffslos redete wie der eines Tieres – und hatte Ja gesagt.«

Die Ähnlichkeiten und Anspielungen sind also unverkennbar – und werden von Hedwig Pringsheim auch gleich bemerkt, als der Schwiegersohn ihr eine Abschrift des Manuskripts überlässt. »Tommy's ›Wälsungenblut‹ mit sehr geteilten Gefühlen gelesen«, notiert sie am 12. November 1905. Schon eine Woche zuvor hat sie mit ihm eine »ernste Unterhaltung« darüber geführt. Sie äußert ihre Bedenken, die Thomas Mann aber vom Tisch wischt. Stattdessen beeilt er sich, das Manuskript an S. Fischer zu schicken, wo »Wälsungenblut« in der *Neuen Rundschau* erscheinen soll.

Doch Hedwig Pringsheim lässt die Sache keine Ruhe. Einen Monat später unterhält sie sich mit ihrer Freundin Eugenie über die Angelegenheit. Diese rät ihr, »Alfred von Tommy's *Wälsungenblut* Kenntnis zu geben«. Folge: »die erwartete Katastrophe!« Als Thomas Mann am Tag darauf von einer Vortragsreise aus Breslau zurückkehrt, bläst ihm sein Schwiegervater den Marsch. Er verlangt von ihm, die Novelle zurückzuziehen. Doch Thomas Mann lässt sich darauf erst einmal nicht ein. Steht er doch auf dem Standpunkt, dass zwischen Realität und Kunst »ein Wesensunterschied« bestehe. Da möge die Wirklichkeit, derer sich der Schriftsteller bedient, noch so sehr seine tägliche Welt sein oder ihm nahestehen. In den *Buddenbrooks*, erzählt nach dem Vorbild der eigenen Familiengeschichte, hat er diesen Wesensunterschied mit großem Erfolg geltend gemacht – warum sollte das hier nicht ein zweites Mal gelingen?

Am nächsten Morgen setzen sich die Auseinandersetzungen in der Franz-Joseph-Straße fort. »Aufgeregt-deprimirte Stimmung; der Alfr. durch erneute Scene mit Tommy nachhalf«, notiert Hedwig Pringsheim. Dieser, nicht faul, schreibt seinem Schwiegervater einen Brief, »der nicht berechnet war, eine Versöhnung anzubahnen«, wie sich Klaus Pringsheim erinnert. Seine Mutter nennt den Brief »ebenso dumm wie ungehörig«. Thomas Mann macht keinen Hehl daraus, dass er seine Unabhängigkeit als Autor über die Interessen der Familie seiner Frau stellt. Sein Schwiegervater reagiert sofort: »Alfred die halbe Nacht an einem Brief an Tommy gearbeitet, den er mir morgens vorliest«, lesen wir in Hedwigs Tagebuch: »scharf u. gut«. Inzwischen rückt das Weihnachtsfest näher, und der Streit ist immer noch nicht beigelegt. Auch an Silvester gibt es erneut eine »erregte Unterhaltung mit Tommy, der ganz niedergebrochen u. verzweifelt, dabei trotzig u. einsichtslos wie ein Kind ist«, so das Tagebuch der Schwiegermutter. Neben dem

Gefühl der Unfreiheit hadert Thomas Mann vor allem mit dem Umstand, dass er, der ohnehin in dem Jahr des Werbens um Katia so wenig zustande gebracht habe, »nun auch noch die skrupulöse Arbeit langer Wochen aus Rücksichten unterdrücken« solle, wie er gegenüber seinem Bruder Heinrich klagt. Als dann am 7. Januar Katia ihre Eltern besucht, hat der Vater mit ihr »eine sehr ernste, leidenschaftliche Auseinandersetzung, mit hoffentlich versöhnlichem Abschluss«, wie Hedwig Pringsheim hinzufügt. Und tatsächlich lenkt Thomas Mann nun ein. In letzter Minute zieht er die Erzählung aus dem Heft der *Neuen Rundschau* zurück; sie erscheint erstmals 1921 in einer kleinauflagigen bibliophilen Ausgabe, verursacht aber selbst dann noch erhebliche Verärgerung im Pringsheim'schen Familienkreis. Die für S. Fischer entstandenen Kosten des Neudrucks in Höhe von 6000 Mark soll, wie Arthur Schnitzler in seinem Tagebuch berichtet, sogar Alfred Pringsheim persönlich getragen haben. Das ist ihm die Nichtveröffentlichung wert.

Pringsheim Senior geht es darum, Schaden von seiner Familie abzuwenden und ihren guten Ruf zu wahren. Liest man »Wälsungenblut« unter der Prämisse, dass hier Geheimnisse aus dem Pringsheim'schen Familienleben ausgeplaudert werden, ist dieser Ruf unweigerlich bedroht. Einmal in Gang gesetzt, lassen sich solche Gerüchte kaum noch stoppen, das wissen die Pringsheims aus eigener leidvoller Erfahrung. Irgendetwas bleibt immer hängen. Der »Wesensunterschied«, auf den Thomas Mann so pocht, mag für ihn als Autor gelten. Für die Wirkung der Novelle in der Öffentlichkeit gilt er nicht.

Doch es geht nicht nur um Familiengeheimnisse. Als besonders kompromittierend müssen die Pringsheims Thomas Manns Spiel mit antisemitischen Klischees empfunden haben. Richtig ist zwar: Das Wort »jüdisch« kommt in »Wälsungenblut« kein einziges Mal vor, noch lassen sich in der Novelle explizite antisemitische Bemerkungen finden. Trotzdem vermittelt die Lektüre eine antisemitische Stimmung. Interessanterweise hat diesen Eindruck bereits Oscar Bie, der *Rundschau*-Redakteur. Denn er schlägt vor, den Schlusssatz der Novelle zu ersetzen, da der Durchschnittsleser ihn als roh empfinden könne. Ursprünglich endet sie mit der hämischen Bemerkung Siegmunds nach begangenem Inzest: »Beganeft haben wir ihn, – den Goy«, was sich auf Beckerath, den Bewerber, bezieht und so viel heißt wie: »Beklaut haben wir ihn, den Ungläubigen.« Es ist das einzige Mal in der Novelle, dass jiddische Ausdrücke fallen. Sowohl beim Bruder Heinrich als auch direkt beim Schwiegervater hat Thomas Mann diesbezüglich Erkundigungen eingeholt. Besser aber, so Bie, sei es, die Sache diskret einzuhüllen, wie das ja auch ansonsten dem Stil der Novelle entspreche. Woraufhin Thomas Mann den Schluss ändert, zumindest für den *Rundschau*-Abdruck, zu dem es dann gar nicht kommt. Nun sagt Siegmund: »Dankbar soll er uns sein. Er wird ein minder triviales Dasein führen von nun an.« Schon wahr, das klingt weniger roh, aber der Sache nach ist es noch expliziter. In Wagners *Walküre* wird in der inzestuösen Vereinigung der Geschwister Siegfried gezeugt – »so blühe denn, Wälsungenblut!« Beckerath, so viel ist klar, wird das Opfer einer Personenstandsfälschung; nicht er, sondern Sieglindes Bruder Siegmund ist der leibliche Vater des Kuckuckskindes, das ihm ins Familiennest gelegt wird. Man wird kaum annehmen wollen, dass dergleichen Thomas Mann widerfahren ist. Aber ist diese ultimative Erniedrigung Beckeraths nicht auch eine Warnung? Etwa derart: Wer sich mit Juden einlässt, muss auch gewärtigen, von ihnen hereingelegt zu werden?

Der Befreier

Otto Gross

Bislang sind es Schreck-Notzing und seine Kollegen, die die Psychologie in München prägen. Sie ist hier eine Sache der guten Gesellschaft, die sich bei dem Hypnose-Genie therapieren und zugleich beim »Geisterbaron«, wie Schreck-Notzing auch gerne genannt wird, auf die geheimnisvollen Pfade des Spirituellen locken lässt.

Mitte der Zehnerjahre des neuen Jahrhunderts beginnt sich das jedoch zu ändern. »Ein merkwürdiger endemischer Herd von Freudianern existiert seit ca. einem Monat in Charlottenburg«, meldet Karl Abraham, ein enger Schüler und Vertrauter Sigmund Freuds, der sich als Spezialist für nervöse und psychische Krankheiten gerade in Berlin niedergelassen hat, von dort nach Wien. Freuds prompte Antwort: »Die Charlottenburger Endemie ist köstlich. Ein ähnlicher Herd scheint in München zu existieren, und die verdrehtesten Künstler und dergleichen betroffen zu haben.«

Freud erwähnt den Namen an dieser Stelle nicht, aber er weiß sehr gut, wer für den Münchner Infektionsherd verantwortlich ist: Dr. Otto Gross, einer seiner begabtesten, wenn auch, wie so häufig, abtrünnigen Schüler. Gross ist seit 1906 in München und dort mittlerweile Assistenzarzt bei dem Psychiater Emil Kraepelin, dem Begründer der modernen Psychopathologie und Psychopharmakologie. Rasch überwirft er sich allerdings mit ihm. Auf dem Höhepunkt der Zwistigkeiten will er seinen Dienstherrn sogar zum Duell fordern.

Während Schrenck-Notzing und Kollegen an der Therapie unter Hypnose festhalten, ersetzt Freud allmählich die hypnotische Überwältigung durch die ruhige, aber insistierende Befragung. Er steuert den Redefluss seiner Patientinnen und Patienten durch gezielte Bemerkungen und Erkundigungen, um jene Assoziationen zu stimulieren, die zu den verdrängten, traumatisierenden Erfahrungen führen. Das Möbel, das dabei zum Einsatz kommt und maximale Entspannung bewirken soll, die berühmte analytische Couch, ist eigentlich noch ein Relikt aus Hypnosetagen, als auch Freud den Zugang zum Unbewussten auf dem Weg der Ausschaltung des Bewusstseins suchte. Ihr eminenter Vorteil: Sie steckt der Analyse einen festen örtlichen und zeitlichen Rahmen. Sie beginnt in dem Moment, da der Patient sich auf der Couch ausstreckt, und endet, wenn er sich von dort wieder erhebt.

Otto Gross geht auch hier einen anderen Weg. Für ihn gehört die Befragung nicht an einen der Alltagssphäre enthobenen Ort, sondern genau dorthin, wo das Leben der Menschen stattfindet, wo sie in Bewegung und in Kontakt sind – auf der Straße, im Café, im Eisenbahnabteil, auf dem Spaziergang. Er ist ein psychotherapeutischer Sokrates: Mit der Selbsterkenntnis soll die Analyse auch die Existenz von innen heraus erneuern; sie soll zum Bestandteil des sozialen Lebens werden und dies möglichst ad hoc verändern. So hat er weder eine Praxis noch feste Sprechzeiten. Er wartet auch nicht, dass die Menschen sich mit ihren Leiden an ihn wenden. Stattdessen beobachtet er sie, geht aktiv auf sie zu und macht sie ungefragt auf ihre Probleme aufmerksam, bei jeder sich bietenden Gelegenheit, ohne zeitliche Vorgaben und Begrenzungen und auch ohne dafür Honorar zu verlangen.

Wer genau hinschaut, wird auf seinem abgetragenen Anzug allerdings zuweilen Spuren weißen Staubs erkennen. Es stammt vom Kokain, das Otto Gross regelmäßig schnupft. Kokain gilt zu dieser Zeit als Party- und Entspannungsdroge, großer Beliebtheit erfreut es sich gerade unter Ärzten. Auch Freud nimmt eine Zeit lang Kokain, um depressive Verstimmungen zu kurieren und in Gesellschaft an Selbstsicherheit zu gewinnen – um sich wie »ein großer wilder Mann, der Cocain im Leib hat«, zu fühlen, wie er seiner Verlobten schreibt.

Der in Graz gebürtige Otto Gross aber hat mit 30 Jahren schon eine regelrechte Drogenkarriere hinter sich. Nach schlimmen Erfahrungen mit Alkohol, die von Gewalttätigkeit bis zu einer Vergiftung reichen, greift der junge Gross zum Morphium. Da ist er etwa 20 und Student, leidet weiterhin unter starken Hemmungen, unter dem »Druckgefühl der Elternautorität, des Nicht-aus-sich-heraus-treten-Könnens«, wie er es nennt. Er verspürt in sich zwar eine Fähigkeit zur Produktivität, ohne imstande zu sein, sie auszuleben.

Das legt sich erst, als er anfängt, zusätzlich Kokain zu schnupfen. »Seit dem ersten Male, dass ich Cocain zu mir genommen, entdeckte ich mit größter Überraschung, dass mir das Cocain die Hemmung weg nimmt«, erinnert er sich. Aus dem sozial zurückgezogenen, schüchternen Adoleszenten wird ein selbstsicher auftretender, charmanter, charismatischer Mann, dessen ununterbrochener, schneller Redefluss kaum zu stoppen ist. In Verbindung mit einer jungenhaften Verletzlichkeit und einer sanften Melancholie, die von Zeit zu Zeit seine porzellanenen Züge umspielt, trägt ihm das die spontane Zuneigung vieler Frauen ein. Allerdings schleicht sich mit der Zeit eine habituelle Unruhe in sein Verhalten ein, die sich in ständigem Bewegungsdrang äußert – ebenso wie seine Redseligkeit und seine Hemmungslosigkeit Kennzeichen des Kokainisten.

»Mit dem Eifer des Fanatikers« habe er das ganze Café Stefanie analysiert beziehungsweise das Analysieren gelehrt, berichtet Erich Mühsam. »Es schwirrte an den Tischen nur so herum von ›Komplexen‹, ›Sperrungen‹ und ›Verdrängungen‹, man war ›konstelliert‹, ›okkupiert‹ und hatte für jede Art Umnebelung oder Verstimmung einen schönen wissenschaftlichen Ausdruck. Zufälle wurden aus verborgenen Absichten gedeutet, Träume auf Wünsche zurückgeführt, und für manche hatte das Unterbewusstsein der Nebenmenschen bald weniger Geheimnisse als das eigene Bewusstsein.«

Erich Mühsam

Gebürtig aus Lübeck wie Franziska zu Reventlow und in Erscheinung wie Lebensweise ein Bilderbuch-Bohemien, ist Mühsam bereits 1902 das erste Mal für einige Tage nach München gekommen. Der begabte Lyriker und Performer hat es gleich zu einem Kurzzeit-Engagement bei den Elf Scharfrichtern gebracht. Auch zwischendurch haben ihn seine Wege mal für kürzere, mal für längere Zeit nach München geführt, und er hat hier viele Kontakte geknüpft. Otto Gross hat er in Ascona auf dem Monte Verità bei den Aussteigern und Vegetariern kennengelernt, zu denen sich in den Sommern inzwischen immer mehr Künstler-, Boheme- und Anarchistenvolk hinzugesellt, um bei unüberbietbar billigen Lebenshaltungskosten die Seele baumeln zu lassen. Nun, 1906, beginnt er endgültig in Deutschlands südlichste Großstadt überzusiedeln, die er schon vor einigen Jahren, ausgerechnet in der *Berliner Illustrierten Zeitung,* für den wahren Hort der Boheme erklärt hat. Berlin sei nur ein Abklatsch davon, »in kleinerem Maßstab«. In dem schönen Artikel hat er gleich auch ein ironisches Selbstporträt versteckt:

> Die Hände in den Hosentaschen, streicht er des Tags durch die Straßen; sein Anzug ist schäbig, sein Hut noch schäbiger und am schäbigsten sein Stock. Ein Judaskopf mit Kneifer. Der strohgelbe Vollbart ist ungepflegt und verdeckt fast das ganze tiefliegende Gesicht. Die dunklen Haare hängen in dicken borstigen Strähnen über die niedrige Stirn. Ein Hals ist fast gar nicht da, und die eingefallenen Schultern sind hochgezogen. Wer ihn nicht kennt, hält ihn für einen Bankkassierer, der eben wegen Mangel an Beweisen freigesprochen wurde. Wer ihn aber kennt, der geht ihm aus dem Wege, sonst wird er gestellt: »Sagen Sie mal«, sagt der Dichter dann nebenbei so leichthin, »lieber Freund, können Sie mir nicht einen Taler pumpen?« Gelingt der Pump, dann

> muß das Opfer unweigerlich mit in ein Lokal, den Taler kleinmachen. Aber damit nicht genug! Der unglückliche Dichtermensch, der sich für ein verkanntes Genie hält und entsetzliche Kalauer macht, liest dem armen Gegenüber seine neusten Schüttelreime vor. Dann lässt er den anderen trotz des Talers das Genossene zahlen und geht weiter auf Fang aus. Gehen wir mal mit.

Ja, gehen wir mal mit und hören ihm einen Moment zu: Mit Schüttelreimen wirft Mühsam nur so um sich, egal ob das Gegenüber einen Sinn dafür hat oder nicht. »Mit einem starken Schweden ringen / ist nicht so leicht wie Reden schwingen«, lautet einer davon, der das Bauprinzip gut zu erkennen gibt und noch zu den besseren zählt. Überhaupt, Reden schwingen, so respektlos wie drastisch, bei jeder passenden wie unpassenden Gelegenheit, ist eine weitere Spezialität des ewig blanken Herumtreibers. Ungefragt erklärt er uns, er lege Wert darauf, nicht nur Literat, sondern auch Anarchist zu sein, Poesie und Politik, das seien für ihn ein Paar Schuhe. Nur mit beiden zusammen könne man laufen. Wedekind, der das hört, meint dazu nur, ihm komme das so vor, als versuche der verehrte Kollege stehend auf zwei Gäulen zu reiten, die nach verschiedenen Richtungen streben. »Sie werden Ihnen die Beine auseinanderreißen«, warnt er ihn. Mühsam aber beharrt auf seinem halsbrecherischen Versuch, die beiden Welten von Poesie und Politik zusammenzuzwingen. »Wenn ich einen laufen lasse«, erwidert er ihm, »verlier ich die Balance und breche mir das Genick«. Und blinzelt dabei listig hinter den funkelnden Gläsern seines Kneifers, das von einem Vollbart gerahmte Gesicht leicht schief haltend.

In Otto Gross erkennt er gerade in dieser Hinsicht einen Bruder im Geiste. Auch der rebellische Freud-Schüler verbindet die Analyse und Therapie von seelischen Erkrankungen mit politischem Engagement. Im Grunde ist er Anarchist wie Mühsam. Nicht selten kommt es vor, dass sich einer Analyse der seelischen Hemmungen im Café Stefanie eine direkte Aktion auf der Straße anschließt. Besonders gut in das anarchistische Beuteschema scheint dabei das unweit gelegene Milchgeschäft zu passen, wo man auch Brot und Gemüse bekommen kann. Der durch die Ausfragebehandlung von seinen Hemmungen befreite Analysand, der wie auch sein Analytiker in der Regel gänzlich ohne Geldmittel ist, beweist dabei in einer Art Mutprobe, dass ihm jene Instanz im Ich mit ihren Verboten und Geboten, die Freud später das Über-Ich nennen wird, herzlich egal geworden ist. Stürmischen Schrittes dringt er grußlos in das Geschäft ein und verlangt mit einer Stimme, die keine Widerrede duldet, die Herausgabe von, sagen wir, einem Brot samt Belag. Um seiner Forderung Nachdruck zu verleihen, fuchtelt er heftig mit einem Schlagring, einem Messer oder, wenn es ganz schlimm kommt, einem ungeladenen Revolver herum. Gerät er dabei allerdings ins Stottern, wie es Leonhard Frank passiert sein soll, lacht die Frau hinter der Theke ihn aus und der »Hold-up«, wie man das in diesen Kreisen nennt, gerät zur Lachnummer.

Eine Zeitlang will Gross gemeinsam mit Mühsam sogar eine »Zeitschrift für psychologische Gesellschaftskritik« gründen. »Nachwuchs« soll ihr Titel lauten. Es bleibt bei der schönen Idee. Beide Männer, der Analytiker wie der Literat, sind auch passionierte Projektemacher. Gross hat sogar den Einfall, zusammen mit Franz Kafka, den er auf einer gemeinsamen nächtlichen Zugfahrt in einem übervollen Abteil kennenlernt, eine Zeitschrift herauszugeben. »Blätter zur Bekämpfung des Machtwillens« soll sie heißen. Was für ein Titel! Selbst wenn man nicht weiß, dass er parodistisch an die Wiener *Blätter zu Bekämpfung des Alkoholismus* erinnert. Nicht nur der Macht selbst, sondern gerade auch dem Willen dazu, den der Mensch in sich selbst trägt, soll der Kampf angesagt werden. Doch auch hier kommt es nicht zur Realisierung. Beide Projekte zeigen aber, worum es Gross geht: Er versteht die Psychoanalyse nicht nur als individuelle Therapie, sondern zugleich als Kritik an den autoritären Strukturen der Gesellschaft und insbesondere an den psychischen Mechanismen, die diese Strukturen bedienen. Alles Persönliche, so seine Auffassung, sei immer schon überlagert von äußeren Einflüssen: Konventionen, Verboten, Moral, Repressionen. Das müsse in die Behandlung einbezogen werden, die sich nicht darauf beschränken könne, das individuelle Unbewusste bewusst zu machen. In dem bekannten Forensiker Hans Gross, der mit seinem in viele Sprachen übersetzten *Handbuch für Untersuchungsrichter* als Begründer der Kriminalistik gilt, hat Otto einen extrem autoritären Vater, an dem er sich zeitlebens abarbeitet. Gelinge es, so sein nicht zuletzt aus eigener Erfahrung gebildetes Credo, die vermeintlich rein inneren Konflikte auf ihre äußeren Faktoren abzubilden, komme der Psychoanalyse geradezu revolutionäres Potenzial zu. Mit der Befreiung des Menschen zu sich selbst, seinen Wünschen, seinen Trieben, seiner Natur, befreie sie ihn auch von dem gesellschaftlichem Zwangssystem, das ihn an der Entwicklung seiner Persönlichkeit hindere.

Auch Mühsam lässt sich von Gross analysieren. Und ist danach von der Psychoanalyse so begeistert, dass er einen Dankesbrief an ihren Erfinder richtet: »Hochgeehrter Herr Professor«, schreibt er an Freud, »ich bin Ihnen Dank schuldig für die Heilung von einer schweren Hysterie, die Ihr Schüler, Herr Dr. Otto Gross aus Graz nach Ihrer Methode an mir bewirkt hat«, hebt er an. Manchmal sei »durch eine Frage des Arztes und der sich daran anschließenden Antwort mit ihren Assoziationen eine ganze Krankheitskruste« von ihm abgeglitten.

Wie nicht nur böse Zungen wissen wollen, hat Mühsams Begeisterung allerdings nicht zuletzt damit zu tun, dass Gross seine Ehefrau mit ihm verkuppelt, verbunden mit dem Hintergedanken, sich selbst so anderen Partnerinnen zuwenden zu können. Und das tut er reichlich in diesen Münchner Tagen. Zu den Frauen, die sich auf seine »Ausfragebehandlung«, wie Mühsam das nennt, einlassen, knüpft er regelmäßig auch sexuelle Kontakte. Die im Café begonnene Analyse mit enthemmender Wirkung findet ihre Fortsetzung im Bett. Denn Dr. Gross ist der Ansicht, dass Sexualkomplexe, worauf er die meisten seelischen Störungen zurückführt, nicht nur analysiert, sondern auch »tapfer im Bett abreagiert werden« müssen, wie Leonhard Frank, einer seiner »Patienten«, es treffend formuliert. »Der wahrhaft gesunde Zustand für den Neurotiker sei die sexuelle Immoralität«, lautete Gross' Credo. Und auch für Mühsam springt dabei etwas heraus. Bislang hat er nämlich die Befriedigung seines Begehrens in homoerotischen Tändeleien mit dem jüngeren Johannes Nohl gesucht, einerseits mangels besserer Gelegenheit, andererseits aber auch aus der Angst heraus, einer Frau im Bett nicht gewachsen zu sein. Nun entdeckt er die Wonnen und die Wollust der Heterosexualität in der Beziehung zur erfahrenen Frida Gross – ein Erlebnis, das ihm, der alles andere als »nur« homosexuell ist, verständlicherweise wie eine Befreiung vorkommt.

Doch nicht bei allen verfängt Gross' Ausfragebehandlung. Unter den Gästen des Café Stefanie, die ihm einen Korb geben, ist auch Franziska zu Reventlow. Mühsam hat sie mit Gross bekannt gemacht und ihm erzählt sie auch, über was sie alles habe Auskunft geben sollen. Sie habe den Doktor ausgelacht und ihm erwidert, »ob er denn wirklich meine, von sehr vielen seiner Patienten die Wahrheit zu hören«. Gross habe daraufhin geantwortet, »das sei gar nicht nötig, niemand lüge außerhalb seines Charakters, und gerade, wie jemand lüge, zeige, wie er assoziiere«. Andererseits zeigt sie sich für seine Bemerkungen über ihr psychisches Befinden durchaus aufgeschlossen. Es ist noch nicht lange her, da ist sie zum Erstaunen der Ärzte wieder schwanger gewesen, sogar mit Zwillingen, wie sie feststellen musste. Bodhan Suchocki wäre der Vater gewesen. Doch in der 26. Schwangerschaftswoche hat sie eine Fehlgeburt erlitten. Das eine der beiden Mädchen ist sofort tot gewesen, das andere hat noch einige Stunden überlebt. Doch dann ist auch dieses »ganz schwache Flämmchen« erloschen. Als Gross ihr einmal sagt, sie habe »den Zug gewaltsamer Selbstbeherrschung«, den er vorher an ihr festgestellt habe, verloren und sähe viel weicher aus, fühlt sie sich tief im Inneren verstanden:

»Das ist ja immer meine Angst, etwas Hartes und Scharfes zu bekommen«, bekennt sie in ihrem Tagebuch. Sie hasse das: »Weil es aufgezwungen ist, mein inneres Ich ist ja lauter Weichheit.«

Regina Ullmann

Otto Gross verdanke sie viel, schreibt Frieda von Richthofen, Tochter eines Barons, der als Ingenieur in Diensten der kaiserlichen Armee des Deutschen Reiches steht. Bis zu ihrer Begegnung mit ihm habe sie »wie eine Nachtwandlerin in einem konventionellen Leben gelebt, er erweckte mich zum Bewusstsein meines wirklichen Ich«. Da ist sie schon verheiratet mit dem Briten Ernest Weekly; das Paar hat drei kleine Kinder. Sie wird eine Zeit lang die Geliebte von Otto Gross. Später verlässt sie ihren Mann für D. H. Lawrence, den englischen Autor von so skandalösen Romanen wie *Lady Chatterleys Liebhaber*. Der Export zentraler Ideen der Münchner Boheme reicht bis in den Londoner Stadtteil Bloomsbury.

Frieda hat eine ältere Schwester, Else von Richthofen, eine der ersten deutschen Sozialwissenschaftlerinnen. Seit 1902 ist sie die Ehefrau des Nationalökonomen Edgar Jaffé, des späteren Finanzministers der Eisner-Regierung während der Münchner Räterepublik. 1900 hat Else bei Max Weber promoviert. Mit ihm und seinem Bruder Alfred wird sie später ein Verhältnis eingehen, nach dem Tod ihres Mannes mit Alfred Weber sogar zusammenleben. Jetzt, im Jahr 1907, ist sie ebenfalls die Geliebte von Otto Gross und erwartet von ihm ein Kind. Der Sohn wird auf denselben Namen getauft wie der einige Monate zuvor auf die Welt gekommene eheliche Sohn von Otto Gross: Beide heißen Peter. Edgar Jaffé vergnügt sich derweil mit Franziska zu Reventlow, die anfangs immer wieder über diesen Menschen staunt, »der wirklich *gut* ist und vornehm und sympathisch«. Sein Geld nimmt sie gerne, die dafür fälligen Liebesdienste aber leistet sie wie schon im Fall von Schrenck-Notzing nur mit wachsender Überwindung. Anscheinend erwartet er in sexueller Hinsicht bestimmte Praktiken von ihr, die ihr Widerwillen bereiten. »Jafféabend«, notiert sie in ihr Tagebuch: »O Gott nein, alles kann ich, aber das nicht. Vor Graus beinah vergangen, geheult etc. Lieber Gott, lass diesen Kelch an mir vorübergehen.«

Und es gibt noch eine dritte, zählt man die Ehefrau Frieda mit, sogar vierte Frau, die zu dieser Zeit eine eminente Rolle im Analyse- und Liebesleben von Dr. Gross spielt. Es ist Regina Ullmann, auf den ersten Blick eine wenig hübsche, blasse, beinahe hölzern anmutende Erscheinung. Die Anfang Zwanzigjährige macht einen verschlossenen, wenig selbstsicheren Eindruck, verlegt sich in der Öffentlichkeit aufs Beobachten – ganz im Gegensatz zu ihrer kontaktfreudigen Mutter, die in ihrem dunklen Rüschenkleid und dem mächtigen Hut, einem Filzgebirge, wie es der Tochter vorkommt, Aufsehen erregt. Nur selten weicht sie von Reginas Seite.

1902, drei Jahre nach dem Tod von Reginas Vaters, einem Schweizer Stickereiwarenfabrikanten, hat die Mutter das Wohn- und Geschäftshaus in St. Gallen verkauft und ist mit ihren beiden Töchtern nach München gezogen, in eine kleine Wohnung am Rand des Englischen Gartens. Und während Helene, die ältere Schwester, mit ihrem offenen, freundlichen Wesen die Hürden des Lebens anscheinend spielend nimmt, ist Regina ein zurückgebliebenes Kind, fällt durch extreme Langsamkeit auf und schielt zudem noch. Hypersensibel, beobachtet sie die Welt von innen heraus, in fast autistisch anmutender Weise. Früh schreibt sie Gedichte, aber auch diese sind so zurückgenommen wie ihr ganzes Wesen:

Ich dichte nicht arg,
Es kommt mir nicht stark.
Die Gedichte sind klein,
Ich dichte allein – –

Ausgerechnet Regina aber, das Aschenputtel, wird ungewollt, gerade einundzwanzigjährig schwanger. Der Vater des Kindes ist der spätere Professor für Wirtschaftswissenschaft Hanns Dorn; seine Frau, Erika Rheinsch-Dorn, ist eine gute Freundin von Ika Freudenberg. Das Paar, das sich nach wenigen Ehejahren bereits auseinandergelebt hat, engagiert sich in der *Gesellschaft zur Förderung geistiger Interessen der Frau.* Trotz seines unübersehbaren Eintretens für die Emanzipation überlässt der junge Wissenschaftler die von ihm schwangere Regina Ullmann ihrem Schicksal. Sich als Mann für die Selbstbestimmung, gerade auch die sexuelle Selbstbestimmung der Frau zu engagieren, und derselben Frau jede Unterstützung zu verweigern, wenn ihre Selbstbestimmung dann zu einer Schwangerschaft führt, erscheint den Männern damals kein Widerspruch; denn beides beruht auf derselben Prämisse: der Ablehnung der patriarchalischen Familie. Auf den Gedanken, dass es darum gehen müsste, das familiäre Zusammenleben aus den patriarchalischen Strukturen zu lösen und neu, nämlich gleichberechtigt zu definieren, kommen sie nicht. Auch das ist eine Form männlicher Doppelmoral. Die sexuelle Selbstbestimmung der Frauen ist auch im Interesse der Männer; aber die Folgen hat allein die Frau zu tragen. Franziska zu Reventlows Idee der glücklichen Mutterschaft ohne Mann hat den unangenehmen Beigeschmack, der sexuellen Verantwortungslosigkeit des Mannes zugute zu kommen. Daran ändert auch die Berufung auf die hehre Idee des Mutterrechts wenig. Was für die Gräfin das größtmögliche Glück und Unabhängigkeit bedeutet, kann in einem anders gelagerten Fall dazu führen, dass die uneheliche Mutter beträchtlichen Einschränkungen unterworfen ist, was ihre Lebenschancen betrifft, und starke Schuldgefühle ausbildet.

Regina Ullmann ist so ein Fall. Nicht nur, dass Hanns Dorn sich nicht mehr um sie kümmert, seitdem er von ihrer Schwangerschaft weiß. Er stellt die junge Mutter auch vor die Entscheidung, entweder das Kind zur Adoption freizugeben oder sich mit drei Jahren finanzieller Hilfe zu begnügen, obwohl er sehr wohl weiß, dass die gesetzliche Unterhaltspflicht 16 Jahre beträgt. Reginas Mutter dagegen tut alles, um die ungewollte Schwangerschaft der Tochter zu vertuschen; denn das Wissen darum würde deren Heiratsaussichten beträchtlich mindern. So verbindet sich die konventionelle Moral mit der Neigung der Männer, sich über Gesetze hinwegzusetzen, die dem Schutz von Mutter und Kind dienen. In aller Heimlichkeit trägt Regina das Kind irgendwo auf dem Land in der Steiermark aus, bringt es im Januar 1906 anonym in Wien zur Welt und gibt es dann in die Obhut von Pflegeeltern. Anfangs ist die leibliche Mutter immerhin in greifbarer Nähe. Hier im steiermärkischen Admont schreibt Regina Ullmann ihr erstes Buch, *Feldpredigt*, eine dramatische Dichtung, deren Protagonisten der einfachen Landbevölkerung entstammen.

Auf Anraten ihrer Mutter schickt sie ihr Debüt an Rilke, auf dessen Gedichte die Tochter große Stücke hält. Rilke erweist sich als der bekannte Mut- und Muntermacher für junge Dichterinnen: Ihr Buch sei etwas so Schönes, Wahres, Einfaches, wofür man ihr nicht genug danken möge und um dessentwillen man sie herzlich bewundern müsse. Als ein Jahr später ihr zweites Buch *Von der Erde des Lebens* erscheinen soll, bittet Regina Ullmann Rilke um ein Vorwort. Auch jetzt zeigt er sich hilfsbereit, tief beeindruckt von der verhaltenen Kraft ihrer Prosa. Ullmanns Kunst, so schreibt Rilke, liege darin, einem Gegenstand, der so gering sei, dass man ihn für stumm und einfältig halten möchte, einen Mund einzuschneiden, der »das Große« rede. Ihre Seele sei »wie ein Blindgeborener, den ein Seher erzogen hat«.

Da ist Otto Gross schon in ihr Leben getreten. Zurück in Schwabing hat Regina Ullmann ihn im Café Stefanie kennengelernt. Schnell durchschaut er ihre Notsituation; ihre Selbstverleugnung und die Abhängigkeit von der Mutter, die nicht nur finanzieller Natur ist; ihre äußerliche Steifheit und Unbeholfenheit, ein Gesicht wie aus Holz geschnitzt, und in Kontrast dazu der intensive, beinahe brennende Blick, der auf eine große innere Glut deutet. Es ist, als habe sich bei dieser jungen Frau alle Lebendigkeit nach innen verlagert, bereit abzusterben, solange kein Impuls von außen kommt, der ihr zum Ausbruch verhilft. Und Otto Gross, der Frauenversteher, ist allzu gern bereit, dieser Impulsgeber zu sein.

Frida Gross, seine Frau, fasst das in die wenig einfühlsamen, nichtsdestoweniger zutreffenden Worte, er wolle der Ullmann »den Genius durch Analyse freimachen«. Nichts ist charakteristischer für Otto Gross als die leidenschaftliche Hingabe, mit der er einem Menschen helfen will. Er will seine innere Wahrheit, die verschüttet ist unter den zahlreichen Anpassungsleistungen, die ihm abgefordert werden und ihn zu zerstören drohen, wieder freilegen. Und Otto Gross ist ein erfahrener, behutsamer, verständnisvoller Liebhaber, wie seine »Patientinnen« übereinstimmend versichern. Doch selbst wenn man die Verbindung von Analyse und Liebe, vor der Gross' Lehrer Sigmund Freud zunehmend warnt, für einen Moment akzeptiert – ist es für einen Menschen überhaupt möglich, die innere Wahrheit eines anderen zu erkennen, oder hat jeder Mensch letztlich nur selbst Zugang dazu? Die Idee, einen anderen Menschen besser zu verstehen, als er selbst das tut, hat, wie sich zeigt, jedenfalls auch damit zu tun, Macht über ihn zu gewinnen. Die erotisch-hermeneutische Methode des Dr. Gross ist auch eine Praxis der Machtausübung – das ist ihr blinder Fleck, der desto größer wird, je leidenschaftlicher die Hingabe ist, mit der er der anderen Person hilft.

Als es auch in diesem Fall zu einer Schwangerschaft kommt, reagiert Otto Gross kaum anders als vor ihm Hanns Dorn, der wohl sehr viel weniger hehre Ideen mit der Beziehung zu Regina Ullmann verbunden hat: Er wendet sich ab, will weder mit der Schwangerschaft noch mit dem Kind groß etwas zu tun haben. Sein Job ist erledigt, der Genius freigesetzt. »Alles am Weibe ist ein Rätsel, und alles am Weibe hat eine Lösung: sie heißt Schwangerschaft«, lässt Friedrich Nietzsche seinen Zarathustra verkünden. Kein Intellektueller damals, der diesen Spruch nicht kennt. Und kaum ein Mann, dem er nicht in die Karten spielt.

Als Hans Gross davon Kenntnis erhält, dass der Rauschgiftkonsum seines Sohnes stetig steigt und er ein zweites uneheliches Kind gezeugt hat, lässt er seine Beziehungen spielen mit dem Ergebnis, dass Otto Mitte Mai, noch zwei Monate vor Reginas Niederkunft, eine Kur in der Psychiatrischen Anstalt Burghölzli in Zürich antritt. Der ihn dort behandelnde Arzt ist, seltsam genug, Carl Gustav Jung, ein anderer Schüler Sigmund Freuds. Er hat ebenfalls gerade eine heftige Affäre mit einer Patientin, der Russin Sabina Spielrein. Jung unterwirft den Kollegen einer rasanten Entziehungskur; schon nach zehn Tagen wird das Opium völlig abgesetzt. Seinem Eindruck nach verschwinden die Abstinenzbeschwerden während der Analysegespräche.

Sehr zum Erstaunen von Freud, der sich über das »Tempo der Jugend« wundert, glaubt Jung schon nach wenigen Wochen mit Analyse und Entziehung durch zu sein und das Therapieziel erreicht zu haben. Da geschieht es, dass Gross Mitte Juni aus der Anstalt türmt. »In einem unbewachten Moment« sei Gross aus dem Anstaltsgarten über die Mauer entflohen, berichtet Jung Freud. Zweifellos werde er bald wieder in München auftauchen, »um dem Abend seines Schicksals entgegenzugehen«, wie er auf einmal beschwörend feststellt. Nach dem Ausbruch, der auch das Scheitern der Therapie bedeutet, steht Jung auf einmal »mit erschreckender Deutlichkeit« eine Diagnose vor Augen, an die er bislang nicht habe glauben wollen: Dementia praecox, vorzeitige Demenz. Das ist ein von Emil Kraepelin erst wenige Jahre zuvor geprägtes Krankheitsbild junger Erwachsener, die sich immer stärker aus der Wirklichkeit zurückziehen und irreversibel in einen demenzähnlichen Zustand verfallen.

Zumindest, was seine Prognose betrifft, Gross werde schon bald wieder in München auftauchen, behält Jung Recht: Nur wenige Wochen nach seinem Ausbruch aus dem Burghölzli ist Gross erneut Dauergast im Café Stefanie und findet dort bald auch ein neues Opfer seiner erotomanen Analyse-Obsession: Sophie Benz. Mit ihr, ursprünglich die Freundin von Leonhard Frank, wird es zur Katastrophe kommen.

Der Showdown erfolgt in der Gegend von Ascona, wo die beiden eine Zeitlang eine primitive Hütte bewohnen. Sophie wendet sich immer mehr von Gross ab, der sie mit seiner »Analyse« nicht mehr erreicht. In einem unbemerkten Moment macht sie in tödlicher Dosis von den Giften Gebrauch, die er selbst täglich nimmt – »drei Schritte hinter mir, als ich gerade am Kamin saß und ins Feuer schaute«. Danach muss sich Gross nicht nur mit dem Verdacht der fahrlässigen Tötung auseinandersetzen, er ist auch als Arzt und als Liebhaber endgültig erledigt, kein Befreier der Menschheit mehr, sondern nur noch ein erbarmungswürdiger Suchtkranker.

Und Regina Ullmann? Otto Gross mag ihr wohl den Genius freigemacht haben, um es mit seinen Worten zu sagen, jedoch um den Preis, dass sie am Leben verzweifelt. Sie zieht sich nicht nur aufs Schreiben, sondern auch in den Schoß der katholischen Kirche zurück. Bei dieser Entscheidung spielen die Geschwister Derleth eine wichtige Rolle, denen sie auf einer Abendeinladung im Hause Wolfskehl begegnet. Ludwig und Anna Derleth sind zwischenzeitlich von der Destouchesstraße an den Marienplatz gezogen, in eine kleine Wohnung im fünften Stock, die einem Adlerhorst ähnelt, von dem aus man in den Abendhimmel sieht. Eine Weile ist Regina Ullmann dort regelmäßig zu Besuch, nimmt Taufunterricht in Altötting und konvertiert schließlich zum Katholizismus. Doch eine Jüngerin Ludwig Derleths, dieses Streiters Christi, wird sie nicht. In einer Art Abschiedsbrief an ihn bekennt sie sich vielmehr ausdrücklich zu Rilke: »Jetzt ist es entschieden. Ich weiß, wo ich hingehöre. Regina.«

Rilke veranstaltet in München eine Lesung für Regina Ullmann, zu der er seine Freundinnen und Freunde, darunter auch Lou Andreas-Salomé, das Verleger-Ehepaar Kippenberg, Wolfskehl und Klages sowie andere einflussreiche Leute aus dem Kulturbetrieb einlädt. Er erreicht es, dass Anton Kippenberg, der Verleger des Insel Verlags, der aus der gleichnamigen Zeitschrift hervorgegangen ist, ihr eine monatliche Zahlung in Höhe von 500 Mark gewährt – Vorschuss auf einen Roman, den sie indessen niemals fertigstellen wird. In Fragmenten dazu aber finden sich auch die folgenden Sätze, die wie keine anderen den Gemütszustand Regina Ullmanns bis ins hohe Alter aussprechen: »Wie könnte man auch vergessen! Ja, noch mehr, wie möchte man je vergessen wollen …«

Vier Seelenmaler … und ein Tänzer

Ein Murnauer Sommer

Nachträglich entsteht einiger Streit darüber, wer von ihnen diesen Ort unweit des Staffelsees, mitten im schönsten bayerischen Voralpenland zuerst gefunden habe. Von den Vieren gebührt die Ehre vermutlich Wassily Kandinsky, der bereits 1904 auf einer Fahrradtour in Murnau übernachtet hat. Unglaublich schöne Sachen habe er im Gebirge gesehen, schrieb er Gabriele Münter: »diese ganz tiefliegenden und sich langsam bewegenden Wolken, den düsteren dunkelvioletten Wald, die blendendweißen Gebäude, samtige Dächer der Kirchen, das sattgrüne Laub«. Doch schon ein Jahr später bemühen sich auch Werefkin und Jawlensky um ein Haus in Murnau, 1907 malen sie sogar hier, und sie sind es auch, die im Spätsommer 1908 als erste Zimmer im Griesbräu beziehen, dem ersten Gasthof am Platz. Münter und Kandinsky treffen, nach vier Jahren des Umherreisens vor kurzem aus Südtirol nach München gekommen, Mitte August in Murnau ein und begnügen sich einstweilen mit dem Knechtezimmer des Schreinermeisters Echter in der Pfarrgasse. Alle zusammen bleiben sie bis Ende September.

Um der Wahrheit die Ehre zu geben, muss allerdings erwähnt werden, dass vor ihnen schon andere Bewohner Münchens diesen Flecken als Sommerfrische und Landsitz entdeckt haben. Der prominenteste unter ihnen ist der Architekt Emanuel Seidl, weit über München hinaus bekannt als Erbauer von spektakulären Villen, als Organisator und Gestalter prächtiger Künstlerfeste und um die Jahrhundertwende einer der begehrtesten Junggesellen der Stadt. 1898 ist er zum ersten Mal nach Murnau gekommen, um Pläne für das Landhaus seines Schwagers zu entwickeln. Auf Anhieb hat er sich in die Gegend zwischen Staffelsee und Murnauer Moos, einem der ausgedehntesten europäischen Moorgebiete am Fuß der Ammergauer Alpen, verliebt. Er erwirbt zunächst einen Obstgarten, den er in den nächsten Jahren durch Zukäufe zu einem stattlichen Landsitz erweitert. Im Herbst 1902 ist die erhöht liegende Villa mit Panoramablick auf Berge und Moorlandschaft fertiggestellt. In der Folge entstehen Wirtschaftsgebäude, ein Gästehaus mit Übernachtungsmöglichkeiten, ein quadratischer Pavillon, das »Gloriettl«, und eine Gärtnerei – das ganze Ensemble in einem weiträumigen Landschaftspark gelegen, mit einer kegelförmigen Anhöhe, mit Brücken über den natürlich vorhandenen Bach und mit einem Promenadenweg, an dem weißgestrichene Bänken zum Verweilen einladen.

Durch die 1879 gebaute Eisenbahn ist Murnau von München aus leicht zu erreichen. Seidl verfügt sogar über eine eigene Bedarfshaltestelle, an der seine Gäste ein- und aussteigen können. Und diese kommen zahlreich und stimmen nur zu gerne in den Lobpreis ihres Gastgebers ein, der das von ihm geschaffene Anwesen als »Gefilde der Seligen«, als »Eldorado«, als ein Paradies empfindet. Über mehr als 17 Jahre herrscht hier von 1902 an reges Leben mit Festen, mit Musik- und Theaterabenden. Fastnacht, Ostern, Pfingsten und Silvester werden genauso gefeiert wie die Geburtstage des Hausherrn, allfällige Jubiläen oder die Einweihung neuer Bauabschnitte des Landschaftsgartens. Die bessere Münchner Gesellschaft trifft sich beim Seidl in Murnau zu Musikabenden,

Schachwettbewerben, Malkursen, sommerlichem Badevergnügen im oberen Weiher, im Winter zum Skifahren und Rodeln.

Emanuel Seidl verbindet mit seiner zweiten Heimat Murnau aber nicht nur, dass er als Villenbesitzer und Gastgeber betuchte Leute hierhinzieht. Unterstützt von seinen Künstlerfreunden gestaltet er seit 1906 auch das Ortsbild neu. Die von Werefkin und Jawlensky, Münter und Kandinsky bewunderten dekorativen Fassadenmalereien, die farbigen Fassungen des Holzwerks und die hübschen Handwerkszeichen an den Gebäuden gehen auf seine Initiative zurück. Kontakte zu den Vieren, die seit 1908 hier die Malerei neu erfinden, gibt es hingegen nicht. Der Kreis um Seidl kann mit der »intellektuellen« Kunstauffassung, den Farbexperimenten und dem dezidierten Anti-Naturalismus der neuen Maler wenig anfangen. Diese wiederum betrachten die Seidl-Leute als Traditionalisten, zu satt, zu glatt, zu konservativ und harmoniesüchtig, um sich auf experimentelle Sprünge einzulassen, geschweige denn diese als das zu sehen, was sie ihrer Meinung nach sind: die Zukunft der Malerei. Die Vier lassen sich hier zwar von der bäuerlichen Hinterglasmalerei mit ihren klaren Konturen, einfachen Formen und unvermischten Farben anregen und stellen ihre Suche nach neuen Ausdrucksmöglichkeiten so ihrerseits in eine Tradition. Damit verbunden ist die Idee eines einfachen, von den Allüren der Großstadt und den Zwängen der Zivilisation befreiten Lebens. Was Seidl und seine Münchner Freunde in ihrer Villa zelebrieren, würde ihnen viel zu förmlich und zu artifiziell erscheinen, wenn sie es denn wahrnähmen – eigentlich unpassend angesichts der großartigen, ursprünglichen Natur, in die sie hier malend eintauchen. Sie berauschen sich an der Vorstellung, in Murnau und Umgebung unerschlossenes, naturbelassenes Terrain für ihre Kunst entdeckt zu haben, das mit seinem blendenden Licht, der Leuchtkraft der Farben und einer horizontal gegliederten Landschaft aus hintereinander gestaffelten Wiesen und Hügelketten ihrer neuen, weniger auf Eindrücken basierenden, als nach Ausdruck suchenden Malweise entgegenkommt.

Später schien es, als habe in diesem Sommer jede und jeder der Vier für sich allein das Tor zu einer neuen Art der Malerei aufgestoßen. Das legen auch die Selbstzeugnisse nahe, etwa die berühmte Auskunft von Münter, sie habe »da nach einer kurzen Zeit der Qual einen großen Sprung gemacht - vom Naturabmalen - mehr oder weniger impressionistisch - zum Fühlen eines Inhaltes - zum Abstrahieren - zum Geben eines Extraktes«. Doch in Wirklichkeit verhält es sich so, dass sich die Vier gegenseitig anstacheln und befruchten, trösten und motivieren, und das durchaus im Wettstreit miteinander. Jede Stimme des Quartetts spielt zwar ihre eigene Melodie, aber erst die vier Stimmen zusammen geben das ganze Stück und lösen jene Revolution der Malerei aus, die dann über den Expressionismus bald zur Abstraktion führen wird.

Dabei sind sich die Vier keineswegs einig. Jawlensky ist mit Sohn Andreas gekommen, wie ein Foto von Gabriele Münter bezeugt, auf dem beide durch die Straßen Murnaus spazieren, der Vater vorneweg. Werefkin hat seit den »sichtbaren Folgen« seiner Gewissenlosigkeit, wie Wedekind das in seinem Fall beschönigend genannt hat, wieder zu malen begonnen, aber Jawlensky bezeichnet ihre noch stark symbolischen Bilder als »Bankkrach«, in Anspielung auf das Gemälde eines russischen Realisten, das für die modernen Maler ein rotes Tuch ist. Gabriele Münter umgarnt er hingegen mit seinem Charme. Als sie einmal mit einer Landschaftsstudie unter dem Arm von ihrer Maltour zurückkommt, ruft er anerkennend aus: »Tausend Mark!«, obwohl sie seinerzeit nicht einmal 50 für etwas von ihr Gemaltes erlösen könnte. Kandinsky hält ihn auch deswegen für einen »gefälligen Poseur«; er und Werefkin nennen ihn Lulu, in Anspielung auf die Frauenfigur in Wedekinds Drama, die mit kühler Sinnlichkeit die Männer ins Verderben reißt.

Münter erzählt, wie ihr kleinformatiges Bild *Der blaue Berg* bei einer Motivsuche »mit Jawlensky allein« entstand. »Da sah ich von oben das Gasthaus Berggeist liegen u. wie der Weg aufsteigt u. dahinter den blauen Berg u. rote Abendwölkchen am Himmel. Ich schrieb das Bild, das sich mir bot, schnell hin. Dann war es mir wie ein Erwachen u. ich hatte das Gefühl, als wenn ich ein Vogel wäre, der sein Lied gesungen hat.« Sie habe nicht viel über diese Empfindungen gesprochen, wie sie überhaupt nicht viel schwatze. Auch diese Neigung zum Schweigen, die Abneigung, aus den großen Gefühlen auch große Worte hervorgehen zu lassen, vielleicht auch ein fehlendes Mitteilungsbedürfnis, teilt sie mit Jawlensky. Von den Vieren ist er zu dieser Zeit am Weitesten auf dem Weg fortgeschritten, sich vom sichtbaren Eindruck zu lösen und das Bild aus der eigenen Empfindung heraus zu komponieren. Jawlensky hat sich an van Gogh geschult und in Matisse's Atelier gearbeitet: Er setzt Spannungslinien in ein Bild, die in der Natur nicht sichtbar sind, befreit die Farben aus dem Dienst getreuer Naturwiedergabe und umspannt die Farbflächen mit einfachen Konturen. »Von nun an bemühte ich mich nicht mehr um die nachrechenbare, ›richtige‹ Form der Dinge«, erinnert sich Münter später, und doch habe sie die Natur nie überwinden, zerschlagen oder gar verhöhnen wollen. »Ich stellte die Welt dar wie sie mir wesentlich schien, wie sie mich packte«.

Kandinsky hingegen teilt mit seiner Landsmännin Werefkin auch den missionarischen Eifer, mit der er über seine Malerei und die Entwicklung der Kunst generell räsoniert. Nicht er, sondern sie ist es wohl, die als erste das Wort »abstrakt« in die Runde wirft. Sie sei unersättlich im abstrakten Leben, hat sie bereits 1902 geschrieben: »Ich liebe die Dinge, die nicht existieren.« Und weiter: Die Tätigkeit des menschlichen Gehirns, »sich an die Stelle der Realität der Dinge zu setzen«, sei das »wahre Prinzip der Kunst«. Wer einen sichtbaren Eindruck in einen Gesang von Farben verwandeln könne, der sei »Meister der Vision«, behauptet sie. Die Farbe derealisiert und entgrenzt. Sie löst die Wirklichkeit auf und entscheidet über die Form. Das alles dient dazu, darin ist sich die Werefkin mit Kandinsky einig, etwas Übersinnliches in Szene zu setzen. Der neue Malstil resultiert nicht nur aus einem Gefühl der Unzufriedenheit mit der konventionellen Darstellung der wirklichen Welt, sondern auch aus einem Unbehagen am Wirklichen selbst. Farbe und Form lösen sich vom Gegenstandsbezug, eine neue, immaterielle, scheinbar rein geistige Welt tut sich auf. Bei einem Berlin-Aufenthalt im Herbst 1907 hat Kandinsky auch Vorträge Rudolf Steiners gehört und sich von ihm bestätigen lassen, dass wir spirituelle Erkenntniskräfte besitzen, durch die wir der unsichtbaren geistigen Welt hinter den irdischen Dingen teilhaftig werden können. Für Kandinsky ist die Malerei eine solche spirituelle Kraft. Längst arbeitet er an seiner Schrift *Über das Geistige in der Kunst*, trägt den Freunden an den Murnauer Abenden Aphorismen daraus vor.

Doch gerade der Umstand, dass die Vier in Temperament und Charakter kaum verschiedener sein könnten und es zwischen ihnen ständig schwelt, trägt zu der ungeheuren Produktivität dieses Sommers bei, in dem zum Ausbruch kommt, was sich schon lange vorbereitet hat, aber auf den richtigen Moment des Miteinanders wartete, um zur schönsten Malerei zu werden. Jawlensky, der das Deutsche nur radebrechend spricht, bringt den malerischen Ertrag ihres Miteinanders und Gegeneinanders auf die Formel: »Ich habe geschaut in Seele, und ich musste malen rot«. Der intellektuelle Kandinsky hingegen kann das alles viel elaborierter erklären und spricht davon, »die *innere Natur*, das heißt *Seelenerlebnisse*, in künstlerische Formen zu fassen«. Es ist schon paradox, dass gerade beim Auszug aus der Großstadt, inmitten der prächtigsten Natur, eine Malerei geboren wird, die die Wiedergabe des Sichtbaren als Fessel abstreift und die Abstraktion, mit ihr aber auch den Seelenausdruck feiert.

Das Russenhaus

Kandinsky und Münter gefällt es in Murnau so gut, dass sie hier nach einer Bleibe Ausschau halten. Sie finden sie im nächsten Frühsommer in einer neugebauten kleinen Villa, die auf einer blumenübersäten Wiese im Schatten zweier alter Eichen steht. Es ist zu dieser Zeit noch das einzige Haus auf dem dorfab gelegenen Hügel jenseits der Bahnschienen. Ein Murnauer Handwerksmeister hat es errichtet, in Erwartung der Touristen, die früher oder später an den stillen, fußläufig zu erreichenden Staffelsee mit seinem überwältigenden Bergpanorama strömen werden. Nach Süden schweift der Blick über das Murnauer Moos bis zum Höhenzug von Herzogstand und Heimgarten, über dem morgens die Sonne aufgeht. Der Sonnenuntergang dagegen lässt sich mit etwas Mühe vom oberen Stockwerk des Hauses am westlichen Punkt der Alpenkette beobachten.

Kandinsky ist sofort begeistert. »Hier gefällt es mir, hier will ich meinen Lebensabend verbringen«, ruft er aus. Er muss seine Lebensgefährtin etwas bearbeiten, aber nach einigem Hin- und Herüberlegen steht auch ihr Entschluss fest: Sie wird das Haus kaufen. Nun haben die beiden neben der Stadtwohnung in der Ainmillerstraße, in die Gabriele Münter im Herbst 1909 miteinzieht, einen Sommersitz im Oberland – bescheidener zwar als Seidls mondäne Villa und für gesellschaftliche Anlässe kaum geeignet, aber für traute Zweisamkeit und den Besuch von Freunden genau richtig. Werefkin und Jawlensky, sogar der Komponist Arnold Schönberg sind zu Gast. Und Franz Marc kommt häufiger mit dem Fahrrad von Sindelsdorf herüber.

Die Lebensumstände im »Russenhaus«, wie es von den Einheimischen schon bald genannt wird, sind einfach, um nicht zu sagen primitiv: Elektrisches Licht ist Fehlanzeige, doch Kerzen und Petroleumlampen tun es auch. Das Wasser muss per Hand aus einem Brunnen hochgepumpt werden, und der einzige Wasserhahn im ganzen Haus befindet sich in der Küche. Der Herd dort dient zugleich als Wärmequelle für das ganze Haus, auch der Kachelofen im Wohnzimmer wird von hier aus beheizt. Und das Fehlen von Komfort setzt sich auch im Außenbereich fort: Es gibt keinen ausgebauten Zugang, selbst ein Gleisübergang fehlt, so dass man feldeinwärts über die Schienen steigen muss, um zum Haus zu gelangen.

Doch das Paar genießt die Abgeschiedenheit, die einmalig schöne Lage und letztlich auch die Einfachheit des Lebens hier fernab der Hektik, des Lärms und der Reizüberflutung der Großstadt. Insbesondere Kandinsky erweist sich als wahrer Naturapostel. Er läuft barfuß, trägt kurze Lederhosen mit Wadlstutzen und arbeitet im Garten. Als Gabriele Münter einmal für längere Zeit verreist ist und er mit der Haushälterin Fanny, auf die er dann doch besteht, im Haus allein ist, gehen Gartenbriefe an die Lebensgefährtin, die ein Lied von den Freuden und Leiden der Selbstversorgung singen.

Kandinsky wirkt auch im Innern des Hauses, betätigt sich als Dekorateur und Kunsthandwerker. Die Wange der Treppe zum ersten Stock bemalt er per Schablone mit einem Fries von Reitern, die vorbei an farbigen Sonnen durch Pflanzen und Blüten voranstürmen. Der *Blaue Reiter* ist da nicht mehr fern. Auch die von Murnauer Handwerkern gezimmerten Möbel - Bücherschrank, Schreibpult, Toilettenschränkchen - werden verziert: mit Jugendstilmotiven auf rotem oder blauem Grund oder wieder mit Reitern und einer stilisierten Ansicht des Hauses auf dem Hügel zwischen Tannen und Bergen bei Mondschein, direkt auf den Holzton gemalt. Von Münter hingegen stammen die Malereien auf den Bettwangen und wohl auch der Frauenakt, der neben einer Tür direkt auf den Putz gemalt ist und in dem ansonsten bäuerlich eingerichteten Haus wie ein Fremdkörper wirkt.

Wie ein Fremdkörper in der idyllischen Voralpenlandschaft wirkt auch die Eisenbahn, die mehrfach am Tag so sichtbar wie hörbar am Haus vorbeidonnert. Münter, Kandinsky, von Werefkin, Jawlensky - alle vier malen sie sie, jeweils auf eigene Weise. Die Eisenbahn ist eine technische Erfindung, repräsentativ für das moderne Zeitalter und prägend für die Mobilität einer ganzen Epoche - die Voraussetzung dafür, dass die Vier in Murnau überhaupt ihre neue Malerei entdecken können. Auf den Bildern ist davon wenig zu sehen, sie stellen ein technisches Phänomen so dar, dass es nichts Technisches mehr hat, sich in pure Ästhetik verwandelt. Und doch ist die Gegenwart unübersehbar präsent – in der Machart dieser neuen Malerei, die das technische Verhältnis zur Natur, wie es für die Moderne kennzeichnend ist, in die Malerei hinein verlängert. Diese Bilder sind nicht abgemalt, sie sind konstruiert – so künstlich wie der weiße Rauch der auf ihnen sichtbaren oder gar unsichtbar bleibenden Lokomotive.

Alexander Sacharoff

Derweil macht in den Kreisen der Münchner Künstler-Boheme der Name eines Tänzers die Runde, der über die bildende Kunst zu seinem eigentlichen Ausdrucksmittel findet: Alexander Sacharoff. Auch er kommt aus dem Russischen Reich, anders als Jawlensky, Kandinsky und Marianne von Werefkin ist er aber gebürtiger Ukrainer und stammt aus einer jüdischen Familie. 1903 geht er, keine 18 Jahre alt, nach Paris, um Bildhauerei zu studieren. Wie schon Isadora Duncan verbringt er viel Zeit im Louvre, lernt dort griechische Skulpturen und die attische Vasenmalerei kennen. Entscheidend aber ist der Besuch einer Vorstellung von Sarah Bernhardt, der berühmtesten Schauspielerin der Zeit. In *L'Aignon,* »Der junge Adler«, einem Stück von Edmond Rostand über Napoleon II., tanzt sie ein Menuett – und es ist um den jungen Alexander geschehen. Die Bewegungskunst von Sarah Bernhardt zeigt ihm, wonach er sich instinktiv gesehnt und was er bis dahin im Verborgenen gehalten hat: Er will keine Skulpturen schaffen, er will selbst Skulptur sein. Keine starre aus Stein jedoch, sondern eine Skulptur in Bewegung, voller Leben. Dass ihm dieses Verlangen am Tanz einer Frau aufgeht, die zudem noch ein Weltstar ist (einer der ersten überhaupt), ist alles andere als Zufall. Denn im selben Augenblick wird Alexander klar, dass er mit dem ihm zugeordneten männlichen Geschlecht alles andere als glücklich ist. Lieber als nur ein Mann wäre er eine Frau, am liebsten aber beides, Mann wie Frau. Und ein Weltstar wäre er auch gerne.

In Paris lernt Alexander den ebenfalls in Russland gebürtigen Bildhauer Moissey Kogan kennen. Er lebt seit 1903 in München und ist dort Schüler an den Lehr- und Versuch-Ateliers für angewandte und freie Kunst. Hermann Obrist und Wilhelm von Debschitz haben sie im Vorjahr gegründet, doch der leicht erschöpfbare Obrist zieht sich bereits nach zwei Jahren Lehrtätigkeit zurück. Seitdem ist nur noch von der Debschitz-Schule die Rede. Hier wird die neue Vielseitigkeit der Kunst gelehrt, wie sie die Künstler des Münchner Jugendstils seit geraumer Zeit praktizieren. An der Schule herrscht eine offene Werkstattatmosphäre – ein Proto-Bauhaus.

Entscheidender als die Debschitz-Schule ist für Alexander Sacharoff die Begegnung mit der Münchner Theaterszene, von der in diesen Jahren eine Erneuerung des Theaters ausgeht. Schluss mit der Bühnenillusion und allem historischen Ballast, lautet die Devise. Das Theater der Zukunft besteht aus Bewegung; sie sei der Geist der Schauspielkunst. So hat es der englische Theater-Reformer Edward Gordon Craig verkündet, dessen 1905 erschienene Schrift *Die Kunst des Theaters* auch Kandinsky besitzt. Allerorten finden in München seitdem Experimente mit der Theaterform statt.

Der erste des Murnauer Künstlerquartetts, der Bekanntschaft mit Alexander Sacharoff macht, ist der keinerlei Berührungsängste kennende Jawlensky. Er findet ihn sensibel, geistreich und hellwach. Schon bald ist Sacharoff regelmäßiger Gast im Kunstsalon der Baronin Werefkin in der Giselastraße, wo sich die Münchner Kolonie russischer Aristokraten und Künstler trifft. Feierlich, »als handele es sich um eine Hostie«, werde einem dort der Tee gereicht, erinnert sich eine Besucherin. Währenddessen wird über Malerei und über Kunst im Allgemeinen geredet. Mit dem »ihr eigenen halb amüsierten, halb herablassenden Lächeln« begleitet die Gastgeberin noch die ernsthaftesten Erörterungen. Auch Sacharoffs Ausbildung zum Tänzer ist ein Thema. Gut möglich, dass Kandinsky ihn bereits hier kennenlernt. Im März 1907, auf Karl Wolfskehls Faschingsfest im Chinesischen Turm, erscheinen Sacharoff und er dann schon gemeinsam, verkleidet als Marionetten.

Da kommt auch der Komponist Thomas von Hartmann aus St. Petersburg nach München, zeitlebens der einzige Duzfreund Kandinskys. Schon lange spielt Kandinsky mit dem Gedanken, die Staffelei zumindest zeitweise mit der Bühne zu vertauschen. Lässt sich durch das bewegte Spiel im Raum, durch die Verbindung von Farben, Klängen und Tanz, das Spirituelle nicht sogar besser vergegenwärtigen als im starren Leinwandbild, fragt er sich. Um den Zusammenhang von Farben, Klängen und Bewegung zu studieren, denken sich Kandinsky und Hartmann ein Ratespiel aus. Der Komponist wählt aus den Aquarellen von Kandinsky dasjenige aus, das ihm in musikalischer Hinsicht am meisten zusagt. Dann macht er sich an dessen Vertonung. Schließlich kommt Sacharoff dazu. Ihm wird das Musikstück vorgespielt mit der Aufgabe, es in Tanz umzusetzen. Im Anschluss daran soll er erraten, welches Aquarell er getanzt hat.

Schließlich fassen Kandinsky und Hartmann den Plan, ein Märchen von Andersen als synästhetisches Kunstwerk zu inszenieren. Rasch entwirft Kandinsky die zauberhafte Skizze einer mittelalterlichen Stadt als Bühnenhintergrund. Doch als sie über die Choreografie der einzelnen Szenen nachzudenken beginnen, merken sie, dass die klassische Ballettform ihnen nicht das geben kann, wonach sie suchen. Der hinzugezogene Sacharoff schlägt vor, sie sollten sich mit dem altgriechischen Tanz beschäftigen, und so kommen sie von Andersen zu Daphnis und Chloe. Sehr zum Bedauern von Kandinskys Lebensgefährtin verfolgen die Drei ihren Plan jedoch erst einmal nicht weiter. Der tanzlustigen Münter ist die Vorstellung, dass der Körper in der rhythmischen Bewegung des Tanzens zum Medium der Seele werden kann, sofort plausibel. Kandinskys Zugang zu diesen Zusammenhängen hingegen ist eher theoretischer Natur. Erst einige Jahre später, nach der Begegnung mit Schönberg, wird aus diesen Experimenten eine Bühnenkomposition aus Farbe, Licht, Tanz und Ton hervorgehen, die er »Der gelbe Klang« nennt.

Als sich dann im Januar 1909 die Murnauer Vier zusammen mit dem Maler und Illustrator Wladimir von Bechtejeff, einem gebürtigen Moskauer, Thomas von Hartmann und anderen zur *Neuen Künstlervereinigung München* (NKVM) zusammenschließen, stoßen bald auch Alexander Sacharoff und Moissey Kogan dazu. Kandinsky formuliert das Gründungszirkular: Außer den Eindrücken, die er von der Außenwelt erhalte, sammle der Künstler fortwährend Erlebnisse in seiner Innenwelt. Die Losung müsse sein, nach künstlerischen Formen zu suchen, deren Ziel »die gegenseitige Durchdringung dieser sämtlichen Erlebnisse« sei, kurz die künstlerische Synthese von Innen- und Außenwelt. Noch bevor es aber im Dezember 1909 zur ersten Ausstellung der NKVM in der Galerie Heinrich Thannhauser kommt, wo gerade einmal 13 Monate später auch die als Abspaltung aus der NKVM hervorgehende Gruppe *Blauer Reiter* debütiert, führt Alexander Sacharoff bei seinem Bühnendebüt vor, wie diese Synthese aussehen kann.

Schauplatz ist ein »öder Saal des Münchner Studentenviertels«, wie sich Karl Ernst Osthaus, der Hagener Kunstmäzen und Gründer des Folkwang Museums, erinnert. Er ist einer der wenigen, die die Geburt des Tänzers Alexander Sacharoff und seiner neuen Art zu tanzen, miterleben. Noch vor Rudolf von Laban, dem offiziellen Schöpfer des Ausdruckstanzes, der erst im Jahr darauf nach München zieht und hier in einem Hinterhaus ein Bewegungsatelier einrichtet, erfindet Alexander Sacharoff an diesem Abend das, was später einmal als »New German Dance« in die Geschichte eingehen soll. Von einigen hundert Stühlen sind nur ein gutes Dutzend besetzt – gekommen sind vor allem die Mitglieder der NKVM. In einen langen seidenen Mantel gehüllt kauert Sacharoff in einer Ecke des Saals. Da erklingen aus einem alten Pianoforte die ersten Akkorde von *Narcissus – Andante mysterioso,* einer Komposition von Eduard von Hartmann. Sacharoff lässt den Mantel fallen und »im selben Augenblick durchzuckt den griechisch umhüllten Körper eine Linie von unerhörter Schönheit und Ausdruckskraft«, so der völlig faszinierte Osthaus. Sacharoffs Körper beginnt sich zu regen, zu bewegen und zu drehen, seine Arme heben und senken sich in tänzerischen Bewegungen – als ob eine Statue oder ein ikonenhaftes Bild von immaterieller Schönheit zum Leben erweckt und in einen rhythmischen Tanz in Zeitlupe verwandelt würde. Im direkt auf der Haut getragenen griechischen Gewand, die muskulösen Arme und Beine sowie das Gesicht weiß gepudert, die Augen mit Kajal, die Lippen feuerrot geschminkt, tanzt Sacharoff Narziss. Jede Regung seiner Seele, so Osthaus, habe in ergreifenden Körperlinien ihren künstlerischen Ausdruck gefunden: »Daseinsglück und seliges Erstaunen, Leidenschaft und bitteres Entsagenmüssen«. Was der Französin Madelaine Guipet fünf Jahre zuvor nur unter Hypnose gelungen ist, vollbringt Sacharoff an diesem Abend als selbstbewusster Künstler: die Verwandlung unbewusster seelischer Vorgänge in rhythmische Körperbewegung. Seelenzauber, Seelenausdruck, Seelenkunst.

Sacharoff selbst legt Wert darauf, nicht *mit* Musik oder *begleitet von* Musik zu tanzen. Seinem Selbstverständnis nach macht er Musik sichtbar, indem er mit dem Mittel der Bewegung gestaltet, was der Komponist mit den Mitteln des Klangs ausgedrückt hat – »nichts anderes als die vom Komponisten erlebten und vermittels seiner Kunst in Klang verwandelten Seelenzustände, Eindrücke, Empfindungen«. Ich tanze Musik, sagt er voller Selbstbewusstsein. Marianne von Werefkin sieht in seinem Tanz die »große befreiende Bewegung der modernen Kunst« verkörpert. Fasziniert hält sie in spontanen Zeichnungen Sacharoffs Tanzposen fest; sie gehören zum Besten in ihren Skizzenbüchern.

Und sie sieht noch etwas anderes: Sacharoffs Tänze verbinden in raffinierter Weise weibliche Anmut mit männlicher Kraft. Wo andere, wie etwa der Tanzpublizist Hans Brandenburg, anfangs nur »narzisshaftes Ephebentum und widerwärtigen Feminismus« zu sehen meinen, sieht sie einen Tänzer, der sich den gängigen Geschlechtergrenzen und Geschlechtsidentitäten entzieht – *non-binary*, wie wir heute sagen würden.

In einer Art Wettbewerb mit Jawlensky versucht sie diese os-

Eine Ikone der neuen Kunst und des Rauschs der Verwandlung: Alexej von Jawlensky, Bildnis des Tänzers Alexander Sacharoff, 1909, Lenbachhaus München.

zillierende Zweigeschlechtlichkeit malerisch festzuhalten. »Der Tänzer Sacharoff« heißt ihr 1909 entstandenes Porträt, auf dem er im blauen Gewand Ton in Ton vor blauem Hintergrund dargestellt ist. In der feingliederigen, außergewöhnlichen schmalen Hand hält er eine Schmetterlingsblüte, ebenfalls blau mit rotem Farbtupfer, in dem das Rot der Wangen und Lippen wiederkehrt – Symbol für Sacharoffs Kunst der seelischen Verwandlung. Jawlensky malt Sacharoff gleich dreimal. Schon die Titel sind sprechend: »Die weiße Feder« heißt eines, »Rote Lippen« ein anderes, das 1937 als »entartet« beschlagnahmt wird und dessen Verbleib unbekannt ist. Wie sich Elisabeth Erdmann-Macke, die Frau von August Macke, erinnert, hat Jawlensky zu diesem Zweck Sacharoff »als Frau und Spanierin mit Fächer und Mantilla« verkleidet. Am berühmtesten ist das »Bildnis des Tänzers Sacharoff«, ebenfalls aus dem Jahr 1909. Es zeigt ihn im zinnoberroten Kostüm, unter dem gelockten schwarzen Haar ist ein weiß geschminktes, schmales Gesicht zu sehen, farbige Schatten strukturieren die kantigen Gesichtszüge, die Lippen sind rot, die Augen schwarz umrandet. Vor allem aber blickt Sacharoff den Betrachtenden mit großer Intensität an: voller Willens- und Verführungskraft, herausfordernd und unbezwingbar, changierend zwischen männlich und weiblich. Eine Ikone der neuen Kunst und des Rauschs der Verwandlung.

Der Abschied

Als es ein Dreivierteljahr später, am 2. Juni 1910, zum offiziellen Debüt Alexanders Sacharoffs als Tänzer im Königlichen Odeon kommt, ist der Saal gut besetzt, »namentlich von Damen«, wie die *Münchner Neuesten Nachrichten* hervorheben, »die russische und die Schwabinger Kolonie« scheinen vollständig versammelt. Während sich die einen von der Androgynität des Tänzers schockiert zeigen, wird er von den anderen enthusiastisch als Tanzreformator und Wegbereiter einer neuen Kunst gefeiert. Zu einem Zeitpunkt, da der Kampf um die neue Kunst noch ganz am Anfang steht, erlaubt sich die *Münchener Zeitung* bereits, eine Art Bilanz zu ziehen. »Wie beim Kampf um neue Ziele im Kunstgewerbe, in der Schauspielkunst usw., handelt es sich auch bei der Tanzreform um einen Ansturm gegen das Konventionelle, Althergebrachte«, schreibt sie betont verständnisvoll: »Die Reformatoren wollen den Tanz aus den Fesseln befreien, in die ihn die Dressur gelegt hat, sie wollen ihn zu seiner ursprünglichen Bestimmung wieder zuführen: den Menschen zu lehren, durch Gebärde und Mimik das zu künden, was ihn innerlich bewegt an Leid und Freud und Lust und Schmerz.«

Franziska zu Reventlow, die der Überzeugung ist, dass der vollkommene Mensch beides, Männliches wie Weibliches in sich trägt, und die zudem genau wie Gabriele Münter das Tanzen liebt, könnte man sich gut unter den Zuschauenden am 2. Juni 1910 vorstellen. Bestimmt wäre sie nicht schockiert von der Zweigeschlechtlichkeit des Tanzenden und seiner aufreizenden Art, die Seele in den Körper zu legen. Doch die Bohemienne erreicht das alles nicht mehr. Ihre finanzielle Situation ist derart prekär geworden, dass ihre Gedanken einzig und allein noch um Auswege aus der täglich schlimmer werdenden Misere kreisen. Beinahe hat sie sich schon damit abgefunden, München und Schwabing verlassen zu müssen. »Elendich herumgelegen, Kopf u. Bauchweh u. recht verzweifelt. Kein Geld u. kann nichts thun, wir können bald nicht mehr Trambahn fahren«, notiert sie im Tagebuch. Welche Anstrengungen sie auch immer unternimmt, Geld zu verdienen, Franziska zu Reventlow sieht keine Chance mehr, ihre Schulden je zurückzubezahlen. Geschweige denn einmal aus den Miesen herauszukommen. Sie sei eigentlich »ganz ruhig und ganz gleichgültig, aber sie wolle ein Ende machen, »so oder so. Also beschlossen, hier die Bude zumachen nach Berlin dort alles versuchen und wenn es die Friedrichstraße sein sollte. Ich will nicht mehr.«

Die Friedrichstraße, das ist seinerzeit der Rotlichtbezirk von Berlin. Anschaffen zu gehen wäre für die Gräfin keine ganz neue Erfahrung, aber auf dem Niveau, wie es dort in Berlin zugeht, das würde sie dann doch als eine weitere Deklassierung empfinden.

Den Sohn, dessen 13. Geburtstag die beiden gerade noch feiern, will sie derweil für eine Weile zu Bekannten in den niederösterreichischen Badeort Deutsch-Altenburg geben – zu zwei Junggesellen, die sie aus deren Studienzeit in München um die Zeit von Rolfs Geburt herum kennt. Womöglich ist Jakob Ludwig Windholz, einer der beiden, sogar Rolfs leiblicher Vater.

Die Zeremonien des Abschieds vom Sohn sind alle schon begangen vom gemeinsamen Kino-Besuch bis zum letzten Spaziergang durch den Englischen Garten – da erhält Franziska zu Reventlow in allerletzter Minute zwei überraschende Offerten: Jaffé, der schreckliche Liebhaber, bietet ihr an, seine Privatsekretärin zu werden. Zudem winkt die Chance, in Paris als sprachkundige »Kassendame« in der Ausstellung des Münchner Kunstgewerbevereins im Grand Palais zu arbeiten. Natürlich kommt ihr der Gedanke, dass sie so nachholen kann, was sie einst ausgeschlagen hat, als sie die Entscheidung traf, statt nach Paris zu Willy Gretor nach München zu gehen, um sich hier als Malerin ausbilden zu lassen. So hat alles angefangen, die Befreiung, die Verwandlung und die Misere. Nicht zuletzt deshalb, weil die genauen Bedingungen des Paris-Aufenthalts noch geklärt werden müssen, reist Franziska zu Reventlow tatsächlich erst einmal nach Berlin. Schließlich trifft ein Telegramm aus Paris ein, sie solle sofort kommen, und es wird sogar Geld für die Reise geschickt.

Überhaupt geht viel durcheinander in diesen Herbsttagen des Jahres 1910. Wie es nach dem Pariser Engagement, das auf vier Wochen begrenzt ist, weitergehen soll, mag sie sich am Anfang des Aufenthalts noch gar nicht fragen. Also doch Jaffé? Der aber schreibt ihr kurzerhand ab, hat sich anscheinend überlegt, dass eine solche Bindung nicht ihrer Natur entspreche, wie er sich reichlich gestelzt ausdrückt. Er gebe sie also frei. Franziska wird wütend, schreibt ihm, sie lasse sich nicht auf diese Weise »hin- und herziehen«, und verlangt 600 Mark Entschädigung.

Was aber tun? Am 20. November hat sie noch vor, wenigstens für kurze Zeit wieder nach München zu gehen und sich Rolf dorthin kommen zu lassen. Bei Franz Hessel, ihrem Pariser Quartiermeister, aber meldet sie sich keine acht Tage später bereits aus Ascona. Schon vor drei Jahren hat sie »Complotte mit Mühsam für Ascona« geschmiedet, wie sich ihrem Tagebuch entnehmen lässt. Der hatte sie wohl auf reiche Bekannte von ihm verwiesen, die man dort ausnehmen könnte. Die Gräfin hat damals eher zurückhaltend reagiert, den Gedanken bald wieder verworfen. Inzwischen aber ist Mühsam konkreter geworden, hat Ross und Reiter genannt. Es gehe um einen gewissen Alexander von Rechenberg-Linten, einen baltischen Baron. Lieblingsbeschäftigung: von Kneipe zu Kneipe traben. Ein Trunkenbold, in seinen Umgangsformen aber durchaus angenehm. Er sei auf der Suche nach einer Ehefrau. Nein, nicht um mit ihr zusammenzuleben, geschweige denn ins Bett zu gehen. Es gehe ausschließlich darum, sich das Anrecht auf das väterliche Erbe zu bewahren. Der schwerreiche Vater sei todkrank, drohe seinen Sohn aber zu enterben, wenn er weiterhin keinen angemessenen Lebenswandel führe, wozu für ihn vor allem eine Ehefrau gehöre. Ein Adelstitel sei Bedingung, mit anderen Worten, sie sei wie gemacht für diesen Handel. Laut Mühsams Erinnerungen soll Franziska zu Reventlow mit der ihr eigenen Lakonie auf seinen ungewöhnlichen Vorschlag reagiert haben: Rechenberg sei ganz praktisch. »Da brauche ich ja nicht einmal die Monogramme in den Taschentüchern umzustricken.«

Nach München werde sie so bald nicht wieder kommen, schreibt Franziska zu Reventlow jedenfalls nun dem ihr aus der Klages- und George-Zeit gebliebenen Freund, dem Philosophen Paul Stern. Da ist sie keine zwei Wochen in Ascona. Es sei ausnahmsweise mal eine gute Idee gewesen, sich hier anzusiedeln, obwohl eigentlich »ein Spiel des Zufalls«. Sie habe viel vor und mit ihren Münchner Angelegenheiten würden sich derweil die Auskunftei Merkur und der Verein Kreditreform beschäftigen. Und sie schließt: »O, Sternchen, das Leben ist doch schön. Mir gefällt es jetzt wirklich wieder.«

Epilog

Was tut eine Frau Anfang 40, die sich aus der Gesellschaft zurückzieht, deren Mittelpunkt sie gerade noch gewesen ist? Man möchte beinahe wetten, sie schreibt ihre Memoiren, zumal wenn sie bereits als Schriftstellerin hervorgetreten ist. Was hätte sich aus den Erinnerungen dieser Frau nicht für Kapital schlagen lassen! Die ungeschminkten Memoiren der Skandalgräfin. Kaum denkbar, dass Franziska zu Reventlow das von ihrem Umfeld nicht nahegelegt wurde.

Doch die Gräfin denkt gar nicht daran. Die Mischung aus Pikanterie und Freimütigkeit, derer es dafür bedürfte, ist nicht ihre Sache. Zur Schriftstellerin wird sie trotzdem. Oder, ihrem eigenen Selbstverständnis nach: Sie widmet sich der Literatur, während sie darauf wartet, dass der Erbfall eintritt. Den versoffenen Baron Alexander von Rechenberg-Linten, den Mühsam ihr ans Portemonnaie gelegt hat, heiratet sie nämlich bereits wenige Monate nach ihrer Ankunft in Ascona. Die beiden sind sich rasch einig, dass ihre Verehelichung nur zum Zweck des in Aussicht gestellten Erbes geschieht, das sie zu gleichen Hälften teilen wollen. Franziska zu Reventlow hat nun einen russischen Pass wie ihr Ehemann auch, dessen Vater ehemaliger Kaiserlich-Russischer Gesandter ist.

Bereits im Jahr darauf erscheint Franziska zu Reventlows erstes, in Ascona entstandenes Buch, *Von Paul zu Pedro,* eine spöttisch-geistreiche, leicht frivole Typologie männlicher Liebhaber – ein Buch, wie es sonst nur Männer schreiben: ein Reigen der Geliebten eines Lebens, die in ihren Eigenheiten, Vorlieben und der Spielart der Liebe, für die sie jeweils stehen, beschrieben werden. Wie alle ihre Bücher fußt *Von Paul zu Pedro. Amouresken* auf persönlichen Erfahrungen, ohne jedoch explizit autobiographisch zu sein. Hinter jedem der vorgeführten Typen, dem bedenkenlosen wie dem temperamentvollen Liebhaber, dem fremden, stets Distanz haltenden wie dem verheirateten Mann, der Dichterliebe wie der eleganten »Begleitdogge«, die man auch an Freundinnen ausleihen kann, lassen sich reale Personen erkennen, ohne dass eine von ihnen bei ihrem richtigen Namen genannt wird. Sogar der Hessel-Freund Henri-Pierre Roché kommt vor, der französische Schriftsteller, der der gemeinsamen Liebe der beiden zu derselben Frau mit dem später von Truffaut verfilmten Roman *Jules und Jim* ein funkelndes Denkmal setzen wird. Franziska zu Reventlow hat Roché 1907 kennengelernt und mit ihm sofort eine Affäre begonnen. Ihm verrät sie auch die Zahl ihrer Liebhaber: Etwa 50 sind es danach. In *Von Paul zu Pedro* ist er Sir John, der Mann, mit dem sie sich von allen am besten versteht: »Er hat sehr vielfältige Beziehungen zu Frauen und kultiviert jede einzelne wie ein Gärtner seine Pflanzen, jede bekommt ihr besonderes Terrain und ihre besondere Pflege. Für jede ist er der aufmerksamste und angenehmste Galan und suggeriert durchaus das Gefühl, daß er im Moment nur für sie da ist.« Vertauscht man Frau und Mann, ist das genauso ein Selbstporträt.

Albert Langen ist bereits am 30. April 1909 an einer verschleppten Mittelohrentzündung gestorben. In Korfiz Holm aber hat die Gräfin in dem nun von ihm und drei weiteren Kuratoren geleiteten Verlag einen treuen Sachwalter ihrer publizistischen Belange. *Von Paul zu Pedro* erscheint genauso im Albert Langen Verlag wie drei weitere zu Lebzeiten fertiggestellte, stets schmale Bände. Schon 1913 veröffentlicht Franziska zu Reventlow mit *Herrn Dames Aufzeichnungen oder Begebenheiten aus einem merkwürdigen Stadtteil* einen Schlüsselroman über die Schwabinger Boheme mit dem Kosmikerkreis im Zentrum. Auch hier kommen sie alle wieder vor, Klages genauso wie Schuler, George genauso wie Wolfskehl, Friedrich und Roderich Huch, Bohdan von Suchocki und und Albert Hentschel, aber alle unter Deck- und Phantasienamen: George ist »der Meister«, Klages »Hallwig«, Wolfskehl »Professor Hofmann«, und hinter »Dr. Sendt« versteckt sich ihr philosophischer Berater Paul Stern. Als Chronisten hat sie einen gewissen Herrn Dame erfunden, der allein schon, was seine Geschlechtsidentität betrifft, ein Neutrum ist, mit dem nicht zu unterschätzenden Vorteil allerdings, nicht festgelegt zu ein und sich auch nicht festlegen zu lassen. Das macht ihn zum idealen Beobachter. Die Naivität, mit der dieser Herr Dame Fragen stellt und vollmundig vorgetragene Behauptungen der Protagonistinnen und Protagonisten Wahnmochings schelmisch hinterfragt, ist alles andere als unschuldig, eher Tarnung und Strategie – ein gutes Mittel, um den Betrieb und den Jargon der hier versammelten Welterlöser sich selbst entlarven zu lassen. Und doch hat seine Existenz auch etwas von einer Utopie, zumal wenn es um die in diesen Kreisen äußerst wichtig genommene Genderfrage geht. Wenn sich die Gräfin eine der in diesem Kreis zirkulierenden Ideen zu eigen gemacht hat, dann ist es die der Androgynie, einer fluiden Geschlechtsidentität.

Im Herbst 1912 ist das Schwabing-Buch bereits fertiggestellt und vom Verlag angenommen. Allerdings ist das gegenseitige Einvernehmen mit ihrem Schein-Ehemann inzwischen offener Feindseligkeit von seiner Seite gewichen. In seiner Wut verrät er dem Vater die Schieberei mit der Eheschließung. In dieser unangenehmen Situation nimmt Franziska zu Reventlow eine Einladung ihres Vetters Viktor von Levetzow in sein Haus in Palma de Mallorca an. Und während in München mit dem Tod des greisen Luitpold am 12. Dezember 1912 eine ganze Ära, die Prinzregentenzeit, wie sie bald schon genannt wird, zu Ende geht, gönnt sich eine der bemerkenswertesten Hauptpersonen dieser bajuwarischen Belle Époque einen verlängerten Urlaub vom Leben unter der Sonne des Südens auf einer Insel, die zu dieser Zeit noch eine autarke, in sich geschlossene Lebenswelt darstellt. Erst im Mai

1913 führt die Nachricht vom Tod des Schwiegervaters sie wieder nach Ascona zurück. Ihre Befürchtung bestätigt sich: Der verstorbene Baron hat das Geständnis seines Sohnes zum Anlass genommen, sein Testament zu ändern, allerdings nicht nur zu ihren, sondern genauso zu seinen Ungunsten, und sie beide auf den Pflichtteil gesetzt. Das sind statt der erwarteten sechsstelligen Summe gerade einmal 20000 Mark, was aber dann doch ganz angenehm sei, wie die Gräfin bemerkt. Kleines Problem: Das Erbe besteht aus Aktien der Bahngesellschaft Moskau - Kiew - Woronesh, die erst verkauft werden müssen. Vom Credito Ticinese, der Bank in Locarno, erhält sie immerhin gleich einen Kreditbrief über 10000 Franken. So kann sie ihre Schulden in Ascona bezahlen und einige Wochen auf großem Fuß leben.

Aber selbst jetzt hat sie sich zu früh gefreut: Credito Ticinese gehört zu den drei Tessiner Banken, die im Frühjahr 1914 Bankrott gehen. Einmal mehr platzt der Traum vom sorgenfreien Leben. Der Gedanke, dass sie, die zeitlebens eine Schuldnerin gewesen ist, nun auf einmal in die Rolle der Gläubigerin gerät, amüsiert sie, hilft aber auch nicht wirklich weiter. Ihr Fazit ist, dass sich ein erotisches Verhältnis zum Leben und zu den Menschen, wie sie es kultiviert, und finanziell geordnete, ja gesicherte Verhältnisse im Grunde ausschließen. Denn die Liebe zum Geld ist die Liebe zu einem Abstraktum - letztlich gefühlskalt.

Die Rückkehr

In dem angesehenen Locarner Rechtsanwalt Mario Respini-Orelli findet Franziska zu Reventlow schon bald einen neuen Liebhaber. Es wird eine »seriöse Dauersache«, wie sie das nennt, eine der eher heiteren Art. Als sie schwanger wird, entscheidet sie sich trotzdem gegen das Kind. Mit 43 Jahren fühlt sie sich zu alt, hat nach der für sie selbst, aber auch für Rolf traumatischen Erfahrung der Totgeburt der Zwillinge schlichtweg auch Angst vor einer weiteren Fehlgeburt oder einem kranken Kind. Doch bei dem Eingriff treten Komplikationen auf, die einmal mehr einen Krankenhausaufenthalt nötig machen. Dafür reist sie im Herbst 1914 nach München.

Als russische Bürgerin benötigt sie dafür jetzt eine Sondergenehmigung. Denn inzwischen befindet sich Deutschland im Krieg mit Russland und Frankreich. Gleich am ersten Tag ihres Aufenthalts begreift Franziska zu Reventlow, dass das aus der Ferne dann doch gespürte Heimweh nach München sie getrogen hat. Zwar geht sie durch dieselben Straßen, lebt in demselben Milieu, in dem sie so lange zu Hause gewesen ist, aber sie wird das Gefühl nicht los, sich in einer fremden Welt und unter Leuten zu bewegen, deren Sprache sie nicht mehr versteht und deren Auftreten sie abstößt.

»Die Atmosphäre der Stadt, zu einer anderen Zeit die freieste, die fröhlichste, die anti-preußischste, die kosmopolitischste in Deutschland, die Freunde, die Meinungen, die Geschmäcker, die Ansichten – nichts war mehr übriggeblieben, weder Freiheit, noch Heiterkeit, noch Anti-Preußentum, noch Vernunft oder guter Geist«, beschreibt sie ihre Eindrücke einige Jahre später in einem Bericht in französischer Sprache, der sich im Nachlass Henri-Pierre Rochés gefunden hat.

In München, so hatte Lou Andreas-Salomé vordem mit ihrer feinen Beobachtungsgabe bemerkt, habe man sich nicht »im ›Münchnerischen‹ der Eingeborenen«, sondern »im Gemeinsamen aller Nationalitäten Deutschlands ringsum«, und wie man hinzufügen darf, auch Europas gefunden. Das moderne München der Vorkriegszeit existierte noch weniger als Paris oder Wien aus sich heraus. Im Wesentlichen war es eine Erfindung der Zugezogenen, die die Stadt als Bühne nutzten. »Schlawiner« nannten die Einheimischen sie und spielten damit auf ihre vorwiegend slawische Herkunft an. Ein Schwabinger Schlawiner konnte aber auch ein geborener Mecklenburger, Franzose, Rheinländer, Norweger oder Thüringer, ein brotloser Maler oder einfach ein Lebenskünstler sein. Mit ihrem Verschwinden zieht sich auch der frische Geist der Modernität wieder aus der Stadt zurück, der ihre Straßen, Gesellschaften und Winkel eine Zeitlang so sinnenfreudig und geistreich bespielt hat.

Auch die große und stolze russische Kolonie ist im ersten Kriegsnovember schon Vergangenheit. Die meisten der 4000 hier lebenden Russen sind noch vor Kriegsausbruch abgereist. Wer am 1. August 1914 noch nicht die Grenzen überschritten hatte, wurde zum Verlassen des Landes aufgefordert oder gleich interniert. Kandinsky, Jawlensky und Marianne von Werefkin sind bei Kriegsbeginn abgeschoben worden. Sie haben München nur mit dem nötigsten Handgepäck verlassen. Von Soldaten eskortiert und einer aufgebrachten Menschenmenge beschimpft, haben sie in Lindau ein Schiff bestiegen, das sie über den Bodensee in die Schweiz und damit in Sicherheit gebracht hat. Gabriele Münter ist an der Seite Kandinskys geblieben, der in diesen Wochen wiederholt davon spricht, ihre Verbindung sei gescheitert – gescheitert durch den Krieg. Ihn zieht es nach Moskau. Und während Franziska zu Reventlow erneut im Klinikum Josephinum Station macht, versetzt Gabriele Münter das Russenhaus in Murnau in einen langen Winterschlaf und löst in München den gemeinsamen Haushalt mit Kandinsky auf. Im Sommer des nächsten Jahres, so die Verabredung, werde man sich in Schweden wiedersehen.

Mit den Malerinnen und Malern des *Blauen Reiter* wird so gut wie die gesamte Avantgarde aus der Stadt vertrieben oder auf dem Schlachtfeld in den Tod geschickt. Franz Marc gehört zu jenen, die es kaum erwarten können. Bereits am 4. August hat er sich zum Dienst an der Waffe gemeldet, schon Ende des Monats ist er an die Front gegangen. »Jetzt bin auch ich endlich auf dem Zug in den großen Krieg«, hat er das Geschehen kommentiert. In einem Aufsatz, den er im November schreibt, als er sich gerade von einer schweren Ruhr-Krankheit erholt, die er sich wie so viele Soldaten in den unhygienischen Verhältnissen an der Front zugezogen hat, spricht er vom »Fegefeuer des Krieges«: Nur die guten, die echten, die wahren Dinge würden bleiben, schreibt er: »sie gehen geläutert und gestählt durch das Fegefeuer des Krieges«. Sein Freund August Macke, der Maler der sinnlichen Freude, die wir am farbigen Abglanz des Lebens haben, der Vater von zwei kleinen Buben, ist da schon tot, mit 27 Jahren bei Perthes-lès-Hurlus in der Champagne im Kugelhagel »gefallen«.

Erst mit ihrer Wiederkehr nach München, so Franziska zu Reventlow, habe sie begriffen, was der Militarismus und seine Zerstörungen bedeuten. Noch vor ihrem Weggang im Jahr 1910 hatte sie einen Vortrag ihres Bruders zum Thema »Krieg« gehört. Ernst Graf zu Reventlow, ein politischer Publizist und Agitator, der der nationalistischen und antisemitischen »Deutschvölkischen Bewegung« nahesteht, ist in diesen Jahren wesentlich bekannter als seine Schwester. Franziska erinnert sich daran, dass er seinerzeit den Pazifismus ins Lächerliche gezogen und Kant zitiert hat, um seine These zu stützen, dass der Krieg unentbehrlich und wohltuend sei. Sie erinnert sich aber auch daran, dass die eleganten Menschen, die Künstler und sogar viele Offiziere, die zu seinem Vortrag in München gekommen waren, den Kopf schüttelten ob dieses beschönigenden Geredes. Das hat sich nun drastisch geändert. Weder die gute Organisation noch die strenge Disziplin würden sie schockieren und regelrecht anekeln, stellt Franziska zu Reventlow fest, sondern die allseits zu beobachtende Liebe und Freude am Krieg, »Akzeptiert man es als eine unwiderrufliche Katastrophe, der man so gut wie man eben kann gegenübertritt, meinetwegen! – Aber dass man sich daran berauscht und sich dafür begeistert, dass man davon wie von einer allen wohltuenden hygienischen Einrichtung spricht, nein!«

Gut möglich, dass sie auf ihrem Krankenbett den soeben in der Novemberausgabe der *Neuen Rundschau* veröffentlichen Aufsatz »Gedanken im Kriege« von Thomas Mann liest. Mit Schaum vor dem Mund schildert der Schriftsteller dort, wovon er sich durch den Krieg Reinigung und Befreiung erhofft:

> Wir kannten sie ja, diese Welt des Friedens und der cancanierenden Gesittung – besser, quälend viel besser als die Männer, deren furchtbare, weit über ihre persönliche Größe hinausgehende Sendung es war, den Brand zu entfesseln: Mit unseren Nerven, unserer Seele hatten wir tiefer an dieser Welt zu leiden vermocht als sie. Gräßliche Welt, die nun nicht mehr ist – oder doch nicht mehr sein wird, wenn das große Wetter vorüberzog! Wimmelte sie nicht von dem Ungeziefer des Geistes wie von Maden? Gor und stank sie nicht von den Zersetzungsstoffen der Zivilisation?«

Obwohl selbst ein Repräsentant des dritten Geschlechts, hat sich Thomas Mann nie ganz der neuen Liberalität der Lebensführung geöffnet, wie sie in München von Teilen der Boheme wie auch der Gesellschaft vorgelebt wurde. Nun kommt es mit dem Kriegsausbruch zum jähen Ausbruch des aufgestauten Ressentiments. Wie so viele andere Dichter, Künstler und Professoren ruft er vom Schreibtisch aus zu den Waffen und preist das »Erlösungswunder«.

Erich Mühsam gehört zu den wenigen Bohemiens, die sich noch in der Stadt aufhalten und nicht auf die Seite der Kriegstreiber gewechselt sind, auch wenn er in diesen Tagen einiges Missverständliche von sich gibt. Als er seine alte Freundin zusammen mit ihrem Sohn am Nachmittag des 18. November im Café Stefanie trifft, findet er, dass sie trotz überstandener Krankheit »frisch, jung und bildhübsch« aussehe. Schnell dreht sich das Gespräch darum, dass sich auch Rolf als Kriegsfreiwilliger melden will. »Seine Mutter ist entsetzt, nennt das eine Indianergeschichte, die er erleben will«, notiert Mühsam in seinem Tagebuch, fügt aber in Klammern hinzu: »(Der Kriegsenthusiasmus wird ihm schon noch vergehn.)«

Picasso in München

Am 1. August 1914, dem Tag der Mobilmachung, kommt auch Rilke wieder nach München. Umgeben von tosender Kriegsbegeisterung liefert er in den beiden Tagen darauf mit den »Fünf Gesängen« seinen Beitrag zu den anderthalb Millionen Kriegsgedichten, die bis Ende 1915 in Deutschland entstehen: »Zum ersten Mal seh ich dich aufstehn / hörengesagter fernster unglaublicher Kriegsgott«, dichtet er in seinem Hotelzimmer. Ab Ende September wohnt er in der Pension Pfanner in der Finkenstraße und trifft öfters die vom ihm geförderte Dichterin Regina Ullmann, die ehemalige Geliebte von Otto Gross. In Galerien stößt er auf Gemälde des frühen Picasso, die bei ihm wehmütige Erinnerungen an Paris wachrufen. Besonders ein Bild in der Galerie Thannhauser, wo 1911 auch die erste *Blauer Reiter*-Ausstellung stattgefunden hat, hat es ihm angetan: die *Saltimbanques*, Picassos Gauklerfamilie aus dem Jahr 1905, ein über vier Quadratmeter großes Gemälde, ein Schlüsselwerk der Rosa Periode. Es zeigt fünf stehende, teilweise kostümierte Personen auf der linken und ein für sich sitzendes Mädchen auf der unteren rechten Seite. Alle sechs Figuren wirken wie Traumwandler, gebannt in eine leere Dünenlandschaft, in der immerwährende Gegenwart zu herrschen scheint. Keiner weiß zu sagen, wo sie herkommen, wo sie hingehen und was sie dort suchen. 1000 Franc hat eine Sammlergemeinschaft ursprünglich für das Bild bezahlt. Als ein zentrales Frühwerk des mittlerweile bekannten Picasso hat es der Galerist Heinrich Thannhauser kürzlich für sensationelle 11 500 Francs im Pariser Hotel Drouot ersteigert.

Rilke geht das Bild nicht mehr aus dem Kopf, und er beginnt nachzudenken, wie er, wenigstens eine Zeitlang, wenn schon nicht in seinen Besitz, so doch in seine Gegenwart kommen könnte. Seit 1910 kennt er die westfälische Gutsherrin und Sammlerin Hertha Koenig, von der er weiß, dass sie bereits ein anderes Picasso-Bild aus seiner Blauen Periode erworben hat. Am 4. November schreibt

»Wer aber sind sie, sag mir, die Fahrenden?«: Pablo Picasso, Les Saltimbanques / Die Gauklerfamilie, 1905, National Gallery of Art, Washington.

er ihr: »Das große Bild bei Thannhauser, die ›Gaukler‹, haben mir diesen Maler mit einem Schlage bedeutend gemacht – dieses Bild ist gewiß eines der entscheidenden Bilder unserer Malerei: können Sie's nicht retten und erhalten? Dafür müßten die rechten Hände und die rechte Wand da sein, eh der Kunsthandel es von Zufall zu Zufall in die Preise treibt.«

Und Rilke hat nicht fehlspekuliert: Hertha Koenig kauft das Gemälde für ihre Münchner Wohnung, in der sie sich vor allem den Winter über aufhält, während sie die Sommer auf Gut Böckeln in Westfalen verbringt. Als Rilke dann im Juni 1915 seine

Zimmer in der Finkenstraße räumen muss und er sich brieflich mit der Bitte an sie wendet, ihn »rasch und still für eine Weile beim großen Picasso in der Widenmayerstraße« aufzunehmen, gewährt ihm seine Freundin den ersehnten Unterschlupf in ihrer Wohnung, wo Rilke nun vis-à-vis mit den Gauklern lebt, schreibt und womöglich auch schläft. Immer findet er neue Details in dem Bild, die ihn besonders entzücken: »das kleine schwarze Samtjäckchen des Kindes zu dem verwaschenen Rosa, das zarte Händchen aus dem Henkel des Blumenkorbes, das unvergleichlich einsame und dabei doch farbige Grau der spanischen Wüste hinter den großen Gestalten, der Tonkrug neben der sitzenden Frau«.

Und einmal bringt er auch Regina Ullmann mit. »Sieh mal, Regina, jetzt darfst du dieses herrliche Bild sehen!«, schwärmt er. Wie ein scheues Reh, das aus dem dichten Wald auf eine Lichtung heraustritt, steht die Schriftstellerin vor dem großen Bild, »mit ihren stark schielenden, dabei außergewöhnlich schönen Augen«, fluchtbereit und doch in aller Ruhe. Auf Hertha Koenig, die zusammen mit einer Freundin die Szene beobachtet, wirkt Rilkes Bekannte mit ihrem verwaschenen, resedagrünen Sommerkleid und dem altmodischen großen Hut, als gehöre sie in das Bild hinein.

Die Einberufung

Im Herbst 1915 geht der gerade 18 Jahre alt gewordene Rolf allein nach München, um auf seinen Gestellungsbefehl zu warten und sich von der Mutter freizuschwimmen. Vergeblich hat Franziska zu Reventlow schon vor Ausbruch des Krieges ihrem Sohn die Schweizer Staatsbürgerschaft verschaffen wollen. Dazu hätte er aus der deutschen entlassen werden müssen. Sie bat Klages, den sie mangels eines leiblichen Vaters seinerzeit gebeten hatte, die Vormundschaft für Rolf zu übernehmen, in dieser Hinsicht tätig zu werden. Doch Klages verschleppt den Antrag, nicht zuletzt, weil er der Ansicht ist, dass das Militärjahr für Rolf, der allgemein als verzogen und sehr eigenwillig gilt, eher wünschenswert als von Übel sei. Dabei wäre die Wahrscheinlichkeit, dass der Antrag positiv beschieden wird, gar nicht so gering; denn über die Vermittlung von Frieda Gross ist es sogar gelungen, den berühmten Max Weber zu einem Gutachten zu bewegen, das sich für die Entlassung Rolfs aus dem Staatsverband einsetzt. Weber ist in diesen Jahren häufiger in Ascona zu Gast, um sich zu einem gesünderen Lebenswandel zu bekehren. Er hält Rolf zwar für einen unerzogenen Bengel, tut der Gräfin aber den Gefallen, unterstützt sie sogar finanziell. Als Klages dann am 4. August 1914 endlich tätig wird, ist es zu spät: Der Antrag wird wegen des soeben erfolgten Kriegsausbruchs abgelehnt.

In München wohnt Rolf bei Frau Güttner, der alten Vermieterin seiner Mutter und seiner Taufpatin. Sie ist inzwischen in die Römerstraße 37 umgezogen, in einen vor drei Jahren errichteten Neubau, unmittelbar am Pündterplatz. Arbeit findet er rasch als Gehilfe bei einem Filmvorführer.

Im April 1916 ist es dann soweit: Rolfs Jahrgang wird einberufen und er muss sich in München stellen. Die Mutter möchte den Sohn unbedingt noch einmal sehen, bevor er an die Front kommt, und reist im Juni 1916 unter Inkaufnahme der komplizierten Einreise- und Ausreisebedingungen einmal mehr nach München. Hier hat sich die Situation dramatisch verändert. Statt von Siegen, vom »fröhlichen Krieg«, von intellektueller und spiritueller Erneuerung spricht man nun von Rationierung, Kartoffelbrot und Lebensmittelcoupons. Die Menschen fragen nicht mehr: »Werden wir gewinnen?«, sondern: »Was werden wir essen?«. Selbst in den Restaurants gibt es Mahlzeiten nur gegen Marken. Die Auswahl ist bescheiden, die Portionen sind so klein, dass man dreimal hintereinander essen muss, um einigermaßen satt zu werden. Mit ihrem russischen Pass hat Franziska zu Reventlow, wie sie auf dem Amt feststellen muss, auf dem die Bezugsscheine ausgegeben werden, keinen Anspruch auf Zucker oder Seife. Was den Zucker betrifft, empfindet sie das als Ungerechtigkeit, hinsichtlich der Seife aber als Beleidigung der russischen Nation.

Selbst in den wohlhabenden Häusern ist die Lebensmittelknappheit spürbar: »Kein Ende, kein Ende«, klagt Hedwig Pringsheim in einem Brief an ihren Berliner Freund Maximilian Harden: »Abgesehen von allem andern: halten Sie es für denkbar, daß wir's wirtschaftlich noch lange ›dermachen‹? In den letzten vier Wochen ist es so rapid abwärts gegangen mit den Vorräten und aufwärts mit den Preisen, daß ich armes ungebildetes Weib es für unmöglich erkläre, daß wir noch einen Winter durchhalten können. Kein Zucker, keine Butter, kein Kaffee, kein Spiritus, keine Wurst (nur in Scheiben aufgeschnitten; ebenso Schinken); keine Konserven.«

Immerhin können Familien wie die Pringsheims es sich leisten, Nahrungsmittel wie Butter, Mehl, Eier, Speck und Schinken, die in der Stadt streng rationiert sind, direkt bei den Erzeugern auf dem Land oder bei sogenannten Schleichhändlern zu kaufen. Das ist zwar illegal, aber sie haben genug Geld, um die exorbitanten Preise, die dafür verlangt werden, zu bezahlen. Die meisten Städtebewohner sind dazu nicht in der Lage; viele Kinder sind unterernährt und bleiben in der Entwicklung zurück.

Während Franziska zu Reventlows Anwesenheit kommt es in München zu einem Hunger-Aufstand. Eine aufgebrachte Menschenmenge versammelt sich vor dem Rathaus und verlangt nach Brot. Auch Erich Mühsam ist unter den Protestierenden, einer ihrer Anführer. Aus dem benachbarten Café, dem Treffpunkt der besseren Gesellschaft, schallen wüste Schimpfrufe herüber. Als Antwort fliegen Steine auf das Café und das Rathaus, die Menge setzt sich in Bewegung und zerschlägt die Schaufenster der umliegenden Luxusläden. Soldaten auf Urlaub schließen sich an. Die Stimmung wird immer aggressiver. Schließlich sprengt berittene Polizei die Menschenansammlung, die sich aber sofort wieder aufs Neue bildet.

Es ist der letzte gemeinsame Abend von Mutter und Sohn – »unvergessliche Stunden, voll von tiefer und schrecklicher Melancholie«, während sie durch die ihnen wohl bekannten, einst so fröhlichen Straßen gehen und jetzt nur noch »stillschweigendes Elend und dumpfe Bedrohungen« atmen. Auch in der Nacht gehen die Unruhen weiter. Da über die Soldaten mittlerweile eine Ausgangssperre verhängt ist, besteht die rebellische Menge nun vor allem aus Frauen und Jugendlichen.

Im Herbst 1916 dann kommt Rolf an die Front. Die Kriegseinsätze, an denen er beteiligt ist, gehören zu den blutigsten des Ersten Weltkriegs: Somme, Saint Mihiel, 36 Kilometer von Verdun entfernt, die Doppelschlacht an der Aisne und in der Champagne, Argonner Wald. Die Mutter, die inzwischen in Muralto oberhalb von Locarno lebt, ist verzweifelt; sämtliche Briefe an ihn kommen wieder zurück, schicken kann sie ihm überhaupt nichts. Sie hätte sich doch etwas mehr Seelenstärke zugetraut, schreibt sie an Münchner Freunde: »Überhaupt, seit er draußen ist – ich kann Ihnen nicht sagen wie mir ist … Hoffen oder sich drein ergeben, ist ein reiner Unsinn, wenn man weiß, daß das Liebste auf der Welt in Gefahr ist und unerreichbar, und beides als chronischer Zustand. Probieren Sie nur einmal das von morgens bis abends immer zu wissen. Nachts träumt man wenigstens noch, daß es nicht wahr ist – aber man sollte weder darüber schreiben noch sprechen, denn wenn man den Mund auftut, fängt man eben an zu schreien.«

Es sind die Mütter, die als erste und lange Zeit als einzige gegen den tödlichen Heroismus aufbegehren, den die Väter und Söhne sich zu eigen machen. Hedwig Pringsheim ergeht es da nicht anders, obwohl sie das Glück hat, dass keiner ihrer vier Söhne an der Front ist. Doch in ihrer mangelnden Kriegsbegeisterung fühlt sie sich ziemlich allein, auch innerhalb ihrer Familie. Selbst Katia macht da keine Ausnahme. Die russischen Generalstabsberichte lese sie nicht, sagt Frau Mann, »denn die lügen ja bloß«. »Lügen bloß die?«, fragt ihre Mutter zurück. Wer sage ihr, dass dort mehr gelogen werde als – anderswo. Dann geraten Tochter und Mutter in Streit und gehen gekränkt auseinander. Woher solle man nur die Stimmung selbst für eine kurze Stunde hernehmen, klagt sie gegenüber Harden, als sie ihm zu Weihnachten schreibt: »Ist nicht jeder der Getöteten einer Mutter Sohn? Und wievieler Mütter Söhne sind zwecklos, nutzlos bei Galipoli geschlachtet? Und wieviele werden noch geschlachtet werden?«

Die Rettung

Im Frühjahr 1917 kommt ein junger Mann aus München nach Locarno und stellt sich dort Franziska zu Reventlow vor. Er gibt vor, ein Freund von Freunden zu sein, und besucht sie mehrmals. Schließlich erklärt er ihr, dass er beauftragt sei, sie für den deutschen Nachrichtendienst anzuwerben. Ihr Name, ihre soziale Stellung und nicht zuletzt ihre Beziehungen böten außerordentlich günstige Bedingungen für diese Tätigkeit. Und sie würde davon profitieren: Ihre finanzielle Lage werde sich verbessern, sie bekäme die volle Freiheit, wann immer sie wolle nach Deutschland zu reisen, und er selbst werde die volle Verantwortung übernehmen, wenn es zu Schwierigkeiten mit der hiesigen Polizei komme. Mit anderen Worten, sie werde keinerlei Risiko dabei eingehen, könne im Gegenteil nur gewinnen.

Die Gräfin ist anfangs entschlossen, das Angebot rundweg abzulehnen. Dennoch bleibt das Gespräch für sie unvergesslich; denn zum ersten Mal kommt sie auf die Idee, ihrem Sohn zur Flucht zu verhelfen, mit allen ihr zur Verfügung stehenden Mitteln. Notfalls auch, indem sie sich auf eine Spionagetätigkeit einlässt. »Es war wie ein Blitzschlag, der plötzlich eine in Finsternis liegende Landschaft erhellt.«

Sie schmiedet Dutzende von Plänen, von denen sich die meisten als undurchführbar und als Hirngespinste herausstellen. Doch als sich dann die Gelegenheit ergibt, Rolf, der unmittelbar von der Front kommt, in Konstanz zu sehen, ist sie vor Ort. Er kommt ihr fürchterlich abgemagert vor in seiner schäbigen, zu langen und zu weiten Uniform. Müdigkeit und Lethargie gehen von ihm aus.

Als der die ganze Zeit anwesende Offizier zum Telefonhörer greift, flüstert sie ihm zu: »Wenn du frei sein willst, fliehen, mit mir weggehen – dann werden wir es tun.« Unvergesslich seine Reaktion: »Seine Augen öffneten sich ganz weit und leuchteten plötzlich. Darin sah ich einen ersten Lebensstrahl durch diese grauenhafte Apathie gehen, die sein ganzes Wesen wie ein Leichentuch zu verhüllen schien.«

Die Flucht gelingt, obwohl sie schlecht vorbereitet ist und bei Helligkeit unternommen werden muss. Mit einem Ruderboot erreicht Rolf das rettende Kreuzlinger Ufer. Die auf ihn abgegebenen Schüsse haben ihn verfehlt. Viele Zeitungen berichten über die gelungene Flucht, nicht zuletzt deshalb, weil es ihnen eine Nachricht wert ist, dass ausgerechnet der Neffe des fanatischen Pangermanisten Ernst zu Reventlow desertiert ist.

Traumgesichter

Das Bild der Gauklerfamilie begleitet Rilke durch den gesamten Krieg. »Wächter am Picasso«, nennt er sich in dieser Zeit. Als Hertha Koenig im Herbst 1917 von der Widenmayerstraße in eine hochherrschaftliche Gesandtenwohnung auf der Leopoldstraße umzieht, findet der Picasso Platz in dem dort vorhandenen großen repräsentativen Saal. Um das Bild zur Geltung zu bringen, lässt seine Besitzerin eigens die kupferrote Leinenbespannung entfernen und die Wände mit schlichter Leimfarbe in Elfenbeinton überstreichen. »Die Farben des Raumes sind wie aus dem Bild herausgezogen«, meint Rilke. Und lädt seinen großen Bekanntenkreis zu geselligen Zusammenkünften in den Saal mit der Gauklerfamilie ein. Hier findet auch die Lesung von Regina Ullmann statt.

Am 26. Juli 1918 stirbt Franziska zu Reventlow nach einem Sturz vom Rad im Krankenhaus von Locarno. Sie hat ihren Sohn nach der Flucht nur noch wenige Wochen gesehen, dann musste er Locarno verlassen und nach Zürich gehen, denn die Schweizer

Behörden verweigerten ihm die Aufenthaltserlaubnis für das Tessin. Die Flucht hat die beiden wieder zusammengeführt, um sie letztlich doch zu trennen. Noch vor seinem Einzug zum Militär aber hat Rolf seine Mutter zur Großmutter gemacht, ohne dass diese wohl jemals davon erfuhr. Als er sie 1914 nach München begleitete, lernte er dort während ihres Krankenhausaufenthalts die junge Leipzigerin Wally Pischke kennen und lieben. Die gemeinsame Tochter des jungen Paars kam Ende Juli 1915 zur Welt. Die beiden heiraten, als Rolf Reventlow nach Kriegsende nach München zurückkehrt. Doch die Ehe wird bereits im Januar 1919 wieder geschieden.

Auch Frank Wedekind erlebt das Ende des Ersten Weltkriegs nicht mehr. Er stirbt bereits am 9. März, nach insgesamt der vierten Operation seit 1914, im Josephinum, dem Krankenhaus, in dem auch Franziska zu Reventlow immer wieder unter dem Messer lag. Sein Tod ist der letzte Akt in einem desaströsen Familiendrama, in dem sowohl er als auch seine Frau, die Schauspielerin Tilly Newes, die er 1906 geheiratet hat, sich immer wieder trennen und dann doch nicht auseinandergehen, während die beiden jungen Töchter Pamela und Kadidja einigermaßen fassungslos zuschauen.

Frank Wedekind ist so wenig für die Ehe geschaffen wie Franziska zu Reventlow. Nur dass er diese Erfahrung erst am Ende seiner Münchner Zeit, sie hingegen an deren Anfang macht. Als Schriftstellerin mag sie an seine bahnbrechende Bedeutung nicht heranreichen. Als Lebenskünstlerin hingegen ist sie ihm nicht nur gewachsen, sondern überlegen. Während Wedekinds Leben nach Art einer »Männertragödie« abläuft, verkörpert Franziska zu Reventlow bei aller Widersprüchlichkeit ein neues weibliches Selbstverständnis: ganz Frau und trotzdem frei zu sein. Erst gemeinsam aber, als weiblich-männliche Gegenstücke, charakterisieren der Bahnbrecher der modernen Literatur und die Vorkämpferin für die sexuelle Befreiung der Frau jene Zeit der Verwandlung, der Neuerfindung des Lebens, die mit ihrem Tod im vierten Weltkriegsjahr zu Ende geht. Erst vier Jahrzehnte später, nach einer

Zwischenkriegszeit voller Turbulenzen und Verwerfungen und einem zweiten Weltkrieg, wird sie ihre wirkliche Fortsetzung finden.

»Wer aber *sind* sie, sag mir, die Fahrenden, diese ein wenig Flüchtigeren als wir selbst«, dichtet Rilke Jahre später in Erinnerung an die Münchner Monate und Jahre in Gegenwart von Picassos *Saltimbanques*. Die Antwort ist so naheliegend wie tröstend: Es sind die Menschen, die in einer anderen Zeit uns vorangegangen sind - flirrende Gestalten wie aus einer Fata Morgana, gefangen in einem stehenden Jetzt - und in die auch wir uns verwandeln, sobald unsere Zeit gekommen ist, um denen, die uns folgen, zu Traumgesichtern ihres eigenen Lebens zu werden.

Bibliographie

Allgemeine Literatur zu München um 1900

Ab nach München! Künstlerinnen um 1900. München 2014.

Ahlers-Hestermann, Friedrich: *Stilwende. Aufbruch der Jugend um 1900.* Berlin 1941.

Baranow, Sonja von: *Franz von Lenbach. Leben und Werk.* Köln 1986.

Bassermann-Jordan, Gabriele von u.a.: *Frauen der Boheme 1890–1920.* München 2022.

Bauer, Helmut, Elisabeth Tworek: *Schwabing. Kunst und Leben um 1900. Essays.* München 1988.

Bauer, Helmut (unter Mitarbeit von Sandra Uhrig): *Schwabing. Kunst und Leben um 1900. Bilder.* München 1988.

Bauer, Richard: *Geschichte Münchens. Vom Mittelalter bis zur Gegenwart.* München 2005.

Bauer, Richard: *Prinzregentenzeit. München und die Münchner in Fotografien.* München 1988.

Baur, Johannes: *Die russische Kolonie in München 1900–1945. Deutsch-russische Beziehungen im 20. Jahrhundert.* Wiesbaden 1998.

Biller, Josef H., Hans-Peter Rasp: *München. Kunst & Kultur.* München 2005.

Bollmann, Stefan: *Monte Verità. 1900. Der Traum vom alternativen Leben beginnt.* München 2017

Clay Large, David: *Hitlers München. Aufstieg und Fall der Hauptstadt der Bewegung.* München 1998.

Dresler, Nastasja S.: *Schreibende Frauen nach '45. München als literarische Wirkstätte.* München 2023.

Duncan, Isadora: *I've only danced my life. Die Autobiographie der Isadora Duncan.* Berlin 2016.

Edschmid, Kasimir: Münchner Fasching. In: Schmitz, Walter (Hg.): *Die Münchner Moderne. Die literarische Szene in der ›Kunststadt‹ um die Jahrhundertwende.* Stuttgart 1990, S. 444 ff.

Erdmann-Macke, Elisabeth: *Erinnerung an August Macke.* Frankfurt a. M. 1987.

Falckenberg, Otto: *Mein Leben – Mein Theater.* Nach Gesprächen und Dokumenten aufgezeichnet von Wolfgang Petzet. München 1944.

Flügge, Manfred: *Gesprungene Liebe. Die wahre Geschichte zu »Jules und Jim«.* Berlin und Weimar 1993.

Frank, Leonhard: *Links wo das Herz ist.* Roman. München 1952.

Fruth, Pia: *Gustav Jäger – Pionier der Wollkleidung.* SWR2 Wissen, Sendung vom 15. Oktober 2019.

Fuchs, Georg: *Sturm und Drang in München um die Jahrhundertwende.* München 1936.

Gelobtes Land. Emanuel von Seidl. Parklandschaft in Murnau. Einst und Jetzt – Fotos, Dokumente, Relikte. Murnau 1994.

Greul, Heinz: *Die Elf Scharfrichter.* Zürich 1962.

Halbe, Max: *Jahrhundertwende. Erinnerungen an eine Epoche.* München und Wien 1976.

Heißerer, Dirk: *Wo die Geister wandern. Literarische Spaziergänge durch Schwabing.* München 2016.

Holm, Korfiz: *ich – kleingeschrieben. Heitere Erlebnisse eines Verlegers.* München 2008.

Huch, Roderich: *Alfred Schuler, Ludwig Klages und Stefan George. Erinnerungen an Kreise und Krisen der Jahrhundertwende in München-Schwabing.* Amsterdam 1973.

Hüneke, Andreas (Hg.): *Der Blaue Reiter. Eine Geschichte in Dokumenten.* Stuttgart 2011.

Huse, Norbert: *Kleine Kunstgeschichte Münchens.* München 2009.

Jugend. Münchner illustrierte Wochenschrift für Kunst und Leben. Alle Ausgaben 1896-1940 als PDFs und als recherchierbare Datenbank: http://www.jugend-wochenschrift.de/index.php?id=25

Kemp, Judith: *»Ein winzig Bild vom großen Leben«. Zur Kulturgeschichte von Münchens erstem Kabarett Die Elf Scharfrichter (1901-1904).* München 2017.

Kessler, Harry Graf: *Das Tagebuch. Zweiter Band 1892-1897.* Hrsg. von Roland S. Kamzelak und Ulrich Ott. Stuttgart 2004.

Keyserling, Eduard von: *Kostbarkeiten des Lebens. Gesammelte Feuilletons und Prosa.* Hrsg. und kommentiert von Klaus Gräbner und Horst Lauinger. München 2021.

Kreuzer, Helmut: *Die Boheme. Analyse und Dokumentation der intellektuellen Subkultur vom 19. Jahrhundert bis zur Gegenwart.* Stuttgart 1968.

Kurz, Melanie, Thilo Schwer: *Geschichte des Designs.* München 2022.

Lenbach. Sonnenbilder und Porträts. Hrsg. von Reinhold Baumstark. München 2004.

Lenbachs Villa. Hrsg. von Städtische Galerie im Lenbachhaus. München 1990.

Lessing, Theodor: *Einmal und nie wieder.* Lebenserinnerungen. Prag 1935.

Leutheusser, Ulrike, Hermann Rumschöttel (Hg.): *Prinzregent Luitpold von Bayern. Ein Wittelsbacher zwischen Tradition und Moderne.* München 2014.

Literarische Sommerfrische. Künstler und Schriftsteller im Alpenvorland. Ein Lesebuch von Elisabeth Tworek. München 2013.

Mollenhauer, Bernhard: *Jugendstil in München.* München 2014.

München. Die große Zeit um 1900. Kunst, Leben und Kultur 1890-1920. Text von Rainer Metzger, Bildauswahl von Christian Brandstätter. München 2008.

Oldenburg, Ray: *The Great Good Place: Cafés, Coffee Shops, Bookstores, Bars, Hair Salons, and Other Hangouts at the Heart of Community.* New York 1999.

Osterhammel, Jürgen: *Die Verwandlung der Welt. Eine Geschichte des 20. Jahrhunderts.* München 2009.

Prel, Carl du: *Philosophie der Mystik.* Leipzig 1885.

Prévot, René: *Kleiner Schwarm für Schwabylon.* München 2008.

Die Prinzregentenzeit. Katalog der Ausstellung im Münchner Stadtmuseum. Hrsg. von Norbert Götz und Clementine Schack-Simitzis. München 1988.

Pytlik, Priska (Hg.): *Spiritismus und ästhetische Moderne – Berlin und München um 1900.* Dokumente und Kommentare. Tübingen 2006.

Der Radfahrsport in Bild und Wort. Hrsg. von Paul von Salvisberg. München 1987.

Richter, Hedwig: *Demokratie – Eine deutsche Affäre. Vom 18. Jahrhundert bis zur Gegenwart.* München 2020.

Ritthaler, Albert: *Franz von Stuck und seine Sünden.* Vortrag am 8. Juni 2009 im Max Liebermann Haus Berlin. https://www.yumpu.com/de/document/read/7319304/franz-von-stuck-und-seine-sunden-bei-galerie-ritthaler

Ross, Werner: *Bohemiens und Belle Epoque. Als München leuchtete.* Berlin 1997.

Ruederer Josef: *München.* Hrsg. und mit einem Nachwort versehen von Walter Hettche und Waldemar Fromm. München 2012.

Scheffler, Karl: *Berlin, ein Stadtschicksal.* Hrsg. und mit einem Vorwort von Florian Illies. Berlin 2015.

Schmitz, Walter (Hg.): *Die Münchner Moderne. Die literarische Szene in der ›Kunststadt‹ um die Jahrhundertwende.* Stuttgart 1990.

Schoeller, Wilfried F.: *Franz Marc. Eine Biographie.* München 2016.

Schwab, Andreas: *Zeit der Aussteiger. Eine Reise zu den Künstlerkolonien von Barbizon bis Monte Verità.* München 2021.

Schwabing – verliebt, verrückt, vertan. Verse und Prosa von 1900 bis heute. Hrsg. und mit einem Nachwort von Oda Schaefer. München 1972.

Simplicissimus. Illustrierte Wochenschrift. Alle Ausgaben 1896–1944 als PDFs und als recherchierbare Datenbank: http://www.simplicissimus.info/index.php?id=5

Spielmann, Heinz: *Jugend 1896–1940. Zeitschrift einer Epoche. Aspekte einer Wochenschrift »Für Kunst und Leben«.* Dortmund 1988.
Stephan, Michael, Willibald Karl: *Schwabing. Zeitreise ins alte München.* München 2015.
Tworek, Elisabeth: *Sehnsucht Oberbayern. Spaziergänge durch das Alpenvorland der Literaten, Musiker und Maler.* München 2018.
Voswinckel, Ulrike: *Freie Liebe und Anarchie. Schwabing – Monte Verità. Entwürfe gegen das etablierte Leben.* München 2009.
Wege in die Moderne. Jugendstil in München 1896 bis 1914. Hrsg. von Hans Ottomeyer. München 1997.
Wilhelm, Hermann: *Die Münchner Bohème. Von der Jahrhundertwende bis zum Ersten Weltkrieg.* München 1993.
Wolzogen, Ernst von: *Das dritte Geschlecht.* Roman. Berlin 1898.

Literaturauswahl zu den Hauptfiguren des Buches

Lou Andreas-Salomé

Andreas-Salomé, Lou: *Fenitschka. Eine Sommererzählung.* Stuttgart 2023.
Welsch, Ursula, Dorothee Pfeiffer: *Lou Andreas-Salomé. Eine Bildbiographie.* Berlin 2006.
Wendt, Gunna: *Lou Andreas Salomé und Rilke – eine amour fou.* Berlin 2010.
Wiesner-Bangard, Michaela, Ursula Welsch: *Lou Andreas-Salomé. »... wie ich dich liebe, Rätselleben«. Eine Biographie.* Leipzig 2002.

Anita Augspurg und Sophia Goudstikker (Atelier Elvira)

Die modernen Frauen des Atelier Elvira in München und Augsburg 1887–1908. Hrsg. von Ingvild Richardsen. München 2022.

Heymann, Lida Gustava (in Zusammenarbeit mit Anita Augspurg): *Erlebtes – Erschautes. Deutsche Frauen kämpfen für Freiheit, Recht und Frieden 1850–1940.* Hrsg. von Margrit Twellmann. Meisenheim am Glan 1972.

Hof-Atelier Elivira 1887–1928. Ästheten, Emanzen, Aristokraten. Hrsg. von Rudolf Herz und Brigitte Bruns. München 1985.

Richardsen, Ingvild: *»Leidenschaftliche Herzen, feurige Seelen«. Wie Frauen die Welt veränderten.* Frankfurt a. M. 2019.

Lovis Corinth

Lovis Corinth. Hrsg. von Peter-Klaus Schuster, Christoph Vitali und Barbara Butts. München 1996.

Berend-Corinth, Charlotte: *Als ich ein Kind war.* Hamburg 1950.

Modick, Klaus: *Keyserlings Geheimnis.* Roman. Köln 2019.

Schneede, Uwe M.: *Ich! Selbstbildnisse in der Moderne. Von Vincent van Gogh bis Marina Abramović.* München 2022.

Zimmermann, Michael F.: *Lovis Corinth.* München 2008.

Karl Wilhelm Diefenbach

Karl Wilhelm Diefenbach (1851–1913). Lieber sterben, als meine Ideale verleugnen! Hrsg. von Michael Buhrs und Claudia Wagner. München 2011.

Frecot, Janos, Johann Friedrich Geist, Diethart Kerbs: *Fidus 1868–1948. Zur ästhetischen Praxis bürgerlicher Fluchtbewegungen.* Frankfurt a. M. 1997.

August Endell

Endell, August: *Vom Sehen. Texte 1896-1925 über Architektur, Formkunst und »Die Schönheit der großen Stadt«.* Hrsg. von Helge David. Basel 1995.

Herz, Rudolf: »August Endell in München. Bau des Ateliers Elvira und die Resonanz der Zeitgenossen«. In: *Hof-Atelier Elivira 1887-1928. Ästheten, Emanzen, Aristokraten.* Hrsg. von Rudolf Herz und Brigitte Bruns. München 1985, S. 25 ff.

Stefan George

Karlauf, Thomas: *Stefan George. Die Entdeckung des Charisma.* Biographie. München 2007.

Kronberger, Maximilian: *Gedichte, Tagebücher, Briefe.* Hrsg. von Georg Peter Landmann. Stuttgart 1987.

Willy Gretor

Die Pariser Bohème (1889-1895). Ein autobiographischer Bericht der Malerin Rosa Pfäffinger. Hrsg., kommentiert und mit einer Einführung versehen von Ulrike Wolff-Thomsen. Kiel 2007.

Wolff-Thomsen, Ulrike: *Willy Gretor (1868-1923). Seine Rolle im internationalen Kunstbetrieb und Kunsthandel um 1900.* Kiel 2006.

Otto Gross

Gross, Otto: *Von geschlechtlicher Not zur sozialen Katastrophe.* Hamburg 2000.

Hurwitz, Emanuel: *Otto Gross. Paradies-Sucher zwischen Freud und Jung.* Zürich 1979.

Ludwig Klages

Schröder, Hans-Eggert: *Ludwig Klages. Die Geschichte seines Lebens. Erster Teil: Die Jugend.* Bonn 1966.

Albert Langen

Abret, Helga: »Kunst und Kommerz zwischen Schwabing und Paris. Der Verleger Albert Langen (1869-1909)«. In: Bauer, Helmut, Elisabeth Tworek: *Schwabing. Kunst und Leben um 1900. Essays*. München 1988, S. 139ff.

Abret, Helga und Aldo Keel: *Die Majestätsbeleidigungsaffäre des »Simplicissimus«-Verlegers Albert Langen.* Frankfurt a. M. 1985.

Thomas Mann

Mann, Thomas: *Briefe I. 1889-1913*. Große kommentierte Frankfurter Ausgabe Bd. 21. Frankfurt a. M. 2002.

Mann, Thomas: *Essays I. 1889-1914*. Große kommentierte Frankfurter Ausgabe Bd. 14.1, 14.2. Frankfurt a. M. 2002.

Mann, Thomas: *Frühe Erzählungen. 1889-1912*. Große kommentierte Frankfurter Ausgabe Bd. 2.1, 2.2. Frankfurt a. M. 2004.

Mann, Thomas: *Notizbücher. Edition in zwei Bänden*: Notizbücher 1-6. Notizbücher 7-14. Hrsg. von Hans Wysling und Yvonne Schmidlin. Frankfurt a. M. 1991.

Kolbe, Jürgen: *Thomas Mann in München 1894-1933. Heller Zauber.* Berlin 1987.

Kurzke, Hermann: *Thomas Mann. Das Leben als Kunstwerk.* Eine Biographie. München 1999.

Mendelssohn, Peter de: *Der Zauberer. Das Leben des deutschen Schriftstellers Thomas Mann.* Erster Teil 1875-1918. Frankfurt a. M. 1975.

Erich Mühsam

Mühsam, Erich: *Ascona.* Vereinigte Texte aus den Jahren 1905, 1930 und 1931. Zürich 1979.

Mühsam, Erich: *In meiner Posaune muß ein Sandkorn sein.* Briefe 1900–1934. Bd. 1 und 2. Vaduz 1984.

Mühsam, Erich: *Tagebücher.* Alle Tagebücher 1910–1924 als Volltext und als recherchierbare Datenbank: https://www.mühsam-tagebuch.de/tb/index.php

Mühsam, Erich: *Zur Psychologie der Erbtante.* Satirisches Lesebuch 1900–1933. Berlin 1984.

Gabriele Münter und Wassily Kandinsky

Gabriele Münter 1877–1962. Malen ohne Umschweife. Hrsg. von Isabelle Jansen. München 2017.

Gabriele Münter. Die Jahre mit Kandinsky. Photographien 1902–1914. Hrsg. von Helmut Friedel. München 2007.

Brauchitsch, Boris von: *Gabriele Münter.* Eine Biographie. Berlin 2017.

Haldemann, Matthias: *Kandinsky.* München 2016.

Kandinsky, Wassily: *Die gesammelten Schriften.* Band 1. Hrsg. von Hans K. Roethel und Jelena Hahl-Koch. Bern 1980.

Kleine, Gisela: *Gabriele Münter und Wassily Kandinsky. Biographie eines Paares.* Frankfurt a.M. 1990.

Weiss, Peg: *Kandinsky in Munich. The Formative Jugendstil Years.* Princeton, New Jersey 1979.

Hermann Obrist

Hermann Obrist. Skulptur, Raum, Abstraktion um 1900. Hrsg. von Eva Afuhs und Andreas Strobl, Zürich 2009.

Oskar Panizza

Bauer, Michael: *Oskar Panizza. Exil im Wahn*. Eine Biografie. München 2019.

Boeser, Knut: *Der Fall Oskar Panizza. Ein deutscher Dichter im Gefängnis. Eine Dokumentation*. Berlin 1989.

Panizza, Oskar: *»Ein bischen Gefängnis und ein bischen Irrenhaus«. Ein Lesebuch.* Hrsg. von Michael Bauer und Christine Gerstacker. München 2019.

Hedwig und Katia Pringsheim

Pringsheim, Hedwig: *Tagebücher*. Hrsg. und kommentiert von Christina Herbst. Band 1: 1885–1891; Band 2: 1892–1897; Band 3: 1898–1904; Band 4: 1905–1910; Band 5: 1911–1916. Göttingen 2013–2016.

Pringsheim, Hedwig: *Meine Manns. Briefe an Maximilian Harden. 1900–1922*. Hrsg. von Helga und Manfred Neumann. Berlin 2006.

Jens, Inge und Walter: *Katias Mutter. Das außerordentliche Leben der Hedwig Pringsheim.* Reinbek bei Hamburg 2005.

Jens, Inge und Walter: *Frau Thomas Mann. Das Leben der Katharina Pringsheim.* Reinbek bei Hamburg 2004.

Krause, Alexander: *Arcisstraße 12.* Palais Pringsheim – Führerbau – Amerika Haus – Hochschule für Musik und Theater München. München 2019.

Franziska zu Reventlow

Reventlow, Franziska zu: *Sämtliche Werke in fünf Bänden*. Hrsg. von Michael Schardt. Oldenburg 2004.

Reventlow, F. Gräfin zu: *»Wir sehen uns ins Auge, das Leben und ich«.*

Tagebücher 1895-1910. Aus dem Autograph textkritisch neu hrsg. und kommentiert von Irene Weise und Jürgen Gutsch. Passau 2011.

Reventlow, Rolf: *Kaleidoskop des Lebens.* Unveröffentlichtes maschinenschriftliches Manuskript. Literaturarchiv Monacensia.

Kargl, Christia, Waldemar Fromm (Hg.): *Die Kehrseite des deutschen Wunders. Franziska zu Reventlow und der Erste Weltkrieg.* München 2018.

Kubitschek, Brigitta: *Franziska Gräfin zu Reventlow 1871-1918. Ein Frauenleben im Umbruch.* Studien zu einer Biographie. Prien am Chiemsee 1994.

Küchmeister, Kornelia, Dörte Nicolaisen, Ulrike Wolff-Thomsen: *»Alles möchte ich immer«. Franziska Gräfin zu Reventlow. 1871-1918.* Göttingen 2010.

Wendt, Gunna: *Franziska zu Reventlow. Die anmutige Rebellin.* Biographie. Berlin 2011.

Wolff-Thomsen, Ulrike: »Eine Einladung nach Paris. Ein bislang unbekannter Kontakt zwischen Franziska Gräfin zu Reventlow (1871-1918) und dem deutsch-dänischen Bohemien Willy Gretor (1868-1923)«. In: *Nordelbingen,* Bd. 78. Heide 2009, S. 109ff.

Rainer Maria Rilke

Rilke, Rainer Maria: *Sämtliche Werke.* Band I bis VI, Frankfurt a. M. 1965.

Rilke, Rainer Maria: »Münchner Kunstbrief« / »Auch ein Münchner Brief« (1897). In: *Sämtliche Werke.* Bd. V, S. 321ff.

Koenig, Hertha: *Erinnerungen an Rainer Maria Rilke.* Hrsg. und mit einem Nachwort versehen von Joachim W. Storck. Bielefeld 1992.

Leppmann, Wolfgang: *Rilke. Sein Leben, seine Welt, sein Werk.* Bern München 1993.

Prater, Donald A.: *Ein klingendes Glas. Das Leben Rainer Maria Rilkes.* München Wien 1986.

Schnack, Ingeborg: *Rainer Maria Rilke. Chronik seines Lebens und seines Werkes.* Leipzig 1975.

»Unter den großen Städten die sympathischste, duldsamste und weiteste«. Rilke und München. Im Auftrag der Rilke-Gesellschaft hrsg. von Rudi Schweikert. München 2004.

Alexander Sacharoff

Peter, Frank-Manuel, Rainer Stamm (Hg.): *Die Sacharoffs. Zwei Tänzer aus dem Umkreis des Blauen Reiters.* Köln 2002.

Stamm, Rainer, Gloria Köpnick: *Karl Ernst und Gertrud Osthaus. Die Gründer des Folkwang-Museums und ihre Welt.* München 2022.

Albert von Schrenck-Notzing

Schrenck-Notzing, Albert von: »Ein Fall von konträrer Sexualempfindung, gebessert durch hypnotische Suggestion«. *Internationale klinische Rundschau* 3 (40), 1889. Sp. 1629–31.

Schrenck-Notzing, Albert von: »Über Suggestionstherapie bei konträrer Sexualempfindung«. *Internationale klinische Rundschau* 5 (26), 1891. S. 1–7.

Schrenck-Notzing, Albert von: *Die Traumtänzerin Magdeleine G. Eine psychologische Studie über Hypnose und dramatische Kunst.* Stuttgart 1904.

Dierks, Manfred: *Thomas Manns Geisterbaron. Leben und Werk des Freiherrn Albert von Schrenck-Notzing.* Gießen 2012.

Linse, Ulrich: »Klassische Orte parapsychologischer Wissensproduktion im Fin de Siècle und zu Beginn des 20. Jahrhunderts. Albert von Schrenck-Notzing und sein Münchner Kreis zwischen Salon, Labor und Bühne«. In: *Institutionalisierungen der*

Parapsychologie im 20. Jahrhundert im internationalen Vergleich. Hrsg. von Anna Lux und Sylvia Paletschek. München 2016.

Alfred Schuler

Schuler, Alfred: *Fragmente und Vorträge aus dem Nachlass.* Mit Einführung von Ludwig Klages. Leipzig 1940.

Kaltenbrunner, Gerd-Klaus: »Zwischen Rilke und Hitler – Alfred Schuler«. In: *Zeitschrift für Religions- und Geistesgeschichte.* 1967 (XIX), S. 333 ff.

Regina Ullmann

Ullmann, Regina: *«Ich bin den Umweg statt den Weg gegangen«.* Ein Lesebuch. Zusammengestellt und mit einem biographischen Nachwort herausgegeben von Charles Linsmayer. Frauenfeld 2000.

Frank Wedekind

Wedekind, Frank: *Die Tagebücher. Ein erotisches Leben.* Hrsg. von Gerhard Hay. Frankfurt a. M. 1986.

Wedekind, Frank: *Werke in zwei Bänden.* Band I: Gedichte und Lieder – Prosa – Frühlings Erwachen und die Lulu-Dramen. Band 2: Dramen. Hrsg., mit Nachwort und Anmerkungen von Erhard Weidl. München 1994.

Heine, Thomas Theodor: »Erinnerung an Wedekind«. In: *Die Wahrheit ist oft unwahrscheinlich. Thomas Theodor Heines Briefe an Franz Schoenberner aus dem Exil.* Hrsg. von Thomas Raff. Göttingen 2004.

Kieser, Rolf: »Amerikanische Motive im Werk Benjamin Frank-

lin Wedekinds«. In: *The German quarterly*. Vol. 65, No 3-4, 1992, S. 369 ff.
Praske, Tanja: Anita Augspurg und Frank Wedekinds »Frühlings Erwachen« | #femaleheritage (muenchner-stadtbibliothek.de)
Regnier, Anatol: *Frank Wedekind. Eine Männertragödie*. München 2010.

Marianne von Werefkin und Alexej Jawlensky

Lebensmenschen. Alexej von Jawlensky und Marianne von Werefkin. Hrsg. von Roman Zieglgänsberger, Annegret Hoberg und Matthias Mühling. München 2019.
Fäthke, Bernd: *Jawlensky und seine Weggefährten in neuem Licht.* München 2004.
Roßbeck, Brigitte: *Marianne von Werefkin. Die Russin aus dem Kreis des Blauen Reiters.* München 2010.

Bildnachweise

S. 15, 122: SZ Photo/Süddeutsche Zeitung Photo
S. 21: ETH-Bibliothek Zürich, Thomas-Mann-Archiv / Fotograf: Atelier Elvira / TMA_1393
S. 37: Landesarchiv Berlin, B Rep. 235-FS Nr. 187
S. 50, 82, 94, 152, 184, 245, 263, 279, 341, 356: akg-images
S. 102: ETH-Bibliothek Zürich, Thomas-Mann-Archiv / Fotograf: Unbekannt / TMA_0956
S. 116: mauritius images / The History Collection / Alamy / Alamy Stock Photos
S. 141:Universitätsbibliothek Heidelberg / Jugend: Münchner illustrierte Wochenschrift für Kunst und Leben / 1.1896, Band 1 (Nr. 12)
S. 168: bpk / CNAC-MNAM / Fonds Kandinsky
S. 195: bpk
S. 239: Heritage Images / Fine Art Images / akg-images
S. 299: ETH-Bibliothek Zürich, Thomas-Mann-Archiv / Fotograf: Unbekannt / TMA_1062